厦门城市职业学院『云顶丛书』

闽南
地方文化概览

○ 吴松青 主编
○ 邱仕华 副主编

厦门大学出版社 国家一级出版社
XIAMEN UNIVERSITY PRESS 全国百佳图书出版单位

图书在版编目(CIP)数据

闽南地方文化概览/吴松青主编. -- 厦门：厦门大学出版社，2016.6(2023.6重印)
(厦门城市职业学院"云顶丛书")
ISBN 978-7-5615-6028-0

Ⅰ.①闽… Ⅱ.①吴… Ⅲ.①地方文化－概况－福建省 Ⅳ.①G127.57

中国版本图书馆CIP数据核字(2016)第077257号

出 版 人	郑文礼
责任编辑	章木良
封面设计	李嘉彬
技术编辑	朱　楷

出版发行　厦门大学出版社
社　　址　厦门市软件园二期望海路39号
邮政编码　361008
总　　机　0592-2181111　0592-2181406(传真)
营销中心　0592-2184458　0592-2181365
网　　址　http://www.xmupress.com
邮　　箱　xmup@xmupress.com
印　　刷　厦门金凯龙包装科技有限公司

开本　787 mm×1 092 mm　1/16
印张　15.25
插页　8
字数　326千字
印数　11 001～13 000册
版次　2016年6月第1版
印次　2023年6月第7次印刷
定价　45.00元

本书如有印装质量问题请直接寄承印厂调换

厦门大学出版社
微信二维码　　厦门大学出版社
微博二维码

南安市丰州镇

李贽故居

林语堂故居

南音进校园

厦门南音阁演唱会

拍胸舞(厦门同安区文化馆提供)

车鼓弄(厦门同安区文化馆提供)

泉州讲古(闽南文化保护中心主任龚勤勤供图)

厦门市答嘴鼓夏令营（答嘴鼓省级传人李小航供图）

白礁慈济祖宫戏台

高甲戏《笋江波》剧照（泉州高甲戏剧团郑冬红供稿）

厦门漆线雕

德化瓷器布袋佛

蔡氏古民居

泉州中山路

泉州东观西台吴氏大宗祠

南安诗山古宅吴氏族谱

南安诗山凤山寺

泉州开元寺

晋江市安海镇"采莲"民俗活动

台湾新北市三峡清水祖师庙

闽南茶道表演

惠安女服饰

鹿港天后宫

各地进香团到保生大帝白礁祖宫参拜接香火

总　序

作为一所地方高职院校，厦门城市职业学院"因城而生，为市则活"，始终立足本地的历史和文化背景，服务于城市经济、社会和文化发展需要。

几年来，学校坚持"育人为本，跨界融合，服务需求，追求卓越"的办学理念，围绕海上丝绸之路核心区、福建自贸区建设和厦门产业转型升级的需要，调整优化专业结构，加强专业内涵建设，探索构建"政校行企协同育人"的工学结合人才培养模式，提高人才培养质量，为城市建设和发展提供人才支撑。

专业建设关键在教师。为了鼓励教师积极参加专业教学改革，2014年以来，学校实施"云顶人才计划"，通过立项建设的方式，培养各级各类教学名师、专业带头人和骨干教师。

"云顶丛书"就是学校为了配合"云顶人才计划"的实施，面向本校教师设立的综合性校本系列图书，旨在鼓励和支持教师开展课程开发建设，出版各类教材和研究专著，提升学校整体教学水平和学术水平。

课程建设是专业建设的核心。学校坚持以工作过程系统化为导向的课程改革，汇聚学校和行业企业优质资源，开展校企合作课程开发工作，按照工作过程系统化的要求，通过典型工作任务分析，对课程体系、课程内容进行解构与重构，基于任职工作情景创设实践教学环境，以实际工作过程为依据，采用工学交替、任务驱动、项目导向、课堂与实习地点一体化等行动导向的教学模式，使课程在一定程度上与企业工作过程相联系，以适应高职人才培养目标要求。

学校的根本任务是立德树人。作为面向全校学生开设的通识教育和创新创业教育课程，对培养学生文化素质、科学素养、综合职业能力和可持续发展能力，增强学生就业竞争力和社会适应能力有着极为重要的意义。学校鼓励专业带头人、骨干教师积极与行业企业优秀人才联合编写具有科学性、先进性、适用性的通识教育和创新创业教育课程校本教材，以满足教学需要。

高职教育承担着人才培养、科学研究、社会服务和文化传承等方面的职能。加强学校科研工作，有助于加强师资队伍建设，促进学校自身发展。教师要以产学研结合为切入点，主动适应经济发展新常态和技术技能人才成长成才需要，积极与行业企业合作开展应用研究，为教学改革服务。

本书是厦门城市职业学院"云顶丛书"之一，由厦门城市职业学院组织完成。本书编辑出版过程得到厦门大学出版社的大力支持，谨此表示谢忱。

厦门城市职业学院

2016年5月4日

序 言

李如龙

厦门城市职业学院为了开设地方文化的课程,组织了一批老师合作编写了《闽南地方文化概览》的课本。匆匆读过之后,很是为他们高兴。一来因为他们很有眼力,抓住了"地方文化"这个课题;二来他们如此努力搜集了大量材料,写下了这部翔实多彩的教材。

厦门开发的历史不算长,但是在100多年的发展中,频频表现了它独特而重要的地位。继泉州港、漳州月港之后,厦门港的崛起,使它成了闽南人下南洋、回唐山的门户。厦门话像台湾闽南话那样,把泉州腔、漳州腔融为一体,成了最有代表性、最具通行能力的闽南话新口音,后来,这种口音便成了闽南话的代表方言。19世纪下半叶之后,厦门和台湾、东南亚的沟通使它出落为东南沿海的著名海港城市。半个多世纪以来,它见识了海峡两岸阴晴变幻的风云,对外开放、建设特区以后,它的经济、社会的发展和文化建设又获得了新的机遇,200多万新老厦门人在这里创造了空前的骄人成就。

在东南沿海的海洋文化中,闽南文化在许多方面都是相当突出的。在分布地域上,它传遍了闽、台、琼、粤、浙的海岸线,播散到东南亚各国;在文化内涵上,不论是茶叶、瓷器的出口,还是梨园、高甲、南音、芗剧、布袋戏等多种多样的戏曲音乐创造,都是享誉中外的艺术珍品。闽南文化不但以"海滨邹鲁"来激励自己,固守传统,而且敢于闯荡海洋,和多种民族取长补短、友好相处。欧洲人对中华文化的最初认识就是从东南亚闽南人的社会生活中获得的。这种向海洋进取的大无畏精神和豪放性格,给古老的传统文化带来了一股新气息,使中华文化得到了补充和发展。

正是因为历史不长,又能固守传统,勇于开放,作为港口和开发区,新人外人往来不息,更迭不断。厦门不像一些历史名城那样,借助着世代相传的大家望族,积淀着深厚的文化内涵,凝结着浓烈的"乡愁"。然而作为乡土的情怀,"乡愁"是很宝贵的,离开家乡久了,会有离愁;故乡蒙难了,会有悲愁;乡里发展不佳,也会产生忧愁。对乡土文化进行调查研究,发掘其优秀传统,弘扬其可贵精神,就是为了理解乡土、熟悉乡音、增长乡情、建立乡谊,使乡亲乡邻们和谐相处,共同建设好这一方水土。正因为如此,为厦门编写乡土文化的教材就特别有意义。

本书关于厦门在闽南地区和闽南方言区的定位是确切的,关于闽南文化和母体中华文化关系的理解是到位的,对于本地物质文化和精神文化的调查和叙述是相当全面的,关于历史传承和现实发展的观照也是妥善的。立足于当代,着重于精神文明和社会文化的阐述和品评,这样的教材,必定能开拓读者的眼界,不论是本地人还是外来者,都可以从中得到多方面的启发和有益的引导。当然,如果能采集更加丰富的素材,开列更多的参考文献,制作多彩的有声有色的课件,这门课一定能够开得生动活泼。倘若课余还能组织修课的学生下乡、上街做一些实际调查,并且组织大家开展讨论,发挥自由思想,获得新的认识,就一定可以使得这门课程获得更大的成功。成功地开设这门课的意义,是不能低估的。因为它既是思想政治教育的重要内容,也是学生们更好地选择专业,完成职业训练,乃至为本地经济社会的建设做好充分准备所必需的。

本人从集美码头乘小轮踏上厦门岛已经60多年了。我为自己见证这个城市的变化和发展而欣喜和鼓舞,也希望它的明天会更加美丽,新老厦门人会有更加浓厚的乡思乡情、更加宏伟的奋斗和梦想。此外,还希望本书能为此做出大的贡献。

谨此为序。

2016年1月于厦门大学西村

目 录

第一章 闽南地方文化概述 1
    一、闽南地方文化的概念 1
    二、闽南地方文化的特点 2
    三、闽南地方文化的形成和发展 4
    四、闽南地方文化的当代价值 20

第二章 闽南话 22
    一、闽南话的形成 22
    二、闽南话的特点 26
    三、闽南话的传播 30
    四、闽南话的发展演变与闽南社会 33

第三章 闽南地方文学 43
    一、闽南地方文学的形成与发展 43
    二、闽南地方文学的特点 44
    三、闽南历代作家与作品 46
    四、闽南地方文学的地位及其影响 53

第四章 闽南民间文学 57
    一、闽南民间文学的形成 57
    二、闽南民间文学的特点 58
    三、闽南民间文学的主要类型 59
    四、闽南民间文学的价值 65

第五章 闽南民间音乐 71
    一、闽南民间音乐的起源 71
    二、闽南民间音乐的特点 72
    三、闽南民间音乐的主要类型 73
    四、闽南民间音乐的传承与发展 81

第六章　闽南民间舞蹈……85
一、闽南民间舞蹈的起源……85
二、闽南民间舞蹈的特点……87
三、闽南民间舞蹈的主要类型……90
四、闽南民间舞蹈的传承与发展……93

第七章　闽南民间曲艺……97
一、闽南民间曲艺的起源……97
二、闽南民间曲艺的特点……99
三、闽南民间曲艺的主要类型……100
四、闽南民间曲艺的传承与发展……106

第八章　闽南戏剧……112
一、闽南戏剧的起源……112
二、闽南戏剧的特点……113
三、闽南戏剧的主要类型……116
四、闽南戏剧的传承与发展……125

第九章　闽南民间工艺……128
一、闽南民间工艺的起源……128
二、闽南民间工艺的特点……129
三、闽南民间工艺的主要类型……129
四、闽南民间工艺的传承与发展……138

第十章　闽南建筑……141
一、闽南建筑的形成……141
二、闽南建筑的特点……142
三、闽南建筑的主要类型……143
四、闽南建筑的文化价值……154

第十一章　闽南宗族组织……156
一、闽南宗族组织的形成……156
二、闽南宗族组织的特点……157
三、闽南宗族组织的主要形式……158
四、闽南宗族组织的社会功能……164

第十二章　闽南宗教信仰 ... 168
　　一、闽南宗教信仰的形成 ... 168
　　二、闽南宗教信仰的特点 ... 171
　　三、宗教文化在闽南的传播 ... 174
　　四、宗教信仰对闽南地方文化的影响 ... 180

第十三章　闽南民风习俗 ... 183
　　一、闽南民风习俗的形成 ... 183
　　二、闽南民风习俗的特点 ... 184
　　三、闽南传统习俗 ... 185
　　四、闽南民风习俗的社会功能 ... 196

第十四章　闽南茶文化 ... 198
　　一、闽南茶文化的形成 ... 198
　　二、闽南茶文化的特点 ... 199
　　三、闽南茶文化的主要构成要素 ... 201
　　四、闽南茶文化的社会功能 ... 207

第十五章　闽南传统服饰 ... 209
　　一、闽南传统服饰的形成 ... 209
　　二、闽南传统服饰的特点 ... 209
　　三、闽南传统服饰的主要类型 ... 210
　　四、闽南传统服饰的传承与发展 ... 217

第十六章　闽南地方文化传播 ... 219
　　一、闽南地方文化是中华文化的重要组成部分 ... 219
　　二、闽南地方文化对台湾文化的重要影响 ... 221
　　三、闽南地方文化对东南亚的文化辐射 ... 226
　　四、闽南地方文化在世界的文化传播 ... 229

后　记 ... 232

第一章

闽南地方文化概述

闽南地方文化是中华文化的重要组成部分，是中华文化的一个具有鲜明特色的地域文化。闽南地方文化经历2000多年的发展，伴随着闽南社会的发展和变迁，其内涵也在不断丰富。

一、闽南地方文化的概念

（一）闽南

福建在上古时代就被称为"闽"，闽南即指福建的南部。闽南这个词是在20世纪后半期由福建方言学者提出的，此前从闽南地区迁徙到外地的人都自称福建人，东南亚华人、广东人也称闽南人为福建人。

闽南人主要分布在闽南地区（泉州、漳州、厦门）、台湾和东南亚闽南华侨华人聚居地。龙岩市的新罗区、漳平市，三明市的大田、尤溪，宁德市的福鼎等地，广东的潮州、汕头、中山、雷州半岛，海南的文昌，以及浙南、江西部分地方，居住有不少祖籍为闽南的居民。美国、加拿大也有一些闽南人。据不完全统计，闽南人大约有6000万，其中闽南地区1500万人，台湾1800万人，东南亚近2000万人。

凡是通行闽南语的地方，虽然距离闽南地区很远，但他们同属闽南根源，必然有着大体一致的文化认同，我们可称其为泛闽南。以潮州、汕头为例，该地区有很多闽南早年的移民，潮汕话因此和闽南话很接近，和漳州的诏安、云霄、东山一带语言基本相通，近年有潮汕的学者提出，潮汕文化属于泛闽南文化。

（二）闽南地方文化

闽南地方文化是在晋唐以来传播入闽的中原汉民族文化的基础上，融合闽越本土文化，并吸纳部分海外文化，而逐步孕育、发展起来的一种亚文化形态。

狭义的闽南地方文化，包括闽南话、闽南地方文学、闽南民间文学、闽南民间

音乐、闽南民间舞蹈、闽南民间曲艺、闽南民间戏剧、闽南民间工艺、闽南建筑、闽南宗族组织、闽南宗教信仰、闽南民风习俗、闽南茶文化、闽南传统服饰等。广义的闽南地方文化，还应包括闽南地区的农耕文化、海商文化等。

二、闽南地方文化的特点

闽南地方文化是在闽南特殊的地理环境和长期的历史演变过程中形成的具有地域特色的文化。同中原地区的主流文化和福建其他区域文化比较而言，它具有以下几个特点。

（一）重商崇儒的文化传统

闽南地处东南沿海，背靠大陆，面向海洋，特殊的地理环境决定了闽南人的生存状态。历史上，闽南大部分地区地瘠民稠，除漳州平原外，多为丘陵山地，自给自足的自然经济条件很有限，当它进入大规模开发之际，就迫切要求向海上谋求发展。宋元时期，泉州港一度成为世界大港，与埃及亚历山大港并驾齐驱；明代漳州月港兴起，并逐渐取代泉州港的地位；康熙后期，特别是近代以来厦门港的崛起，使厦门成为沿海地区重要国际商埠。因此，这里的商品意识极为浓厚。闽南人善于经商海内外闻名，福布斯最新公布的世界华人富豪中，资产20亿美元以上者，闽南人约占60%。

闽南人亦商亦儒，崇尚优秀的传统价值取向。南宋诗人刘克庄有诗记载："闽人务本亦知书，若不耕樵便读书。惟有刺桐南廓外，朝为原宪暮陶朱。"闽南人深受传统文化的熏陶，既务实求利，又急公好义。许多在海内外经商的闽南人，积极为家乡助学兴教、修桥筑路、扶贫济困，投资经济建设，真诚回报乡梓，如陈嘉庚、王永庆、李陆大等。杰出侨领陈嘉庚倾资兴办集美学村和厦门大学，被毛泽东誉为"华侨旗帜，民族光辉"，其精神影响着几代人。

（二）爱拼敢赢的进取精神

闽南地区是一个移民社会。从4世纪初的"中州八姓"入闽开始，到12世纪的宋室南渡，中原地区出现几次大规模的南徙入闽高潮。早期闽南地区还是未经开发的蛮夷之地，在恶劣的环境中垦殖的移民，为了生存必须具有坚韧、勇敢的拼搏意识才能立足。闽南沿海居民世代以海为生，"走海行船无三分生命"，为了生计他们不得不铤而走险，久而久之也成就了闽南人冒险拼搏的精神。

闽南人"敢为天下先"、"输人不输阵"。闽南语励志歌曲《爱拼才会赢》就是这种精神的生动写照，正是在"三分天注定，七分靠打拼，爱拼才会赢"的精神激励下，闽南人将封闭的边海地区变为开放的窗口。宋元以来，泉州、厦门先后成为世界著名通商大港，闽南人的视野更加开放，他们漂洋跨海，到世界各地开辟新的生存空间。即便是内陆山区的人，照样可以离乡背井，渡海求生。据不完全统计，目前安溪籍台湾乡民达200多万人，漳州籍台湾乡民也已超过700万人，到现在闽南籍的华侨华人已经遍布世界各地。"爱拼才会赢"的拼搏进取精神成为闽南人宝贵的精神财富和文化遗产，已被全社会所公认。

（三）兼收并蓄的开放意识

闽南人将中原文明、古闽越文明、域外文明很好地结合在一起，形成带有浓厚海洋性特征和鲜明地域特征的文化形态——开放的意识和包容的心态。

闽南地区荟萃着来自三山五岳、五湖四海的人士，他们不仅促进闽南地区经济的开发和发展，也以各种不同的方式影响着闽南地区的文化。鸦片战争后，不仅洋人入住闽南，闽南人也大量涌向世界各地经商。相对中原地区和福建其他区域，闽南地区更有条件接受外来的新事物，闽南人也更具兼容和开放的意识。这在闽南建筑、民间艺术、宗教信仰、民风习俗乃至闽南方言等方面都有所反映。如闽南建筑，除了以红砖大厝为主流的传统民居建筑外，还可见到各类欧式建筑、中西合璧建筑、宗教建筑、祠庙建筑等。闽南戏剧也是多剧种并存，梨园戏、高甲戏、歌仔戏交相辉映，同一剧种也有各种流派，各种技艺争奇斗艳竞相发展。闽南话保留中古汉语和上古汉语的许多特点，甚至融入马来语的一些元素，在泉州，还可看到汉字与阿拉伯文并排的春联。闽南人对于一切外来的文化都具有很强的吸纳能力，但是并非毫不选择。如传统儒教崇尚积极有为，重义轻利，历史上这里的封建士子也提倡五经教化，走读书举业的路子，但多数人并不排斥经商。

（四）重乡崇祖的乡族情怀

闽南人绝大多数是中原移民，为了适应新的陌生环境，稳固已经占有的生存空间，拓展家族、乡族势力，他们采取聚族而居的形式，以家族、乡族为基本单位，建立起早期的村落共同体，从而加强了家族、乡族成员之间的相互扶助，巩固血缘关系。通过对血缘关系的认同，将分布在各地的家族、乡族成员联系起来，为弘扬乡土文明，促进乡村经济的繁荣贡献力量。许多漂流海外的人士正是在乡风乡情的感召下，虽客居异国他邦仍心系故土，矢志不忘为家乡的建设事业慷慨解囊，如南安的李光前、安溪的李尚大、惠安的庄仲文。

闽南人的乡族情怀渗透到日常生活的方方面面。闽南人无论在台湾，在东南亚，还是在海外其他地方，都要结社建馆，认宗认谱，通过修族谱、建祠堂、注"堂号"来凝聚家族血缘关系。闽南人热衷兴办教育，传承母语文化，重视沿袭岁时习俗，传承民间信仰。被誉为"中国民族音乐瑰宝"的南音，其唱词标准音必须是闽南泉州话。流行于闽台两地的梨园戏、高甲戏、歌仔戏、布袋戏、民间"讲古"和提线木偶，等等，都保留着古老的传统色彩。

三、闽南地方文化的形成和发展

闽南地方文化发端于周秦，孕育于汉晋，形成于唐五代，发展成熟于宋元，繁荣播迁于明清，转型于近现代。它是在漫长的岁月中，以中原文化为基础，兼容当地的闽越文化和域外的海洋文化，经过一代又一代闽南人不断挖掘、弘扬、创造，所形成和发展起来的具有鲜明特色的中华地域文化。

（一）周秦时期——闽南地方文化的起源

在距今1万年的旧石器时代，闽南地区就有人类聚居生息。新石器时代，闽南地区的先民就已掌握水稻种植和陶器制作技术。当地的土著居民——闽越人，使用他们制造的原始工具，过着采集、渔猎生活，也从事简单的农业生产。根据有关文献的记载，闽越人有断发文身、拜蛇为祖、巢居、犬祭、喜食虫蚌蛤等生活习俗，擅长造舟航海，极善于在海上驾驭独木舟捕捞食物。

夏、商时期，闽南地区归属古扬州。西周时期，闽南地区为"七闽"地。春秋末至战国初，闽南地区归属越国。越国灭亡后，越王勾践后裔无诸率众入闽，在福州建立闽越国，闽南地区归属闽越国。

秦始皇统一中国后，废无诸，在福建设置闽中郡。闽中郡是福建最早的建制，辖地与"七闽"基本相同（实际包括今江西铅山县）。为了加强对闽中地区的控制，秦王朝一方面把大量闽越人迁移到现在的浙江北部和安徽、江西境内，另一方面又把中原的罪犯流放到闽中来。这一政策客观上为各民族的互相融合和闽越人的汉化创造了条件。秦末，无诸率兵由闽中北上，参加中州的农民起义和楚汉战争达8年之久。这期间中原地区的汉语对闽越语言有极大的影响。

（二）汉晋时期——闽南地方文化的孕育

公元前202年，汉高祖因无诸有功，复封其为闽越王，领闽中故地，都东冶。闽越国重新立国后，国势日强，成为汉王朝的劲敌，汉武帝元封元年（前110年），朱买臣率军平闽，将闽越人迁到江淮一带居住。公元前85年，汉廷在福州设立冶县，属会稽郡，这是福建历史上的第一个县，居民结构主要是闽越遗民及少数南下的汉人。自西汉设立冶县，历300多年，闽南地区相对稳定，入闽汉族移民逐渐占据整个闽南地区，这不仅使住在泉州地区的河洛人得到相对独立的发展，并且逐步同化这一带的闽越遗民。

三国时期，吴永安三年(260年)，以会稽南部都尉辖地为建安郡，析侯官（今福州）县地置东安县，辖今泉州、莆田、厦门、漳州等地区，治所设在今南安丰州。自此至唐初400多年中，南安丰州一直为郡县治所、闽南政治中心。

西晋末年"永嘉之乱"，大批士族晋民南渡入闽避乱，主要分布在闽江流域和沿海平原地区。据《福州府志》载："永嘉二年，中州板荡，衣冠始入闽者八族：林、黄、陈、郑、詹、邱、何、胡是也。以中原多事，畏难怀居，无复北向。"部分中原士民辗转来到闽南地区，沿古南安江两岸定居，为寄托对故土的思念，改其名为晋江。

汉晋时期是闽南地方文化的孕育时期。从语言现象分析，今天被学术界公认为"活化石"的闽南话，就是继承了上古汉语的主要特征，在中原汉人南徙过程中，将外来的中原语系和当地的土著语系混合在一起，经过长期的融合演化形成的。它吸收了闽越语的一些成分，但总的说来，这时期闽南地区的汉人在人口比例上占有绝对的优势，汉语也占有主导地位，最终取代闽越语。

（三）唐五代时期——闽南地方文化的形成

唐高宗总章二年（669年），闽、粤交界地区土著叛乱，陈政率府兵及其眷属南下征蛮，驻防屯垦。次年陈政之兄陈敏、陈敷率军校58姓入闽增援，其子陈元光随军同来。他们最终在漳州立足，被称为开漳始祖。陈政病故后，陈元光代父统率兵众，并奏请在泉州、潮州之间建置漳州。陈元光任漳州刺史26年，在开发建设漳州方面做出重大贡献，在其统治的后期，漳州地区不但"无烽火之警，号称乐土"，而且出现了"花卉三冬绿，嘉禾两度新"的繁荣景象。陈元光死后，百姓尊其为"开漳圣王"。

唐神龙二年（706年），福安人薛令之弃官回闽；唐开元十四年（726年），莆田人陈邕被谪入闽。这两个家族先后迁到厦门，同住在洪济山，山南为陈家，称"陈寮"；山北为薛家，称"薛岭"。这就是厦门开发史上的"南陈北薛"。唐中叶（760年前后），又有不少北方世族相继辗转到厦门岛内定居，厦门岛称新城、嘉禾里。相传那时厦门岛上栖息着许多白鹭，故又被人们称为"鹭江"、"鹭门"、"鹭岛"、"鹭屿"。

唐末五代，中原战乱。唐中和元年（881年），寿州（今安徽寿县）屠户王绪起兵，河南光州固始人王潮、王审知兄弟投奔起义军。不久，唐蔡州节度使秦宗权发兵攻讨王绪，王绪被迫渡江南下，进入福建，王氏兄弟随军入闽。因王绪生性猜忌，滥杀将士，众人不满。唐光启元年（885年），王氏兄弟发动兵变，以王潮为帅，整顿队伍，攻克许多州县，次年八月占领泉州，王氏兄弟降唐，随后朝廷任王潮为泉州刺史。唐昭宗景福二年（893年）王氏兄弟攻克福州，统一全闽，唐昭宗任王潮为福建观察使，王审知为副使。唐乾宁三年（896年），王潮升威武军节度使。王潮病逝后，王审知继任福建观察使、威武军节度使，受封为琅琊王、闽王。

945年，南唐灭闽。次年，留从效任泉州刺史。留氏经营泉州城，环城遍植刺桐，泉州遂以刺桐城闻名于世。南唐保大七年（948年），升泉州为清源军，领南安、莆田、晋江、仙游、永春、同安、德化七县（保大十三年增领清溪、长泰两县），以留从效为清源军节度使、泉南（漳）等州观察使，累封晋江王。留从效去世后，陈洪进据泉州、漳州达16年之久。

唐五代时期，中原人士大量南迁入闽，带来了中原文化，推动闽南地方文化的形成。具体表现在以下几个方面。

1. 方言形成

唐五代时期入闽汉人带来的语言已经是中古时期的北方官话方言（白话文系统）。到这时期，闽南方言已经根深蒂固，北方方言再也无法改变闽南方言系统，而只能"入乡随俗"，最终融入闽南方言。因此，语言学家认为，闽南话是唐音。也就是说，在唐代，闽南话是普通话。到了宋代，宋音成为普通话，而唐音却在闽南地区留存，闽南话即成为方言。

2. 文教初兴

据史籍记载，唐建中(780—783年)之前，泉州民间已有家传师授式的私学存在。唐建中至贞元年间(780—805年)，福建观察使常衮、泉州刺史席相、别驾姜公辅倡办乡校，鼓励士子读书仕进，泉州文教初兴。唐贞元八年(792年)，晋江人欧阳詹登进士第，与韩愈、崔群、李观同登龙虎榜，成为泉州中进士第一人，开文教风气之先。唐景福二年(893年)，泉州最早的书院——杨林书院建立。唐代闽南地区的书院还有：唐景龙二年（708年），陈元光在漳州龙溪建立的松洲书院；漳州历史上第一位进士周匡物和户部侍郎潘存实建立的"周潘书院"。五代时，开学育才，令"诱掖蒙童"入校学习，私学得到发展。五代末同安县令陈洪济在城内创办县学，初建于城南登龙坊，后几经搬迁，至南宋绍兴十年(1140年)始迁县城东南角(今孔庙处)，这是早期的官办学校。

3. 文学兴起

唐代泉州的诗词有一定成就。《全唐诗》收入许稷2首、徐夤80首、詹敦仁7首、詹琲3首、刘乙1首、颜仁郁2首、王延彬2首，泉籍文士欧阳詹的诗作349首，寓居泉州的秦系38首，入泉定居的韩偓300首。在艺文著述方面有成就的，首推欧阳詹。他与韩愈、崔群、李观等人倡导古文运动，他的文章被推崇为"宜其司当代文柄，以变风雅"。

厦门文学有着悠久的历史。唐神龙二年(706年)，长溪(今福安)薛令之即以诗赋登进士第，成为福建历史上第一位进士诗人，所著《明月先生集》颇有影响。唐末名士陈黯是较早到厦门的一位文人，所著《颍川先生集》以及黄滔、罗隐为该集所写的《颍川先生集序》各1篇，是厦门较早的文学作品。

唐代漳州初创，文学创作为数不多。陈元光遗诗33首、赋3篇、奏表2则收入《玉钤集》。别驾丁儒《归闲诗二十韵》、《冬日到泉郡次九龙江与诸公唱和诗》收入《全唐诗外编》。周匡物有诗集1册，现仅见于《全唐诗》5首、《外篇》2首。潘存实有《良山存稿》，其中《晨光丽仙掌赋》、《玉声如乐》2首诗收入宋《文苑英华》。

闽南地区民间文学历史悠久，它以"讲古"的形式，产生大量民间故事、民间歌谣和民间谚语。相传远古母系社会就有太武夫人在太武山拓土而居，于是就出现太武夫人的传说。唐代民间流传陈政、陈元光平闽十八洞的故事，还有"归德将军礼聘丁儒"、"鹰扬将军宴前斩婿"、"陈元光血溅大峙原"、"魏太夫人百岁挂帅"等。

4. 南音传入

泉州南音，又称南曲、弦管、南乐、五音、郎君乐等，它源于中原古乐，扎根于泉州，流传于闽南、港澳台和东南亚等地。南音相传为五代孟昶整理古华夏之音而创立的，孟昶因此被视为南音祖师。据民间传说，南音是唐末王审知兄弟入闽时带来的，唐末王延彬曾在南安云台山下清歌里筑别馆作为歌舞游乐场所，五代安溪人詹敦仁也有"千家绮罗管弦鸣"的诗句。据《泉南指谱重编》载"清音雅调，始于唐明皇"，可见泉州的南音是受到唐五代燕乐歌曲的影响而形成的。从南音的演奏乐器、乐学概念及南音的调式、音阶、宫调等来看，都与汉族古代传统音乐有渊源关系。所以，南音被誉为中国传统音乐的活化石。

5. 宗教传播

道教在闽南地区的传播历史悠久，早在秦汉时代就有方士活动，其后历代都有道教人物修隐于泉州清源、紫帽等名山。西晋太康年间（280—289年），泉州建有道教宫观白云庙。南朝梁代，有唐、宝、志、化、郎五公修隐于惠安的灵鹫山。唐代新建的道观有泉州的紫极宫、金粟崇真观、紫泽宫、虎岫寺、深沪宝泉庵、城隍庙、孚济庙（金门岛），同安的朝元观、东岳行宫，漳州的开元观（后改为玄妙观）等。安史之乱后，中原板荡，一些有避世思想的官宦和知识分子先后入闽。如唐建中元年（780年）诗人秦系（浙江人）到南安九日山隐居；唐末诗人罗隐（余杭人）南下福建，留下了晋江罗裳山的画马石故事和"罗隐谶"等传说。五代时期，王审知家族及留从效、陈洪进等相继统治泉州，都大力推崇道教，广建道教宫观庙宇。台湾的道教和民间俗神，大多源于闽南地区。早在唐代，就有著名道士施肩吾流寓泉州，后来举家移居澎湖，是为道教传入台湾之始。

佛教在闽南地区甚为兴盛，古时泉州有"泉南佛国"之称。西晋太康九年(288年)南安九日山建造第一座佛寺——建造寺，南朝陈天嘉三年(562年)，印度僧人拘那罗陀来到九日山，挂锡建造寺，翻译佛经。唐代佛教在闽南地区广为传播，新建许多佛教建筑。例如泉州开元寺，始建于唐垂拱二年（686年），据传该寺曾"桑开白莲"，因而称之为"桑莲法界"。寺内有镇国塔和仁寿塔，俗称东西塔。除开元寺外，唐时泉州还有南禅寺（后改为承天寺）、东禅寺、梵天寺等44座寺院。唐代漳州兴建寺院12处。位于漳州丹霞山的南山寺，始建于唐玄宗开元二十五年（737年），僧多时达1500多人，有"闽南佛国"之称；位于平和县的三坪寺，为闽南著名佛教圣地，其影响遍及闽南、台港地区及东南亚地区，香火之盛为闽南古刹之冠。唐代厦门岛内则有陈姓家族建立的佛教寺庙，包括陈夷则的觉性院、陈元通的万石岩、陈肇的泗洲院（今南普陀寺）、陈黯的白石岩等。

唐代泉州港兴起，与广州、扬州、交州并称为中国四大对外贸易商港，泉州成为"海上丝绸之路"的起点。随着海上贸易的发展，往来泉州的外国使臣、商人和传教士日益增多，宗教交流活动频繁，伊斯兰教、摩尼教和婆罗门教都在这时期传入泉州。唐武德年间（618—626 年），有穆罕默德门徒三贤、四贤来泉州传播伊斯兰教，后卒葬东郊灵山，俗称圣墓。

（四）宋元时期——闽南地方文化的发展

北宋时，福建的行政区划包括福、建、泉、漳、汀、南剑六州和邵武、兴化二军。南宋升建州为建宁府，福建因此包括一府五州二军，共计 8 个同级行政机构，故称为"八闽"，共辖 42 县。

宋太平兴国七年（982 年），泉州始领南安、晋江、永春、同安、德化、安溪、惠安七县，至元丰八年（1085 年），泉州成为全国八大州府之一。宋初漳州始"筑土为子城"，这时期漳州城成为闽西南政治、经济、文化中心。宋元以来，作为泉州、漳州的门户，厦门岛的军事地位日显重要。宋元丰二年（1079 年），朝廷在同安等县增拨禁军，招募训练水军。至元十四年（1277 年），元兵攻占嘉禾屿，随后在岛上设立嘉禾千户所。

入宋以来，闽南地区战祸较少，社会比较安定，人口迅速增加，人多地少的矛盾日益突出，部分闽南人（主要泉州人）开始出洋定居，成为早期的华侨。

宋元时期，闽南地方文化进入成熟阶段。表现在以下几个方面。

1. 文教事业发达

泉州的官学，始于北宋。宋太平兴国七年（982 年），泉州建立州学，各县亦先后设立县学，形成以儒学为主，包括宗学、蒙古学、阴阳学、医学等在内的官学系统。宋庆历四年（1044 年），漳州建州学于州署东南隅。宋绍熙元年（1190 年），著名理学家朱熹出任漳州知州，他身体力行，定期亲临州学、县学授课。

南宋绍兴间，朱熹任同安主簿兼领学事，常到泉州各地讲学。在其影响下，书院、私塾也有较大发展，后人因此称泉州为朱子过化之地。

宋代泉州建有书院 8 所，元代 1 所，大多是地方官倡办的，称公办书院；也有由地方儒绅创办的，规模比较小。漳州地区有龙溪的龙江书院（芝山书院）、华圃书院、观澜书院，漳浦的梁山书室、高东溪书院，诏安的石屏书院、渐山书院、丹诏书院，云霄的精一堂、南屏书院。厦门最早的书院是元至正十年（1350 年）创建于同安县城的文公书院。

宋代在"仕途经济"的刺激下，尤其是南宋以后在朱熹理学影响下，泉州各类私塾有较大发展。如晋江杨景隆、南安诸葛季文、德化林程都办有私塾。在晋江、南安等县，甚至出现"家诗书而户弦诵"的景象，形成民众"向学，喜讲诵，好为文辞"的习俗，因而泉州地区有"海滨邹鲁"之称。宋代漳州地区的私塾也很发达，如陈景肃、翁侍举等 6 人辞官归里，讲学授徒于云霄仙人山；龙溪县塾师李刚收录学生几百名。厦门地区最早见诸文字的私塾是南宋绍兴年间（1131—1162 年）柯翰在同安县城设立的私塾。

2. 文学创作发展

宋元时期闽南地区著有诗文集的文学名士百余人，留世诗文颇为可观。选入《千家诗》的有蔡确 11 首、林外 1 首、林洪 3 首，数量不多，但影响很大。除诗人诗作外，还有诗人选辑的诗集，如宋代曾慥的《百家诗选》。此外，还有蒲寿晟的《心泉学诗稿》。

北宋大臣苏颂（1020—1101）不仅是一位科学家，也是一位很有造诣的文学家，律诗、绝句、骈文甚佳。在《苏魏公文集》72 卷中收录有他的诗歌 587 首，其中多为律诗。他的《前使辽诗》30 首和《后使辽诗》28 首，在宋代诗歌发展史上有特殊的地位。文集中有 20 余首科学诗，题材涉及天文、地理、农牧、矿产、动植物等自然科学领域，是古代诗海中的瑰宝。

南宋著名哲学家、教育家朱熹（1130—1200）著有《朱文公集》、《四书集注》、《诗集传》、《楚辞集注》等。他在宋高宗绍兴二十一年（1151 年）任同安县主簿时，常在公务或讲学之余，游郊野、登名山，吟诗作赋。朱熹游鹭岛金榜山时写《金榜山诗》一首，此诗与他所写的散文《金榜山记》及《神正书序》等流传甚广。

民间文学方面，宋代流传不少关于朱熹的传说，如"朱熹改诗"、"断蛙池"、"计除开元寺恶僧"、"青石碑"等，还留下"郑虎臣诛贾似道于木棉庵"、"吴夲行医济世"、"颜师鲁保李纲反秦桧"、"高东溪的传说"等。元代陈吊眼起兵抗元，有"火烧王爷庙"、"血染十八宫"的故事。

3. 民间音乐兴起

宋元时期泉州南音已经从宫廷传入民间，在长期的发展过程中，受到元曲、昆曲、弋阳腔、佛曲和地方语言及戏曲的影响，形成自成体系的工尺谱及润腔、独特的演唱形式、独有的乐器及其演奏技巧、用古泉州方言演唱的地方乐种。构成南音的三大组成部分"指"（套曲）、"谱"（器乐曲）、"曲"（散曲）已经相当成熟。

宗教音乐流行。道教音乐源于原始巫觋祭祀乐舞，吸收本地民歌、木偶戏、佛曲、南曲的某些特征，建立"歌、舞、乐"为一体的音乐体系，具有较高的审美价值。佛教音乐是随着佛教的传入而产生的。宋元时期，海外交通有新的拓展，中外佛教徒往来日渐频繁，部分梵呗仍传诵至今。基督教音乐也在闽南城乡流传。

4. 民间戏剧方兴未艾

早在南宋庆元年间（1195—1200 年），闽南地区民间戏剧活动已具规模，戏剧活动与传统乐曲南音相结合，优雅的南音逐渐取代了粗糙、俚俗的民间小调，出现了一种新型的戏曲声腔。梨园戏是用泉州方言搬演戏文的古剧种，以泉州古乐南音为唱腔，故又称"泉腔"或"下南腔"。梨园戏主要在泉州、漳州及厦门等地流传，粤东的潮汕地区也有它的足迹，后来传播到台湾及东南亚华侨聚居地。布袋戏，也称掌中戏，属傀儡戏剧种之一。宋元时期漳州木偶戏已颇兴盛。竹马戏则源于漳浦，是漳州古老的地方剧种。

5. 民间工艺美术兴起

唐开元年间，钟绍京贬任怀恩县尉，开诏安书画风气之先河。宋代知州朱熹、学者陈淳等工书善画，漳州至今尚有"陈北溪，好字画"的民谚。元代龙溪女画家黄玉规也以《九畹图》闻名遐迩。

闽南书法艺术可远溯至晋代，唐宋以来不乏书法名家。如唐代欧阳詹，韩愈称赞他的文章，欧阳修则称赞他的书法。唐咸通四年（863年），漳州宣仪郎刘镛所书的咸通碑经幢，书法遒劲，有晋人风格。宋代泉州人蔡襄为书法四大家之一，朱熹、陈淳则是漳州书法大家。宋元以来历代书家墨迹，大多藏诸博物院（馆），或辑为翰墨、著录、丛帖专集，或刊于摩崖、名刹，流传久远。

闽南民间工艺是与人们物质生活和精神生活具有广泛与密切联系的一种艺术形式，一般是实用与审美相结合，实用目的与装饰趣味相统一。

宋元时期，福建的瓷器有黑瓷、白瓷、青瓷三种，黑瓷以建州的建窑（今建阳水吉）为代表；白瓷以泉州的德化窑为代表，另有磁灶窑、安溪窑、南安窑等；青瓷以同安汀溪瓷窑、磁灶窑为代表，安溪窑、南安窑也产青瓷。同安汀溪瓷窑制作的瓷器以日用器物为主，碗瓷最负盛名。元代泉州地区的白瓷、青瓷远销至叙利亚、印尼、菲律宾、真腊（今柬埔寨）、朝鲜、日本以及印度和非洲的摩洛哥等51个国家和地区。

泉州的花岗岩石有白、青、红、黑等色，蕴藏量丰富。南朝陈天嘉三年（562年），印度僧人拘那罗陀来居九日山翻译《金刚经》，并刻石经，是为泉州刻石之始。九日山石佛寺石雕佛，是泉州最早的石雕佛像。宋元时期泉州有大量石刻、石雕遗存，泉州石刻、石雕工艺以惠安县最为著名，早期的石刻、石雕具有浓厚的宗教色彩。

宋代佛道盛行，涌现许多雕塑神道佛像铺和妆佛的艺人，各地民间留存不少有艺术价值的彩雕神像。漳州木雕很盛行，如建于北宋庆历四年（1044年）的漳州文庙，庙内的木雕有龙、凤、兽及人物，形象栩栩如生。宋代雕版印刷传入闽南地区，泉州木版书、漳州的木版年画为时人所推重。

除了瓷器、雕刻工艺外，各类剪纸、刺绣、制花工艺等，在民间普遍流行。泉州的刺绣始于何时，史无明载，但有一种"高浮绣"，与唐时"蹙金绣"工艺相同，宋代泉州城内东隅有个"衮绣铺"，传说就是因为刺绣业集中于此而得名。永春的纸织画到了宋代进一步发展，后来一度与杭州丝织画、苏州刺绣画、四川竹帘画齐名，被称为中国四大家织。

6. 宗教信仰兴盛

入宋以来闽南地区逐渐进入儒、道、释三教合一时期。道教的兴盛表现在三个方面：（1）统治者的尊崇和地方官员的倡导。宋代尊崇道教，倡建道观，重用道士，编辑道书，追封道教神祇及民间神祇。元代虽然偏重于佛教，但对道教亦予支持。地方官吏（如颜师鲁、真德秀等）都重视斋醮、法事仪式，常亲自主持或参与坛祭、庙祭、祠祭等活动，许多官宦士绅对道教的哲学思想、养生之道均有所研究。（2）历史上著名的道教宫观庙宇多为宋代修建。主要有三种类型：一是供奉道教尊神、教徒修持和举行宗教活动的场所；二是供奉道教俗神、官方祭祀和信众礼敬的场所；三是主要供奉地方神祇或兼祀道教尊神、俗神以及佛道合祀的场所。(3)许多民间信仰的地方神祇这时期被列为神。如有功于民的无诸、萧望之、陈元光、姜公辅、蔡襄、岳飞、王十朋、倪思，又如传说中有灵异事迹的裴道人、吴夲、林默娘（妈祖）、郭忠福、永春乐山隐士、蔡如金等。道教不仅对闽南地区的民风习俗如岁时节令、婚丧喜庆等有影响，对民间文学、民间音乐、民间舞蹈、民间曲艺、民间戏剧、民间工艺、地方建筑、宗族组织等也有深刻影响。

宋元时期，闽南地区佛教日兴，寺院遍布城乡。朱熹称道泉州："此地古称佛国，满街都是圣人。"在佛教的几大宗派中，以禅宗为盛。宋元以来，佛教渐趋世俗化，一些佛寺兼祀道教神祇，乃至孔子、文昌帝君以及乡土神祇。佛教的寺庵与道教的宫观经常相互更替、取代。善男信女从救苦救难目的出发，信奉观音菩萨的最多，很多寺庙专祀观音菩萨。佛教僧尼素有兴办公益事业的传统，历代名僧辈出，许多人有著作传世，不少传教海外，与日本及东南亚国家和地区有密切的联系，在中外宗教文化交流史上占有一席之地。

宋元时期，泉州港一跃成为世界大港，与埃及亚历山大港并驾齐驱。由于海外交通繁盛，又实行信仰自由的宗教政策，外国商人、工匠、学者、旅行家和宗教职业人员纷至沓来。泉州建有番人街、番坊、番学，他们"杂处民间"，和当地人民和睦相处，"蕃汉通婚"极为普遍。北宋大中祥符二年（1009年），阿拉伯穆斯林在泉州城南创建具有伊斯兰建筑风格的清净寺。泉州伊斯兰教鼎盛时期，有穆斯林数万人。除伊斯兰教外，古基督教（古称景教）的聂斯脱里派（元代称也里可温教）、摩尼教（宋代称明教）、印度教（古称婆罗门教、吠陀教）等，在这一地区也十分流行，遗留下不少珍贵历史文物。异国的文化习俗、宗教信仰的传入，使闽南地区成为中外文化交流的中心，泉州也因此赢得"世界宗教博物馆"的美誉，闽南文化与外来文化的交流与融合出现繁荣局面。

7. 建筑艺术自成体系

汉晋以来，随着北方门阀士族的南迁，汉族传统合院式宅第建筑逐渐成为闽南民居的主流。唐五代时期，闽南地区不仅兴建许多佛道的寺庙宫观，还出现诸如伊斯兰教、摩尼教、婆罗门教等的异域建筑。宋元时期，闽南地区的建筑在吸收中原建筑文化的基础上，融合本土文化和域外文明，逐步形成地方特色。以传统民居建筑为例，建筑布局通常以宗祠为中心，官庙五方为边界，建筑主体采用合院住宅形式，在建筑技术、建筑材料和装饰等方面，都具有显著地域特点。这时期泉州港海外贸易十分发达，外商云集，带来了伊斯兰教等异域文化，出现许多新兴的宗教建筑和"番仔楼"，成为当地一道靓丽的风景。

（五）明清时期——闽南地方文化的繁荣和播迁

明代漳州月港兴起并逐渐取代泉州港的地位，由于厦门港占有海口港的优势，后来月港逐步萧条，至康熙后期为厦门港所替代。海上交通的发展促进对外贸易的发展，康熙二十二年（1683年），清政府解除海禁，在厦门设立闽海关正口，建立关税制度，从而确立厦门直接对外贸易的合法地位。海上贸易的发展使厦门迅速崛起，成为国际性商埠。

明清时期，由于战乱、倭患、海禁、迁界、水旱等人祸天灾，大量泉州人出洋到东南亚等地谋生，为今日泉州成为著名的侨乡奠定基础。明末清初，郑芝龙两次大规模招募闽南贫苦农民前往台湾垦荒；郑成功、郑经父子治台期间，实行"散兵寓农"的政策，大批闽南子弟兵经厦门进入台湾；清朝统一台湾后，又有大批闽南人东渡台湾。三次移民高潮，加快了台湾地区的开发，闽南地区特别是泉州、漳州地区也因此成为台湾汉族同胞的主要祖籍地。

明清时期，是闽南地方文化的繁荣和播迁时期。

1. 文教事业兴盛

明清时期，闽南地区文教事业兴盛，科举仕进接踵。据《泉州府志》载，明代泉州"诗书弦诵之风达于七邑"，民间"家诗书而户业学，即卑微贫贱之极，亦以子弟知读书为荣"。这时期人才辈出，先后孕育出民族英雄郑成功，著名军事家俞大猷、施琅，著名思想家李贽，理学家蔡清、林希元，教育家吴鲁，文学家王慎中、林嗣环，遗民诗人卢若腾，布衣诗人黄吾野，史志学家何乔远，书法家张瑞图，藏书家黄虞稷，军事科学家丁拱辰，陶瓷艺术大师何朝宗，等等。

2. 文学创作繁荣

这时期泉州地区、漳州地区有诗文集的作家约400家，厦门地区也有不少文人写诗。民族英雄郑成功，抗倭名将戚继光、俞大猷在闽南地区乃至福建文学史上都有一定影响。漳州地区兴起以诗文结社之风，较有影响的是明万历间以张燮为首、以退居林野士大夫为主的玄云诗社。

除历代诗人诗作外，诗人选辑的诗集，对诗风的形成有重要影响。重要诗选有：明代李廷机《李杜诗选》、《评选草堂诗余》，苏希栻《杜诗全集注》、《骚赋类草》，李光缙《杜诗注解》，黄景昉《读诸家诗评》；清代陈允锡《宋元金诗删》、《古诗删》、《唐诗删》、《明诗删》等。

除了诗歌创作，这时期还出现不少描写自然景观和人文景观的散文。如明代池显方的《虎溪岩记》，倪冻的《醉仙岩记》，清代张对墀的《鹭门山行记》、白瀛的《玉屏书院记》、周凯的《重修玉屏书院碑记》、高澍然的《紫阳书院记》等。

在艺文著述方面取得较大成就的，分别为明代的李贽、王慎中、傅夏器、李廷机，清代的林嗣环、施琅、郑得潇等。

李贽是著名思想家，其主要成就在哲学和思想领域，如《藏书》、《续藏书》、《焚书》、《续焚书》、《史纲评要》、《九正易因》等，具有叛逆思想。李贽在文学理论方面的主要建树，是他提出的"童心说"。李贽关于"童心说"的论述，开创公安三袁和汤显祖、冯梦龙进步文学理论的先河，对中国文坛的影响极其深远。此外，李贽评点杂剧、小说，开创评点之风；他强调杂剧、小说的社会功能，也风靡当世。

王慎中是明代唐宋派作家，著有《遵岩集》《玩芳堂摘稿》等，他反对"台阁体"点缀升平、歌功颂德的辞章和前后七子的"文必秦汉，诗必盛唐"、盲目模拟古人的文风，提倡文崇唐宋，成为"二百年来中兴之文"。

施琅虽是个武将，却颇为能文善辩。他在带兵收复台湾后，以一纸雄文《台湾弃留疏》力排众议，说服康熙皇帝，正式将台湾收入版图，设官治理。

3. 民间音乐发达

南音已发展成为优秀民间乐种。清康熙十七年（1678年），泉州地区5位南音弦友晋京入宫演奏南音，康熙皇帝称赞其为"御前清客、五少芳贤"，南音因而被称为"御前清曲"。厦门地区的南音表演活动始于明末清初。清道光年间（1821—1850年），厦门首家南音曲馆金华阁南乐社成立，下辖美仁宫、豆仔尾、厦门港、靖山头、深田内等分阁。清光绪八年（1882年），集安堂南乐社成立，馆址设在河仔墘路。清光绪三十年（1904年），原金华阁部分弦友另行组织锦华阁南乐社，馆址设在大王巷（后迁至曾姑娘巷）。

许多地方乐种也在这时期形成和发展起来。如流行于泉州城乡的笼吹、十音、车鼓、钹仔鼓、花鼓唱、十番音乐、大号音乐、牌子吹、闹厅、打击乐《献金锣》、北管音乐等。漳州地区流行的民间乐种主要有漳州十八音、大鼓吹、四平锣鼓等。

宗教音乐和祭圣礼乐盛行。泉州的宗教音乐主要为佛教音乐、道教音乐、基督教音乐；漳州的宗教音乐主要为佛曲、道歌、三坛鼓（又名哪吒鼓）、天主教的弦管等；厦门地区除佛道音乐外，鸦片战争后，由于基督教传入，基督教音乐也在这一地区流行起来。闽南地区历代祭圣礼乐十分庄重，其场面之隆重、规模之盛大，为其他祀奠音乐所不及。现存泉州文庙的歌章乐谱，是清代乾隆三年（1738年）颁定的。

民间歌曲十分流行。劳动歌曲是声乐之源，包括各类劳动号子、叫卖调等。习俗歌曲从一个侧面反映闽南地区的民风民俗，如流行于漳州地区的《劝嫁歌》和东山的《观姑歌》，云霄、漳浦、诏安的《龙船歌》，诏安的《洗佛歌》等。闽南地区的山歌、茶歌、褒歌，保留古老的中原民歌的遗音，堪称闽南民间音乐的祖先。如泉州德化的山歌，安溪、南安的茶歌，各地的褒歌。漳州山歌主要分布在华安、平和、南靖、云霄、漳浦等地方，其中畲族山歌主要在华安、漳浦、诏安等县。华安是山歌盛行的地方，尤其以高安和仙都最盛。平和山歌则受到客家山歌的影响。民间说唱音乐（曲艺音乐）有单曲与集曲之分，田间地头无伴奏的曲艺音乐采用单曲（山歌、茶歌、褒歌）形式；室内演唱的，则有乐器伴奏，由几支曲调连缀而成。民间小调也具有广泛的群众基础，是闽南风情的体现。

4. 民间舞蹈兴起

闽南民间舞蹈，起源于历代官府和民间的各种祭祀活动。大型的祭祀活动，都离不开乐队和舞队。如泉州的"先师之祭"，据《泉州府志》载："祭祀之乐，初用六佾……成化中乐加八佾……""佾"即舞队行数，人数纵横皆同曰"佾"，祭祀舞队达到六佾至八佾，可见阵容十分壮观。另外，民间每逢社日节庆、婚丧嫁娶、迎神

赛会，也少不了音乐和舞蹈。《泉州府志》载："泉中上元后数日，大赛神像，妆扮故事，盛饰珠宝，钟鼓震天，一国若狂。"在漳州地区流行的民间舞蹈如大鼓凉伞、大车鼓、竹马灯、打七响、穿灯舞等，颇具地方特色。厦门地区的民间舞蹈源自泉州、漳州地区，一些大型的舞蹈如舞狮、弄龙、大鼓凉伞、车鼓舞等，其形式、内容和音乐伴奏与泉州、漳州是一样的。

5. 民间曲艺丰富多彩

曲艺是一种说唱艺术，以带有表演动作的说唱来叙述故事，塑造人物，表达思想感情，反映社会生活。闽南民间曲艺历史悠久，流传甚广。

漳州地区流行的说唱艺术主要有锦歌、南词、歌册、答嘴鼓等。

锦歌原名歌仔或什锦歌，又称乞食调。唐宋时期锦歌初步形成，到明代基本定型。这是一种有器乐伴奏的歌唱形式，它来自民间，以方言演唱，有着浓郁的乡土气息。锦歌最初流行于漳州各县区及厦门、晋江等地，明末清初，随着闽南人东渡台湾，锦歌也在台湾落户，台湾歌仔戏的音乐就是在锦歌基础上融合当地民间音乐形成的。锦歌还跟随移居者在南洋诸岛的华人聚居地流行起来。南词大约在清乾隆年间由江苏扬州经江西传入龙岩、漳州，初称"赣州南词"或"赣派南词"，流行于漳州城区、龙海、漳浦等地。歌册（歌仔册）流行于漳州城区、东山、诏安、云霄和台湾，是用闽南方言念唱的唱本，在妇女中普遍流行。漳州歌册与台湾的歌册有着渊源关系，台湾的歌册又称"弹词"。答嘴鼓（又名拍嘴鼓），流行于闽南各地和台湾以及海外侨胞居住地，台湾至今称其为触嘴古。答嘴鼓的表演形式与锦歌的杂嘴仔和歌册相似。

厦门地区流行的说唱艺术主要有讲古、说唱等。

厦门的讲古由来已久。据清道光周凯《厦门志》载："有说平话者，绿荫树下，古佛寺前，称说汉唐以来遗事，众人环听，敛钱为馈。"这大概指的就是当时的说书艺人。说唱是厦门民间喜闻乐见的一种曲艺形式。锦歌说唱是厦门地区流传较早的民间说唱形式，传统曲目有《英台山伯》《孟姜女》《雪梅思君》《安童买菜》《娶某歌》《病子歌》等。芗曲说唱源自闽南地区歌仔唱和歌仔戏、高甲戏、梨园戏、竹马戏等部分曲牌（曲调），并吸收、融会锦歌、南曲、南词及山歌、民谣、小调等民间音乐而发展起来，是厦门民间流传最广、演唱最多的说唱。大广弦说唱用歌仔戏乐器大广弦和歌仔调演唱，主要流行于厦门地区。明末清初，月琴弹唱和琵琶弹唱在厦门农村地区流传，月琴弹唱的曲目大多是民歌小调和地方戏曲片段，琵琶弹唱的曲目则是选用有一定故事情节的南曲。此外，答嘴鼓这种曲艺形式在厦门地区也十分流行。

6. 民间戏剧争奇斗艳

泉州的梨园戏，又称"泉腔"或"下南腔"。宋元时期，梨园戏的戏剧活动与南音结合，形成一种新的戏曲声腔。到明代，当海盐、余姚、昆山、弋阳四大声腔盛行之际，"泉腔"梨园戏已经发展为闽南地区的独立声腔，漳属各县也纳入"泉腔"

范围。至清代,"泉腔"梨园戏仍独步闽南。明末清初梨园戏传入厦门,清末梨园戏在厦门极为盛行。

高甲戏(又名戈甲戏、九角戏)为闽南地区主要地方剧种之一。高甲戏最初是一种化装游行的演出,在闽南沿海农村地区,每逢迎神赛会或喜庆节日,人们喜欢扮成梁山好汉,排列成队,在民间乐曲伴奏下,即兴表演,当时叫"宋江阵",后来发展成为专业戏班。高甲戏因为演宋江的戏最多,所以又被称为"宋江戏"。

芗剧起源于漳州。明末清初,郑成功率部收复台湾,把流传于漳州的"歌仔"(锦歌)、"车鼓弄"等民间艺术带到台湾,同当地民歌小调结合,在城乡广为流行,并出现坐唱形式的"歌仔馆"。清末,由于迎神赛会的需要,出现化装游行的表演形式,称"歌仔阵"。芗剧即从"歌仔阵"发展而来,故称歌仔戏。

流行于漳州地区的木偶戏主要有布袋戏和提线木偶戏、铁线木偶戏、皮影戏等。布袋戏(也称掌中戏)出现于宋元时期,明清时期颇为兴盛。清中叶以后,出现不少布袋戏班社,形成不同的流派,各具特色。提线木偶戏(又名悬丝傀儡)在明代从永定、上杭传入,清代极为兴盛,主要流行于漳州、平和、南靖、漳浦、云霄等地。铁线木偶戏(亦称铁线戏)在清代由粤东传入,主要流行于漳州地区的诏安、云霄、东山、平和、漳浦等县。皮影戏(又称纸影戏)在清初从广东潮汕传入诏安、漳浦一带,用潮音演唱,念白也带潮腔,清中叶以后,皮影戏在民间盛行。

潮剧(又称潮调或潮腔)是南戏弋阳诸腔的遗响。明中叶,流入闽南、粤东的正字戏、四平腔,与当地民间小戏、民间音乐结合,演变成以闽南语系潮州方言演唱的地方戏曲。清末,潮剧就在漳州地区盛行,据《云霄县志》载:"俗淫于潮剧,每岁一街社至少演出十数台。"

这时期漳州地区流行的剧种还有竹马戏、四平戏等。竹马戏源于漳浦,是漳州古老的地方剧种,流行于漳州、龙溪、海澄、平和、南靖以及厦门、金门、台湾等地。四平戏是南戏弋阳诸腔之一,从江西传入福建,又由闽南进入粤东,在广泛流行中逐步演变为新的地方剧种。

7. 民间工艺美术异彩纷呈

明清时期闽南地区的绘画仍以国画为主,著名的画家如明代的张瑞图、黄道周,清代的谢琯樵、马兆麟等。漳州的谢琯樵还东渡台湾讲学,在日本、东南亚一带享有盛誉。马兆麟的画吸收海派艺术风格,对漳州画坛影响较大。清代开始出现画室、画社,如创建于清咸丰年间的阮积山画室。书法艺术方面,张瑞图与董其昌齐名,并称"南张北董",黄道周等人也是书法大家,在历史上产生过重大影响。

各类民间工艺创作不仅形式多样,技艺精湛,而且远播台湾和东南亚各国。

(1)雕刻艺术

石雕工艺以泉州惠安县最为著名。明初崇武半岛的五峰村和五陈村就已经出现最早的石铺"和晟石店",两村除在本地经营石雕业外,还到福州、厦门等地开设店铺,作品远销台湾和东南亚各地。福建的砖雕荟萃于晋江、浦城、建阳等地,晋江的砖雕陶质松软，胎骨多呈砖红、青灰两色。

彩雕神像具有很高的艺术价值。著名作品有明嘉靖年间(1522—1566年)泉州王弼创作的关圣帝君、关平、周仓、天妃神像及"郎君"立像。清代以来泉州知名的妆佛铺有"西来意"、"西明国"、"西方国"、"西天国"等，作品行销闽南各地及台湾、南洋群岛。

闽南木偶头雕刻久负盛名。最初由妆佛铺兼营，其中泉州"西来意"妆佛铺雕刻的木偶头就很有名，后来发展到有专业作坊，"周冕号"的木偶头雕刻曾名噪一时。

此外，泉州的锡雕、漳州长泰的木雕等行业也很发达。泉州锡雕工艺始于北宋，至清中叶盛极一时，以致在府城形成一条打锡巷。

（2）瓷器艺术

以泉州德化县生产的建白瓷最为有名。明代德化著名瓷塑家何朝宗塑制的10尊瓷佛像，是难得的珍品。其中达摩像、盘坐观音像、渡海观音像列为国家一级文物。欧美、日本等国著名的博物馆，都藏有何朝宗的作品。

（3）工艺画与剪纸

漳州木版年画始于宋，兴于明。明初，漳州曲文斋、多文斋等书坊兼营年画，较出名的是颜锦华书坊。清代以来漳州版画流行的作品主要为福、禄、寿、喜、门神，以及避邪的"狮头"、娱乐的"葫芦迷"，还有以神话、小说为题材的连环画和体现民俗活动的图案、花卉等。泉州的木版彩印年画也盛极一时，到清末除了义全宫巷的美记，还有通兴（美记本家）、重美和三兴三家。泉州传统漆画（又称磨漆画）是以髹漆工艺为创作手段的绘画艺术，是一种高档的美术工艺品。永春的纸织画在清代兴盛一时，从事纸织画生产的不下十家，纸织画作品远销至东南亚。

闽南剪纸艺术也十分流行，漳州的剪纸主要流行于漳浦、云霄、长泰等地。刻纸由剪纸发展而来，至光绪十八年(1892年)，泉州刻纸业十分兴隆，有刻纸作坊数十家，艺人达200余人，出了不少刻纸名师。

（4）民俗工艺

泉州的糊纸（彩扎）是为适应民俗的需要而发展起来的。糊纸工艺分"站艺"及"坐艺"两种，"金传胪"是老牌的糊纸店（原锦茂糊纸店）。民间彩绘工艺有着悠久的历史，其产品造型生动、色彩绚丽，具有独特的地方风格。泉州"妆糕人"是以粮食为主要创作原料的传统民间艺术，艺人主要分布在洛江区双阳镇前洋社区张厝村和永春县石鼓镇东安村。泉州灯品种类繁多，料丝花灯被誉为中国民间花灯妙品。

（5）生活工艺

随着戏曲艺术的兴盛，对戏服、道具的需求量越来越大，推动了刺绣业的发展。至清末，泉州已有绣铺数十家，如"得春堂"绣铺。漳州的刺绣源于明代，发展于清代后期，驰名海内外，被誉为"漳绣"。明末清初，泉州民间以金银制作首饰，到清代后期，首饰作坊和店铺不下数百家，其中以黄和清开设的"玉楼春"规模最大。

竹编工艺盛行，泉属各县普遍开设竹器铺，制作各式各样生活用品。永春漆篮始于明正德年间（1505—1522年），为永春仙夹龙水村的漆工所首创。此外，花轿、彩亭、香品、花炮等，也是传统工艺。

8. 宗教信仰多元化发展

明清时期，闽南道教、佛教普遍向世俗化发展，儒、道、释进一步合流，许多宫庙佛、道并祀。

道教的宗教活动成为世俗生活的重要组成部分。道士大多属正一派，全真派较少。道士在民间被称为"师公"，分为两种：一种是"乌头师公"，一种是"红头师公"。明清时期，闽南地区出现数次向台湾移民的高潮，先民所到之处，建起各种宫庙，供奉家乡的神祇，如彰化的元清观。东南亚各国如菲律宾、新加坡、印度尼西亚、马来西亚的华人社会中，供奉闽南乡土俗神的宫庙也很多，在宗教仪式、民风习俗方面，仍保留着故土的特色。

闽南地区佛教流派向来以禅宗为最盛，尤其以临济、曹洞两宗最多，彼此既互相渗透，又分立门户，各有传人。历代名僧辈出，不少传教海外，与日本及东南亚各国有密切联系。唐天宝年间（741—756年），鉴真和尚东渡日本，就有泉州超功寺僧昙静随同前往。明末清初，泉州开元寺的木庵率僧人赴日本长崎，清康熙三年（1664年），木庵继承隐元和尚的衣钵，成为黄檗宗第二代祖师，后来黄檗宗发展成为日本的一个盛宗，与临济宗、曹洞宗成为禅宗三大派。

元末泉州穆斯林上层人物介入朝廷政治斗争，使得伊斯兰教受到毁灭性的打击。虽然明永乐五年（1407年），朝廷颁发保护伊斯兰教、严禁欺侮穆斯林的敕谕，穆斯林的境遇有所好转，但由于统治者对伊斯兰教采取的排斥和限制的政策，伊斯兰教在明清时期逐步走向衰落。

9. 建筑艺术兼收并蓄

明清时期，闽南建筑向多样化发展。民居建筑主要是红砖大厝、土楼和土堡，在城镇地区，还有被称为"手巾寮"的街屋。典型传统民居为"皇宫式"大厝，这类建筑沿袭中原汉族古民居建筑的风格特征，如：建筑格局采用合院住宅布局形式，建筑材料以木头和砖石混合为主，屋顶人斜面皆成凹曲线，建筑装饰花样繁多，等等。明清时期这类建筑普遍设置东西向的护厝，大量使用花岗石、青斗石、红砖作为建材，红砖白石，雕梁画栋，高翘的燕尾脊和山墙，充分体现闽南建筑的风格。由于受到海外文化的影响，在建筑材料、建筑形式上也兼容海外的建筑特色。例如泉州蔡氏古民居建筑群，其精美的雕饰，不仅集中表现了闽南成熟的雕塑艺术，而且反映了受印度教、伊斯兰教及南洋文化和西方建筑艺术的影响，被誉为闽南建筑的大观园。

（六）近现代以来——闽南地方文化的转型

文化转型是特定历史时期新的文化形态逐步代替旧的文化形态的过程。鸦片战

争以后，厦门被辟为五口通商口岸之一，西方文化进入闽南地区，使之受到各种外来文化的浸染。这时期大量闽南人出国定居，他们既把闽南文化带到侨居地，影响当地文化，也把当地文化带回故乡，影响闽南文化。

近代以来，闽南地方文化的转型表现在以下几个方面。

1. 学校教育取代旧式教育

闽南古代教育的主要形式为官府办学和私人办学。清末废科举兴新学，原有府、州、县学先后改为中、小学堂，或成为祭祀孔子的场所；各类私学逐渐消失，代之以新式学堂。民国初，学堂改称学校。

近代以来，外国传教士在闽南地区兴办许多教会学校，华侨也开始在闽南地区兴办学校。1919年五四新文化运动后，提倡白话文，推广普通话，闽南地区各类学校相继创立，既有省、县政府办的官立学校，也有华侨、社会各界人士和教会办的私立学校。爱国华侨陈嘉庚先后在家乡集美镇创办集美小学、集美中学、集美师范学校、集美水产航海学校、集美幼儿园、集美商业学校、集美农林学校。1921年，陈嘉庚在厦门岛内创办厦门大学。陈嘉庚的女婿李光前也先后在家乡南安创办国专小学、国光中学，惠安人黄泰楠也在家乡创办惠南中学。

2. 文学创作呈现新的特点

鸦片战争后至五四运动前，是闽南近代文学形成和发展的时期。这时期的创作仍以诗歌、散文为主，题材主要有两类：一类是反帝反封建的，代表性作家如泉州地区的苏菱槎、吴鲁、龚显曾、林骚、吴增、苏大山、陈庆镛，厦门地区的陈嵩、林树梅、陈去病等，民国初期"温陵弢社"的作家也写了许多忧国忧民的诗作；另一类是反映民俗民情的，代表性作品如厦门地区的"竹枝词"，民国初期王步蟾等人的创作也有较大的影响。

五四运动后至中华人民共和国成立前，是闽南现代文学产生并繁荣发展的时期。1921年，陈嘉庚创办厦门大学，随后一批新文化运动的主要人物如鲁迅、孙伏园、林语堂等先后到该校任教。20世纪20—30年代，乡土小说家王鲁彦，左翼作家潘漠华，新月派诗人方玮德，女作家谢冰莹，剧作家、文学理论家杨晦，诗人汪静之、白采等，先后来到集美学校和厦门中学教书；巴金、郁达夫、艾芜、田汉等著名作家都来过厦门。抗日战争胜利后至解放战争期间，雷石榆、覃子豪等知名作家来厦进行文学活动，叶圣陶、靳以、徐迟、冯至、洪深、曹靖华、司马文森等著名作家还在厦门报刊上发表作品。在五四新文化运动的先驱和一大批著名作家的影响下，闽南地区文学呈现以下几个新的特点。

一是文学社团极为活跃，文学刊物兴盛一时。厦门地区主要文学社团分别为菽庄吟社、鹭江梅社、泱泱社、鼓浪社、瞰潮社、实艺研究社、天竹文艺社、厦门大学鹭风文艺社、厦门诗歌会、箆笮吟社、以学文艺社、厦门大学诗与画社、厦中剧社、笔会、诗与木刻社等；出版的文学刊物分别为《波艇》月刊、《鼓浪》周刊、《民钟日报》副刊、《灯塔》文艺月刊、《曙光》文艺周刊、《明日文艺》、《星光日报》的《星星》副刊等。

二是作家队伍不断壮大，文学创作呈现繁荣景象。除了鲁迅等五四新文化运动先驱和南下的著名作家外，这时期活跃在闽南地区文坛上的，既有在中国现代文学创作有广泛影响的闽南籍的著名作家，如林语堂、许地山、杨骚、林林等，也有一大批在闽南本地成长起来的知名作家，如陈梦韶、林憾、蒲风、童晴岚、马寒冰、许虹等。作家队伍的不断壮大，有力推动闽南地区文学创作的繁荣。这时期文学创作题材丰富多彩，真实地反映各个不同历史阶段闽南地区的社会生活；文学体裁向多样化发展，小说、散文、诗歌等领域都取得丰硕成果；在文学语言方面，也普遍采用白话进行创作，并逐步沿着大众化方向发展。

三是现代文学理论批评的形成。如谢冰莹为《厦门青年作品集》写序言，肯定该集编选者的文学理想和工作热情，分析其中许多作品的创作得失，明确提出自己的文学创作主张。抗日战争初期，诗人林憾大力提倡抗战文学，蒲风先后在厦门本地报刊上发表《现阶段诗人的任务》、《新诗不能歌唱吗》、《九一八后的新诗歌运动》、《展开厦门诗歌运动的旗》等文章，主张创作鼓舞抗日斗志、通俗易懂的诗歌。

四是民间文学搜集整理工作取得重要进展。闽南民间文学世代相传，并在东南亚各国华侨居住地和台港澳地区广为传播。自20世纪20年代以来，民间文学的搜集整理工作取得重要进展。如吴藻汀整理的《泉州民间传说》4册，由泉州泉山书社出版发行，影响很大。

3. 外来宗教文化的深刻浸染

近代以来，佛道日渐衰微。一些虔诚的佛教徒致力于佛教复兴事业，许多僧人到台湾、香港、日本及东南亚各国和地区弘扬佛法，或开展募化活动，有的居留当地兴建寺院。住观道士已很少见，大多在民间做法事，道教"有信无教"的状况日益明显。一般信众以祈福避邪为主要目的，只要有神可拜，便不问佛道。

明清时期，因为朝廷和地方官吏的抵制，基督教和天主教在闽南地区的传播并不顺利，发展教徒极少。鸦片战争后，特别是厦门被辟为通商口岸以来，外国传教士凭借列强的势力涌入闽南地区传教。自咸丰六年（1856年）起，近代基督教的一些教派先后传入泉州，其中有英国长老公会、伦敦公会、安立甘公会（又名圣公会）、美国归正教公会、美以美公会（又名卫理公会），西班牙天主教多明我会等。此外，还有日本教大谷派等。它们在闽南地区设立教堂、圣所，创办一批学校、医院，以教会学校和教会医院、育婴堂为据点，迅速发展起来，活动遍及闽南各地。厦门的新街礼拜堂、竹树脚礼拜堂、厦门港礼拜堂3个教堂，是英法美等教会组织传教的重要据点。

4. 各类现代新兴艺术兴起

近代以来，闽南传统民间艺术进一步发展和完善。同时，随着西洋文化的传入，闽南地区成为中外文化相互交融的地区之一。五四运动以后，随着新文化运动的深入开展，新兴的戏剧（话剧）、音乐、舞蹈、油画、版画、摄影等艺术创作与艺术活动空前活跃。这时期闽南地区出现一些新的音乐团体，如白鸽音乐研究社等，这些音乐团体以研究西洋古典音乐为主，并演唱进步的电影歌曲。厦门鼓浪屿素有"琴岛"之称，其钢琴艺术就是那时兴起和发展起来的，最早介绍钢琴音乐到中国的著名音乐家弘一法师（李叔同）两度到厦门，推动闽南现代音乐的发展。

在厦门鼓浪屿，有许多形制不同的建筑，是19世纪末开始外国殖民者营建的。那时候这里是"万国公地"，也是教会活动的据点。因此，建筑设计上也各具特色，较多融合了西方传统建筑风格，在不同程度上也保留了部分中国传统建筑艺术。这些建筑群是研究闽南建筑史的重要实物资料。

四、闽南地方文化的当代价值

闽南地方文化是在闽南地区经济和社会发展过程中形成的，反过来又推动闽南地区经济和社会的发展。弘扬传承闽南地方文化，对促进闽南地方文化的繁荣，推进海峡西岸经济区建设，增进海峡两岸交流与合作等，都具有重要战略意义。

（一）有利于促进闽南地方文化的繁荣

闽南民间工艺具有悠久的历史，雕刻工艺、瓷器工艺以及其他各类民俗工艺、生活工艺，都具有闽南地方特色。对这些传统民间工艺进行发掘、整理、研究和创新，对繁荣闽南地方文化，无疑具有不可忽视的重要作用。

闽南地区是"歌舞之乡"、"戏曲之乡"、"书画之乡"，要注意开发利用这些优秀文化资源，在保持其地方文化特色的同时，不断推陈出新，丰富其内涵和艺术表现力，让更多人接受，以促进这些传统艺术向前发展。

闽南古建筑是闽南地区古代灿烂文化的重要组成部分，它融合了历代建筑工程技术、民间工艺美术等多种元素，具有很高的历史价值、艺术价值和科学价值，做好闽南古建筑文化遗产的保护工作，对弘扬和传承民族文化具有重要意义。

（二）有利于推进海峡西岸经济区建设

闽南社会形成的历史背景和远离中原的地理环境，造就了闽南人独特的性格，形成闽南地区特有的文化，它不仅极大地丰富了中华文化的内涵，而且成为闽南人宝贵的精神财富。俗话说，一方水土养育一方百姓，一方百姓成就一番伟业。闽南人商工意识浓厚，他们"宁做鸡头，不当凤尾"，充分挖掘地方文化资源，根据厦、漳、泉各自的区位特点和优势，构建具有地方特色的经济发展模式。闽南人爱拼敢赢，曾经创造出"晋江经验"、"泉州现象"，当前要继续发挥这种开拓进取精神，增强创新意识，提高创新能力，推进闽南地区经济的可持续发展。闽南人具有兼收并蓄的开放意识，随着改革开放的不断深入，闽南人同样要以世界性的眼光，以兼容并蓄的博大胸怀，走向全国、走向世界，巧借外力发展和提高自己。闽南人历来爱国爱乡，要充分发挥闽南籍商人的作用，整合各方力量参与海峡西岸经济区建设。

（三）有利于增进海峡两岸的交流与合作

闽南与台湾一衣带水，具有地缘近、血缘亲、文缘深、商缘广、法缘久的五缘关系。宋元以来，闽南人陆续移居台湾，并先后形成五次移民热潮，闽南文化被带到、融入台湾，推动并深刻影响着台湾地区文化的形成与发展。因此，闽南地方文化对台湾同胞具有强大的吸引力和凝聚力，"闽台一家亲"、"两岸骨肉情"，成了两岸人民共同的情感。要充分利用闽南地区与台湾的"五缘"优势，发挥台湾岛内及海外闽南籍人士的作用，推动两岸经济和文化的交流与合作，寻求文化共鸣，增进文化认同，推动祖国和平统一大业早日完成。

参考文献

[1] 福建省地方志编纂委员会. 泉州市志 [DB/EB]. 福建省情资料库地方志之窗地市县志，www.fjsq.gov.cn.

[2] 福建省地方志编纂委员会. 漳州市志 [DB/EB]. 福建省情资料库地方志之窗地市县志，www.fjsq.gov.cn.

[3] 福建省地方志编纂委员会. 厦门市志 [DB/EB]. 福建省情资料库地方志之窗地市县志，www.fjsq.gov.cn.

[4] 黄庭满."闽南三角"崛起三大特色经济群落 [EB/OL].(2005-06-24). 新华网财经频道，www.xinhuanet.com.

[5] 林华东. 闽南文化的精神和基本内涵 [N]. 光明日报，2009-11-17.www.gmw.cn.

[6] 吴松青. 福建地方村落共同体的原始聚合形态及其影响 [M] // 闽文化研究会. 闽文化研究论文集 [G]. 天津：天津古籍出版社，1994:105-110.

[7] 郑文力，陈丽香. 闽南文化与闽南经济 [EB/OL].（2010-01-08）. 中国城市发展网，www.chinacity.org.cn.

第二章

闽南话

闽南话形成于1100年前，它是由河洛几经转折南迁的移民带来的中原故音。由于政治、经济、文化和地理等原因，闽南话脱离了北方故土语言后来的发展演变，稳固地保留了隋唐乃至秦汉的语言特点。

中华人民共和国成立后，由于国家的语言文字改革、社会的巨大变革、社会生活的巨大进步，半个多世纪来，闽南话发生了诸多变化，新近的两三代人已逐渐用普通话代替方言的使用，致使一些特色方言濒临消亡。

一、闽南话的形成

（一）汉语的分区与发展阶段

现代汉语十大区的方言都是由古代汉语发展演变而来的。汉语分为上古汉语、中古汉语、近代汉语和现代汉语。汉语各个方言的形成与发展，都和人口迁徙、与异族语言的融合渗透诸因素紧密相关。

按照中国社会科学院和澳大利亚人文科学院1987年和1990年分两次正式出版的《中国语言地图集》，现代汉语的十大方言区为官话区（北方方言）、晋语区、吴语区、徽语区、赣语区、湘语区、闽语区（闽北话和闽南话）、粤语区、平话区和客家话区。

现代汉语普通话是现在汉语的共同语。汉语共同语先后经历如下阶段：周秦"雅言"、西汉"通语"、东汉魏晋"洛语"、南朝"吴音"、隋唐"汉音"或"秦音"、宋元"正音"或"雅音"、明清"官话"及当代的现代汉语普通话。共同语是在官场和文学中使用的主导语言的基础音系，它们都是以历代的政治经济文化中心的语言为标准音或代表。下面是历代的国都变迁。

西安（镐京） → **洛阳**（雒邑） → **西安**（咸阳）（长安） →
西周　　　　　　　东周　　　　　　　秦（雅言）　　　　西汉（通语）
前1066—前771年　前770—前221年　前221—前206年　前206—8年

洛阳（雒邑）（洛阳） →		南京（建康） →	
东汉	西晋（洛语）	东晋	南朝（吴音）
25—220 年	266—316 年	317—420 年	420—589 年
西安（长安） →		开封 →	杭州（临安）→
隋	唐（汉音/秦音）	北宋	南宋
581—618 年	618—907 年	960—1126 年	1127—1279 年
北京（大都） →		南京 →	北京
元（正音/雅音）		明 明	清（官话）
1279—1368 年		1368—1403 年 1403—1644 年	1644—1911 年

国都的两次大变迁都是围绕着四京进行，即西京（长安）、东京（洛阳、开封）、南京（建康）、北京。汉语的主导音系也随之产生了2次大变迁。从以上可以看出，汉语共同语的音系的根在河洛，它是各个时期汉语共同语及其方言的源头。

西晋末年至今近2000年，中原汉人有过3次大迁移。

第一次大迁移发生在五胡乱华之后。

311年，西晋怀帝永嘉五年，匈奴、鲜卑等北方游牧民族趁晋室八王之乱之机攻陷洛阳，史称永嘉之乱。晋元帝遂率中原汉族衣冠仕族居民南渡，即所谓"永嘉之乱，衣冠南渡"。"洛京倾覆，中州士女避乱江左者十六七"。中原汉人大批越淮南渡，先后90万人，其中落户在今江苏和安徽境内的占南渡人口一半，而中原汉人人口则由西晋时2000万锐减为400万左右。

东晋建都建康（南京）后，河洛的语言也跟着南渡。到了南朝宋的时期，洛语在江南上流社会已经普及。由于人口与文化的交融，出现了中原汉语"南染吴越"的局面，即汉语的吴越化，但当地吴越语也逐渐汉语化。源于中原的上古汉语，经过东晋和宋齐梁陈，在江南形成了新的主导语言的基础音系——中古金陵语音系统。到这时，上古汉语完成了演变为中古汉语的过程。

自永嘉以后，北方也出现民族融合，扩大了中华民族的内涵。在130年时间里，中原陷入胡人分裂混战的局面。胡人在中原虽是武力的胜利者，但文化上却被汉族同化，出现了中原汉语"北杂夷虏"的现象。胡汉文化的调和融合，取长补短，开创了隋唐文化的基础。

第二次大迁移发生在唐末五代时期。

隋（581—618年）、唐（618—907年）相继建都长安（今西安），以洛阳为东都，主导语言基础音系又回到了北方，"秦音"或"汉音"逐渐成为唐代主导语言的基础音系。

唐末五代十国的200年间，中国历史上出现了第二次大分裂。由于安史之乱、五代十国的割据，汉人又一次进行了自西而东而南的迁移。这次迁徙使吴、赣、湘、闽四种方言分别整合成各具特色的汉语方言。南方诸方言由于迁出地的语言差异，以及迁入地百越多种语言的影响，呈现较大差别，而北方方言相对较一致。闽语形

成的基础，与吴语、湘语、赣语一样，是东晋时候奠定的。而中原汉人大批入闽则是在唐初和唐末。闽南话也在此时最终形成，并延续至今。

第三次中原汉人大批南迁出现于宋末。

女真人建立的金国灭辽以后进攻北宋，汴京陷落，徽宗、钦宗二帝成了俘虏，史称"靖康之难"。朝廷被迫迁都临安，史称南宋（1127—1279年），而北方相继为金元所统治。中原汉人在这100多年间的动乱中再次渡江南下。至此，东南各省除了湘西桂南和海南岛的五指山区之外的多数地区都汉化了。东南部各地区不论是吴、赣、湘还是闽、客、粤，其方言都已定型，并且和现今的结构系统相去不远。

南宋时期，虽以临安（杭州）为都，但当时汴洛"宋音"主要迁往临安和江宁（南京、扬州等）两处。临安话因周围为吴语区，虽保留中原汉语的一些特点，但终究为吴语同化。而以江宁为中心的江淮一带，当时迁进几十万中原居民。因江淮语在六朝时已被中原汉语覆盖，加之地处吴语北部边缘，因此迁往江淮的"宋音"相对纯正地得以保存。留在汴洛的中原之音，历金元近300年统治，已非中原旧音。1368年朱元璋在应天府（南京）称帝，1421年明朝迁都顺天府（北京），直至1644年清朝建都北京，南京音都是明清官话的基础音系。

这次人口大迁移促成的主导语言基础音系的大变迁历时近900年之久（600—1468年），汉语完成了从中古至近古的发展。

20世纪逐渐上升为主导音系的北京话，则是明初迁往北平的江淮话的演变，也就是说，现代北京话是以明代江淮话为基础音系演变的。

（二）闽南话的形成

十大方言区里，闽语属一个大区，包括闽北小区和闽南小区。虽然福建境内方言土语之多在全国首屈一指，各地间很难通话，但从语言学的角度看，厦门话、福州话、南平话、三明话等存在诸多有别于其他方言的共性。整个闽语在唐代形成，这与中原汉人大规模入闽的时间相吻合。

方言是历史发展的产物，是社会分化的必然结果。方言的形成，主要原因是社会的分离、人民的迁徙、山川的阻隔、民族的融合以及与不同语言的接触。

闽方言的形成，始于东汉末中国历史上的第一次大分裂至五胡乱华。这段时期分裂时间长，战乱不断，灾难深重。黄河流域的人们大规模迁移到长江中下游，他们带到南方的是4、5世纪的中原语音。闽语形成的基础，与吴语、湘语、赣语一样，是东晋时候奠定的。

历史上中央政权对福建的经略比较晚，东汉中叶，福建几乎没有设县立制。

三国（220—280年）以前，福建居住着古闽越族人。三国时期，东吴人民逐步从会稽经浦城进入福建，集中在闽北和闽中山区开发，这是首批入闽的汉人，但人数不足于形成方言。闽方言的形成是唐代中原汉人大规模入闽的结果。

根据境内州县设置的时间和分布，人口数字的变化，唐以前福建的经济文化还相对落后。福建得到开发是在唐朝，人口快速增长也是在唐宋时期。唐朝后期的战乱，不仅使中原受到严重破坏，江淮、江南也不安宁，加上平原地区人满为患，北方移民才大批向浙闽山区迁移。移民落脚地从闽北、闽中逐渐向闽南推移，以漳、泉为最多。由于福建地貌分割与不整合，移民的落脚地便形成一个个相对独立的地理单元。他们入闽之后，无法与外界保持经常的联系和交往，致使福建地区文化呈现多元化的特点，族属、方言、习俗、信仰都有很大的差异。福建方言的差异是与福建的地理特点密切相关的。福建境内众多山岭，将不同江河流域阻隔成各个相对独立的地理空间，各地交往比较困难。福建方言的分布与水系的分布基本吻合。闽江上游的建溪流域是闽北方言小片，沙溪流域是闽中方言小片，富屯溪、金溪流域有闽北的客家方言，闽江自古田而下是闽东方言小片，木兰溪流域分布着莆仙方言，晋江和九龙江下游连成一片平原，形成闽南方言片。

永嘉五年（311年），匈奴攻陷晋都洛阳，皇帝成了俘虏。据统计，永嘉之乱后，中原人民南下避乱者占中原人口的1/6。避乱者中的望族，渡江之后，便随皇帝（司马睿，317年在建康即晋王位，史称晋元帝）定居在富庶的江淮一带。次一等的士族，有一万余人由中原入浙江、江西。

历来的志书、字书都记载，南下中原人有一部分进入福建。如《三山志》记载："永嘉之乱，衣冠南渡，如入闽者八族。"又据杨恭桓《客话本字》说："自西晋永嘉五胡蹂躏，冠带数千里之地，戎膻污染，靡有宁居。于是衣冠之族，豪杰之徒，如侃（陶侃）逊（祖逊）峤（温峤）琨（刘琨）之辈，相与挈家渡江，共图恢复；王（王导）谢（谢安）之家，尤为卓著。王、谢，旧河东太原人也。其余入闽诸姓，则有林、何、邵、胡等八家。"看来上述入闽的说法，疑似郡望高靠，并存在以讹传讹的倾向。

从闽语与浙西、江西部分语料分析，闽语吸收了古百越族语素成分，也间接从浙语吸收并保留了上古汉语的诸多重要特征；而浙语进一步演化，不如闽语存古明显。

永嘉之乱的300多年后，李唐王朝以泉州间"蛮獠啸乱，人民苦之"为借口，于唐高宗总章二年（669年），自中原调兵遣将，发动对畲民的镇压。据史书载，这次南来的有以河南光州固始县人陈政、陈元光父子为首的120名将领，接着又调来58姓军校增援。后来，大部分兵士定居了下来，在漳江（今九龙江）流域垦荒开发，陈元光成了"开漳圣王"。

再过300年，王审知的儿子王延翰于926年立闽国称帝。唐代末年，外族入侵，军阀混战，北方是五代更替，南方则十国称王。五代历时48年，十国89年。当时，河南光州固始人王潮、王审知兄弟乘乱起兵南下，率领数万军队在福建转战8年，终于据有福建全境。896年，王潮被朝廷册封为福建威武军节度使。在这期间，汉人骤增，中原文化深深扎根于此，闽南话在这个时期也得以定型。这次入闽带来了10世纪的中原汉语，最终形成了闽南话并使用至今。

又过300多年之后，宋代由于金元相继迫境，大批皇室人员相率避乱南下。

1276年，宋端宗赵罡在福州即位后，为元兵所迫，常奔走于泉州、漳州、潮州、惠州等地，最后死于厓山。3年之后，赵昺即位，因元兵从海上来犯，出战不利，投海而死。这一时期，北方来了不少忠义保驾之士，史称军兵70万，民兵30万。他们后来都留寓闽粤一带。闽南方言区的泉州、漳州、汕头等地，都有宋室的遗民定居。加上唐代以后，闽粤等地常作为朝廷仕宦贬谪之地。随着宋室遗民的定居以及这些官宦文人的到来，中原文化被带到了福建南部，促进了汉语在闽南地区的传播及语言文化在这一地区的发展。

以上历史事实告诉我们，作为汉语方言重要一支的闽南话，远在1000多年前的唐末五代就已经形成了。闽南方言在语音和词汇方面存在着不同于现代汉语普通话及其他汉语方言的某些重要特征。这些特征说明，闽南话可能直接继承了上古汉语系统，尤其是其声母系统，它没有参加隋唐以后北方汉语语音的演变。

由于闽南方言区地形复杂，山川阻隔，交通不便；又由于远离历代全国的政治文化中心，农村自然经济长期起主导作用；加上汉语入闽的年代差异，入闽前的地域差异，百越族原住民使用语言根词的影响以及闽南人的进一步向外地、外国大规模迁移，在千百年的使用和发展过程中，闽南话内部逐渐形成了纷繁复杂的种种差异。

二、闽南话的特点

下面从两个方面讨论闽南话的特点：一是从语言内部的语音、词汇和语法加以讨论；二是讨论闽南话的存古和与普通话的主要差异。

各种语言都由三个要素，即语音、词汇和语法组成。古代汉语、现代汉语普通话及其各个方言，词汇和语法基本相同，差距较大的要素是语音。

汉语是种声调语言，古代汉语、现代汉语普通话及各个方言都由声母、韵母和声调三个部分组成。闽南话的声韵调与普通话及其他方言有共同或接近共同之处，但存在的差异更为显著，以至于有人觉得闽南话像外语一样难学。

（一）语音

1. *闽南话的声韵调体系*

（1）声母

闽南话共有14个声母，即：

双唇音　b p bb(浊音)　　　　舌尖前音　z c s
舌尖中音　d t l　　　　　　　舌根音　g k gg（浊音）h
零声母　以 y、w 开头的，以及如"安 an"、"锅 e"等字

（2）韵母

闽南话共有86个韵母，即：

元音韵：

a   o   oo   e   ai   ao
i   iu   ia   io   iao
u   ui   ua   ue   uai

鼻音韵尾：

am   im   iam   m   （合口鼻音）
an   in   ian   un   uan   （前鼻音）
ang   ong   ing   iang   iong   uang   ng（后鼻音）

鼻化韵：

ne   na   noo   nai   nao
ni   niu   nia   niao
nui   nue   nua   nuai

塞音尾韵：

ap   ip   iap   （合口塞音）
at   ut   uat   it   iat   （舌尖塞音）
ak   ok   ik   iak   iok   （舌根塞音）

喉塞尾韵：

ah   oh   ooh   eh   aih   aoh
ih   iah   ioh   iuh   iaoh
uh   uih   uah   ueh   uaih
mh   ngh

鼻化喉塞尾韵：

neh   nah   nooh   naih   naoh
nnih   niah   niaoh
nueh   nuaih

（3）声调

闽南话共有7个声调，即阴平、阳平、上声、阴去、阳去、阴入和阳入。

其调类和调值如下：

阴平   阳平   上声   阴去   阳去   阴入   阳入
 44   24   53   21   22   32   4

普通话的标调为 ā、á、ǎ、à，即 55、35、214、51。1、2、3、4、5，即 do、re、mi、fa、so 五度音阶的唱名。

闽南话7个声调在语句里都可能发生连读变调，其规律是上字变调，下不变调；变调后不产生新的调值，而是变成其他调类的调值。普通话变调的仅有上声及"一、七、八、不"四个字。

	阴平	阳平	上声	阴去	阳去	阴入	阳入
本调	44	24	53	21	22	32	4
变调	22	22	44	53	21	4/53	21

此外，一个汉字有文读音和白读音之分，这是闽南话的一个突出特点。闽南话的文白异读，不像某些方言只是一种语音现象。闽南话的文白异读与方言词汇的构成及方言发展的许多现象有着密切的关系。这种文白对应现象，为方言区广大群众所熟悉和掌握。方言区人们所指的"读册音/解说"、"孔子白/土音"，即"文读音/白读音"。尽管闽南话内部语音有大同小异的差别，但文白异读是共同的特点。闽南话3000多个常用字里，文白并立占1/3强。

2. 闽南话与普通话及古汉语语音比较

上古的中原汉语入闽之后，便与老家的语言脱离了联系。唐宋时代，北方的语音发生了不少质的变化，而厦门话却在福建特殊的环境之下把上古语音的一些重要特征保留了下来。

（1）声母

① 上古汉语没有声母f，闽南话也没有声母f，在这点上闽南话始终保留与上古音一致。清代语言学家钱大昕著名论断"古无轻唇音"，即上古没有唇齿音。

② 上古汉语没有卷舌音，闽南话也没有卷舌音，普通话一部分卷舌音字zh、ch、sh，闽南话读z、c、s；另一部分卷舌音zh、ch的字，闽南话读为d或t，保留了上古汉语语音的重要特征。清钱大昕指出"古无舌上音"，舌上音指的就是卷舌音。

③ 普通话一部分读j、q、x的字，闽南话读为z、c、s或g、k、h，这也是上古汉语语音的保留。

④ 闽南话l、n、r不分，中古泥、来、日三个声母，上古也不分。

⑤ 闽南话保留中古汉语的浊音声母bb和gg，这在汉语诸方言中较为少见，尤其北方方言中更是绝迹。

（2）韵母

① 闽南话没有撮口呼，普通话的撮口呼（以ü为韵母或介音）字，闽南话基本上读作u，部分读作i。

② 保留合口鼻音韵尾m，因此，全套的3个鼻音韵尾m、n、ng齐全。

③ 保留古代入声字韵尾的读音p、t、k及其弱化形式喉塞尾韵h，读法类似英语的失去爆破。北方人易觉察闽南人说普通话时不少音发音短促，中老年人尤甚，就是闽南人保留古入声字发音急促的特点。

④ 具有丰富的鼻化韵，外地人听闽南人讲话，能觉察到浓重的鼻音。

⑤ 除入声韵和鼻化韵之外，闽南话特殊的韵母还有oo、e、io、am、im、iam。

⑥ m和ng可单独作韵母，也可单独组成音节。

⑦ 没有儿化韵。

（3）声调

① 普通话只有平声分阴阳，没有入声；而闽南话除上声外，平去入皆分阴阳（泉州话上声分阴阳，去声不分阴阳）。

② 闽南话7个声调与普通话的4个声调及其阴阳有极强的对应规律，因为都是对中古汉语语音的继承和发展。

③ 中古汉语的入声分派到今天普通话阴阳上去四声里，而闽南话完整保留了中古的入声，因此对应规律极强。

④ 闽南话还有个轻声，它本声不单独出现，它的调值常常随前后字的声调而变化。

（二）语词

闽南话的词汇和汉语普通话有很大的差别，它拥有与普通话不同的根词——常用基本词汇。这些根词构成了一系列富有方言色彩的词语。一两百年来，在与海外的交往中，闽南话又大量地吸收了普通话所没有的外来语（特别是印尼语和马来语）。新中国成立后，闽南话受普通话影响，又大量地吸收了普通话语词。

各种语言词汇中最主要的部分是基本词汇，它和语法一起，体现了语言特点的本质。基本词汇由基本词构成。基本词虽然数量较少，却很重要，使用率高，生命力强。基本词有很强的稳固性，许多词从甲骨文时期使用至今。它们是构成新词的基础，其能产性极高。如：

天、地、日、月、山、海、树、草、花、水、火、风、雨、雷、电、云、雾；柴、米、油、盐、糜（粥）、饭、菜、衫（上衣）、鞋、碗、箸（筷子）、刀、笔、册（书）、厝（房屋）、车、船、路；头、面（脸）、鼻、目、喙（嘴）、齿、耳、手、骹、心、血；公（爷爷）、妈（奶奶、姥姥）、父、母、囝（儿子）、兄（哥哥）、弟、姊、妹、翁（丈夫）、某（妻子）、姑、姨、舅、妗（舅妈）；行（走）、走（跑）、徛（站）、食（吃）、啉（喝）、吼（哭）、哭、笑、读、写、学、想；大、细（小）、侪（多）、少、长、短、悬（高）、下（低）、好、否（坏）、紧（快）、慢、轻、重、酸、珍（甜）、鲜美、苦、辣、咸、寒、冷、热、烧（烫）、清（凉）、冷、青（兰、绿）、乌（黑）、水（美）、雄（凶、猛、狠）；我、你（又作女、汝）、伊（他、她）、谁、遮（这里）、遐（那里）、即（这）、迄（那）；东、南、西、北、顶（上）、下、前、后、内、外、早、晏（晚）、春、秋、年、月、日、昼（中午）、暝（夜晚）、晡（上、下午）；一、二、三、四、百、千、万、斤、两、尺、寸、箍（元）、角、项、款、领、只、爿（边）、摆（次、回）；拢（都、全）、野（很）、真（很）、迹（这么）、赫（那么）、甲（和、与）、佫（又、再）、则（才、再）、唔（不）、未（还没）。

闽南话语词有如下几个主要特点：保留大量古词古义；保留大量单音词；吸收有别于普通话的外来语借词；使用大量的普通话词语，而且在方言交际中普通话词比例迅速加大。

语言的特点，除从语音和语词进行分析外，还有语法。但汉语及其方言语法基本一致，都是靠词序来组句辨义，差异是细微的，因此本文不加赘述闽南话的语法。

三、闽南话的传播

（一）闽南话在国内外的分布

闽南方言是福建省的第一大方言。闽南方言除了分布在闽南地区各县市之外，它还随着社会的发展，随着方言区人民的向外迁移而广泛地向外流播。

1. 国内

在国内，闽南方言主要分布区域跨越5个省份，即福建、台湾、广东、海南和浙江。

（1）福建省

厦门市及市郊各区、泉州的三市五县四区（包括金门县）、漳州的八县一市二区以及三明市的大田、尤溪部分乡镇。

《中国语言地图集》把这一带的方言列为漳泉小片。该地区的闽南话即本土闽南语，漳州和泉州是语言学范畴内所指的各种闽南方言的发源地，世界各地的闽南方言，源头都是漳州话和泉州话。

此外，福建西部的龙岩市、漳平市，东部宁德市的宁德和霞浦、福鼎诸县的沿海地区，北部的武夷山、建宁两县的部分地区也通行闽南话。

福建省内使用闽南话的人口近1800万人（2010年全省常住人口近3600万人），讲闽南话的占全省人口一半略强。

（2）台湾省

台湾是闽南方言在省外传播最广的地区。除高山族外，台湾大部分地区，主要是北部、西部人口稠密的沿海平原和丘陵地带，差不多通行着近于漳州音的闽南话，使用闽南话的人口1800多万，约占全省人口的80%。闽南话是台湾省的主要方言。

闽南人移居台湾始于宋代，但大规模的迁移则是17世纪中叶郑成功收复台湾前后。今台湾汉人的祖先，由漳州府移居的就占1/3，其他的主要是来自泉州市各县、厦门同安区以及广东的潮州、汕头等地。

（3）广东省

广东东部的闽南话即潮州话，《中国语言地图集》称之为潮汕小片，源于福建莆仙地区。宋代初年，今莆田仙游的方言与泉州话相差无几。因人口增加，耕地不足，人民纷纷越过泉州、漳州，向潮汕迁徙，继而移居海陆丰及雷州半岛，最后过海至海南岛，并把闽南话带到那里。广东省的闽南方言区，使用人口共约1412万人。

(4)海南省

海南话以文昌话为代表,与其他片区的闽南话的差别最大,基本上不能沟通。海南使用闽南话的人口有400多万。

(5)浙江省

明末清初时期,由于捕鱼、晒盐等原因,大量的闽南人从龙溪、海澄、漳浦、安溪、惠安、同安等地迁徙到浙南的温州、台州、舟山群岛一带,他们把闽南话带到了浙南地区。由于自身的演变和受浙南吴语(瓯语)的影响,浙南闽语与闽南本土的闽南话形成一定差别。《中国语言地图集》列之为浙东闽语小片。浙江省约有140万人说闽南话。

以上5省之外,江西的东北部、广西东南部、江苏宜兴县南部山区以及成都附近也有闽南方言通行。

香港、澳门地区说闽南话的有几十万人。

闽南人在国内的移居,或因捕鱼、晒盐,或因海运营商,或因采茶、垦荒,也有因参加农民起义军或抵抗外来侵略而随军驻扎定居的。

2. 国外

闽南人不但把闽南话带到国内许多地方,还带到海外许多国家和地区。

闽南地区的海外交通发展很早。唐代开始,泉州就同非洲和中东一些国家有交通贸易往来。南宋至元代,泉州港已成为世界最大的贸易港口之一。许多外国人远涉重洋,登陆中国的第一港口就是泉州港。后来,漳州和厦门也都先后成为世界重要大港。

为了逃避统治阶级的残酷剥削和压迫,勤劳勇敢的闽南人民,不畏波涛风险,纷纷离乡背井,相携到南洋各地谋生。他们的足迹遍布新加坡、马来西亚、越南、老挝、柬埔寨、缅甸、泰国、菲律宾、印度尼西亚和斯里兰卡等国。几百年来,闽南人在那里生息繁衍,闽南话也就随之在南洋各国生根发展。华侨、华裔中,使用闽南话的人口至少有1000万人。

其中,作为闽南方言的小区潮州话,在海外分布很广。海外潮人聚居的地方,如泰国曼谷和其他城市的唐人街(China Town)、法国巴黎的唐人街、柬埔寨的大部分华人、越南的一部分华人使用潮州话。全世界以潮州话为母语的大概有3000万人。

据统计,海内外操闽南方言的人数达8000万。

闽南方言分布区域虽然很广,可是各区人民一向没有断绝彼此间的往来,尽管方音存在差异,因来源相同,各地说话仍可相通。从语言系统的特点来看,闽南方言可分为四大支系,即福建南部和台湾、潮汕地区、浙江南部以及海南地区。这4个支系中,浙南闽语最接近厦门话、台湾话,潮汕次之,海南差距较大。

这里顺带说一下韩语、日语和越语。这三种语言与汉语没有亲属关系,但同属汉语文化圈,使用了相当多的中古汉语借词,保留了中古汉语语音的许多重要特征,致使韩、日、越的语言,相当多的字义与读音与闽南话非常相近,并且对应规律极强。

韩语中有很多语词的发音是从中国传入的。韩文保留了一部分汉语古代发音。日语情形相似,不过日语中和汉语发音相近的词语比例没有韩语高,韩语有60%~70%的词语是汉语固有词。

百济汉字音是随佛教从中国的"吴地"传到韩国,后来又随佛教传到日本。日语吴音是借自古闽语,而不是现代的吴语。说古闽语的人在南北朝时期原是居住在长江下游的江浙一带(也就是现在的吴语地带),后来又迁移到福建。

越南共有两次长期内属(北属)。第一次共约150年,从汉武帝元鼎六年直至光武帝建武十六年(前111—40年)。当时传入越南的汉语称"古汉越语",数量不多。

第二次的内属共330余年,从隋仁寿三年至后晋天福三年(603—938年)。唐初,置安南都护府,在安南设学校,授汉语,汉越语就是那个时候产生的。汉代越南借用汉语的词汇只是口语的,唐代却需兼通文字,并学习唐音(长安音),因为安南人还要参加中国的科举。越语本是单音语,和汉语的性质相近似,所以口语中吸收汉语词汇很容易。

(二)闽南话的代表

语言的发展是不断地分化和整合的过程。分化使方言的差异逐渐增加,而整合则是方言的集中和磨合。随着社会的统一、政治的稳定、经济的繁荣和文化的发展,方言总是向着民族共同语集中。与此同时,方言还向本地区的政治经济文化中心靠拢。区域的政治经济文化中心的语言,一般就成为整个区域的代表点方言。

最先,闽南话的代表点方言是泉州话。泉州是闽南地区甚至整个福建省开发最早的地区之一。据《唐书》记载,唐代开元年间泉州府就有5万多户人家。唐代开始,泉州是全国重要的海外交通中心之一,同非洲和中东一些国家就有交通贸易往来。宋时,泉州港地位跃居全国之首,成为世界最大的贸易港口之一,是"东方第一大港","海上丝绸之路"的起点。当时,居住泉州的外国侨民多达万人以上。泉州是海外华侨、华裔、台港澳同胞的主要祖籍地之一。1000多年来,泉州一直是闽南地区政治经济文化的中心。泉州话也因此成为闽南方言的第一个代表点方言,它在闽南方言中的主导地位一直持续到19世纪中叶。

明代中后期,泉州港衰落,为漳州的月港所取代。月港一度成为我国东南沿海的海外交通中心和对外贸易的主要商港,在世界海上交通和国际贸易方面占据重要地位,月港海商的足迹遍及东南亚诸国。郑成功于1661年收复台湾,从漳州府带去的兵民,就占了全部移居台湾人数的1/3,漳州话便随之被带到台湾。可是,月港地靠内陆,船舶出入均经过厦门,在闽南地区,漳州话最终未能取得代表点方言的地位。

取代泉州话作为闽南话的代表点方言是厦门话。厦门是地处漳泉之间的一个岛屿。宋时称嘉禾屿，明为中左所，1656年郑成功改称其为思明州。行政上，厦门在唐代隶属泉州清源郡南安县，宋代由泉属同安县管辖。明清两代，厦门的海上交通和对外贸易非常发达。

郑成功把厦门作为讨伐清廷和收复台湾的据点之后，积极开展海上贸易，厦门一跃而成为我国东南地区对外贸易的中心。康熙二十三年（1684年），厦门设立海关，正式开放为对外贸易口岸。雍正五年（1727年），清廷规定船只出入，只能在厦门和虎门守泊；别处口岸，概行禁止。这样，在鸦片战争之前，厦门对外贸易已处鼎盛时期。

鸦片战争之后，厦门被辟为通商口岸，闽南地区的政治经济文化中心最终移到了厦门。厦门话也就逐步成为闽南方言的代表点方言。

厦门话为泉属同安话（含翔安话）的一种变体。同安话是介乎漳、泉话的一种次方言。厦门话兼有泉州话和漳州话的一些特点。因此，在语言上，厦门话是闽南方言最具代表性的，它可通行于整个闽南地区。

四、闽南话的发展演变与闽南社会

语言既是社会发展的产物，又反映、记载了社会的变化。语言是文化的一个领域，同时又是整个文化的载体。闽南话是中古闽南社会形成的产物，同时又记载了闽南社会发展的历程。下面我们就闽南话在语音和词语方面的发展变化，讨论闽南话对社会进步的反映。

闽南地区与我国语文现代化运动关系历来极为密切。在泉州产生的"三推成字法"为我国最早的拼音方案；产生于厦门的教会罗马字是现行《汉语拼音方案》的滥觞；厦门是最早积极推行"官话"和拉丁化新文字的方言区之一；先期创制方言罗马字的是厦门。新中国成立初年，厦门成立新文字研究会，修订厦门话新文字方案，出版《新文字》刊物，开办新文字学习班，成立新文字学校。之后，又积极参加全国文字改革运动。

促进厦门话发展变化并影响最显著者是《汉字简化字方案》、现代汉语普通话及《汉语拼音方案》的大力推广。厦门素有开放与改革的意识和传统，又有20世纪30年代拉丁化运动和新中国成立初期的新文字研究会活动的基础，教育程度相对比较高；改革开放后，外来人口增加，20世纪80年代开始，外来人口更呈激增态势，用普通话交际的需求程度越来越大；中小学以及家庭强制性半强制性地推行普通话；加上各种媒体采用强势的普通话产生的深远影响，促使厦门话半个多世纪以来发生了不少变化，且变化的速度大大超过以前汉语发展史的任何阶段。

方言向共同语整合是大趋势，是历史的必然，规律是不以人的意志为转移的。但消亡绝非在短期内发生，方言的基本特征，特别是语音的主要特征及基本词、特殊语法是不易消亡的。

总的说来，厦门话60多年来的变化主要表现在词汇和语音方面，具体有如下几个特点。

（一）语音变化

这一方面的变化，体现了国家的统一、社会的进步、教育的普及、传媒手段的发展、普通话的强势和方言的向心。

首先，语音方面，浊音声母dz和g消亡；部分入声字弱化乃至消失；声母z、c、s发音部位起变化，即颚化，接近普通话的j、q、x；韵母o非圆唇化；ng向eng靠拢；普通话借词的大量使用，促使文读音使用频率加大，白读音使用频率相对缩小；声调发生变化。

其次，语词方面，大量吸收普通话借词和其他方言借词；老词语的进一步消亡；训读字、误读字的大量出现。

最后，变化不仅表现在厦门话本身，还表现在厦门人所说的普通话。

1. 浊音声母的弱化及部分消亡

（1）中古声母日母所领属的字，普通话多以r为声母，20世纪50年代，厦门尚读明显的dz音。今已完全和中古泥、来母字混同，均读为l，即l、r不分，n也完全混同。如：然／连，茸／龙，人／鳞，入／立，儿／厘，二／利。这一变化，除少数老年人外，在20世纪60—70年代时就已完成。

（2）厦门话读gg的字，普通话声母多读为y、w或其他零声母，个别读为n。受普通话的影响，厦门的青少年及大多数的中年人甚至老年人，gg声母已经消失或近乎消失，即便是千年口耳相传的根词"我"字也难于幸免。中古疑母字，原读为gg，60多年来，逐渐由弱化，到即将消亡，而转读为其他声母。

读为u：我／倚，语／雨，外／画，原／员

读为i：严／盐，研／演，业／叶，玉／育

读为其他零声母：俄／蚝，艺读为e，卧读为o

少数仍保留浊音：狱（ggak），癌（ggam）

误读：雁（混同燕），语（读同武），危（危险读为huihiam）

甚至读为训读：眼〔目（bbak）〕

调查结果表明，gg声母的弱化及消失是总趋势。但各人的发音情况不尽相同，这与个人及长辈受教育的程度，双亲是否均为厦门人，个人的工作环境都有很大的关系。

浊音声母gg变化过程拖得较长，情况比较复杂。总的说来，中小学生及50岁以下的人，gg发音基本消失，最为典型的例子是："语文"ggu bbun读为bbu bbun，"英语"ying ggu读为ying bbu。如果追问他们"语"字怎么读，略一思考，便回答"wu"。

2. 部分入声字的弱化乃至消失

同许多方言入声尾p、t、k消失的过程一样，厦门话文白对应系统中，文读收

尾为 p、t、k，白读为喉塞尾韵者比比皆是。如：（斜杠前为文读音，斜杠后为白读音）

　　ik/ah 百　　ap/ah 合　　uat/eh 雪　　ik/eh 白

　　就音理而言，入声字发音短促，但 h 尾是种轻微的喉塞，如果元音稍微拖长，h 尾很容易消失，整个音节就同舒声韵无异了。

　　即便是 p、t、k 收尾的字，特别是以 t 结尾的字，如常用字"一"、"八"等，原先厦门人说普通话时往往很短促。数十年来，受普通话的影响，经过不断比较和自我纠正，中青年人已经不再发出塞音尾了，厦门话"一个 zit e"读成 zi e，"即个（这个）zit e"读成 zi e，这成了入声消失的先声。其他入声字老年人在说普通话仍很短促，而年轻人说的也已和标准普通话相差无几了。当然，入声的消失绝非一年半载的事情，肯定要经过漫长的过程。

　　3. 声母 z、c、s 发音部位起变化，即颚化

　　在厦门话的 14 个声母中，只有一套舌尖音 z、c、s，不像普通话 z、c、s，zh、ch、sh、r 和 j、q、x 三套舌尖舌面音并存。这三套声母，厦门话除部分读为 g、k、h 外，多数分别对应读为 z、c、s，即中古的精、知、庄、章四组声母领属的字，除部分读同见组外，其余多读同精组。

　　由于普通话的强势影响，厦门的学生，先是普通话学得较好的女生，说厦门话时，把普通话 j、q、x 所领属的字颚化，如：

　　将来 ziong lai 读如普通话 jiong lai

　　清气（干净）cing ki 读如普通话 qing ki

　　相信 siong sin 读如普通话 xiong xin

　　这一变化被认为时髦并得到广泛的模仿，渐渐地中青年的舌头往回缩，舌尖前往上抬高，厦门话所有的 z、c、s 都读同普通话的 j、q、x 了。

　　4. 韵母 o 非圆唇化，近于普通话的 e[ɤ]，厦门话略松，即 [ə]

　　普通话没有单元音 o，但复韵母中包含 o 的有 uo(说)、ao(好)、iao(小)、ou(周)、iou（球）、ong（东）、iong（雄），所有这些，o 都不是绝对的圆唇音。另外，普通话大量存在含 e 韵母的字，如 e(和)、en（真）、eng（风）、ueng（翁）等。英语中的 [ou] 标准的发音也为 [əu]。

　　厦门话 o 向 ɤ 或 ə 的演变甚至波及现在已是 60 岁以上的人。而且几乎所有含 o 的字，一概平唇化，读如 ɤ 或 ə。如：

　　婆 bo/bə　　波 po/pə　　无 bbo/bbə　　刀 do/də　　蚝 o/ə

　　5. ng 向 eng 靠拢

　　ng 是个响辅音，它可与其他辅音组成音节，甚至自成音节。如：

　　饭 bng　　糖 tng　　黄 ng

　　普通话虽有几个叹词，如噷 hm、哼 hng、呒 m、呣 m、唔 ng、嗯 ng，但这些是绝无仅有的，且只是叹词，对方言几乎不存在影响。倒是普通话与厦门话 ng

相近的音 eng 对厦门的中青年已产生了深刻的影响。他们在发上述诸音时，已经向普通话过渡或近似普通话。如：

饭 beng　　方 beng　　问 bbeng　　当 deng　　糖 teng
软 leng　　庄 zeng　　床 ceng　　酸 seng　　光 geng
劝 keng　　远 heng　　黄 eng

6. 大量借用普通话词语，使文读音使用频率加大，白读音使用频率相对缩小

文白异读音是厦门话的一个突出特点，且为方言区广大群众所熟悉和掌握。厦门话 3000 多个常用字里 1/3 多文白并立的字，可组成大量的词语。在这些词语里，哪个字文读，哪个字白读，基本上是约定俗成的。如：西装 se zong 两字均文读，不可白读 sai zong；工人 gang lang 两字均白读，不可文读 gong lin；合肥 hap bui 两字前文后白。也有少数自由变读的，如：长沙 diong sa/diong sua；名片 bbing pian/bbnia pni/bbing pni。有趣的是，同安区的同安 dang wna 两字，历来读白读，而后来从同安析出的翔安区，翔安 siong an 两字却是文读音。

由于大量地吸收普通话借词，厦门话的文白异读系统发生了不少变化。白读音的使用比例相对缩小，而文读音的比例日益扩大。总的来说，少数方言基本词作为词素构成日常生活常用词，白读音仍然比较稳固，大量来自普通话的有关社会生活的词语绝大部分用的是文读音。

厦门话文读音使用频率增大体现了方言向共同语整合的语言发展大趋势。

7. 声调的变化

（1）入声字弱化后在语流中声调趋同舒声调

喉塞尾韵的阴入字，连读变调后与上声同，只是发音短促些。但在实际的语流中，尤其是年轻人，元音往往拖长，和上声完全没有差别。如：插花，"插"变调后音同"吵"；百万，"百"变调后音同"饱"；桌椅，"桌"变调后音同"倒"；伯公，"伯"变调后音同"把"。

由短促调变为舒长调，是入声局部消失的一种征象。

（2）人称代词变调的新老区别

"我、你、恁、伊"等人称代词作主语时，老派常把它们单独作为一个语调组而读本调，新派则把它们处理为上字而读变调。如：

我　老派：ggua^{53}　　　　新派：ggua$^{53-44}$
你　老派：li^{53}　　　　　新派：li$^{53-44}$
恁　老派：lin^{53}　　　　新派：lin$^{53-44}$
伊　老派（多为同安籍）：i^{44}　　新派：i$^{44-22}$

8. 厦门人说普通话的进步

（1）半个世纪以来，汉语普通话不仅促使厦门话向民族共同语整合，同时也促使厦门人在说普通话时尽量克服方言的影响。厦门人说普通话的进步，应归功于中小学教育以及传播媒介的日常生活化，取得进步的主要是中青年，或称新派。

语音方面进步的明显表现有：

① 入声字舒声化

厦门人（包括读书人和文盲）对入声和非入声有特殊的判断力，尽管绝大多数人是下意识所为。因此，原先讲普通话时，凡属入声者，必短促。而老派更是毫无例外。诸如"一、七、八、十"等字皆为入声字，讲厦门话时，元音发音短促，收尾不是 p、t、k，就是 h。这种元音短促的特点也推及说普通话的时候，结尾用喉塞，调值多改发厦门话阳入的短高平调。现在以上情形大为改观，元音舒缓了，调值也不再清一色的高平。

② 唇齿音 f 取代 h

本来 f、h 不分的现象正在得到有意识的克服。

③ 卷舌音 zh、ch、sh 取代 z、c、s

以上的混淆同样处于有意识的区分阶段。

④ 圆唇音 ü 取代 i

用 i 代替 ü，习惯势力似乎更大一些，要花更大的努力和更长的时间，才能得到较好的改正。

⑤ ei、ie 取代 e

以上两组字，因为厦门话没有双元音 ei 和 ie，长期以来凡普通话的 ei 和 ie，过去一概读作单元音 e。60 多年来，这一现象在郊区的几个区仍待克服和纠正。

⑥ ou、uo 取代 o

以上两组字，因为厦门话没有双元音 ou 和 uo，长期以来凡普通话的 ou 和 uo，过去一概读作单元音 o。和 ie 及 ei 的情形一样，市区已基本上得到纠正，郊区仍普遍存在。

（2）常见误读字的大量缩减

由于口耳相传，特别是早年中小学某些教师的误教，致使部分普通话词语被普遍读错，到 20 世纪 60—70 年代，年轻一代才得到大面积的纠正。至今即使在市区，也有极少数老人还保留旧读。

和	he/han	（读同"汗"）
杠杆	ganggan/gonggan	（读同"共杆"）
氯化钠	lühuana/luhuana	（读同"路化钠"）
我们	uomen/ggnoobbnan	（读同"蛮"）
星期天	xingqitian/sengqitian	（读同"升旗天"）
没有	meiyou/maiyo	（读同"埋哟"）

但是，随着与港台文化的多方位交流，主要是流行歌曲和影视的影响，有些语言上错误的发音被认为时髦而得到模仿且普遍传开。如：什么 sammoo，来自台湾。亲属称谓的声调也普遍不准，如：

爸爸 ba²¹ba²⁴　　　妈妈 ma²¹ma²⁴　　　姐姐 ze²¹ze²⁴
妹妹 me²¹me²⁴　　　弟弟 di²¹di²⁴　　　哥哥 go²¹go²⁴
爷爷 ye²¹ye²⁴
叔叔 su²¹su²⁴

唱歌时把本不是浊音的普通话声母浊化的现象，在一定程度上，影响了语言的纯洁性。

（二）语词变化

在语言的三要素语音、词汇、语法中，语法最稳定，语音次之，词汇最容易随着社会的发展，产生新词，扩展词义及其适用范围，过时老化甚至消亡。

首先应当说，厦门话的基本词是相当稳定的，由这些基本词作词素所组成的词语仍活跃在厦门人的口耳之间。但由于普通话的强力影响，60多年来，闽南话语词还是发生了巨大的变化。以厦门话为例，其发展变化可分为几个阶段。

20世纪50—70年代前半期（新中国成立至"文化大革命"），新中国百废待兴，千百年生活习俗、礼俗观念受到前所未有的大涤荡、大破除。1954年厦门高集海堤建成，1957年鹰厦铁路通车，厦门岛变成"半岛"。大量反映封建、半封建半殖民地制度的旧词语退出舞台，并走向消亡，反映新的政治、经济、文化、社会生活的词语出现。其间，国家经历了国民经济困难时期和"文化大革命"，厦门和全国一样，与旧宗法观念、旧制度残余彻底决裂。许多旧语词不复普遍使用，全国一体化的、生命力微弱、使用期短暂的语词曾经流行一时。

20世纪70年代末开始的改革开放，促使社会经济文化生活出现新景象，如教育程度的极大提高，职业种类的多样化，特别是其后白领阶层的大量涌现，普通工种乃至地头农活大量转由非闽南话使用者承担。新理念、新价值观萌生。口语中出现新文白，许多原来普普通通的语词成为俚俗、熟语。

20世纪90年代，电视机开始进入寻常百姓家，媒体对人们生活的作用力越趋强大。1995年起，计算机大普及，21世纪互联网开始成为人们生活的重要组成部分，社会生活和人们的日常生活发生天翻地覆的变化。大量经历旧社会的人进入老年期，不再在社会生活各方面起大作用，且不少人已经过世。旧词语大量被遗忘，源于普通话和其他方言，甚至外语的借词不断进入方言使用领域。

语言的发展主要是传承，同时也伴随着创新。与其他汉语方言语词的发展变化情形一样，厦门话语词变化一般经历如下阶段。首先表现在新词的增加和词义的扩大上；其次新旧词并用，老的语词与普通话借词并用；再次新旧词自由选用，进而有选择性地使用，这是由使用者的年龄、教育程度、家庭背景、个人经历、交谈对象等诸方面因素所决定的；再者是选用与普通话接近的词语，或直接使用普通话的音译词；最后旧词语出现消亡趋势乃至消亡，退出历史舞台。其中新词的增加量大大超过旧词语的消亡量。

使用语言的人们普遍存在从众从简心理,"众"不仅包括本方言区,还包括全民族,甚至更广泛的范围。"简"即在诸多表示同一概念的词语中,自然并习惯地选取较为简单的、能达意即可的说法。这种从众从简的现象,是语言发展的动力。家庭背景对使用者选词影响也很大。

现在五六十岁以上的人,他们青少年时代所处的社会状况统一性大于多样性。当时贫富悬殊小,行业种类少,商贸企业单调,城乡联系密切,所受教育较划一,人们的生活体验较为一致。就方言使用情况,他们属于老派或半老派。而50岁以下的中青年,他们懂事后一直处于社会大变革中。城市扩大,农事改进,生活质量提高,家用器具、生活设施现代化,各种信息媒介成为生活中不可或缺的重要组成部分,家庭生活条件提高,特别是家长及本人受教育程度普遍提高,社会思潮活跃,这一切促使他们意识和观念活跃、多极化。语言的使用则相应追求新颖时髦,避免使用过于俚俗的老土用语。

部分使用者教育程度不高、年龄大及受周边闽南话的影响,都起到延缓旧词语消亡的拉力作用。传承使方言得以稳固地保留特色,尤其是基本词和由这些基本词组成的词语。"骹"、"手"、"头"等是千年不变的根词,作为词根,它们又各自可组成数十上百的词语。而创新使语言进步,但也夹杂着少量的谬误,特别是引申引起的谬误。

为记录60多年来市区厦门话语词的变化,下面分11种情况列举。消亡或罕用词多在天文地理、建筑交通、日常用品、虫鱼禽兽4个方面,其他如时间方位、瓜果蔬菜、亲属称谓、身体部位和生理现象、穿戴饮食、生老病死、工商农作、行为动作、性状词语、副词介词、指代数量等很少变化或几乎不变化。起变化的原因有人们认识自然的能力提高,工业建筑业的发展,生活水平生活质量的提高,农村的城市化,教育程度的普遍提高,媒体的发达和交通的便捷,等等。

1. 消亡(退出日常口语的使用)

暴头(风信)、臭涂(乙炔)、车头(车站)、撞球(台球)、大字(护照)、锦(局,英语game)、航空衣(夹克)、虎思象(异想天开)、间仔(窑子、妓院)、姐仔母(庶母)、楼仔厝(小楼房)、路头(渡口)、路头工(码头工人)、马达仔(受雇的印度警察)、码子字(阿拉伯、拉丁数字)、沤屎(出界,英语outside)、噗噗车(摩托车)、漆色(蜡笔、水彩颜料)、牵八百(逛马路谈恋爱)、日仔利(高利贷)、沙厘(钢精,马来语)、术(投篮,英语shoot)、水筹(在自来水站买水用的牌子)、铜镭(铜板)、威噪(裁判,英语whistle)、搵呼鸡(捉迷藏)、邀奶(奶娘)、谢圣恩(谢天谢地)、栈间(旅馆)、珠李仔(蜜饯)等。

2. 罕用(消亡趋势)

磅灯(汽灯)、蜅蛙(小毛蟹)、布扎仔(零头布)、菜橱仔(碗柜)、出山(出殡)、粗纸(手纸)、搭豆油(自带瓶子零买酱油)、番仔正(元旦)、番仔楼(洋楼)、枋堵(木板墙)、枋皮仔厝(木屋)、鲎勺(勺子)、阔头仔(小船)、芦黍(高粱)、掠泅(爬泳)、麦穗（玉米）、尿燥（尿布）、尿堅（尿布）、铺枋（床板）、汽油（煤油）、山场（厦门岛内原农村地域）、深井（院子）、生熏爱（腮腺炎）、食头路（就业）、数柜（账房）、水龙车（救火车）、头毛蜡（发蜡）、头养（头胎）、细姨（小老婆）、咸酸珍（蜜饯）、椅条（长凳）、种珠（种痘）、走马楼（阳台）等。

以上两类话语词的界线其实不十分明显。

3. 与普通话语借词并用（这是新旧词语更替的最先阶段）

不时仔/经常、电船/轮船、电火/电灯、电油/汽油、电珠/电灯、定定/经常、番仔火/火柴、根拄/反正、尿礐/厕所、手束/手套、四是/周至、外位/外地、下底/下面、下月日/下个月、灶骹/厨房、逐日/每日等。

4. 多用与普通话相同或相近的厦门话其他语词（尤其某意义有几个同义词的时候）

本然/本来、参倚位/隔壁位、当初时/当时、根拄/横直、喙罩/口罩、临当时/临时、面桶/面盆、坏叫是/以为是、拾团/生团、无拄拄/无一定等。

5. 年轻人不用或罕用（包括与农事有关的词语以及普通百姓口头的俗语、俚语）

半遂（偏瘫；差劲）、拌须（拌嘴）、重谭（差错）、出青（发芽）、大伐（大步）、顿大龟（摔倒，屁股坐地）、犯着鬼（见鬼）、匪类（挥霍无度；为非作歹）、否生弃（碍面子）、港骸（港口）、好是是（好端端）、好维是（好端端）、喙涸喉渴（口渴）、见公母（决雌雄）、经丝（纠缠，招惹是非）、克亏（亏待）、利割（内行）、连沓（接连）、普略（大概）、倚飞鱼（倒立）、起祸起星（惹事，闯祸）、洽食（融洽）、球埔（球场）、生头八面（素不相识）、食饱换枵（吃饱撑的）、食虎吞象（霸道；胆大）、四两筅仔无除（不自量）、涂米沙（沙土）、吐血吐沱（可恼）、万六（扑克）、往常时（往常）、翁姐仔（夫妇）、无因端（无缘无故）、五支须（好色）、弦仔（二胡）、行踏（走动；交往）、尧疑（猜疑）、冤家量债（争吵责骂）、仄脱（糟践）、孝呆（小孩活泼伶俐，独立性强）、致意（着意）等。

6. 掺杂普通话，代替不熟悉的厦门话词语

青少年话语中，这类例子较多，此处不做列举。

7. 一个时期后罕用或不用

布票、豆干票、番仔火票（火柴票）、购物证（购买定量配给日用品的小本子，以往肥皂、火柴、煤油均用此证）、劳卫制（一种群体运动）、米票、汽油票（煤油票）、侨汇头（侨汇券，鼓励外汇寄入，领取汇款的同时得到相应的票券，以购买紧缺物品）、肉票、水筹（在自来水站买水用的牌子）、雪文票（肥皂票）、油票（食用油票）、鱼票等。

8. 稳固的语词（日常生活的基本词）

阿妗（舅妈）、安公（爷爷）、安妈（奶奶）、北仔（北方人）、菜头（萝卜）、册包（书包）、茶心（茶叶）、侪（多）、肠仔肚（内脏）、刺瓜（黄瓜）、厝边（邻居）、大兄（大哥）、

顶面（上面）、豆油（酱油）、耳腔（耳朵）、二姊（二姐）、番仔（洋人）、放尿（小便）、风抽（打气筒）、风飑（台风）、否（坏）、光（明亮）、海骹（海边）、海沙坡（沙滩）、喙齿（牙齿）、喙凋（口渴）、后壁（后面）、囝婿（女婿）、金（亮）、金瓜（南瓜）、紧（快）、精肉（瘦肉）、胛脊（背部）、睏醒（睡醒）、雷公（雷）、啉酒（喝酒）、楼骹（楼下）、落尾（后来）、糜饭（饭食）、眠床（床）、面布（毛巾）、目珠（眼睛）、拍电话（打电话）、拍算（打算）、徛摆（排队）、浅拖（拖鞋）、骹踏车（自行车）、骹腿（腿）、青色（蓝色或绿色）、人客（客人）、日头（太阳）、沙母（沙粒）、山顶（山上）、衫裤（衣服）、食饭（吃饭）、四界（到处）、头毛（头发）、头前（前面）、头先（刚才）、碗箸（碗筷）、乌色（黑色）、西北雨（雷阵雨）、细（小）、下（低）、下底（下面）、先生（老师）、悬（高）、橡奶擦（橡皮擦）、心肝头（心口）、行路（走路）、胸坎（胸部）、学堂（学校）、晏（迟）、幼齿（年纪小、细嫩）、月娘（月亮）、灶骹（厨房）、珍（甜）、拄则（刚才）、桌球（乒乓球）等。

9. 不知道普通话的对应词，不用或不太用普通话说法

青惊（惊愕）、好所行（好心，热心）、烧金（烧纸钱）、荏懒（邋遢）、盐（sni，杀，伤口受盐、醋或辣椒等刺激时的感觉）、腹肚乱（肠胃不舒服，或直接把"乱"字用普通话说出，使人不知所云）。

10. 错误用语

"横人理路直"，意为蛮横的人也有讲道理的时候，即盗亦有道，不少人仅作"蛮横"解。"固定"，是不变动、不移动的意思，相当多的人把它作为"肯定"用。此外，像"夸张"、"豪华"等词，近年普遍流行，并任意扩大使用范围。

另一现象也应指出，即有些妇女甚至女青年，不管场合如何，常脱口说出某些像"恁爸、憃、畅"等不雅词语，甚至是像"插侬"、"孽侬"、"衰侬"、"啥侬"、"创啥侬"之类的粗言野语。

11. 闽南话语词进入网络使用的语言之列

多为台湾的网民首先推广，常用的有：

粉（很）、稀饭（喜欢）、素（是）、虾米（什么）、好康（好看，本义为富裕、好运气等）、闪（离开）、幼齿（年纪小、幼嫩）、老鸟（高手）、衰（倒霉）、748（去死吧，闽南话 qu 常误读为 qi）。

社会发展变化的速度常出乎人们的意料，而语言却始终紧跟社会的变化。以上我们试图用闽南话的变化来反映社会的变化。应当说，厦门话半个多世纪来的发展变化，与全国许多方言的变化一样，都遵循着语言发展的内部的及外部的规律。由于这半个多世纪中国社会的发展变化与全世界的发展变化同步，是几千年来速度最快、影响面最广的；作为载体的语言，包括厦门话，其发展是与社会的发展相适应的。这些变化很值得记录，其研究价值是不言而喻的。

参考文献

[1] 丁邦新. 中国语言学论文集[M]. 北京：中华书局，2008.

[2] 何九盈. 中国古代语言学史[M]. 北京：商务印书馆，2013.

[3] 黄典诚. 福建汉语方言概况[M]. 福建汉语方言概况编写组，1962.

[4] 黄典诚. 黄典诚语言学论文集[M]. 厦门：厦门大学出版社，2003.

[5] 纪亚木. 同安话语音研究[D]. 厦门：厦门大学，1982.

[6] 纪亚木. 厦门方言志[M]. 北京：北京语言学院出版社，1996.

[7] 纪亚木. 同安县志·方言卷[M]. 北京：中华书局，2000.

[8] 纪亚木. 厦门市志·方言卷[M]. 北京：方志出版社，2004.

[9] 纪亚木. 闽南话实用教程[M]. 厦门：鹭江出版社，2008.

[10] 纪亚木. 闽南话的流播兼谈与日韩越语的相通[R]. 吉隆坡：马来西亚厦门公会，2011.

[11] 纪亚木. 厦门话半个世纪来的变化[C]. 厦门：中国音韵学研究会第17届学术讨论会暨汉语音韵学第12届国际学术研讨会发表的论文，2012.

[12] 李葆嘉. 中国语的历史和历史的中国语[R/OL]. 北大中文论坛，2003.

[13] 李如荣. 汉语方言学[M]. 北京：高等教育出版社，2001.

[14] 李孝聪. 中国区域历史地理[M]. 北京：北京大学出版社，2004.

[15] 谭其骧. 中国历代人口南北分布比例及人口迁移、增长史略[Z] // 历史地理：第10辑[M]. 上海：上海人民出版社，1992.

第三章

闽南地方文学

地方文学，是相对于"中国文学"这个整体性的概念而言的，是指某一地域内的作者创作的文学作品，包括诗、词、赋、散文、小说等文学样式，是地方文化的重要组成部分。闽南地方文学，顾名思义，即是闽南地区作者所创作的反映闽南地区的风俗民情和特色的文学作品。闽南地方文学，发端于上古的百越族先民；汉晋以来，北方汉族入闽，开福建文学风气之先；闽南文人自唐五代崭露头角，1000多年来，出现了如欧阳詹、陈黯、李贽、王慎中等著名的文学家、学者，近现代又出现了文学大师林语堂。

一、闽南地方文学的形成与发展

闽南地方文学的形成与发展，几乎是与汉族对闽南的开发同步的。中原文化的南移为闽南地方文学的生成创造了条件。从中州到闽地，在漫长的历史迁徙中，中原文化经历了四次南移迁徙，以戍闽将士、闽仕宦者和避难者为主的中原移民，直接对闽南地区的文化产生了关键性的影响。他们传播中原儒学、禅学、习俗，并逐渐形成了富于特色的闽南方言（河洛话），构成了以中原文化为基本框架和核心价值内容，又融合了百越海洋文化性格的闽越文化，为闽南地方文学的形成和发展奠定了坚实的基础。

（一）科举制度为闽南地方文学的形成和发展创造了条件

科举考试是我国古代封建社会通过考试选拔人才的一种制度。它初设于隋朝，隋炀帝大业二年（606年）设立进士科。由于初创，终隋一朝并未形成特定的制度。到了唐代，科举制度进一步完善。唐代科举的科目繁多，但是在众多考试中，进士的考试影响最大，选拔的人才也最多。随着中原文化南移，州县府的设立，从唐朝开始，不以出身贵贱而以"试诗、赋及时务策三道"来选拔人才的科举制度逐渐深得民心。士子们为了求取功名，跻身仕途，学诗赋、拟策对，风靡一时，闽南地区开始孕育出自己的诗人和作家，有了自身独特的书面文学。被称为"文起闽荒"、"闽学鼻祖"的欧阳詹刻苦攻读，于唐德宗贞元八年（792）与韩愈、李观等同举进士，对闽南地区的文学创作，特别是诗歌创作产生了极大的推动作用，影响深远。至宋代，宋太宗对科举制度进行了改革，扩大了取士名额，放宽了应试条件，制定了严格的考试制度和规则，为文学的繁荣提供了浓厚的文化氛围，刺激了各阶层知识分子纷纷投向仕途，促使文人增多，为文学兴盛提供了源源不绝的人才。

（二）文教的兴盛为闽南地方文学提供了良好的发展环境

为了更好地科举取士，中央大力扶持官学的发展。也正是在这样的环境下，闽南的官学、书院有了长足的发展。书院的设立，起始于唐，推行于五代，至宋大盛。宋朝建立后，科举制度大为发展。由于太学远在京师且规模小，而地方州县学迟迟未置，远远不能满足地方士人的求学要求，于是各类书院、私学首先得到了发展。作为地方官学和书院的补充，其在北宋大为普及，闽南地区先后设立了"杨林书院"、"石井书院"等十几所书院。它虽规模小，但收费低，而且可以就近入学，因此受到贫寒子弟的欢迎。它除了进行一般性的文化知识传授外，最终仍为适应科举考试的需要而设，传授诗、赋及"时务策"，因为学子只有能诗、能赋、能策，才有中举的可能。当然，名师的倡导、提携也是重要的一个方面，正如乾隆《泉州府志》中所说的："有教化而后有人心，有人心而后有风俗。泉自唐以来席相常衮倡导于前，蔡襄、王十朋诸贤激扬于后，重以紫阳过化之区，薪传不绝，乡先生遗泽，类足以陶淑后辈，海滨邹鲁之称厥有由也。"

二、闽南地方文学的特点

任何一个地域文学的产生、存在、发展和传承都离不开一片文化的沃土。就文化血缘上看，闽南文化脱胎于中原文化，是中原文化这一母体的分支，是中原文化不可分割的组成部分。主要表现在以下几个方面：一是闽南方言基本上保留了唐宋以前汉族北方话的原貌，是中华文化在闽南文化传承与发展的生动体现。二是闽南的经济文化和风土习俗，源于中原文化。现在的闽南地区，其经济文化和风土习俗，保留着与中原文化非常密切的痕迹。作为闽南文化一部分的闽南文学自然离不开中原文化的基因。儒家的仁义思想、忠君报国观念以及慷慨大方、重情重义的侠义心肠，弥漫在闽南文学历史的始终。但是，南移的中原文化之所以有了本质的发展而成就今天大家都熟知的闽南文化，并不仅仅是受其基因影响。"闽天不长，海天长"，作为地处海边的闽南人，因其自身的自然、社会历史特点，浸染着深厚的海洋文化传统，闽南文化中无疑融会着海洋文化的特质。

（一）区域性人文特色

区域性又叫地域性。由于生存环境、生活理念、民俗风情等的不同，在文学创作活动中就会有相应的反映，不同区域之间的文学风格就会有很大的不同。作家的文学创作总会受到其生活地域的影响，不同的文化背景会渗入作家的文学作品中，从而表现出极强的区域性特点。越是民族的就越是世界的。就文学而言，越是区域的，也就越有文学的个性。区域性不仅是文学作家的起点，更是文学的故乡。闽南作家描写闽南的景和物、闽南的人和情、闽南的海和风，扎根乡土的本色，成为中国文学乃至世界文学的一部分。

（二）海洋性特色

春秋末期至战国初期，闽南属闽越地。越人擅长造舟航海，"水行而山处，以舟为车，以楫为马，往各飘然，去则难从"（《越绝书》），过着渔猎农耕的生活。远离中原、濒临大海以及倚重商贸交流的生产经营方式，造就了异质文化的交流和联动，形成了闽南独特的海洋文化，以及闽南地方文学自由开放、开拓创新的特征。如元末龙溪诗人林弼在《呈克明县尉》一诗中咏道："长帆破浪出南溟，天际成山一发青。上国重来观壮丽，东州近喜洗膻腥。儒冠未际风云会，神剑常冲牛斗星。尊酒宜春楼上月，也胜细雨夜然灯。"作者描写在大海风涛中乘风破浪的情景，表达的正是一种对眼界逐渐宽阔的欣喜；而清代诗人俞大猷则以豪迈的气概、坦荡的胸怀开创了中国"海战诗"的新类型；当代泉州籍著名诗人蔡其矫自认为有波斯人的血脉，热爱大海和冒险，在新中国成立初期写了大量的海洋诗，著名诗人公木称蔡其矫是现代中国诗坛上第一位"大海诗人"。

（三）宗教特色

闽南历来就有海纳百川的气魄，闽南地区民间宗教信仰在其长期的发展中形成了一套十分庞杂、功能各异、具有浓郁乡土色彩的神谱体系。南宋大理学家朱熹曾在闽南讲学，在开元寺天王殿留下的"此地古称佛国，满街都是圣人"的楹联，就是对此最好的写照。在其漫长的发展、演变过程中，闽南地区形成了一个天神、地祇、人神、人鬼的神灵系统。在这个神灵系统中，既有主神，更有复杂繁多的具有不同功能的俗神；既有天地神，又有人神人鬼；既有动植物神灵，也有生殖神灵等，不一而足，极为庞杂。即使到了今天，遍布城乡或各大名山的庙宇仍气派非凡，香火鼎盛，善男信女络绎不绝，男人求财，女人求安，青年人考试升学谈恋爱，无不诚惶诚恐顶礼膜拜。这种风俗对闽籍作家形成了根深蒂固的影响，在闽南地方文学中，浸染着深层的宗教文化色彩。在全国闻名的佛教圣地"开元寺"，伊斯兰教圣堂"清净寺"，摩尼教遗址晋江"草庵寺"，清源山道教老子石雕神像"老君岩"等处，闽南文人留下了不计其数的吟咏寺庙菩萨的诗歌、散文作品。

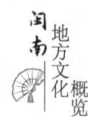

（四）闽南方言特色

闽南方言是全国七大方言之一——闽方言的一个支系。闽南方言历史悠久，根深蒂固，据专家考证闽南方言保留80%中古音及入声字，所以用闽南方言朗诵唐诗宋词比用普通话音韵更和谐。闽南的文学作品与闽南方言息息相关，保留着闽南方言特色。

三、闽南历代作家与作品

诗歌，是中国文学史上最为源远流长的文学样式。从原始歌谣起，中国诗体之句式，由二言、三言、四言、杂言，而五言、七言诗体之模式，由古体至近体至现代，经过了长期的演变，成为我国文学史上最兴盛的体裁。在唐以前，闽南地区是陆地荒芜，大海浩瀚。但是，据《乾隆泉州府志》记载："自唐以来席相常衮倡导于前，蔡襄、王十朋诸贤激扬于后，重以紫阳过化之区，薪传不绝，乡先生遗泽，类足以陶淑后辈，海滨邹鲁之称厥有由也。"至唐末宋初时，闽南文学已经颇具规模，文风日盛，作家辈出，涌现出了大批优秀的诗人。闽南诗人以善识擅赏的慧眼、绘形传神的妙笔，为我们留下了丰富的文学遗产。

（一）唐五代时期作家与作品

1. 欧阳詹

欧阳詹（约755—800），字行周，晋江潘湖村人。贞元八年（792年）欧阳詹首登龙虎榜："温陵甲第破天荒。"他和韩愈、柳宗元、李观、崔群等共同倡导古文运动，振起一代雄风，其行为和创作对闽南文学的发展产生了巨大的激励和推动作用。欧阳詹著有《欧阳行周文集》10卷，其中收录诗歌80余首。这些诗题材广泛，风格各异，或抒写诗人的理想抱负，或抒写诗人的闲情逸致，或抒写诗人的离愁别绪，其诗歌成就虽然不如古文突出，但却不乏佳作，特别是那些抒发思乡之情以及描写家乡山水的诗篇，更能体现闽南文学生成时期的特点和成就。如："正是闽中越鸟声，几回留听暗沾缨。伤心激念君深浅，共有离乡万里情。"（《与林蕴同之蜀，途次嘉陵江，认得越鸟声，呈林，林亦是闽中人也》）还有如《许州途中》等都表现出诗人对家乡的深厚情谊。这类诗不仅数量多，而且情真意切，即使放在整个唐代诗歌史上，也是思乡恋乡方面的优秀之作。朱熹曾为祭祀欧阳詹的泉州"不二寺"写了一副对联，对联写道："事业经邦，闽海贤才开气运。文章华国，温陵甲第破天荒。"鉴于欧阳詹特有的历史地位和作用，泉州州学于乾隆年间重修乡贤祠，祭祀乡贤195人，欧阳詹位列首位。

2. 陈黯

陈黯（约805—877），字希儒，号昌晦，又自号场老，唐朝文学家。祖居莆田，后迁至嘉禾屿（今厦门）。10岁能诗文，勤奋练笔，才思日增。13岁时，有一清源县令讥陈面上有痘瘢说："小诗童，黑痘瘢，怪好看。"陈黯即挥笔作诗道："玳瑁应难比，斑犀定不加。天嫌未端正，满面与妆花。"意思是：龟类动物那漂亮的斑点比不上我痘瘢好看，犀牛那美丽的花斑也无法与我相比，上天唯恐我长得不够端正美丽，就用花朵装饰我的脸部。可见其机敏应变之能力，由此名声大振，成为厦门的一位颇有影响的文人。他17岁时作的《苏武谒汉武帝陵庙赋》即为当时文人所惊服。他多次赴试不中，遂隐居金榜山麓潜心读书写作，自称"陈场老"。陈黯所著的《颍川先生集》以及黄滔、罗隐为该集所写的《颍川先生集序》各1篇，是厦门较早的文学作品。陈黯一生著作甚多，除《神正书》3卷外，余多散佚。唐天复元年（901年），其内侄黄滔将其遗稿进行收集整理，分为5卷，并为之作序，序中云："其诗篇、词赋、笺檄，皆精而切。"

3. 周匡物

周匡物（生卒年不详），字几本，唐龙溪县（今属漳州市）人。曾在天城山之麓读书。"天城"，后改名"名第"，人称匡物为"名第先生"。年少时家贫，曾徒步上京赴考，途经钱塘江，因拿不出船费，久滞不前，遂于公馆题诗云："万里茫茫天堑遥，秦皇底事不安桥。钱塘江口无钱过，又阻西陵两信潮。"当时的行政长官见了此诗，乃罚管理渡口的官员，从此摆渡人不敢收取赶考人的渡船钱。

周匡物未第时，已驰名闽诗坛。元和十一年（816年）中进士第四名，是自唐垂拱二年（686年）漳州建州后第一个进士。御试时作《学殖赋》及《莺出谷诗》，传诵一时。及第后，任雍州司户。元和十四年（819年）武宁节度使国公李塑推荐其为五行军参事，在任两年，后又任广东高州刺史。颇有政绩，名列乡贤祠。

周匡物诗工于咏物，刻画尽致，留有《周匡物诗集》。有《古镜》等诗5首，收入宋人所撰《全唐诗话》。清修《全唐诗》采录，并复录《补遗》二首。周匡物以贫寒学子身份，苦学登第，先导之功不小，对漳州后俊有较大的影响。

（二）宋元时期作家与作品

宋元时期，随着福建地位的提升，闽南的文化、文学得以有了较快的发展，出现了一批有一定影响的诗人，如钱熙、陈从易、曾公亮、苏颂等。

1. 钱熙

钱熙（953—1000），字大雅，南安人，儿童少年时期就聪明，悟性很高，长大后，博览群书，文章写得很好。当时泉州的节度使陈洪怜其才华，将侄女嫁给了他。宋雍熙时钱熙考上了进士，随后当了观察推官、杭州通判等官职。可惜英年早逝，身后留有文集10卷。钱熙所撰《三钓酸文》被世人称为"精绝"，有佳句"渭水凝碧，早抛钓月之流；高岭排青，不逐眠云之客"等广传于世。

2. 陈从易

陈从易（966—1031），字简夫，晋江人，中进士及第，历任迁侍御史、刑部员外郎、使馆修撰，迁左谏议大夫、龙图阁直学士等职。史书评论他的为人："为人激直少容，喜别白是非，多面折人，或尤其过，从易终不变。"著有《泉山集》20卷，《中书制稿》5卷，《西清奏议》3卷。他文采出众，据说王文穆罢相往杭州，朝中士子作诗送别，陈从易所作"千重浪里平安过，百尺竿头稳下来"诗句最佳。他与杨大雅都以文风古朴齐名。欧阳修《六一诗话》中对其反拨雕琢靡靡文风、独守"醇儒古学"的文章之道多有赞赏。

3. 曾公亮

曾公亮（999—1078），字明仲，号乐正，泉州晋江人。宋朝著名政治家、军事家，自小怀有抱负，气度不凡，为人"方厚庄重，沈深周密"。北宋端拱二年（989年）考上榜眼，当过会稽县（今浙江绍兴）令，引鉴湖水入曹娥江，解除水患。官至端明殿学士、吏部侍郎等，支持过王安石变法。曾公亮平生著作很多，除参加编撰《新唐书》外，见于记载的还有《英宗实录》、《元日唱和诗》、《勋德集》、《演皇帝所传风后握奇阵图》和《武经总要》。《武经总要》是公亮和端明殿学士丁度于康定元年至庆历四年（1040—1044年）承旨主编的一部兵书，共40卷，分前后两集，为中国古代一部军事科学的百科全书。曾公亮留存的诗虽然不多，《全宋诗》仅存诗4首，但气势磅礴，影响弥远，这与其政治、军事身份有关，如："枕中云气千峰近，床底松声万壑哀。要看银山拍天浪，开窗放入大江来。"（《宿甘露僧舍》）前两句，弥漫山巅的云气，竟然直入枕中，让人觉得好像千峰在侧；沉雄悲壮的松涛，就在床下轰响，让人觉得如临万壑之中，怵然惊惧。在这里，千峰、万壑都是虚写，却给人艺术体验之真，把读者带入惊心动魄的艺术境界之中。

4. 高登

高登（1104—1159），字彦先，号东溪，漳浦县杜浔乡宅兜村人。南宋著名爱国者、词人。11岁丧父，母亲勉力供其求学。他读书勤奋，为潜心钻研《易经》，深居梁山，结庐白石庵。20岁时，他入太学，与太学生陈东、张元幹、徐揆等结为至交。绍兴二年（1132年）进士。授富川主簿，迁古田县令。后以事得罪了秦桧，被贬漳州。著有《东溪集》、《东溪词》。他的诗词，诗风冷峻、用笔老到、借景抒情、托物言志。不管是诗歌还是人品都得到后人的高度评价。

5. 苏颂

苏颂（1020—1101），他的诞生地在今厦门市同安区葫芦山。庆历二年（1042年）与王安石同榜进士，是王安石的老朋友，也是欧阳修的老部下，还跟苏东坡一起吃过牢饭，是一位很有造诣的文学家。他广闻博识，尤通声律，律诗、绝句、骈文甚佳。在《苏魏公文集》72卷中收录有他的诗歌587首，其中多为律诗。值得一提的是，他的《前使辽诗》30首和《后使辽诗》28首，内容丰富，语言生动，描写细腻，在宋代诗歌发展史中有着特殊的地位。文集中还有20余首科学诗，题材涉及天文、地理、农牧、矿产、动植物等自然科学领域，是古代诗海中的瑰宝，可以说，苏颂是中国历史上第一个写作科学诗的人。此外，苏颂与当时的著名诗人苏轼、欧阳修等都有赠答唱和之诗作。

（三）明清及近代作家与作品

由于元朝统治者推行民族歧视政策，整个元代闽南文风不振，文学发展步入低谷，作品数量不多，且乏善可陈。到了明清两代，闽南成为福建经济、文化发展最迅速的区域。晋江安海、厦门、漳州月港"繁富庶胜于省会"。文学创作进入繁荣时期，主要表现在以下几个方面：一是书院学社林立，读书科考之风盛行；二是思想极为活跃，文化领域出现激烈交锋。正是在这样的环境下，出现了各种文学派系。文学形式也不断繁荣，不仅传统的诗歌得以进一步繁荣发展，戏剧、小说等文学样式也走向辉煌的时期。

1. 王慎中

王慎中（1509—1559），字道思，晋江人，早年因读书于清源山中峰遵岩，号遵岩居士，后号南江。因家庭排行第二，又称王仲子。明代诗人、散文家，位列"嘉靖八才子"之首，为明朝反复古风的代表人物之一。王慎中起初认为"文必秦汉，汉后散文无可取之处"；后读欧阳修、曾巩等人的散文，大为钦佩，遂尽焚旧作，一意效仿。他认为为文最重"义法"两字，并指出文学法度规矩要不背于古，而文义却要取前人之所未发。提倡文章要"道其中之所欲言"，"卒归于自为其言"，要"直抒胸臆，信手写出"，以表达作者内心真实的思想感情。他认为复古主义的要害就在于"病于法之难入，困于义之难精"。论文见解独树一帜，开明代唐宋论文派的先河，与唐顺之、归有光、茅坤等成为明代文学的一个重要流派——唐宋派的代表。散文代表作有《海上平寇记》、《送程龙峰郡博致仕序》、《金溪游记》、《游清源山记》、《朱碧潭诗序》等。诗歌代表作有《登金山口绝顶》、《游白鹿洞》、《游麻姑山》等。诗文集有《遵岩集》25卷，清康熙间由县人张汝珊编纂成书，并为之作序，乾隆间刊行。此外还著有《玩芳堂摘稿》、《遵岩子》、《王参政集》、《王遵岩先生集选》、《王遵岩文选》等。

2. 李贽

李贽（1527—1602），泉州人，明代官员、思想家、文学家，泰州学派的一代宗师。初姓林，名载贽，后改姓李，名贽，字宏甫，号卓吾，别号温陵居士、百泉居士等。嘉靖三十一年（1552年）举人。历共城知县、国子监博士，万历中为姚安知府。旋又弃官，寄寓黄安、麻城。在麻城讲学时，从者数千人，中杂妇女。他通过各种形式大力宣扬自己的思想，大胆揭露了道学家的丑恶面目，指出他们都是伪君子，提出"穿衣吃饭即是人伦物理"的主张，并提倡男女平等和个性解放，肯定人欲和人的功利。后被东林党人告发而身陷囹圄，自刎而死。李贽著有《焚书》、《续焚书》、《藏书》等，在社会价值导向方面，批判重农抑商，扬商贾功绩，倡导功利价值，符合明朝中后期资本主义萌芽的发展要求。在文学方面，李贽提出"童心说"，主张创作要"绝假还真"，抒发己见。李贽旗帜鲜明宣称自己的著作是"离经叛道之作"，表示："我可杀不可去，头可断面身不可辱。"李贽在诗文写作风格方面，也主张"真心"，反对当时风行的"摹古"文风，他的这一倾向，对晚明文学产生了重要影响。李贽评点杂剧、小说，开创评点之风，强调杂剧、小说的社会功能，可以说是风靡当世，开拓未来。其披荆斩棘、以身殉道的精神，为中外所共仰。

3. 何乔远

何乔远（1558—1631），晋江人，晚年号镜山，家住泉州郡城东街莱巷，是杰出的方志史学家。他博览群书，辞官返乡20余年，辑明朝十三代遗事成《名山藏》，又纂《闽书》150卷，影响很大。何乔远性格刚直不阿，在史学上敢于秉笔直书，发表自己独特见解。清乾隆《泉州府志·何乔远》："在官、在家，著书不辍：刑曹有《狱志》，礼曹有《膳志》，在粤有《西征集》，假归有《泉州府志》。其自著诗歌、古文辞计百数十卷，不可殚举。学者称为镜山先生。"还编纂《安溪县志》，辑南安先贤诗文事略的《武荣全集》，写《东湖浚湖记》、《同安海丰塍记》、《顺济桥记》等。

4. 张燮

张燮（1574—1640），龙溪（今漳州）人，字绍和，自号海滨逸史。他天资聪慧，10岁通五经，兼览史鉴百家，年轻时，文章诗歌名噪一时。张燮20岁中举后，在父亲张廷榜被无故"罢官"一事中，深感官场竞争的剧烈，于是无心仕途，不再进京考进士走做官的路，而是定居镇江（石码镇）侍奉父亲。明万历年间，以张燮为首的退居林野士大夫为主，成立玄云诗社，与蒋孟育、高克正、林茂桂、王志远、郑怀魁、陈翼飞六人，号称"龙溪七才子"。万历四十五年（1617年）写成《东西洋考》。天启年间，何乔远荐张燮入朝编修《神宗实录》，力辞不就。著有《文集》和《东西洋考》、《群玉楼集》，刊刻汉魏《七十二家文选》，黄宗羲称他为"万历间作手"。

5. 吴鲁

吴鲁（1845—1912），字肃堂，号且园。清末政治人物、教育家、诗人。福建晋江池店钱头村人，也是泉州历史上最后一位状元。历任陕西典试，安徽、云南督学，云南主考，吉林提学使，资政大夫。吴鲁以振兴文教为己任，广筹经费，建立学堂。吴鲁主张因材施教，按部就班，重用从海外留学归来的人才。吴鲁能书善画，其字体沉雄峻拔，堪称大家。庚子之乱，吴鲁困居孤城，满怀悲愁忧愤，作《百哀诗》。《百哀诗》是闽南近代著名感时伤世的爱国诗歌，分上下两卷，集中反映八国联军攻掠津京，慈禧太后挟帝出逃，人民备受凌虐的悲惨情况；同时有力鞭挞那些丧师失地、媚外辱国的奸佞之徒。吴鲁对于腐败的清廷，在民穷财尽、国家将亡之际，犹不思悔改振作，深感悲愤。于宣统三年（1911年）闰六月，辞职返乡，民国元年（1912年）10月8日病逝。

（四）现当代作家与作品

闽南文学自唐至明清，诗赋歌词、墓表志铭、游记记事文章众多，但一直至清末才出现小说创作，最有影响的是描述唐陈元光平闽之事的章回小说《平闽十八洞》

(亦作《杨文广平闽十八洞》），因作者佚名，据书中记述多为漳州地、事，又多用漳州方言，学者考订为"漳泉人创作"。此外，还有描述郑成功进军南京的《五虎闹南京》以及讥讽丑化颜继祖的《竹芦马》。民国初年，南靖革命志士高岗山发表了《卖花女之死》，之后短篇小说渐多。中国现代文学史以1917年胡适在《新青年》第2卷第5号发表《文学改良刍议》为开端，以1949年新中国成立为结尾，经历了三个十年；中国当代文学史从1949年中华人民共和国成立至今。每个时期文学都呈现出不同的特征，文学样式发生了多样性的变化，不仅在诗歌方面产生了重要影响，在小说方面也取得了显著成就。在这其中，对闽南文学有广泛影响的当推林语堂、许地山、杨骚以及蔡其矫、舒婷等文学家。

1. 林语堂

林语堂（1895—1976），中国现代著名学者、文学家、语言学家。出生于福建省漳州市平和县坂仔镇牧师家庭。原名和乐，后改玉堂，又改语堂。20世纪20年代参加鲁迅主办的语丝社，是其刊物《语丝》的主要撰稿人之一。他还为《晨报副刊》撰稿，并翻译外国文学作品。这一时期，他写的散文、杂记，大都针砭当时士气文风，笔锋犀利，言辞辛辣，颇受读者欢迎。1932—1935年，相继主编《论语》、《人间世》和《宇宙风》（均系半月刊）。杂文结集成《我的话》。1939年8月，长篇小说《京华烟云》在美国出版，嗣后又用英文写成抗战小说《风声鹤唳》。20世纪50年代主要从事中国古典文学作品的翻译改写工作，间或创作现代小说。20世纪60年代，定居台湾，撰写杂文，后收在《无所不谈》中。林语堂一生的主要著作有《剪拂集》、《大荒集》、《京华烟云》、《语堂随笔》、《老子的智慧》、《孔子的智慧》、《吾国与吾民》、《生活的艺术》等。此外，还主编《当代汉英词典》、《开明英文读本》、《开明英文文法》等英语读本。

《京华烟云》是林语堂长篇小说的代表作。这部长达70余万字的小说，以书中人物的悲欢离合为经，以时代荡漾为纬。林语堂以传神的水墨画式的素描笔法，描绘了由义和团到"七七"事变前后40年间的中国社会生活，反映了北京城中三个大家族的兴衰史和三代人的悲欢离合。面对这样浩繁的内容，林语堂能做到以"清水出芙蓉，天然去雕饰"的艺术形式来表现，显得浑然天成，真切感人，给人以隽永、优雅、含蓄的魅力。此外，这部小说除了一般小说所应具有的文学性、思想性之外，其主要特色还在于知识性和可读性。在20世纪"最接近诺贝尔奖的7位中国作家"（鲁迅、林语堂、巴金、老舍、王蒙、北岛、李敖）中，林语堂是唯一一位获得4次诺贝尔文学奖提名的人，这源于其长篇小说《京华烟云》在世界尤其是西方的广泛影响力。

2. 许地山

许地山(1893—1941)，笔名落华生，祖籍广东，后入籍漳州。1920年，从燕京大学文学院毕业，留校当助教。其间与瞿秋白、郑振铎等人联合主办《新社会》旬刊，积极宣传革命。五四运动前后开始从事文学活动。1921年1月，他和沈雁冰、叶圣陶、郑振铎等12人，在北平发起成立文学研究会，创办《小说月报》，以落华生为笔名，发表第一篇小说《命命鸟》。1922年，发表短篇小说《缀网劳蛛》。1925年，出版散文、小品集《空山灵雨》。《落花生》是他早期的代表作，编入九年义务教育小学教科书。1927年从英国留学回国后，在燕京大学文学院任教，同时致力于文学创作。1928—1934年，在燕大文学院和宗教学院任副教授、教授。这一时期，著作和翻译许多诗文。1928年发表的短篇小说《在费总理的客厅里》，对一些上层人物投机钻营、欺压百姓的做法进行无情的揭露。1934年发表的短篇小说《春桃》，在当时被誉为现实主义杰作。抗日战争时期创作短篇小说《铁鱼的鳃》，郁达夫认为它"不但在中国小说界是不可多得，就是寻遍1940年的英美小说界，也很少有可以和他比并的作品"。许地山一生创作以小说、散文为主。小说多以闽、台、粤和南亚、东南亚、印度为背景，有鲜明的浪漫传奇色彩和馥郁的异域情调；散文富有平民气息、民主主义和爱国主义倾向。

3. 蔡其矫

蔡其矫（1918—2007），福建省晋江市紫帽镇园坂村人，当代著名诗人。8岁随家庭侨居印尼泗水，1929年回国在福建泉州教会学校上完初中，1934年到上海读高中。在上海暨南大学附中读书时参加学生爱国运动，积极投身抗日战争这一伟大的民族救亡运动，开始写反映抗日斗争的作品。1938年辗转到达延安，入鲁迅艺术学院文学系学习。1939年随该校部分师生到达晋察冀边区，在华北文艺学院文学系任教。1941年开始发表诗作，其间写的《乡土》和《哀葬》二诗分别获晋察冀边区诗歌第一奖和第二奖。1942年写的《肉搏》，被诗歌朗诵者和剧校考生一再朗读，并以此诗闻名于世。同年写歌词《子弟兵歌》，成为广泛传唱的军歌。1945年当随军记者，除写报道之外，也写了大量的诗。他是一位从延安走出来的浪漫诗派的杰出代表。1948年后从事国内外政治和社会的研究工作。1953年到北京中央文学讲习所任教，后任该所教学研究室主任，加入中国作家协会。

20世纪60年代，"极左"思潮当道，蔡其矫却在诗中"憎恨强权"。随后，他一再被"边缘化"，甚至被流放和投进监狱。1962年后，他从事自由诗、民歌体和古典诗词研究。这一时期，他的诗很少。"文革"结束后，他又重新焕发了创作的活力，成为新时期中国诗坛的先驱人物。诗集《祈求》是他写于20世纪70—80年代的作品。在这里依然可见其积极的生活态度，以及对现实的关注和对艺术的不懈追求。1959年回福建成为专业作家，将20年来所写的诗作收编为《迎风集》、《双虹集》、《福建集》3个诗集。另有《迎水集》、《醉石》、《蔡其矫选集》、《蔡其矫诗歌回廊》等15种。

4. 舒婷

舒婷（1952—　），原名龚佩瑜，中国著名女诗人，祖籍泉州，生于龙海市石码镇，长住厦门。舒婷是朦胧诗派的代表人物，崛起于20世纪70年代末的中国诗坛，她和同代人北岛、顾城、梁小斌等以迥异于前人的诗风，在中国诗坛上掀起了一股

"朦胧诗"大潮。1969年下乡插队,1972年返城当工人,1979年开始发表诗歌作品,1980年至福建省文联工作,从事专业写作。著有诗集《双桅船》、《会唱歌的鸢尾花》、《始祖鸟》,散文集《心烟》、《秋天的情绪》、《硬骨凌霄》、《露珠里的"诗想"》、《舒婷文集》(3卷)、《真水无香》等。舒婷擅长于自我情感律动的内省,在捕捉复杂细致的情感体验方面,表现出女性独有的敏感。情感的复杂、丰富性常常通过假设、让步等特殊句式表现得曲折尽致。舒婷又能在一些常常被人们漠视的常规现象中发现尖锐深刻的诗化哲理(《神女峰》、《惠安女子》),并把这种发现写得既富有思辨力量,又楚楚动人。

舒婷的诗,有明丽隽美的意象、缜密流畅的思维逻辑,从这方面说,她的诗并不"朦胧"。只是多数诗采用隐喻、局部或整体象征的手法,很少以直抒告白的方式,表达的意象有一定的多义性。

四、闽南地方文学的地位及其影响

闽南文学在中国文学史上的地位和影响是多方面的,闽南作家以其独特的文学思想、文学创作对闽南文化产生了重要影响。

(一)对文艺思想的影响

相对于中原,闽南文学的发展较为迟缓,但是当闽南人迈入中华文坛,便产生了较大影响的当推欧阳詹。欧阳詹在唐德宗元八年(792年),与韩愈同登"龙虎榜",南宋理学家朱熹誉之为"事业经邦,闽海贤才开气运。文章华国,温陵甲第破天荒"。他是韩愈倡导的古文运动的积极支持者、实践者,与韩愈、柳宗元同时代的著名文学家。著有《欧阳行周集》。如果仅考察贞元时期的文学成就和影响力,欧阳詹是毫不逊于韩愈和柳宗元的。韩愈、柳宗元在古文运动中的领袖地位源于他们的理论建树和古文创作上的实践。但是他们的主体理论和创作高峰均在欧阳詹逝世以后才出现。欧阳詹在世时,给以韩柳极大的鼓励和支持,并在实践中做了可贵的探索。"明道"是韩、柳提出的概念,但是比他俩成名在前又大一旬有余的欧阳詹的古文创作无不"明道达意"。戴显群在《欧阳詹与古文运动》一文中把欧阳詹的古文思想归纳为三个方面:主张仁政,反对暴君专制和藩镇割据;歌颂古圣先哲,崇尚上古社会简朴作风,反对奢侈;以六经为教化之本,主张修身孝悌忠信。这是十分中肯的。他的古文从不无病呻吟,而是抒写对生活的真实感悟,并且提出深刻新颖的主题。韩愈在《欧阳生哀辞》中云:"其文章切深,喜往复,善自道;读其书,知其于慈孝最隆也。"大中六年(852年),福建观察使李贻孙为欧阳詹的传世文集撰写序言,称欧阳詹的文章"新无所袭,才未尝困。精于理,故言多周详;切于情,故叙事重复,宜其司当代文柄,以变风雅"。李贻孙还将其与韩愈、李观并列,在《序》中云:"常与君同道而相上下者,有韩侍部愈、李校书观,洎君并数百岁,杰出人,到于今伏之。"可以说，欧阳詹不仅是古文运动的直接参与者，而且是高潮来临前的重要推手，是高潮前期的重要掌舵者和实践者。

除欧阳詹之外，在中国文坛产生较大影响的是明代的思想家、理论家李贽。他是我国16世纪伟大的启蒙主义思想家。李贽以"童心说"反对把文学作为阐发孔孟之道的工具，甚至把矛头指向孔孟及儒家经典，指出他们的说教非"万世之至论"，不能"以孔子之是非为是非"。李贽以"童心说"反对复古主义的"文必秦汉，诗必盛唐"的理论。他认为文学是在不断变化和发展中出好作品，而作品的优劣不是愈古愈好。李贽以"童心说"改变历来轻视通俗文学的偏见。肯定传奇、院本、杂剧的价值，进而把《西厢记》《水浒传》列为"古今之至文"。李贽旗帜鲜明地宣称自己的著作是"离经叛道之作"，表示："我可杀不可去，头可断面身不可辱。"李贽在诗文写作风格方面，也主张"真心"，反对当时风行的"摹古"文风，他的这一倾向，不仅对晚明文学，而且对中国文学史、思想史都产生了深刻影响。

（二）对文学创作的影响

林语堂早年留学国外，是美国哈佛大学文学硕士，德国莱比锡大学语言学博士。林语堂将孔孟老庄哲学和陶渊明、李白、苏东坡、曹雪芹等人的文学作品英译推介海外，是第一位以英文书写扬名海外的中国作家，也是集语言学家、哲学家、文学家于一身的著名学者。他一生笔耕不辍，著作等身。在长达半个多世纪的创作生活中，林语堂的文学成就及其影响可以概括为几个方面：第一，在文学观念方面，林语堂所提倡的表现自我个性的文学观在中国现代文学观念史上具有独特性。在中国现代文学观念史上，人性论和阶级论曾发生过激烈的争论，而且这两种观念之间的矛盾也或明或暗地贯穿在现代文学观念史整个过程中。林语堂提倡表现论，既不赞同阶级论，也不赞同普遍人性论。他从自我性情出发，强调纯真的、活泼的心灵世界的自然表达，反对外在规范的束缚。这种自我本位的文学观是具有一定价值的。第二，提倡"幽默"，对现代散文理论与创作具有重要意义。"幽默"在林语堂那里不仅是一种文体，也是一种美学风格和人生境界。对"幽默"的理论阐释和提倡，不仅使中国现代散文中的这一类文体得到支持，而且对现代人格的培养也具有重要的启示意义。第三，对中国古代的小品文和"性灵"说的重新阐释，为中国古代文学和文学理论的现代转化提供了有益的探索。他将小品文看成是现代人自由表达自己情感的文体，也就赋予了这种文体现代意义。他用西方浪漫主义者表现自我的理论来解释"性灵"，挖掘出了古代文论的现代含义，是有创见的。第四，散文创作形成了自己独特的风格，活泼、率真、敏锐而又不失深刻。与许多刻意经营的散文家不同，林语堂的散文是随意的，不事雕琢的。这些作品今天仍然拥有大量读者，其中主要原因就在于他的风格中有真实自我的情感态度，贴近读者的所思所想，又能出其不意，发人所未发。比如早年的《有不为斋解》和晚年的《来台后二十四快事》看似简单罗列，但都让读者有痛快淋漓之感，就是因为它们活泼、率真又不乏俏皮。第五，长篇小说虽然以英语写作，在国内的影响远不如在国外影响大，但小说中的中国作风、中国气派丝毫不逊色于任何现代汉语作品。作品中的人物刻画，结构安排，意蕴创造，也都有很高的水平。除了得到公认的《京华烟云》之外，《风声鹤唳》中的故事更加连贯曲折，人物性格十分鲜明，几位主要女性都刻画得十分细致生动，抗战背景下大家庭风雨飘摇的生存状态也具有极强的感染力。所以从恢复历史原貌角度看现代文学史，林语堂的影响力是无法回避的，他在中国文学史的地位，也应做相应的调整。

蔡其矫是对中国当代诗坛有着重要影响的闽南籍诗人。评论家刘登翰认为："在20世纪中国新诗的历史上，蔡其矫可能是对中国新诗艺术建设贡献最多，而迄今未被充分认识的最重要的诗人之一。他毕生对理想、自由、爱和生命的追求，在心灵与时代的相撞击中，激溅出诗人的火花，将成为20世纪的一份见证。"刘登翰认为在中国当代诗歌史上，在每一个年代都由权威刊物遴选出的优秀诗作中，蔡其矫的数量最多。蔡其矫的诗歌可以分成四个时期：第一个时期是抗日时期，这时期诗歌受惠特曼诗风的影响，具有直抒胸臆的浪漫主义色彩，《肉搏》是那个年代的传世之作。第二个时期（1950—1958年），蔡其矫的诗歌逐渐成熟，写出颇受当时诗坛关注的具有闽南特色的海洋诗歌系列，产生了较大的影响。第三个时期（1958—1978年），是诗人创作的鼎盛期，也是诗人人生最为艰难苦闷的时期。诗人遭受批斗、坐牢、蹲牛棚、流放等肉体和精神折磨，诗歌几乎发不出去。诗人在逆境中翻译聂鲁达（智利著名诗人）诗歌并受其影响，用白话翻译司空图《诗品》，诗风渐变，许多诗歌采用象征、暗示的手法。第四个时期（1979—2007年），是诗人创作的巅峰期。新时期，诗人重登诗坛，名誉和地位得到空前的肯定。晚年诗人4年间有15次壮游。1986年，已经69岁的诗人，单独游历西藏，并写下《在西藏》和《拉萨》，这两首诗是他晚年的巅峰之作，也是诗人人生感悟的力作。这位诗坛的"常青树"以事实告诉人们：只要用生命包孕诗歌，"意识冲出肉体的束缚"（《在西藏》诗句），诗人永远年轻。这一时期，《雾中汉水》《川江号子》等作品陆续被美国诗人保罗·安格尔（Paul Engle）和聂华苓译成英文，介绍给世界；1985年诗人参加在菲律宾举行的"马尼拉第一届国际诗歌节"；1987年英国欧罗巴出版社的《世界名人录》收入蔡其矫等7位中国现当代著名诗人。

舒婷1979年刚出道，就享誉中国诗坛，成为朦胧诗派的领军人物，与北岛、顾城等齐名。《致橡树》是朦胧诗潮的代表作之一。舒婷著有诗集《双桅船》（1982年）、《会唱歌的鸢尾花》（1986年）、《始祖鸟》（1992年），散文集《心烟》《秋天的情绪》、《硬骨凌霄》、《露珠里的"联想"》等。《祖国啊，我亲爱的祖国》获1980年全国中青年优秀诗歌作品奖，《双桅船》获全国首届新诗优秀诗集奖、1993年庄重文文学奖。朦胧诗派的出现给中国当代诗坛带来了新气象，引起了当时评论界的广泛讨论，无疑是对极"左"时期假、大、空的口号式诗歌的一种反叛，对中国当代诗歌的发展起到了积极的推动作用。舒婷的诗，或借助内心来映照外部世界的音影，或捕捉生活现象所激起的情感反应。中国当代读者久违了的温情的人性情感在她的诗中得到回归。她的诗被译成多国文字，介绍到西德、法国、美国、荷兰、日本、意大利、印度等国家。1985年应邀访问西德、法国。1986年应邀去美国举行个人作品朗诵会。

综合考察闽南文学创作的实绩，我们不难发现其中的奥秘：闽南文学大家大都具有中原血缘和海洋文化审美意识，无论是"事业经帮，闽海贤才开气运。文章华国，温陵甲第破天荒"的欧阳詹，还是反对复古主义，把《西厢记》《水浒传》列为"古今之至文"的"离经叛道"的李贽；无论是中西偕渡、心融两端的幽默先驱林语堂，还是厚积薄发而享誉中国诗坛，成为朦胧诗派领军人物的女诗人舒婷，作为闽南人，他们深受中原传统文化的滋养又具海洋文化自由开放、包容创新的意识，他们厚"古"薄"今"，这也是闽南文学诗人众多、旗帜各张、影响深远的重要原因。

参考文献

[1] 陈庆元. 福建文学史 [M]. 福州：福建教育出版社，1996.

[2] 陈笃彬，苏黎明. 泉州古代著述 [M]. 济南：齐鲁书社，2008.

[3] 福建省地方志编纂委员会. 泉州市志 [DB/EB]. 福建省情资料库地方志之窗地市县志，www.fjsq.gov.cn.

[4] 福建省地方志编纂委员会. 漳州市志 [DB/EB]. 福建省情资料库地方志之窗地市县志，www.fjsq.gov.cn.

[5] 福建省地方志编纂委员会. 厦门市志 [DB/EB]. 福建省情资料库地方志之窗地市县志，www.fjsq.gov.cn.

[6] 洪子诚. 中国当代文学史 [M]. 北京：北京大学出版社，2008.

[7] 清一. 泉南著述 [EB/OL]. 水木社区 闽越畅怀，http://www.newsmth.net/nForum/#!article/Fujian/1045.

[8] 吴绵绵. 泉州地域文学的特点及其影响和地位 [J]. 江西科技师范学院学报，2011（5）：120-125.

[9] 徐学. 厦门新文学史 [M]. 厦门：鹭江出版社，1998.

[10] 朱水涌，周英雄. 闽南文学 [M]. 福州：福建人民出版社，2008.

[11] 庄炳章. 泉州历代名人传 [M]. 晋江：晋江地区文化局，文管会出版，1982.

第四章

闽南民间文学

民间文学作为一个学术名词,是"五四"新文化运动之后才出现和流行的。它指的是民众在生活文化和生活世界里传承、传播、共享并不断地集体修改、加工的口头传统和语词艺术。从文类上来说,包括神话、史诗、民间传说、民间故事、民间歌谣、民间叙事、民间小戏、说唱文学、谚语、谜语、曲艺等民间作品。闽南民间文学,顾名思义是指产生和流行于福建南部的泉州、厦门、漳州三市及所属各县闽南语系地区,流传于闽南、台湾省、东南亚闽南籍华侨聚居地的民间文学。它具有鲜明的地域文化特色,是中国民间文学的一个重要组成部分。

一、闽南民间文学的形成

闽南民间文学的起源、沿革没有详细的文字记载,但是我们可以在它与中原一带的民歌比较研究中得出这样的结论:闽南民间文学始于对中原民间文学的承袭,历经演化、变异而成,可谓是"可溯之源长,可证之史短"。

中原人集结乡贯而行的南迁方式和抵达闽南后聚族而居的生活格局,使得中原文化得以集中保存;艰辛的初垦及其对精神慰藉的呼唤,使得中原文化在闽南地区能够有效地发挥作用。福建地方典籍记载着唐代福建观察使常衮州曾看到民间有人传授和流传着《月光光》的童谣。今天闽南各地流传的《月光光》,跟唐代《月光光》比较,虽然文字或多或少做了改动,但主题和结构十分相似。这正是口传文学具有创作的集体性和流传的变异性的特点所致。由此可见,闽南民间文学的历史源远流长。闽南民歌当中的传说故事歌,如德化的《舜哥歌》,从盘古开天地唱起,讲了尧舜禅让的故事;安溪的茶歌调《孟姜女送寒衣》对孟姜女从成婚到为丈夫送寒衣,再到与秦王对骂,以致"秦王被骂跳入海,东海传来水牛声"的描写,等等,许多传说故事、流传歌谣中的人物和情节的源头都可以追溯到中原。

当然,如果仅仅是承袭着中原传统、中原文化,是难以形成富有区域色彩的闽南地方民间文学的。一方面,古越闽南人自古沿海而居,人多地少,促使许多人"以

海为生,以津舶为家"。在两宋以前,闽南基本上是一片未开发的荒蛮之地,那时闽南人的生产工具落后,社会生存条件恶劣,自然对于那时的闽南人来讲,其力量是巨大的,是无法阻挡的。有时一场暴风雨就可能使闽南先民颗粒无收,甚至家破人亡。于是,他们便把这些因素归结为冥冥之中的"鬼"在作祟,久而久之,憎恶给人带来苦难的魔鬼,变成了闽南人普遍的心理经验。另一方面,中原移民要在一片完全陌生的环境恶劣的蛮荒之地上开拓出自己赖以生存与发展的家园是难以想象的;人类的生存依赖社会,而社会在某种意义上来说,实际上又成为人类生存行动的制约,有时甚至是一种压迫力量。这种社会压迫与自然压迫一起给人类造成不安全感。基于生存的本能,人类需要从精神上减少不安全感,在具体的生存活动中获得更多的自由。当这种目标无法通过自身的能力来实现的时候,人类唯有从外在的精神客体来寻求帮助和寄托。闽南民间文学中广泛流传的诸如"恶鬼"、"贪鬼"、"贼鬼"、"赌鬼"等妖魔鬼怪的故事,诸如地方神、祖宗神、历史人物神的传说,就是在这种情形下创造出来的。通过这些无所不能的神,各种妖魔鬼怪、恶势力受到惩罚、得以遏制,正义得以伸张,好人得以平安,显示出闽南民众对安定生活状态的渴望和对美好和谐社会秩序的追求,传达出闽南民众的善良人性和美好理想。

二、闽南民间文学的特点

闽南民间文学历史悠久,内容丰富多彩,生动活泼,脍炙人口。除了前面我们谈到的承袭性特征,它的区域性、变异性、多元性特征十分明显。

(一)区域性

闽南民间文学区域色彩浓烈,乡土气息芬芳。无论是《九龙江的传说》、《天宝的由来》、《金盏和百叶》、《龙哥和水仙》、《凌波仙子》,还是在民间流传的陈政、陈元光、黄道周、李贽、蔡新、庄亨阳等人的故事、传说;无论是开元寺、东西塔的故事,洛阳桥和清源山老君岩的传说,还是厦门《陈则赉抗荷卫国》《邓廷桢厦门反侵略》、《郑成功的传说故事》以及《白鹭的传说》、《五龙屿》、《洪济观日》、《金鸡亭》、《白鹿含烟》、《旗手吴英》、《天公生》、《文昌鱼的传说》等,其故事发生的背景、勇于开拓的精神、质朴的方言,都表现出明显的区域性特征。

(二)变异性

民间文学一般是口头创作,口口相传,没有固定的文字形式,一经流传,便处于不断变化的状态之中,在语言、表现手法、内容情节、人物形象甚至主题思想等方面,都会发生衍化,从而形成各种同一母题的异文,这就是它的变异性。闽南民间文学作品的结构、形式、主题等在长期口头流传中,虽然有相对稳定的一面,但是由于口头语言的不稳定性,作品在流传过程和具体的讲唱中,常常因时间、地域的不同，以及传播者的主观思想感情和听众的情绪变化等因素，而有所变异。这种变异在语言方面是经常的、大量的，其他诸如作品的情节、结构、人物甚至主题等也会发生变异。特别是在社会发生大变动时，群众往往将传统作品加以变化来表现新的生活和思想感情，这也是某些新作品产生的一种原因。就大家熟悉的童谣《天乌乌》来看，厦门、漳州、泉州、台湾等地不同的版本就有15种之多，其中最短的一首只有六句，最长的一首竟然达到56句。这种相当广泛存在的现象，在一般专业作家的书面文学中是很少见到的。人们或添枝加叶，或偷换角色、情节，或删繁就简，形成了新的故事、新的传说、新的歌谣。这种变异，是闽南民间文学的又一个特征。

（三）多元性

随着中国五千年文明史的发展，在闽南这个区域内，形成了非常独特的民俗文化。这里有初辟草莱的闽南先民——"闽越人"，他们有以舟为车、以楫为马、以海为田的习俗；有千里跋涉、举族南迁的"中原人"，他们带来了华夏民族的传统习俗；还有随着航海事业的发展，海上丝绸之路的开通和延伸，汇聚十洲人，他们又带来了海外各地的异俗；还有不少闽南人漂洋过海，深入"绝域之区"，受到当地风俗的影响而带回来的殊俗。这些习俗，随着时代的变迁，经过岁月的冲淘而互相碰撞、互相融合，形成了以中华民族民俗文化为源，以各地民俗文化为流的多元的独特的闽南民俗文化，也给闽南民间文学带来兼容和谐、开放进取、博大精深又重古求新的多元性特征。

三、闽南民间文学的主要类型

闽南民间文学种类是多方面的，几乎拥有中国民间文学的所有类型，如散文的神话、民间传说、民间故事，韵文的歌谣、长篇叙事诗以及小戏、说唱文学、谚语、谜语等种类。但是闽南歌谣和谚语却是最具有代表性和区域色彩的两种类型。其中闽南童谣在2008年被列入中国第二批非物质文化遗产名录。

（一）闽南歌谣

民间歌谣起源于人类维持生存的物质活动，特别是生产劳动。它是人类社会最早出现的口头创作形式。闽南歌谣种类繁多，因分类标准不一，有各种不同的分类。从内容出发，结合某些特殊功能，闽南歌谣大致分为：劳动歌、仪礼歌、时政歌、生活歌、情歌（褒歌）五类。又因服务对象的不同，又有儿歌（童谣）一类。这些歌谣音调纯朴流畅，乡土韵味浓郁。有的委婉细腻、柔媚缠绵；有的粗犷率直、刚健豪放，艺术风格各异。闽南民间歌谣是闽南文化的折射和体现，它融入了闽南人的智慧、情感和才思，处处显露出浓郁的地域特色和独特的创作风格。它以生动的形象、直白的语言、真挚的情感，使我们可以清晰感受到一种不同于其他语种的渗入灵魂的震撼，仿佛让人走进了闽南人的生活和情感世界，窥见闽南人勤劳务实、敢于拼搏的精神，领略闽南人民重视乡情与亲情、"美善合一"、立志"通俗"的审美文化心态与人文内涵。在民间比较流行的歌谣，主要有以下几种：

1. 劳动歌

"劳动歌"有狭义、广义之分。狭义的专指"号子"，以与劳动动作相配合具有强烈声音节奏和直接促进劳动功用为其基本特征。广义的包括在劳动中唱的歌，如《行船歌》、《采茶歌》等。后一类歌，有些也配合劳动动作而歌唱，一般对劳动也能起一定的鼓舞和调节情绪的作用，但无明显的与劳动动作相配合的强烈声音节奏。广义的劳动歌，有时也可归入"生活歌"中。

闽南的劳动歌内容丰富，几乎涉及各行各业。山有《做田歌》、《采茶歌》、《放牛歌》，海有《拉网号子》、《渔民谣》、《补破网》，商埠开放又有《行船歌》、《码头歌谣》《人力车夫歌》等。人们在为了生活而承受巨大痛苦的时候，用它来慰藉心灵；在人们失落的时候，用它来激发勇气，使人在精神上得到平衡和慰藉。

2. 时政歌

"时政歌"是反映劳动人民对某些政治事变、人物、政治措施以及与此有关的政治局势的认识和态度。把自己在政治上受到种种压迫，经济上受到残酷剥削的诸多不满，用形象的语言编成歌，借以表达对统治者的愤懑和抗议，唱出胸中的不平和愤怒，喷涌出控诉之情。这类歌谣有相当高的历史、文献价值。如流行于漳州平和等地的《旧社会黑暗天》："大某兼小姨，查某娴仔扇魁扇，肥肥象大猪，坐下去满交椅；吃大鱼厚油气，吃瘦肉嫌夹牙齿，吃线面嫌糊嘴边，走起路来很神气。"流行于漳州芗城的《农民歌》："田主吃肉穿绸缎，洋楼大厝比天高，大某（大老婆）细姨（小老婆）查某娴（女婢），农民愈想愈姆愿（不甘愿）。"摹声状形，淋漓尽致地表现有钱人的神态，表达被压迫、被剥削的底层百姓的一种不平与愤恨之情。还有《长工谣》："做长工，惨叮当。出门鸡拍胸，入门人点灯。头家娘煮饭分两桶，一桶有，一桶潘（稀）。他吃有，我吃潘。早些回来吃，骂我想偷懒，晚些回来吃，骂我害他等。吃饭吃得慢，骂我故意拖时间。吃快会流汗，骂我做工太想惮（懒惰）。最后一嘴未落喉，百斤重担上肩头。"揭露地主残酷剥削和贪婪吝啬的本质，反映长工的穷困与苦难。这些歌曲表现的是一种人格力量，是一种不畏强权的、敢于直面人生的人格精神，还有广泛流传于闽南各地的《南北战》写尽"满清换民国，皇帝换总统"，老百姓受的兵灾之苦；《收租歌》、《掠壮丁》反映人民群众的苦难与怨恨；《跟随红军闹革命》、《送哥参加新四军》、《抗战歌》、《日本飞机炸漳州》等则表现人民群众参加革命的喜悦以及对日本军国主义的痛恨。这些歌谣，揭露了社会的黑暗，激励了人们反抗的意志，在当时当地起了很好的作用。

3. 仪式歌

"仪式歌"是指伴随民间祈年庆节、贺喜禳灾、祭祖吊丧等仪式及日常迎亲送友等习俗活动而吟诵演唱的歌谣。大致有诀术歌、仪式歌、习俗歌三类。诀术歌，是被认为具有法术作用的民间歌诀与咒语，如"天皇皇，地皇皇，我家有个哭夜郎，过路君子吟三遍，一觉睡到大天光"之类。仪式歌，是与节令庆祝、其他祭祀等仪式相结合而诵唱的歌，主要内容为祭神求福、祈保丰收等。如祭灶王爷求福、祭龙王爷求雨所唱的歌。习俗歌，用于婚娶、生子、祝寿、送葬、造房等红白喜事和迎宾待客的场合。在这些仪式歌中，虽然有些迷信色彩浓厚，一定程度上表现出负面效应，但数量居多、文学价值较高的部分，如《送嫁歌》、《十二碗菜歌》、《廿九暝》、《十二月歌》、《贤媳妇》、《死某歌》（注：闽南语"死某"即"丧妻"）、《我家爱我嫁番客》、《病子歌》、《竹仔枝》、《石榴姐》等，真实反映闽南地区的民情习俗，从多方面反映复杂多样的社会生活。

4. 情歌

据有些学者的研究，情歌是民间歌谣中数量最多的一种歌谣，在历代劳动人民特别是少数民族人民的爱情生活中，占有十分重要的地位。闽南人民在长期的社会生活中，感受人生纯真的爱情，并将它化作生动形象的歌声，唱遍田间、高山和里巷。它的内容广泛，但唱的都是担货郎、绣花姐、长工、普通市民等芸芸众生中的平民百姓，记录着闽南历史的情感和声息。大致可以分为以下几类：

（1）底层劳动者的恋歌。如《病囡哥》《水仙情歌》、《四季歌》等。

（2）海峡恋歌。抒发离别、想念之情的，如《管甫共妹说透机》、《行船歌》《出洋哥》、《过番歌》、《相似树下望台湾》等。

（3）送别恋歌。表达誓不分离的坚贞爱情的，如《雨落檐头流》、《十送歌》等。

（4）当然，也有为数甚多的"家花不如野花香"之类的偷情歌，虽含某些不健康的思想情感，但在一定程度上也表现了被剥夺正常爱情生活的人们对幸福生活的向往与追求。

另外，在闽南地区流传着为数不少的妇女苦情歌，这些歌谣大部分出自民间妇女之口。闽南女性从一出生，到像货物一样被买卖的出嫁；从备受虐待摧残的小媳妇生涯，到熬成婆后仍无幸福可言的毕生悲惨遭遇，在这类妇女苦情歌中都有鲜明生动的反映。在大量的苦情歌中，又常蕴含着对美满生活的憧憬，如《棕蓑娘》《病囡歌》、《守寡歌》、《安童买菜》、《叹五更》等。

5. 儿歌

"儿歌"一词，中国于20世纪初以后才普遍使用。古代称为"孺子歌"、"小儿谣"等。儿歌有狭义、广义之分。狭义的专指由儿童自己创作以及由大人教唱，但内容符合儿童生理心理特征和理解能力的歌。广义的还包括由妈妈奶奶等教唱，反映旧社会大人特别是妇女生活情感的，但由儿童传唱开来的歌。具有时政歌谣性质的所谓"童谣"，一般非真正的儿歌。儿歌按其功用，大致可分为三类：游戏儿歌、教诲儿歌、训练语言能力的绕口令等。

经过闽南人民千年以来的创作与传承，闽南儿歌成了闽南地区儿童启蒙教育的重要素材。这些儿歌种类繁多，内容丰富：既有《羊仔囝》《白头鸶》这类动物歌，《蝶仔花》、《四季菜色谣》等植物歌，也有《甜粿过年》、《土地公》等表现闽南民俗的童谣；有《占椅仔》、《孝月娘，孝月姐》之类的游戏歌，还有产生于特殊历史时期的时政歌，例如《石井郑国胜》、《学文化》等，可以说每一首儿歌都是闽南人民传统美德智慧的结晶。闽南儿歌有其特殊的特点：一是贴近生活，内容浅显、思想单纯，如《月公公》、《憨憨是》、《捂孤鸡》、《天黑黑》、《客鸟叫》等。二是想象丰富，富有情趣，篇幅简短，如《点喽点叮咚》、《挨呀挨》、《羞羞羞》、《风来》、《雨哩来》、《臭头仔》、《红拱狮》、《打老鼠》等。三是语言活泼，富于音韵，朗朗上口，如《玩石子歌》、《叛徒仔叛车车》、《一枝竹篙浮唝唝》、《雷公陈》、《火金星》、《婴仔眠》、《打铁哥》等。这些以闽南方言进行创作和传唱的闽南儿歌，不仅在内容上极具童真趣味，在韵语与平仄的节奏上充分体现了闽南语的精髓，而且许多儿歌还融入了闽南方言词语、俗语、闽南地区历史等，简单有趣，朗朗上口，脍炙人口，曾经在闽南地区广为传唱。对于许多出生在闽南地区的人来说，儿时总少不了闽南童谣的陪伴："天乌乌，卜落雨，阿公仔揭锄头卜掘芋。掘啊掘，掘啊掘，掘着一尾旋鰡鼓，依呀嘿都真正趣味……"在轻快而充满趣味的歌声里，人们脑中浮现出的是童年时那片蓝莹莹的天，那方绿油油的田，那只越跳越远的青蛙，那群已经散落天涯的小伙伴，还有伴随着一首首歌谣渐渐远去的，无忧无虑的童年。

1985年，为了编辑《中国歌谣集成》，闽南地区收集了大量的民间歌谣。根据何龙章先生介绍，漳州就采录了民间歌谣11000多首，并编辑出版了《中国歌谣集成·福建卷·漳州市分卷》，其中1000多首收入《中国歌谣集成》。厦门、泉州，还有一些县、区，甚至乡镇、村都还编辑出版了"歌谣集"。这些歌谣不仅对了解闽南地区的历史、政治、文化等有着重要的参考价值，对闽南文化的积淀、珍藏以及研究，都有着重要的意义。

（二）民间谚语

谚语是在广大人民群众中长期流传的固定的语言。在古代，对言语的解释有许多种，许慎在《说文解字》中说："谚，传言业。"《尚书·无逸》中说："俚语曰谚。"刘勰在《文心雕龙·书记》中则记载为："谚，直语业。"《辞海》将谚语定义为"熟语的一种。流传于民间的简练通俗而富有意义的语句，大多反映人民生活和斗争的经验"。《中国谚语集成编辑细则》里面将谚语定义为："谚语是劳动人民创作并广为流传的定型化的艺术语句，它是人民智慧和生产斗争、对敌斗争以及各种生活经验之总结，是带有讽喻性、训诫性、经验性和哲理性特征的语言结晶。"尽管对谚语的解释十分繁多，而且都有着其不同的观点，但从总体上来说他们都承认谚语是一种通俗化的、大众化的语言。谚语用简洁通俗的语言反映出深刻的道理，是劳动人民智慧的结晶和经验的总结。它将丰富的内容用浓缩、简洁的语言表达出来，具有高度的概括性，可以起到发人深省的作用。其表现形式生动活泼，有声有色，诙谐有趣，有着很强的说服力。被誉为"语言之花"、"智慧海洋的明珠"的谚语，除具有文字精练、形象生动、和谐押韵、朗朗上口的特点外，还具有较强的音乐性、口语性、知识性和实用性等特点。

闽南人的祖先从中原南迁而来，他们继承了汉民族热爱生活、坚毅向前、勇于开拓的优秀传统，在火辣辣的生活中，创造了不少精粹的闽南谚语。在中华民族浩如烟海的谚语中，闽南谚语独树一帜，它带着泥土的芳香，汇千百年生活时空之精华，集经验、情感、哲理、艺术于一体，形成一面反映闽南社会生活的镜子，体现着闽南人那种独特的文化特征。它反映特定年代的生活观念与文化心理，也侧面地反映特定环境中重要的生活主题，充分展示了闽南人爱国爱乡、重情重义、自强不息的精神。

1991年编辑出版的《中国谚语集成》中，将谚语分为时政、事理、修养、社交、生活、自然、生产、其他等八类。不同民间文学教材中的分类也大同小异，我们这里不再详细介绍。《中国谚语集成·福建卷·漳州市分卷》就收集谚语2万多条，内容涵盖各行各业，以及人们的婚姻、家庭、衣、食、住、行等。在谜语网《经典谚语·闽南谚语》中选出以下50余条闽南谚语，可见其精华：

1. 问路靠嘴水，行路靠脚腿。
2. 两人没相嫌，糙米煮饭也会黏。
3. 众人一样心，黄土变成金；三人四样心，赚钱不够买灯心。
4. 做田要有好田边，住厝（房子的意思，下同）要有好厝边。
5. 吃称饭（隔夜饭）也着看天时。
6. 有钱人惊死，无钱人惊无米。
7. 好某（妻）娶会着，恰好吃补药。
8. 嫁着臭头翁，有肉又有葱；嫁着跋缴（赌博）翁，规厝内空空。
9. 钱未趁到手，毋通（不要）大虾配烧酒。
10. 着算了吃，毋通吃了算。
11. 鸭母装金原扁嘴。（喻丑的事物再掩饰仍是丑）
12. 一圆打四结，铁公鸡。（喻一毛不拔）
13. 一声唔知，万事无代。（喻少惹事为妙）
14. 人情世事陪够够，无鼎兼无灶。（喻人情世事应酬不完）
15. 大目新娘找无灶。（讥眼前之物，竟找不到）
16. 大鼎未滚，小鼎强强滚。（责他人抢发言）
17. 上司管下司，锄头管畚箕。（讥一个管一个）
18. 心歹无人知，嘴歹较厉害。（劝人慎言）
19. 不孝媳妇三顿烧，有孝查某子路遥遥。（喻媳妇再不好也能侍奉三餐）
20. 仙人打鼓有时错，脚步行差谁人无。（喻错误难免，要及时更正）
21. 父母疼子长流水，子想父母有时存。（喻父母经常惦记子女，子女却偶尔想

着父母）

22. 甘愿担菜卖葱，不甲别人公家尪。（喻女子宁可吃苦，也不与人共夫）
23. 自己屁股无肉，怨人脚肚生肉。（讥自己瘦却嫌人胖）
24. 叫猪叫狗，不如自己走。（喻求人不如求己）
25. 无彼种屁股，唔通吃彼种泻药。（喻没那种本领，勿做那种事）
26. 厝内无猫，老鼠跷脚。（喻群龙无首，一切无序）
27. 惊七月半水，无惊七月半鬼。（喻七月半前后常闹水灾）
28. 一时想无到，终身苦到老。（一失足成千古恨）
29. 佛靠扛，人靠装。（菩萨靠人抬才显灵，人靠装扮才好看）
30. 猪仔贪别人槽。（自己的不吃，专门贪吃别人的）
31. 十嘴九脚川。（脚川：屁股。喻七嘴八舌吵闹不休，意见无法统一）
32. 无空寻缝。（喻无事生非或有意刁难）
33. 老鼠共猫做生日。（喻所做的事并非真心实意）
34. 娶某时，生仔运。（娶某：娶妻。喻人处于好运气的时期）
35. 人唎衰，放屁弹死鸡。（喻人运气不好时，做任何事情又再招来不幸）
36. 一个剃头，一个板耳。（喻一个人可以办成的事用了两个人）
37. 鸭仔落水身就浮。（喻身临其境就会适应）
38. 瘦瘦水牛三担骨（喻有真本事的人在任何条件环境下都能起作用）
39. 吃米不知米价。（喻只知享福而不事生计）
40. 半桶屎起类摇。（喻一知半解或功夫不深的人却夸夸其谈，显示自己有才华）
41. 有偌大的脚，穿偌大的鞋。（喻要从实际出发，量力而行）
42. 牛牵到北京也是牛——指歹性地。（喻本性难移）
43. 一日北风三日雨，三日北风无水戽。
44. 五月十九陈声雷，番薯赛过大秤锤。（陈：响）
45. 六月十二，彭祖做忌，无风台也有雨意。
46. 青瞑鸡啄着一尾虫。（青瞑：瞎眼。喻事情凑巧，侥幸碰上了好运气）
47. 在家日日好，出门朝朝难。（喻指出门在外许多事情不如在家方便，叫人出门远行要有克服困难的思想准备）
48. 一料田螺九碗汤。（搭配过量，意指不看事实瞎指挥）
49. 一人苦一项，无人苦相同。
50. 细汉偷割瓠，大汉偷牵牛。
51. 常打勿会惊，常骂勿会听。
52. 宋凶人（穷人）无病就是福。
53. 平安恰赢大趁（赚）钱。
54. 人在双双对对，阮在靠墙吐气。

闽南流传的谚语，言简意赅、形象绝伦，它丰富了闽南话文化的底蕴，为中华文化宝库光彩夺目的一朵奇葩。

闽南话的一些谚语，常用一些人们看得见、摸得着的动物来比喻，形象绝伦。如"番仔听闽南话，好像鸭子听雷"，番仔，即外国人，他听不懂闽南话，犹如鸭子听雷声一样，无动于衷。成语"顾此失彼"，闽南话以乌龟、海鳖比喻，说"抓龟走鳖"；与龟鳖有关的闽南话俗语还有"龟笑鳖无毛"，意思就是"五十步笑百步"。

"牛牵到北京也是牛"，以牛比喻一个人顽固不化，朽木不可雕；"小汉偷拿针，大汉偷牵牛"，这里的"小汉"，即指人小时候，"大汉"即成年人，以小"针"的偷取，发展到偷大的牛，形象地告诫人们，良好的品德必须从小就注意教育、培养，否则将后悔莫及。

闽南话还有一些谚语，是以大自然的现象、物品来比喻。如"横材挃入灶，乱来"，这里"挃"是"塞放"之意，"材"即木材，木材横着塞进灶，很显然是不得法的，乱来。比喻有些人讲话、做事情不按常规而言。

"困咔好吃补"，闽南话的"困"，不是疲倦，而是睡觉；"咔好"即"更好"，意思是睡觉比吃补品好，形象地告诉人们，人的睡眠若不足，即使是吃山珍海味，也无济于事。

"上山一日，下海一工"，这里的"一日"、"一工"均为一天的时间，或一天的工夫。这句俗语的意思就是"既来之则安之"，不要心急如焚，什么事情都得有一个过程、时间。

"鸡蛋密密也有缝"，鸡蛋是椭圆形的，它有"缝"、"洞"是人的肉眼所看不出来的，这是公认的现象事实。但是，鸡蛋确实是有"缝"，否则就无法孵化出小鸡。以鸡蛋比喻人做了坏事，欲盖弥彰是不可能的，除非己莫为。

"你看我普普，我看你雾雾"，意思是你瞧不起我，我也看不上你。形象地说明一个人要得到他人的尊重，首先要尊重人。

"有样看样，无样自己想"，这句俗语形象说明榜样的力量是无穷的，好的榜样影响着社会人的道德品质，故要"为人师表"，反之，坏榜样的泛滥，极坏地影响着社会的风范。总而言之，闽南方言谚语是民间文学的一颗璀璨夺目的明珠，它凝聚着历代劳动人民的智慧和才能，反映劳动人民创造历史的前进足迹，传递着每个时代人民群众的心声，蕴含着丰富的文化生活和艺术结晶。闽南方言的熟语也是中华文化的宝贵精神财富之一。它不仅是古汉语文化的积淀，也是闽南地域文化的反映，与闽南民系的社会文化心理、情感、伦理和民间习俗息息相关。它生动活泼、诙谐有趣、魅力无比，能深入浅出地阐明人生哲理，使人们受益无穷。

四、闽南民间文学的价值

闽南民间文学通过生动的叙事、具体的形象和独特而灵活的语言，真实地反映闽南民众的思想感情和社会生活图景，呈现出一定历史时期闽南社会生活和经济发展状况，传达了闽南民众的思想观念和道德准则，体现了底层民众的生活世界，显示出其独特的自然观、人生观、价值观和世界观。

（一）帮助人们认识、了解闽南的发展历史

闽南民间文学的传承与发展是与闽南开发的历史、闽南文化的发展息息相关的。民间文学是人民生活的有机组成部分，是社会生活的一面镜子，人们可以从民间文学中窥见人类历史发展的脉络。闽南民间文学是承袭于中原地区的汉民族文化，经由移民的携带，南徙入闽后形成的闽文化在闽南地区发展的一种形态。闽南民间文学作为中国民间文学的一部分，不仅仅是一种口头文学，更是一种文化的重要载体。那些在闽南地区广为流传的故事、歌谣、谚语等，蕴含着丰富的文化积淀。如德化的《舜哥歌》从盘古开天地唱起，讲了尧舜禅让的故事；安溪的茶歌调《孟姜女送寒衣》对孟姜女从成婚到为丈夫送寒衣，再到与秦王对骂进行描写，以致"秦王被骂跳入海，东海传来水牛声"。许多传说故事歌中的人物和情节的源头都可以追溯到中原。在泉州流传的《郑成功传说》、《李贽的传说》、《洪承畴的传说》等，所有这些民间作品对我们认识了解闽南文化、闽南历史都有重要的的作用。而《姑嫂塔》这则故事讲的是丈夫抛妻过海谋生的无奈及在家妻子望眼欲穿的凄苦；《挨豆干豆腐》称"新妇去过番，走仔过台湾"，反映了闽南人下南洋和过台湾习以为常，其中蕴含着闽南人敢于开拓进取，到海外发展的精神，反映了闽南历史文化的发展变化。因此，在这个意义上，无论闽南社会和文化，还是包括闽南语区在内的台湾社会和文化，在历史上都是来自中原地区的移民社会和文化的延续和发展。这一性质的认定，是我们认识和分析闽南文化的历史出发点。

不仅如此，闽南民间文学还很好地帮助人们识别闽南地区不同的社会形态意识、婚姻状况、民俗风情。闽南民间文学作品本身就是闽南民俗生活的一种存在方式。民俗是社会生活的有机组成部分。当它以一种思绪形式出现时，它是一种民俗心理、民俗观念；当它以某种行为方式出现时，就构成某种信仰活动或民俗仪式；而当它表现在人们口头的时候，在很多情况下，就成了口头创作。如漳州是汉族、畲族、高山族等20多个兄弟民族的聚居地，流传"人种的来源"、"阿美族的来历"、"青蛙姑娘"、"蓝、雷、钟是一家"等少数民族的故事、传说。漳州是"花果之乡"，也流传水仙花、兰竹荔枝、八卦芦柑、杨梅的传说。在泉州地区广为流传的如《姑嫂塔》、《望夫山》、《清源山的传说》、《九日山传说》、《泉州地名小故事》等传说，还有如《送嫁歌》、《十二碗菜歌》、《廿九暝》、《十二月歌》等歌谣，它们不仅是传说、歌谣，更是一种信仰的遗留，也是一种民俗活动的实录。还有闽南民间文学中以自然崇拜为核心的万物有灵的观念，对各种超自然力的盲目崇拜而出现种种祝祭仪式，形成固定时间与内容的周期纪念活动，进而演化成各种传统节日。所以从某种角度说，民间文学，既是习俗内容，也是习俗形式，是一种风俗画。闽南民间文学的这种价值虽然并不完全是正面的，但为我们提供了活生生的闽南大众的生活史，对我们认

识闽南的历史和现状，了解闽南民众的伦理、心理与习俗，都有极高的参考价值。

（二）闽南民间文学是一部优秀的口头教科书

闽南民间文学是群众自我教育的最方便、最普及的口头教科书。它帮助人民提高觉悟，大多表现人们勤劳、勇敢、朴实的美德，同时也表达人们美好的理想、愿望。生动的民间故事、传说是启蒙教育的好教材。如，当童谣从摇篮曲、止哭歌等最初的形态发展出新的内容后，其本身所附加的教育成分也逐渐增多，童谣在情趣教育、道德教育、文学教育、知识教育方面都有其独特的作用。闽南童谣内容语言的趣味性、生动性、灵活性，可以陶冶儿童的性情，促使儿童养成天真活泼、爽朗优雅、幽默机警的优良个性和气质。如两首《天乌乌》：

天乌乌，卜落雨，海龙王，卜娶某。
孤呆做媒人，涂鲶做查某。
龟吹箫，鳖拍鼓，水鸡扛轿目土土，
田婴举旗喊辛苦，火萤提灯来照路。
虾姑担盘勒屎肚，老鼠沿路拍锣鼓。
为着龙王卜娶某，鱼虾水卒真辛苦。

天乌乌，要落雨。
揭锄头，巡水路。
鲫仔鱼，要娶某。
龟担灯，蛇拍鼓。
水鸡扛轿大腹肚，
田婴揭旗叫艰苦。
妈祖气甲无法度，叫個一人行一路。

两首童谣为同一题目，内容相似但不尽相同，体现了民间文学的变异性特征。童谣细致生动地刻画了一个有趣的海洋动物的童话世界，孩子能在享受它本身朗朗上口的音乐性的同时感受童幻般的精彩内容，"龙王娶亲"虽不可能，但在儿童的世界里却是理所当然的。闽南童谣中多含伦理道德和劝诱讽诫的内容，是道德教育不可或缺的教材，可以使儿童知美丑，辨善恶，用孩子易于接受的方法教导他们养成良好的道德品质。如亲情歌《牵団牵孙》《阿姑来》《阿公欲食韭菜汤》这些都重在表现亲情的和睦融洽，教育儿童珍惜亲情，尊敬长辈，友爱兄弟。劳作歌多是叙述歌，向孩子讲述儿童爱劳动的小故事，可从小培养起热爱劳动、尊重劳动的好品德。有些童谣还用善意的讽刺、劝诫等方法，旨在劝诱儿童养成好的生活习惯，这比一般的说教管用，可收事半功倍的教育功效。

(三)闽南民间文学是闽南劳动人民自我娱乐的工具

民间文学的社会价值在于其传承。这种群众集体所传承的文化，也许不像文献或古物那样能够经久保存，但是，它的生命力也不可低估。闽南地区流传的一些故事、歌谣、谚语等，已经在两千年前就被文人记录下来了，但是，直到今天，它们还能够以基本相同或相似的形式活在人民口头上。很重要的一点原因便是其娱乐价值。如童谣最初是口头文学，是口头吟诵的，儿童在嬉戏玩耍时，通过童谣的吟诵增加兴奋度和游戏趣味，用熟知的童谣互相打趣讥笑，用童谣认识动物、事物独特的一面，体味事物滑稽的一面，增加游戏的欢乐与喜悦。如《火荧火叉叉》：

火荧火叉叉，请你来食茶。
茶未滚。请汝食冬笋。
冬笋也未烂，请汝食鸡俍。
鸡俍也为剖，请汝食香梨。
香梨未开花，请汝食冬瓜。

这首童谣用拟人化的手法描写了儿童以萤火虫为友，希望向黑夜中亮闪闪的萤火虫请客的天真活泼的童心。句子结构单一，一句一韵，运用顶针手法便于吟诵。

羞，羞，羞，抹面油，
担粗捅，穿破裘。
买针线，缝目睭，
放屎糊嘴须。

上面的这首童谣《羞羞羞，抹面油》，通过戏谑一个穿着破棉袄担着粪桶还装俊俏抹油膏的老汉，嘲笑老人年岁大了还不认老，同时也劝人自尊。虽然词语"放屎"有些粗俗，但符合儿童的语言习惯，从"羞羞羞"三字我们似乎可以看到一位极度开心、愉快的孩子用手做抹脸动作嘲笑着的画面。再如：

牛屎菇，展雨伞击。
汝点灯，阮来看岔。
看恁新娘囝婿平悬又一平大旗。
一股演小生，一股演小旦，两人有缘结成伴。

这一篇的内容重在以欣羡的眼光看待新娘和新郎。此谣讴歌赞颂"翁生某旦"这种美满婚姻，也表明女童老早便已有了婚恋意识。

（四）闽南民间文学的传播是传承闽南文化的重要途径

近现代的民间文学整理和研究源于五四新文化运动，逐渐形成了"双重的文学"的观念，文学应该是由两种大异其趣的形态组成：一是庙堂的文学（作家文学）；一是民间的白话或口头文学，民间文学自五四以来慢慢地得到学者的重视。然而，这两种文学不是截然分开的而是相互独立又相互作用的，作家文学能够影响民间文学，民间文学亦可影响作家文学。闽南的许多作家在讲到自己的创作道路时，都不约而同地肯定那挥之不去的故乡的文化记忆和故乡情结对他们创作的影响。

闽南民间文学以闽南方言作为载体，又因其本身的口头性和集体性，往往带有浓重的闽南方言色彩，夹杂着大量闽南语汇和有关民俗、民间传说的内容，能够显示其特有的闽南方言文化特色。人们在民间文学的自觉熏陶下能够加深对家乡的热爱和对地方文化的认同感。

民间文学能在诸如题材、思想内容、形象、艺术形式、艺术语言方面影响作家文学，民间文学也应该为现代民间文学乃至作家的创作或现代儿童读物、儿童教材提供有魅力的素材，现代闽南文化的发展必须借鉴拥有强大现实生命力的民间文学才能健康地发展。

当然，现代民间文学的发展也需在继承传统民间文学的基础上加以创新，没有传统民间文学的继承，闽南民间文化就得不到传承，富有特色的闽南文化发展也会缺乏有力的动力。例如现代童谣创作抛弃了母语系统仅就民族共同语来创作，那么母语所蕴含的丰富的文化底蕴和人文色彩就得不到传承，继而导致儿童对母语的接受度会降低，排斥母语文化。再者，闽南民间文学的发展也应是面向广大的受教育者，单个、少部分的人的吟诵和研究，结果只能是文化的死亡，童谣应是集体性的，因此童谣的传播交流应是全面的、普遍的，这才能维持童谣固有的生命力。

总而言之，闽南民间文学有其娱乐价值、认识价值、教育价值、母语文化价值、文化传承价值。其着眼点在于民众，围绕着底层百姓的生理感官、生活教育、娱乐等方面发挥作用，所以当今的文化教育不应仅局限于学校的应试教育，而应该从各种不同层次受教育者的自身心理、生理特点出发，适当通过故事、民谣的方式，引导其健康乐观地认识世界、认识亲情、认识社会生活。

参考文献

[1] 半鉴方塘. 简述地方民间童谣的价值——以闽南童谣为例 [EB/OL].(2012.01.06). 新浪博客，http://blog.sina.com.cn/s/blog_6cb401c701010f0l.html.

[2] 蔡家谱. 浅谈闽南文化中的闽南民间歌谣 [EB/OL]. 百度文库，http://wenku.baidu.com/link?url=DhMpLjv6J3t2eaS5FS54yQa7ZZ1mB8gm2hubFnGC87ki_avrgFJD_3NJnjm5I3gafXAR7rgcquIW5t38aewIppsZkJ-icn0UuXqwYRrv_Um.

[3] 晨阳. 形象的闽南俗语 [EB/OL].(2011.8.23). 网易博客，http://blog.163.com/

cty_xm/blog/static/130538058201172393217510.

[4] 戴冠青，叶安业. 怪诞形象与惧鬼原因——闽南民间故事另类形象产生的根源[J]. 集美大学学报，2009，12(1):51-55.

[5] 福建省地方志编纂委员会. 泉州市志 [DB/EB]. 福建省情资料库地方志之窗地市县志，www.fjsq.gov.cn.

[6] 福建省地方志编纂委员会. 漳州市志 [DB/EB]. 福建省情资料库地方志之窗地市县志，www.fjsq.gov.cn.

[7] 福建省地方志编纂委员会. 厦门市志 [DB/EB]. 福建省情资料库地方志之窗地市县志，www.fjsq.gov.cn.

[8] 福建省民间文艺家协会编. 福建民间文艺探索文集（内部交流）[G].2002.

[9] 顾炎武. 天下郡国利病书：卷九十三 [M]. 上海：上海科学技术文献出版社，2002.

[10] 夏敏. 闽台民间文学 [M]. 福州：福建人民出版社，2009.

[11] 许怀中，庄宴成. 中国民间故事集成·福建卷 [M]. 北京：中国 ISBN 中心，1998.

[12] 中国歌谣集成·福建卷 [M]. 北京：中国 ISBN 中心，2007.

[13] 钟敬文. 民间文学概论 [M]. 上海：上海文艺出版社，1980.

[14] 钟敬文. 钟敬文民间文学论集（上）[C]. 上海：上海文艺出版社，1982.

[15] 钟敬文. 钟敬文民间文学论集（下）[C]. 上海：上海文艺出版社，1985.

第五章

闽南民间音乐

闽南民间音乐是我国传统音乐中无可替代的重要组成部分。千百年来，由于依山傍海这一特殊的"封闭式"地理环境的限制，加之执拗的宗族观念和相对固定的生活方式，使由中原地区传至闽南的华夏古乐种与闽南本地原始民间音乐一起得到了较好的融合、发展，并相对完整地保存流传下来。

一、闽南民间音乐的起源

秦始皇征服百越之后，在福建设立闽中郡。随着人口的不断迁徙，北方的文化艺术和风俗习惯也传到当地。在不同历史时期，随着经济重心的南移，闽南地区的生产力、人口、文化艺术等得到了进一步的繁荣。随着南宋政权的建立，大批南宋宗室迁移落户到了闽南地区，宫廷音乐也随政权的南移流向南方并与闽南民间的音乐相融合。因此，在闽南民间音乐中，不难找到中原及北方民间音乐的特征。

外来音乐的流入为闽南民间音乐的发展奠定了基础。闽南民间音乐通过改造原有唱腔，吸收本地民歌、外来曲调以及宋人词调还有唐宋的音乐曲调，使得其地方特色特别鲜明。如：曲艺音乐中，漳州锦歌基本曲调之一的《四空仔》与民歌《孟姜女》的曲调有着紧密的关联；再如，在戏曲音乐中，芗剧、梨园戏都直接或间接地从弋阳腔、青阳腔和昆山腔中吸收了养分；还有，在民歌小调中，北管更是吸收外来民歌小调于一体的演唱乐种。

闽南地区盛行佛教、道教、伊斯兰教及众多的民间信仰，大部分人借助宗教求得心灵慰藉，各种宗教仪式和民间信仰形式中就包括了法事音乐、戏曲、说唱、器乐演奏等音乐体裁。妈祖、保生大帝、开漳圣王等神诞日的祭祀活动等，在某种意义上推动了闽南民间音乐的繁荣与发展。由于自然环境变化，与其他民族融合以及政治制度的改变等社会文化环境的变化，闽南本土音乐与各种外来音乐碰撞与融合，繁衍出了具有闽南地方特色的民间音乐。

总之，不同历史时期的闽南地区经济、文化、生产力及人口的繁荣促进了文化艺术的发展，为闽南民间音乐的形成奠定了基础，中原音乐与闽越音乐的结合使闽南民间音乐得到了进一步的发展，而闽南民间音乐文化的繁衍变迁最终形成了富有特色的闽南民间音乐。

二、闽南民间音乐的特点

闽南人民创造了独具特色的传统音乐，但闽南各地民间音乐的风格不尽相同，有的甚至有着鲜明的差异。因此，有"五县歌仔七县曲"的说法。如泉州地区的民间音乐在南音风格的影响下，较为委婉柔美、古朴幽雅，内部音乐风格相对统一；漳州地区的民间音乐则形成以锦歌、芗剧为代表的体系，音乐风格淳朴爽朗等。闽南民间音乐具有以下几个特点。

（一）独特的韵腔形式

泉州地区的传统民间音乐种类丰富，包括了茶歌、舞歌、戏曲、山歌小调等，但最具特色和代表性的就是南音。南音的韵腔是乐曲中最有特性的音调。韵腔循环变奏的结构形式作为音乐的发展手法在南音中得到了较完整的运用。当唱词为词牌结构时，多用字数不等的长短句式，与此相适应的唱腔也是非方正性结构。在较大的变化中，句读分明，段落清晰。韵腔的反复或变化出现是一首乐曲的重要标志。在南音韵腔的类别中有滚门性腔韵、曲牌性腔韵以及曲目性插句。除此之外，闽南方言在闽南民间音乐中具有重要的地位。语言从不同的角度决定着音乐风格与特色，它和音乐的关系是密不可分的。例如，语言的发音部位决定着歌唱的风格色彩，语言的抑扬顿挫决定着节奏的长短变化，情绪决定了旋律的起伏。例如在闽南地区流传较广的《天乌乌》，在泉州地区的演唱方式中具有自己独特的唱法：

天乌乌，要下雨，海龙王，要娶某。
龟吹箫，鳖拍鼓，水鸡扛桥目土土。
田蛈举旗喊辛苦，火萤挑灯来照路，瑕姑担盘勒腹肚。

从歌词来看，泉州版演唱的《天乌乌》在每句的最后都是仄声，和普通话的第三声相近。南音作为泉州地区最具代表性的乐种，它综合了曲艺、戏曲、民歌及器乐等多种音乐体裁的形式特点，形成了独特的音乐风格。

（二）浓郁的乡土气息

闽南民间音乐的创作题材以闽南劳动人民的日常生活为主，反映了闽南风俗民情，表达了劳动人民的生活理想以及真实的思想感情，自然亲切，具有浓厚的乡土生活气息，表现形式淳朴。

漳州民歌色彩浓郁，说唱特点明显，富有闽南乡土特色。漳州民歌以徵调式为主，以商调式和羽调式为次，强调徵、商、宫音的特点，色彩比较淳朴，功能较为完善。典型的有漳浦的《牧牛歌》和盲人走唱的曲调《四空调》，它们都是通过长时值的节奏来强调商、宫、徵在调式中的骨干音作用，《牧牛歌》体现了音调高亢、节奏自由以及悠扬舒展的特点，《四空调》体现了音调的平稳以及节奏和音乐的叙述性。

漳州民歌是雅俗共赏的音乐，流传至今的主要有《采茶女十送哥》、《长工受苦歌》、《园楼歌》等。这些歌曲反映了漳州人民生产劳动及日常生活的情境。锦歌在漳州民间音乐中最具代表性。锦歌是当地的"歌子"和外来戏种相融合的产物，锦歌的发展和形成跟早期的盲人艺人或者是流浪艺人的卖唱是分不开的。过去漳州本地有很多劳苦人民，为了解决温饱问题，不得不拿着乐器，走街串巷沿街乞食卖艺，当时他们说唱的正是锦歌的前身——"唸歌子"。锦歌是漳州民间文化之瑰宝，与泉州南音并称为闽南民间姐妹艺术之花。

（三）鲜明的民俗色彩

音乐与民俗的结合，使音乐更贴近大众的生活。闽南民俗活动的表现内容和形式非常丰富，千百年来已经融入了闽南人的血脉和生活中，体现了强烈的宗族观念，有一种无形的凝聚力。由民俗活动派生出来的民间音乐和民间舞种，活跃和丰富了群众的文化生活内容。泉州地区的民间音乐不仅作为各种节日庆祝（如上元、立春、三月三等）的重要内容，而且还被运用于迎神赛会、喜庆寿诞等习俗仪式。在重大的节日庆典，经常见到绵延不断的一队队民间舞蹈踩街队伍，一路上和唱踏舞，热闹非凡。

三、闽南民间音乐的主要类型

闽南地区的音乐种类多，内容丰富，在音乐形态和风格上都拥有自己鲜明的个性特征。这些音乐成为闽南籍海外侨胞和港澳台同胞世代珍视、竞相传唱的乡音。

（一）南音

泉州南音，又称南曲、弦管、南乐、五音、郎君乐等。它源于中原古乐，扎根于泉州，流传于闽南、港澳台和东南亚等地。南音相传为五代孟昶整理古华夏之音而创立的，孟昶因此被视为南音祖师。据民间传说，南音是唐末王审知兄弟入闽时带来的，唐末王延彬曾在南安云台山下清歌里筑别馆作为歌舞游乐场所，五代安溪人詹敦仁也有"千家绮罗管弦鸣"的诗句。据《泉南指谱重编》载："清音雅调，始于唐明皇。"可见泉州的南音是受到唐五代燕乐歌曲的影响而形成的。从南音的演奏乐器、乐学概念及南音的调式、音阶、宫调等来看，都与汉族古代音乐有很深的渊源关系。所以，南音有中国传统音乐的活化石之称。

南音由指、谱、曲三大部分组成。

指即指套，是一种有词、有谱、有琵琶弹奏指法的比较完整的套曲，习惯上多为器乐演奏之用，但也有作为演唱用的，共有48大套，主要的有《自来生长》《一纸相思》《趁赏花灯》《心肝拨碎》《为君去时》等5大套。而《趁赏花灯》则居5大套之首。

谱即大谱，属于标题性的器乐套曲，每套包括3~10个曲牌，内容多为描写四时景色、花鸟、昆虫、骏马奔驰等，共有16套，最著名的有《梅花操》《八骏马》《四时景》《百鸟归巢》4套。

曲即清唱曲，有词有曲，共2000多首。有写景、叙事，也有故事情节，是南音中最重要、最受欢迎的部分，保存大量宋元南戏、元明杂剧的情节与唱段。

指、谱、曲的唱奏有固定的程式，即以"指"开场，次接散"曲"，最后以合乐的"谱"煞尾。指只奏不唱，可选奏某一套全套，也可摘某一套之某句(章)，但以摘取"指尾"(即某一套指之末句)为多。散"曲"不限数量，皆为唱。

南音有以下三个主要特点。

1. 自成体系的工尺谱

工尺谱是中国民间传统记谱法之一。因用工、尺等字记写唱名而得名。近代常见的工尺谱，一般用合、四、一、上、尺、工、凡、六、五、乙等字样作为表示音高(同时也是唱名)的基本符号，可相当于sol、la、si、do、re、mi、fa(或升Fa)、sol、la、si。如果同音名的高八度则可将谱字末笔向上挑，或加偏旁亻，如：上字的高八度写作仩。

南音工尺谱以其固定调性质的"乂"(C1)、"工"(d1)、"六"(e1)、"囗"(g1)、"一"(a1)五个音为基本音，它有别于具有首调性质的全国通行工尺谱"上"、"尺"、"工"、"凡"、"六"、"五"、"乙"、"仩"而自成一体系。五个基本音及其变化音，同2400年前曾侯乙编钟铭文所揭示的乐学理论基本一致。南音中的工尺谱主要是指琵琶弹奏谱，琵琶凭借谱字，及"眼"和"板"等弹奏符号弹奏出音高时值，是曲调之基础。曲调是在工尺谱基础上依一定规律润腔形成的，其润腔保留了唐以前的传统方法，和北宋沈括《梦溪笔谈》所载之"宫声字而曲合用商声"、"转宫为商歌之"完全一致。

2. 独特的演唱(奏)形式

南音用古泉州方言演唱，传统的清唱形式是"执节者歌"，演唱者执拍板坐于内中，右为琵琶、二弦，弹奏骨干音(即工尺谱)；左为洞箫、二弦，润腔演奏，并同唱腔相和协。如为合乐，则执拍者仍居中，但不演唱，仅击拍以协节拍。近年，南音演唱创造多种形式，有说唱(即曲艺)、对唱、重唱、合唱等，但音乐形态、咬字、润腔仍保留传统基本特点。

3. 独特的乐器及其演奏

南音的乐器精简独特，琵琶、洞箫、二弦、三弦等，称为"上四管"。琵琶称南琶，为横抱按奏，不同于北琶直抱弹拨；洞箫构造严整，自唐至今格式不变。另配有"下四管"，即打击乐用的响盏、小叫、四宝、双铃等，小巧灵活，按榇连击，轻盈动听，富有表现力。南音以管乐器定调，故"调门"称为"管门"。其中，以洞箫定调者称为"洞管"，以品箫（笛子）定调者称为"品管"。

南音的传承模式是乐社。参加南音组织的人称作南音子弟，他们之间以"弦友"相称。几位弦友聚在一起即可组成南音社团，并设有专任指导老师。组成南音社团后，由其中一人择定聚合研习的场地。新中国成立后，泉州全市共有700多个南乐小组活动于基层。较有代表性的有泉州南音乐团（其前身为泉州民间乐团）、泉州南音研究社、泉州工人文化宫南乐社等。南音社团沿袭至今的重要原因是由于有稳定的传承形式和严格的师承关系。泉州市区内早期的三大南音组织是"灵裳阁"、"回风阁"、"升平奏"。"回风阁"以柯豹先为首，人才济济，名家辈出，著名的有陈国安（武定）、陈金垣、蒲井（蒲寿庚后代）、吴萍水等。现今泉州南音名家大多出其门下，如庄应沂、何天锡、陈天波、林文淑、庄步联等。除上述三大南音组织外，泉州市区内还有"筠竹轩"南乐社等。

（二）地方乐种

闽南民间地方乐种主要有笼吹、十音、车鼓、钹仔鼓、花鼓唱、十番音乐、大号音乐、牌子吹、"闹厅"音乐、打击乐"献金锣"、北管音乐等音乐形式。

1. 笼吹

笼吹是民间俗称，始于清末，用于迎接宾客、迎神赛会、婚丧喜庆等场合。它是比较大型的具有代表性的乐种，是民间鼓吹乐、吹打乐、弦管乐的综合体，几乎包括泉州所有主要民间器乐。演奏乐器放置于一担红漆缀金、雕龙画凤的精良木制箱笼里。就座演奏时，并列搭成乐器架，摆挂各种乐器；行走演奏时，挑提红漆箱笼随乐队而行，故名为笼吹。又因经常在家院厅堂上演奏，民间又称之"八音闹厅"，简称"闹厅"，本名鼓吹。鼓吹乐后来逐渐扩大为将帅出征、祝捷、官家出巡、宴庆所用。由于当时鼓吹艺人都是黄氏家族，故泉州鼓吹也称黄门鼓吹。近世鼓吹著名艺人有黄茂捷、黄天从等。

笼吹有南、北谱之分。南谱即南音谱，北谱为外来曲谱，通常南北谱合用。

笼吹音乐除大鼓吹外，尚有线乐、细乐之分。线乐使用乐器是双箫（二支曲笛）、二弦、三弦、二胡、琵琶、小击乐。细乐使用乐器是嗳仔（小唢呐）、品箫、二弦、三弦、琵琶、南鼓（压脚鼓）、锣仔拍、小叫、双音等。又因用途、场合不同而呈现多种演奏形式，如大鼓吹、通鼓吹、板鼓吹、鼓钹吹、响盏吹、五音吹、大十番、北十番、红甲吹、管子吹、车鼓吹、双吹等。

2. 十音

泉州十音流行于城镇与农村。十音起源于笼吹，因曲调易学、易记，渐渐流传开来。在流传中不断吸取外来的曲调，逐渐成为富有地方色彩的乐种；在闽南各地流传中被戏曲吸收为场景音乐,被民间舞蹈用作伴舞的音乐。

十音使用的乐器有管子、笛子、二胡、四胡、北嗳(小唢呐)、椰胡、京胡、北月琴(短柄)、双清、北琶、三弦;打击乐器有"五音"(通鼓、小锣、大锣、小钹、大钹)及木鱼、小叫、双音等,另加北鼓(百鼓、单皮鼓)。管弦乐器中以北嗳为主,打击乐以百鼓为主,它们在乐队演奏中互相配合,起指挥作用;北嗳经常在乐曲的起奏与尾奏及中间速度变化时起带头作用,而百鼓则指挥打击乐器的各种变化。其曲牌来自全国各地,有民间的歌谣,也有南曲的曲和谱,有戏曲的场景音乐,也有民间器乐曲,达400首左右。泉州各地均有十音社团组织,或专业或业余,经常参与迎神赛会、婚丧喜庆的演出。

3. 车鼓

车鼓起源于汉代的车鼓乐。在泉州,一些农村春节后至元宵经常要敲锣打鼓热闹一番。乡村车鼓队(有鼓、钟锣、草锣、大小钹等)沿乡里游走敲打,因为把鼓放在车上边推行边敲打,故名车鼓。大约在20世纪30年代,车鼓乐从乡下流传到城里,由当时艺人首创加入两支大嗳,吹奏流行曲调,逐渐为城里人所接受。车鼓采用南曲音调,以锣鼓点为典型鼓点,加入笛、二弦、小叫、铜铃、响盏、碗锣等乐器。当时的泉州浮桥王宫女子车鼓队,曾参加多次踩街活动并上台演出,颇为出名。

4. 钹仔鼓

钹仔鼓,与十音、车鼓相类似。曲调大多采用十音谱,乐器有小嗳仔、小钹、小叫、中鼓、铜钟等,音乐风格热烈。钹仔鼓加上演唱,成为钹鼓唱。车鼓演奏加入演唱,成为车鼓唱。尚有大鼓唱、绷鼓(渔鼓)唱等,分别流行于山乡各地。

5. 花鼓唱

花鼓唱是由锣鼓音乐加上演唱南音散曲组合而成,头尾乐段采用锣鼓乐,中间乐段演唱南音散曲。鼓点没有固定,打击乐器采用南乐系统(有大鼓、铜钟、草锣、大钹、小钹、小锣),南曲使用的伴奏乐器有品箫、百鼓(板鼓)、大鼓(敲鼓边)、小钹、小锣等。中间乐段演唱的唱腔前加"士头",结尾加"士尾",成为既定规矩。乐队行走演奏时,肩挑锣与铜钟。在唱腔的大小韵之间加入锣鼓,这样有别于龙虎调。花鼓唱是南音演奏(唱)的一种发展,流行于安溪、南安、永春、德化等地的一些山村。

此外,泉州民间尚有弄狮锣鼓、弄龙锣鼓、吹春锣鼓、大鼓乐、三通鼓乐以及闹台鼓、北鼓、三寮鼓、腊鼓鼓乐、套车鼓、满山闹等器乐形式,流传于泉州山区各地。

6. 十番音乐

十番音乐流行于晋江的安海、东石一带,有150多年的历史,现已失传。十番音乐均取自南音曲牌,演唱者全是儿童,除南音所使用的乐器外,还有轧筝、笙、椰胡、二胡、管子、云锣、京胡,打击乐器有四块、响盏、小叫、木鱼、扁鼓、铜铃、板鼓、板。演奏(唱)形式有行奏、坐奏、坐唱三种。

7. 大号音乐

在封建时代，大号音乐是泉州督府官员出巡时鸣锣开道用的音乐。流入民间后，被鼓吹音乐吸取，用于乐曲序奏与尾奏，以增加庄严肃穆的气氛。在南安英都镇流传有此乐种。

8. 牌子吹

牌子吹属民间吹打乐，又称排子吹、八打吹、八音吹，流行于晋南一带。它使用的乐器由2~4支唢呐（大嗳）和8件打击乐器（鼓、大小锣、大小钹、铜钟、小叫、双音等）组成。音乐用于庆典、游行开道、迎宾以至出殡仪式。在晋南及鲤城江南一带还盛行女子牌子吹。

9. "闹厅"音乐

"闹厅"是一种大型民间器乐，是泉州大鼓吹的俗称。"闹厅"由大鼓音乐与南音指谱合奏融合而成，演奏时采用套曲、集曲、变奏等手法，将各个曲牌用锣鼓音乐或过枝曲连缀而成。"闹厅"音乐流行于永春城乡及南安、德化、安溪等地。

10. 打击乐"献金锣"

据传"献金锣"是百姓根据将军升帐的排班和大官出巡的开道鸣锣的形式而创编的一种民间艺术。在惠安崇武城，渔民把头年最丰收的一只渔船叫"头庄旗"。为了吉利和丰收，崇武渔民用打击乐"献金锣"来迎接"头庄旗"。据说，崇武渔民北上舟山群岛一带捕鱼，在途经虎门的时候，因为迷信，担心渔船入虎门会被"虎"吞食。因此，每年鱼汛到来时，总要在海滩为"头庄旗"送行，以"献金锣"仪式祭祀虎神，以求渔人平安，渔产丰收。祭祀完之后，渔船在"头庄旗"带领下浩浩荡荡北上捕捞。捕捞丰收归来后，还要用"献金锣"仪式在滩头迎接是年"头庄旗"。再后来，"献金锣"也广泛用于迎送商船出入港及迎神赛会中。"献金锣"有两种演奏形式：原地演奏的称为"献金"，行进中演奏的称为"出路金"。

"献金锣"流传不是很广，曾一度濒于泯灭。在1957年，崇武居民迎接"妈祖"时用过一次。20多年后在庆祝崇武建城600周年时，"献金锣"重新出现。此后，它参加泉州市国际木偶节、泉州南少林武术节等庆典踩街，引人注目。

11. 北管音乐

北管音乐简称"北管"，又名小调、小曲、曲仔、北曲等，流传于惠安城关以及城关以北的涂岭、辋川、山腰、南埔、后龙等地。为区别"南管"，当地人们就把这种民间音乐称之为"北管"。抗日战争时期，北管进入全盛时代。20世纪50—60年代，"兴化曲"（莆仙曲）在惠安县后龙乡等地进入全盛时期，北管乐队被迫全学"兴化曲"，北管一蹶不振，濒临绝迹。20世纪80年代初，农村文艺活动蓬勃发展，北管再次复苏，惠安县成立北管音乐研究社，挖掘整理曲、谱223首，与北管鼎盛时期的曲目数大体相仿。

北管音乐分曲和谱两部分。曲即为声乐曲，沿用当年的"官话"演唱，其风格糅进闽南、莆仙音乐一些行腔特点，为了给曲子增添生气，唱者常边唱边执打击乐器为某些乐句伴奏。曲词中以叙事抒情和写景抒情居多，在乐句、乐段和乐曲的结束处或结束句前后，常有衬词"哎哟"出现。谱为器乐曲，演奏时，拉弦多用短弓，轻快热烈，常用一弓一音，与莆仙十音演奏风格相近。有时在主要骨干音上略作变奏，加以"变徵、变宫"音为装饰，这点又与闽南十音相近。北管音乐糅进闽南、莆仙音乐柔婉秀丽的特色，保留有江南丝竹乐明朗幽雅的风格，并保留遒劲朴实之个性。

北管曲牌中，有明清以来的江淮小调《四大景》、《鲜花调》、《玉美人》、《凤阳花鼓》、《红绣鞋》，有江南丝竹乐的《梅花三弄》、《老六板》，还有广东音乐《行板》、《八板头》，也有北管艺人创编的《二锦板》等。

北管乐队称"弦管"或"弦箫管"。演出形式分坐式和走式两种，演出叫"出馆"或"出乐"。在乐器的搭配上不强求统一，乐队人数和乐器数也不完全相同，其他乐器根据需要自由搭配，但保留以一对品箫"押"（紧随的意思）锣鼓，以一支三弦"押"乐队的总原则。

（三）民间歌曲

闽南民间歌曲十分流行。劳动号子是声乐之源，习俗歌曲从一个侧面反映闽南地区的民风民俗，如流行于漳州地区的《劝嫁歌》和东山的《观姑歌》，云霄、漳浦、诏安的《龙船歌》，诏安的《洗佛歌》等。闽南地区的山歌、茶歌、褒歌，保留古老的中原民歌的遗音，堪称闽南民间音乐的祖先。如泉州德化的山歌，安溪、南安的茶歌，各地的褒歌。漳州山歌主要分布在华安、平和、南靖、云霄、漳浦等地方，其中畲族山歌主要在华安、漳浦、诏安等县。华安是山歌盛行的地方，尤其以高安和仙都最盛。平和山歌则受到客家山歌的影响。民间说唱音乐（曲艺音乐）有单曲与集曲之分，田间地头无伴奏的曲艺音乐采用单曲（山歌、茶歌、褒歌）形式；室内演唱的，则有乐器伴奏，由几支曲调连缀而成。民间小调也具有广泛的群众基础，是闽南风情的具体体现。

1. 劳动号子

劳动号子是劳动人民在劳动中创造出来，直接伴随着劳动歌唱的民间歌曲。因劳动项目的多样性产生了不同的劳动号子。以演唱形式分，有齐唱、对唱、领唱、帮唱；以声部结合分，有单旋律与多声复调；以地域分，水上有渔民号子、船民号子，陆地有打夯号子、建筑号子、搬运号子，林区有林区号子等。较有代表性的有：惠安小划桨号子、划橹号子、拉船上岸号子，惠安崇武摇橹号子、石狮永宁拨桅号子、车网号子、打桩号子、柠勤篮号子、拉舢板号子、摇橹号子、泉州摇船号子、鲤城搬运号子、惠安挑担号子、打夯歌、德化放木筒歌、拖木筒歌、打石眼歌等。

2. 习俗歌曲

千百年来，由于社会的经济、政治、文化、历史、地理环境等因素，形成了各种风俗习惯，往往用既定的风俗习惯来寄托思想感情和表达愿望。在各种风俗习惯中演唱的各种习俗歌曲是百姓思想感情的一种侧面反映。闽南的习俗歌曲多姿多彩，主要有南安的《哭嫁歌》、悼念屈原的《龙船歌》和闽南龙溪地区的《洗佛歌》三种形式。

3. 山歌、茶歌、褒歌

山歌是山区劳动人民在山间野外抒发内心情感的一种抒情小曲。"上山不离刀，开口不离歌"，唱山歌是他们生活中不可缺少的组成部分。山歌纯朴而真挚，有浓郁的乡土气息，曲调简单易学，有独唱、对唱、齐唱等形式，漳州山歌主要分布在华安、平和、南靖、云霄、漳浦等内地山区。歌词以五言、七言为多，四句一节，每节一韵或两韵。华安是山歌盛行的地方，较为典型的有《永福调》、《双糕调》、《高石调》、《金山调》、《挽茶歌》、《过路歌》等；此外，德化也流行唱山歌。茶歌主要流行于安溪、永春一带，是茶农们在茶山上抒发内心情感的抒情小曲，如安溪的《日头出来红绸绸》、永春的《茶山闹葱丛》。褒歌是流行于漳州一带的民歌对唱形式。"褒"是赞扬的意思，褒歌是男女对唱时用来表达爱慕之情，如漳州的《大溪出有溪边沙》、泉州的《园内花开》。这些歌曲音调很有特色，是古老的中原民歌之遗音，是闽南地方民间音乐的"祖先"。

4. 民间说唱音乐

闽南地区民间说唱音乐的曲式结构有单曲与集曲之分。在田野上无伴奏的曲艺音乐均采用单曲（褒歌、山歌、茶歌）形式；在室内演唱的，大部分有乐器伴奏，大多采取几支曲调连缀而成。如四锦班演唱的《陈三磨镜》《英台三伯》用了长工调、怀胎调等曲牌，演唱者手执月琴、南琶等乐器自弹自唱。

泉州地区较有代表性的曲艺音乐，首推〔哭梧桐〕（宫调式）、〔杂碎调〕、〔惠安说唱调〕、〔德化扇歌调〕、〔安溪调〕（即茶歌）等。南曲诸多叠曲，如《潮叠》、《潮阳叠》、《水车叠》、《三脚柳叠》等都具有说唱音乐的特点，并有许多成名的传统说唱名曲留传于世。

5. 民间小调

福建的民间小调从曲调来源和特点看，可分为本地的和外来的两部分。本地小调在传情达意上，通过节奏曲调的发展手法表现了鲜明的地方特点，如《长工歌》在福建各地有数十种版本。外来小调是在北方文化艺术传入福建的过程中形成的，许多小调与邻省江西、浙江相同，如《大补缸》、《瓜子仁》、《卖花线》、《红绣鞋》等。新中国成立后，经过音乐工作者积极收集、记录、整理、改编、创作民间小调，形成20世纪50年代民间小调的繁荣发展局面，很多填词民歌、改编民歌、创作民歌应运而生，深得广大人民大众的喜爱，同时留下不少佳作传世，主要有：《长工歌》、《桃花搭渡》、《灯红歌》、《雪梅歌》、《卖什货》、《管甫送》、《更鼓调》（源自《孟姜女调》）、《王大姐》、《打花鼓》（源自江淮民歌）、《病囝歌》等。

（四）祭圣礼乐

闽南地区历代祭圣礼乐十分庄重，场面隆重，规模盛大。现存泉州文庙的歌章乐谱，是清代乾隆三年(1738年)颁定的。礼仪程序、祭奠规格、乐舞编制、主持官员以及服饰和祭品等，都由皇帝颁定。祭圣礼乐主要依据周礼之遗制。词为四言诗，继承春秋时期雅颂诗歌的体裁，由6对四言诗句组成。祭圣音乐主要依据歌词来反映祭奠内容，并以祭奠仪程配制歌谱乐章。大致于隋仁寿元年（601年）制祭奠乐章为标志，并随朝代的变迁而不断变化与发展。礼乐以中庸、平和、庄严、典雅的"正声"之礼相谐，伴随着一字一音的旋律和悠长徐缓的节奏，音域在一个八度内，运用五声音阶，皆须合拍守序，象征意义深远。严守雅乐起调毕曲的乐规，是典型的仿古乐谱。所用乐器打击乐17种47件，合律谱乐器9种22件。乐队排列据考与周代宫廷舞乐队的排列大致相同。风格清雅，充满引俗入古、神化圣贤的宗教色彩。

现泉州文庙、武庙均有遗存歌章乐谱，文庙还有遗存的清代仿古礼乐器全套（尚缺个别乐器），这些为研究古代祭圣礼乐提供了有价值的依据。

（五）宗教音乐

泉州的宗教音乐主要为佛教音乐、道教音乐、基督教音乐，漳州的宗教音乐主要为佛曲、道歌、三坛鼓（又名哪吒鼓）、天主教的弦管等。厦门地区除佛道音乐外，鸦片战争后，基督教传入厦门，基督教音乐也在这一地区流行起来。

1. 佛教音乐

佛教于西晋太康九年(288年)传入泉州。隋唐五代泉州佛教兴盛，僧徒日众。宋元间，海外交通又有新的拓展，中外佛教徒往来日渐频繁，因而历来遗留的梵呗，部分仍传诵至今。近代各地僧人先后来泉驻锡，亦将其地区的梵呗传入，久而久之，梵呗均转化为闽南语咏唱。

泉州佛教梵呗分赞曲、套曲、支曲三大类，亦分为外江调、福州调、菜友调。梵呗在吟咏过程中，均配以法器演奏。法器有引磬、鼓、木鱼（高、中、低三种）、大钹、小钹、大磬、大钟。

近年来在泉州创办的闽南女子佛学苑中，除传诵传统佛曲外，亦增入创作新曲，富有时代气息，更易为人所接受。

2. 道教音乐

泉州道教音乐十分丰富多彩。它源于原始巫觋祭祀乐舞，吸取本地民歌、木偶戏、佛曲、南曲等有益因素，建立起"歌、舞、乐"为一体的道教音乐体系，具有较高的审美价值与学术价值，呈现强烈的民俗性与观赏性。它是泉州民间音乐宝库中的重要组成部分。

泉州道教的斋醮科仪有统一的经典，而它的音乐却没有统一规定。凭师承关系，靠口传心授的训练方法，故泉州各地科仪音乐大同小异，在大体相同情况下，呈现个体差异。

泉州道教科仪音乐，分声乐、器乐两部分。声乐又可分为咏唱、吟唱、念唱等几种，咏唱又有独唱、帮唱等形式。器乐分弦管乐（丝竹乐）、吹打乐、鼓吹乐等。泉州道教舞蹈音乐大多来自民间器乐曲。而舞蹈"献铙钹"，则以乐器铙钹作道具进行表演，颇具特色。

3. 基督教音乐

泉州有天主教会、基督教会、基督复临安息日会三个教会，各教会有各自的音乐。近代泉州天主教的圣咏，是在信友参与整个弥撒的过程中穿插进行的。

基督教会音乐以"罗马拼音"代替汉字，译成赞美诗歌和《圣经》，遍及广大城乡及南洋闽南语系华侨的聚居地。

基督复临安息日会音乐于近代编成《颂赞诗歌》全集300首，并附经文诗歌20首。简谱主旋律本，普通话咏唱。

四、闽南民间音乐的传承与发展

闽南民间音乐因独特的地理环境和历史文化积淀，千百年来薪传不息，广泛流传于闽南语系地区，并远播东南亚及台、港、澳地区。

（一）东南亚闽籍华侨艺人对闽南民间音乐的传播作用

闽南移民的民俗宗教信仰、华侨华人社团的文艺组织和客居东南亚的闽南、台湾艺人南渡演出等，对闽南民间音乐在东南亚的生存和发展发挥了重大的作用。闽南人在1840年后形成迁移高潮，其中95%集中迁移到东南亚地区。闽南籍移民浪潮在促进经济文化交流的同时也促进了闽南民间音乐文化在海外的传播。在华侨的共同努力下，闽南民间音乐从传播到生根发芽，历经漫长的历史岁月，东南亚闽籍华侨在努力固守着家乡民俗音乐文化的同时，又丰富和发展了家乡传统音乐。由于身在异国他乡，华侨长期受到歧视和迫害，恶劣的外在环境和外在压力增强了移民的凝聚力。许多闽南籍华人组织成立的音乐社团，如文莱高甲戏班、新加坡云庐音乐社、湘灵音乐社、横云阁，印尼泗水寄傲社，菲律宾金兰郎君社、长和郎君社等华人音乐社团在弘扬中华文化中都曾起过积极的作用。有一批客居他乡的闽南、台湾艺人，他们在当地站稳脚跟后常年巡回演出于东南亚各国，推动了当地闽南民间音乐的传播和发展。主要艺人有：青年时期曾在印尼等地传授弦曲的泉州著名南音老艺人陈天波，他的学生刘鸿藩几十年来在菲律宾等地传授南乐，并出版《指谱全集》；南音乐师纪经亩20世纪40年代执教于新加坡、马来西亚、印尼等国；一代南音宗师高铭网在菲律宾长和郎君社执教时，培养了吴宣亮、吴宣拔、郑燕仪等一批优秀南音乐师。正是这些海外艺人的辛勤耕耘，闽南民间音乐得以在东南亚各国传播、繁荣和发展。闽南民间音乐随着闽南人的海外迁移而传唱他乡，身居海外的闽南人在熟悉的家乡曲调中，寄托自己对故乡和亲人的思念。

（二）学校传播模式对闽南民间音乐的传播作用

在国内早期的闽南民间音乐的传承途经和方式中，南音是通过南音乐社来实现的。歌仔戏等各种民间音乐，是通过民间艺人进行口传心授得以传承和发展的。在现阶段，除了上述传统的传播方式外，还有中小学传播模式和大学传播模式。以南音为例：1990年，泉州市教育局、文化局联合发出了《关于举办泉州市首届中小学生南音演唱比赛的通知》（泉府文〔1990〕077号）；同年，泉州市教育局、文化局又颁发文件《关于在我市中小学音乐课程中逐步开展南音教学的意见》（泉教文〔1990〕044号和泉府文〔1990〕012号）。文件明确指出：小学高年级和初中一年级必须开设南音课程。为了更好地配合教学实践，激发老师和学生的学习积极性，泉州中小学自1990年文件下发后，就举办了第一届"南音比赛"，时至今日已成功举办了16届。

1984年，福建省艺校泉州分校开设了六年制南音班。首批学员毕业后大部分都进入南音乐社工作。在此之后，漳州师范学院、泉州教育学院、华侨大学也开设了南音培训班，成立了南音学会等。泉州市政府于2002年7月正式确定以"泉州南音"为名，提出申报"人类口头非物质文化遗产代表作"。泉州师范学院于2003年成立了南音本科制专业，首届共录取了20名来自泉州各地的优秀学生。泉州师院南音系的成立，使民间传承千年的南音进入大学课堂，专业化、系统化的教学使南音的发展和传承形式更为多样。在学院式的南音教学模式中，民间艺人、南音社团的专家仍是确保南音专业院校传承发展的主要力量。

（三）闽南民间音乐的进一步传承和发展

在文化多元化的背景下，闽南民间音乐的传承和发展遇到了生存的危机和挑战；但在闽南民间音乐各界的努力和政府的支持下，闽南民间音乐也遇到了许多机遇。针对闽南文化的发展，学术界提出了可行的建议，政府和社会各界也采取了许多积极的措施。闽南民间音乐的进一步传承和发展要从以下几个方面入手。

1. 保护闽南文化生态环境

由于闽南民间音乐是在特定的文化情境中发生、发展和传承的，保持良好的文化生态环境对优秀的传统民间音乐文化的保护和传承具有不可忽视的作用。只有把闽南民间音乐的保护与闽南文化生态保护相协调，才能进一步推进闽南音乐文化的可持续发展，在不断传承的同时推进音乐文化的创新，维护我国民间音乐的多样性。2007年6月，国家级"闽南文化生态保护实验区"正式成立，昭示着闽南文化的重要性与特殊性得到了国家和社会的重视。只有保护好闽南文化的生态环境，才能保证传承活动的有效进行。

2. 纳入地方建设规划

文化保护和承传单靠个人和团体的力量是远远不够，闽南民间音乐只有在政府的支持下，纳入地方文化建设规划，对民间文化资源进行有效的开发利用，加强对闽南民间音乐发展战略研究，才能长久地传承发展。在制订建设规划时，要考虑闽南民间音乐与文化的有机结合，整体联动，优势互补。

首先，要加强民间的宣传工作。政府要加强对传统民间音乐的宣传，积极鼓励人们接触和了解民间音乐，进而学习和研究传统的民间音乐，增强人们对传统民间音乐的重视度，为民间艺人提供一个长期的展示平台，形成一种理解和尊重民间文化的社会风气。其次，要建立完善的保护机制。吸引人们参与体验民间生产和生活方式，运用现代的技术方法记录原生态的精华，将其融入音乐创作中，使我国的民间音乐更富有感染力；建立向大众开放的闽南民间音乐文化馆，建立民间音乐文化生态保护区域，建立民间艺人档案、民艺资料馆所，设立民间音乐文化旅游景点、民艺研究机构、民艺作坊等；再次，还可以通过地方各种文艺团体、高等院校等平台，以及对外交流协会等多种途径有步骤地实施保护闽南民间音乐的规划。

3. 积极开展各种民俗活动

闽南民间音乐是在闽南的自然生态环境和民俗文化中孕育而生的。在闽南地区，各种民俗音乐活动伴随着人们的一生，不同的节日有不同的民俗活动。民间音乐活动因民俗的存在而存在，本土民俗文化是闽南民间音乐最为深厚的土壤，积极开展民俗活动是发挥非物质文化遗产资源优势的有力举措。在泉州流行的"采莲"民俗中，于每年的农历四月初一日都要把神庙中的木龙头抬出，到各家各户去"采莲"去邪。类似此种民俗活动已经深深根植于百姓的心中，应该保护和鼓励各种民俗活动的开展。这样，民俗活动中采用的民间音乐也得到了很好的传播。

4. 培养非遗项目保护传承人

非物质文化遗产的保护与传承能够确保民间音乐基因的延续。各民族的文化遗产深藏于民间，是一个民族古老的生命记忆和活态的文化基因，体现一个民族的智慧和精神。在现代音乐和时代价值观的强烈冲击之下，不少青少年对民族民间文化缺乏兴趣，受众越来越少，使得不少民间艺人无以谋生，他们的技艺得不到应有的重视和原始的记录，许多非物质文化遗产的保护与传承后继乏人。这种现实状况，引起了社会各界和政府的重视。漳州锦歌于2006年经国务院批准，列入第一批国家级非物质文化遗产名录，王素华老师被推举为锦歌非物质文化遗产项目的传承人，锦歌弹唱的艺术实践课也于2007年进入闽南师范大学的课堂，各方面反响良好。同时，建立非遗传习所进行文献材料的收集和整理以及技艺的传授，保证非遗项目传承有序，让更多的人接触、了解、接受非物质文化遗产。

民间音乐文化是民族精神的营养之一，是历经千百年不断地汲取营养留存精华而产生的具有地域乡土特色的民间文化产物。因此，保护和传承闽南民间音乐文化是我们不可推卸的历史责任。

参考文献

[1] 蓝雪霏.闽台闽南语民歌研究[M].福州：福建人民出版社，2003.

[2] 林柏姬.南管曲唱研究：第2版[M].台北：文史哲出版社，2004.

[3] 刘春曙，王耀华.福建民间音乐简论[M].上海：上海文艺出版社，1986.

[4] 乔建中.中国泉州南音教学大系[J].人民音乐，2007(10).

[5] 王珊.泉州南音高等教育的构建与实践[J].人民音乐，2007(1)：56.

[6] 王珊.福建南音概述[J].中国音乐学，2007(2)：85.

[7] 王耀华.福建南音[M].北京：人民音乐出版社，2002.

[8] 王耀华.福建传统音乐[M].福州：福建人民出版社，2000.

[9] 吴少静.近代东南亚华人对闽南民间音乐的继承和传播[J].泉州师范学院学报(社会科学)，2004，22（5）.

[10] 福建南音网[EB/OL].http://www.fjnanyin.com/.

第六章

闽南民间舞蹈

闽南民间舞蹈，是指产生和流行于福建南部的泉州、厦门、漳州三市及所属各县闽南语系地区，流传于闽南、台湾省、东南亚闽籍华侨聚居地的闽南民间舞蹈。[①]它具有鲜明的地域文化特色，是中国民间舞蹈的一个重要组成部分。

一、闽南民间舞蹈的起源

闽南民间舞蹈，是一种原生态的民族民间舞蹈。它是伴随着闽南地区人类活动的步伐和社会发展的轨迹，并几经发展、变化而形成的优秀的民族民间传统艺术，既丰富多彩又独具魅力。

闽南传统民间舞蹈历经千年，由于缺乏文字或符号的记录，让人难以寻觅其流变脉络。学者们根据现有的史料，以及民间调查，为我们揭示了其发展、演变的历史足迹。

（一）发源于古闽越族舞蹈文化

闽南民间舞蹈的源头同闽南语一样，可以追溯到上古时期。众所周知，福建地区在秦汉前期就曾是古闽越族人的领地，虽自汉迁闽越族人于江淮之间，但其文化传承在福建却从未断过。古闽越人崇蛇，蛇图腾是古闽越族人的重要图腾形式，因此，在其跪拜天神的祭祀舞蹈中，动作模拟蛇的形态似乎也是合情合理的。而看闽南舞蹈，上身动作十分讲究"摆"和"浪"的韵律特点。这里的"摆"，指的是由摆头、移肋、出胯所形成的造型特征；而"浪"，则主要表现为上身做前后的波浪式运动。"摆"似蛇的静态，而"浪"则似蛇爬行时的动态。由此可见，闽南舞蹈这一动律风格的形成与古闽越族蛇图腾崇拜是密不可分的，它的发展有着深深的古闽越图腾印记。

[①] 黄明珠.闽南民间舞蹈"横摆"动律特征及其源流初探[J].北京舞蹈学院学报，2008(2):81-86.

除了舞蹈本身所具有的形态之外，我们还可以从闽南一些舞蹈的服饰上发现古闽越族遗留下的痕迹。以闽南舞蹈中最具代表性的拍胸舞为例。首先，其舞者头上所戴的草箍就很值得我们考究一番。前文提到，古闽越族是一个蛇图腾的民族，于是，在节庆、祭祀之时将其崇拜物供奉、放置在最显眼的地方，是必然的。而在其祭祀舞蹈中，把似于蛇形的头饰高高托在头顶，以显示他们对崇拜物——"蛇"的绝对的尊敬，也不无道理。而现今流传于闽南地区的拍胸舞舞者头上所戴的特殊形制的草箍，其向上向前翘起的犹如蛇之吐信的红色尖顶，据学者分析，就是继承了古闽越族人的这一传统服饰习惯。其次，拍胸舞舞者至今依然赤足裸身，以击打身体各部位发出的声响节奏来完成特定的动作韵律，也在最大程度上保留了原始土著人不需合音乐而舞的原始面貌，同时，也彰显了闽越先民古朴而稚拙的艺术风格。

（二）与中原汉族的秧歌舞蹈文化相融合

从晋唐时期的初步发展，到宋元时期的繁荣昌盛，闽南民间舞蹈积淀了厚重的中原文化底蕴。在闽南发展史中，中原汉人曾多次大量地进入闽越故地，并渐渐地成为闽地生活的主体。他们的进入，不仅带来了先进的生产技术，还带来了河洛地区的先进文化。这些先进的文化，包括歌舞艺术文化，极大地冲击和影响了闽南当地原有的文化生态环境，促使了这里的歌舞艺术发生了急剧的变化。史料对此也有所记载：唐代河南光州固始人陈政、陈元光父子在表建漳州府时，就曾写下："秦箫吹引凤，邹律奏生春；缥缈纤歌遏，婆娑妙舞神。"以此来感叹漳州社会安定、歌舞升平的繁荣景象。

闽南地区和中原相隔千里，有学者曾对两地出土的考古文物做过研究。通过比较，发现无论是出土于中原河洛地区的伎乐壁画，还是闽南泉州地区的乐舞伎砖雕，所刻画的舞者，在形象、体态和动作上都极为相似。

对于中原汉族秧歌文化对闽南民间舞蹈所产生的影响，我们还可以从现今两个地区所流传的民间舞蹈的表现形式来做对比分析。这里，以闽南的《桃花担》、《白菜担》及河南的《花挑》为例。闽南的《桃花担》、《白菜担》，常常于元宵踩街活动时表演，以身体的扭腰动胯和扁担挑在肩上而形成的左右晃摆、上下颤动为主要动作。而流传于河南固始的《花挑》也同样强调腰、臀、胯部的左右摆动和双膝的上下颤动，讲究"担花挑闪悠悠，玩花挑靠腰扭"的动作技巧。无论是所用的道具，还是因道具而产生的身体律动等方面，两个地区的表现形式如出一辙。

从装扮上看，闽南地区的一些歌舞小戏，如《彩球舞》、《车鼓弄》、《火鼎公火鼎婆》等，男舞者身上所穿的长衫及所用的长烟杆，丑婆身上的大红袄、大红裤，手上拿的扇子、手绢等，均与中原汉族秧歌表演时的扮相是一样的。

由此可见，闽南舞蹈的发展与中原文化的传入是密切相关的。在中原汉族秧歌文化的影响下，闽南民间舞蹈吸收了中原舞蹈粗犷豪放的风格，也保留了南方舞蹈活泼细腻的特色。

（三）对外来的异族文化兼收并蓄

闽南艺术文化的飞速发展，不仅受古闽越文化、中原汉族文化的影响，还得益于海外异域文化对闽南本土文化的冲击、渗透与融合。众所周知，闽南泉州是古代"海上丝绸之路"的起点，早在唐代，阿拉伯地区即与泉州就有商业上的往来和文化交流，到了宋元时期，刺桐港更是成为"东方第一大港"，跃升为那一时期四大对外贸易港口之一。各国商人蜂拥而至，除了经商，他们还于此传教、定居，甚至与当地人通婚，随之也带来了世界各地的风俗民情。而这些来自海外的异域文化习俗，尤其是印度文化和阿拉伯文化，深深地影响了闽南的地方文化，成为闽南舞蹈文化的又一个重要源头。

印度舞蹈与阿拉伯舞蹈同属东方舞系，在它们的舞蹈中，胯部的动作非常突出，主要的舞姿均呈现出"S"形的"三道弯"体态，且为了展现女性的柔美和妩媚，动作非常细腻、优美。巧合的是，闽南许多民间舞蹈的整体造型，亦采用了这一舞姿体态，动作表现甚至连眼神的用法，都深受西亚舞蹈的影响。

不单如此，在舞蹈音乐方面，闽南舞蹈也明显保留了外域文化的痕迹。例如，泉州本土地区为驱邪纳福、祈求平安的"嗦逻莲"舞，其表演的一大特色就是舞者口中反复唱念"嗦逻莲，嗦罗哩罗莲"这句歌词。据学者证实，"罗哩罗莲"四字就来自于古印度梵文，而"嗦逻莲"即来源于古印度佛教的平安赞语"鲁流卢楼"。闽南舞蹈就是在不断吸取外来文化之精华的同时，又不断积累、丰富，而形成了自己的独特魅力。

综上，闽南民间舞蹈的形成与发展，是和古闽越族舞蹈文化、中原秧歌文化，以及外域舞蹈文化密不可分的。它既是古闽越族舞蹈文化的延续，更吸收了中原秧歌文化的精髓，同时，也受海外异域文化的深刻影响。也正因为这样，才使得闽南舞蹈别具一格，不仅具有鲜明的地域文化特色，也丰富了中国民间舞蹈文化，并成为其不可或缺的重要组成部分。

二、闽南民间舞蹈的特点

舞蹈，是人类文化传承的重要载体，也是人类宝贵的文化遗产之一。而闽南民间舞蹈，作为闽南文化丰富积淀的重要组成部分，不仅反映出了闽南文化的源远流长、博大精深，更蕴含了闽南人民特有的精神个性，具有独特的价值和鲜明的特征。归结起来，闽南民间舞蹈的特征主要有以下几个方面。

（一）多元性

一个地区民间舞蹈的发展是多重因素相互作用的结果。正如前文所述，闽南丰富多元的历史背景，造就了多姿多彩的闽南文化。既有原居民的"土著文化"，又有河洛文化的显著特质，还存在着相当程度的外来文化的影响。这种"三源合一"的文化融合，使闽南民间舞蹈文化呈现出"多元一体性"的特征。另外，闽南濒海的独特地理位置和生态环境，也使得闽南传统舞蹈同时兼有海洋渔业文化色彩和农耕稻作文化色彩。

不仅如此，在艺术表现形式上，闽南传统民间舞蹈大都是以载歌载舞的形式存在，集唱、念、舞为一体，极具观赏性。而且，表现题材也丰富多样。既有反映年节欢庆的"火鼎公火鼎婆"、"大车鼓"、"踢球舞"等，也有反映民俗图腾信仰的，如舞龙、舞狮等；既有反映军事活动的，如"宋江阵"、"大鼓凉伞"等，又有表现历史故事情节的"跳鼓舞"、"有幡会"等；既有表演生产生活题材的，如《桃花担》、《白菜担》等，又有反映宗教活动的"五梅花"、"掷闹钹"等。①

这种历史文化背景的多元性，不仅使闽南民间舞蹈呈现出丰富多样的表现形式，也使闽南舞蹈文化兼备了"整合多元为一体"的包容性特征。

（二）民俗性

所谓"十里不同风，一乡有一俗"。民俗，是一个民族、一个地区人民群众思想感情、道德观念、宗教信仰、传统文化以及世俗风尚等人文精神因素的体现。而民俗文化，是一种最基层、最本原的群众文化。已故的民俗学家张紫晨认为，民间舞蹈，往往与民间风俗相融相生。民间风俗，不但为舞蹈艺术提供了气氛和表现环境，丰富了舞蹈艺术的内涵，而舞蹈又是民俗文化传承的重要载体。舞蹈与民俗结合，使其更能贴近人民群众的生活，最大限度地调动群众参与的热情。

自古以来，闽南的民俗活动非常丰富，各种节庆、迎神赛会等一年之中几无间断。而闽南民间舞蹈之所以能够世代相传、经久不衰，其中一个重要的原因就在于它是以俗文化的形式存在的，渗透在闽南地区人民群众的日常生活实践之中。许多舞种不仅在表演功能、表演场所方面与本地区各种民间节庆活动紧密地联系在一起，成为民众日常生活必不可少的一项重要内容，甚至于有的舞种直接就来源于某些宗教习俗特定的仪式和内容。例如，在泉州一带，每逢丧事仪式中，必有一队拍胸舞的表演，意在驱邪纳吉；又如，"掷闹钹"，本就是道士在"做功德"仪式上所跳的舞蹈，而后几经发展才慢慢分离出来，成为单独的表演形式。

闽南舞蹈所具有的民俗元素是其持续发展的一个重要条件，它使得闽南舞蹈拥有了广泛的社会基础。正因为有了民俗的支撑，闽南舞蹈才得以始终保持着鲜明的地域风格特征，拥有无限的生机和活力。

（三）娱乐性

"娱人，乐治，乐天地，俱得意。"通常，在一个民事活动中所进行的"舞"，是应该同时具备娱人、乐治、乐天地三种功能的。它源于人们的"本能冲动"和自

---

① 黄明珠.闽南传统民间舞蹈文化[M].上海：上海音乐出版社，2013：179.

我表现的意识，是人们心中最真挚的感情流露。人们之所以舞蹈，首先就是为了要抒发内心的情感，为了娱乐，进而到达娱神、乐治，最终"俱得意"。

闽南民间舞蹈一贯秉承"大场看阵，小场看趣"的文化传统，表演淳朴，形式自然。从形式上看，不管是哪一个舞种，都带有很强的娱乐性。例如，以阵头形式展现的"彩球舞"，就略带有歌舞小戏表演的特点。其不但模仿木偶的动态和神态，本身就带有一定的逗乐成分，当其阵队到达表演的高潮时，其逗乐的成分就更为突显，轻松而欢快的舞蹈也变成了带有一定情节的歌舞小戏。男子、彩婆与彩娴因球而生的逗乐关系，不但充满了戏剧性，也增加了舞蹈表演时的诙谐趣味。

可以说，闽南传统民间舞蹈中屡屡出现的诸多风趣、滑稽的元素，不仅使舞蹈本身的娱乐功能和可看性得到强化，最大限度地拉近了舞蹈与观众的距离，同时，充分体现出闽南传统文化中以"闹"为乐的性格特点。离开了娱乐这一特性，闽南民间舞蹈就等于是离开了群众，闽南传统民间舞蹈的价值也就荡然无存。

（四）即兴性

"即兴"，是指在事先没有统一排练的情况下，演员因受某种外在刺激或内在情绪驱动的影响，而进行的创作和表演。在闽南的有些地方，称之为"做活戏"。闽南舞蹈在表演中，不光是情境可即兴，音乐可即兴，就连演员们的表演在遵循一定程式上的基础上也可即兴。在一些地方舞种的表演上，特别是在一些歌舞小戏中，角色的自由发挥已成为较技的手段之一。表演者为了展现自己最风光的一面，在追求高超技艺的同时，总是随着伴奏乐曲的变化以及现场的气氛即兴而演，舞步与走位均无限制，也能随意地和观众进行互动，往往把节目的气氛推向高潮。例如，在拍胸舞的表演中，演员们为了使表演更加生动、形象、有趣，就常常视情境、情节的发展，即兴创造动作，如表现斗鸡时的"公鸡斗"和表现田间劳作时的"青蛙跳"等。国家级非物质文化遗产拍胸舞传承人郭金锁老先生，其本人表演最具特色也最为精彩的地方，就在于其中的即兴部分。在跳拍胸舞时，同一个"打七响"的动作，依情境的变化和音乐情绪的发展，就被他赋予了不同的情感色彩和意蕴，时而悠然自得，时而醉意熏熏；时而快速有力，时而缓慢柔和……精彩连连，让人意犹未尽。

这种随性随兴的表演，正是"舞以尽意"的真实写照。不仅展示了艺人丰富的生活经验，以及熟练的动作和技法，也赋予了闽南传统民间舞蹈一种随意的美感，同时，还反映了植根于闽南地域文化的审美情趣。

（五）草根性

与舞台上所表演的艺术舞蹈不同，闽南舞蹈生于民间，兴于民间，以其顽强的生命力遍布于闽南地区的每一个角落。这也决定了闽南传统民间舞蹈艺术在总体特征上具有草根性的特点，大致体现在以下两个方面：第一，参与的自发性。闽南各地区的民间舞蹈，其所有的表演人员都不是专业人士，都没有接受过专业的舞蹈训练。他们平日忙于生产、劳作，而只有在闲暇之时，才由领头人召集起来练习，同时也进行舞蹈的传承。第二，参与的广泛性。闽南民间舞蹈的每一场演出中，往往都是各村的男女老少一起出动，上自耄耋老人，下至始龀小孩，大家都积极参与，并乐在其中。不受其他因素的影响，只要有节日庆典，闽南民间舞蹈就有其挥洒的空间。

总之，闽南舞蹈是扎根于群众，发展于群众的。在当今多元文化传播的时代，它依旧是以一种约定俗成的方式在民间流传。

三、闽南民间舞蹈的主要类型

闽南现存的传统民间舞蹈丰富多彩，各具特色。据《中国民间舞蹈集成·福建卷》调查统计，仅在闽南地区，各个时代保留下来的舞种就有上百个。

按照活动的目的与作用来分，我们可以把它们归结为三大类。

（一）节庆舞蹈

闽南民间游艺活动繁多，尤其是恰逢岁时节庆、佛诞祭祖等。为了增添欢乐祥和的节日气氛，人们每年都会组织各种不同规模的踩街游乡活动。当中，要属元宵节踩街的规模最大，队伍最为壮观，影响也最为深远。表演时精彩迭出，观者如堵。

在踩街活动中常见的舞蹈有：

1. 拍胸舞

"拍胸舞"，是一种男子的徒手舞蹈，在当地又称"打七响"、"打花绰"或"乞丐舞"等，它是古闽越族图腾祭祀舞蹈的遗存，主要流传于泉州、厦门、漳州、同安、南安等地，其中，尤以泉州浮桥镇王宫村的拍胸舞最地道，且保存得最完好。表演时，人数不拘，舞者上身裸露，赤足，腰系彩带，头戴草圈，口中唱着民间歌谣，基本动作为"打七响——双手先于胸前合击一掌，接着依次拍打左右胸部，双臂内侧依次夹打左右肋部，双手再依次拍打左右腿部，共得七响"，脚下以"跳蹲步"为主，配合头部怡然自得的摆动，形式自由活泼。在长期的流传过程中，由于环境、情绪以及舞者身份的不同，拍胸舞形成了不同的跳法和风格，常见的有"乞丐拍胸"、"酒醉拍胸"、"田间拍胸"和"踩街拍胸"等，表演给人以粗犷古朴、幽默诙谐之感，又被称为"闽南迪斯科"。2006年，泉州拍胸舞被列为国家级非物质文化遗产。

2. 火鼎公火鼎婆

"火鼎公火鼎婆"，是泉州民间庆典、迎神赛会"踩街"、"妆人"游行活动中，一种深受民众喜爱的民间舞蹈，至今约有300年的历史。表演时，火鼎公在前，一身黑；火鼎婆在后，一身红。其扮相乡土味浓郁。俩人架着两根长竹竿，中间绑着四角架，上面固定一口烧着熊熊火焰的大铁锅。火鼎公一步一撅臀，火鼎婆一步一摆腰，以幽默、滑稽的情态戏逗观众，风趣盎然。有时还有一个"女儿"的角色，挽着装满木柴的篮子，随时添加柴火。表演到高潮部分时，时而火鼎婆故意大煽其火，燎得前面的火鼎公捶胸顿足，骂骂咧咧；时而火焰将熄，三人鼓腮吹火，结果被烟灰迷眼，涕泪横流，尴尬至极。俗话说"好酒沉瓮底"，"火鼎公火鼎婆"自由自在、洒脱自如的表演，常常把节目的气氛推向高潮，因而，也常常作为踩街队列中的压轴之舞。泉州鲤城区的火鼎公火鼎婆已被列为福建省非物质文化遗产名录。

3. 跳鼓舞

"跳鼓舞"，又称"跳花鼓"，主要流行于泉州、晋江、南安等地。多在迎神赛会或婚丧喜庆活动时表演，距今已有六七百年历史。舞蹈根据《水浒传》中的故事情节改编，表现的是梁山好汉化装成杂耍戏班，劫法场救卢俊义的场面。演员有6~8人，角色有鲁智深、顾大嫂、孙二娘、阮小二、时迁、燕青、石秀和扈三娘。表演时，各持一样乐器，但主要以手举扁鼓的孙二娘和手持鼓槌的阮小二双人对舞为中心，而其余的人则配合舞蹈，烘托气氛。泉州跳鼓舞已被列为福建省非物质文化遗产名录。

4. 彩球舞

"彩球舞"，又称"踢球舞"或"贡球"，是泉州、南安、晋江以及台湾等地逢年过节、迎神赛会、婚丧喜庆等场合表演的主要民间舞蹈之一，主要有"踩街彩球"、"舞台彩球"和"高跷彩球"三种类型。其源头可以追溯到我国古代的"蹴鞠"活动。一般的民间彩球舞队，主要由男子1人（称为"司球"），彩婆1人，彩旦4人（也可6人）组成。表演时，司球手持彩球，左抖右滚，逗引彩婆和彩旦们戏球不止，或争、或捧、或托，时而以背顶球，时而以脖接球，时而双肩颠球，时而抬脚绕球等，整个舞蹈优美活泼，动作妙趣横生。技艺高超者，还可表演"高跷踢球"。彩球舞还为泉州梨园戏和高甲戏所吸收，在梨园戏《陈三五娘》《郑元和与李亚仙》，高甲戏《抢卢俊义》等片段中均有彩球舞表演的场面。

5. 大神尪

"大神尪"，属傩舞。主要流传于闽南漳州地区，至今已有1000多年的历史。一般在正月二十二日传统的"闹热日"表演，演员由七品县官、书童和大头娃娃3人构成，伴奏乐器有鼓、锣、钵。表演时，人物均戴着角色面具，七品县官手握"风调雨顺"或"国泰民安"的牌子，书童举着扇子，而大头娃娃则在他俩中间蹦蹦跳跳。舞尪人行走时东倒西歪，做出各种滑稽的动作，表达劳动人民辟邪除灾、迎祥纳福的美好愿望。

6. 大鼓凉伞

"大鼓凉伞"，主要流传于闽南漳州地区，是民间节庆、娱神活动中不可或缺的重要表演形式。创始于明代，因其历史悠久而被舞蹈界誉为"活化石"，具有欢快、粗犷、热烈的特点。表演者有男有女，男青年为古代武士装扮，胸前挂着大鼓，而女舞者作小旦打扮，双手执伞。表演时，以将士与伞娘的对舞为主，一般没有旋律乐器伴奏，舞者主要依照鼓声配合步伐及动作。舞时，伞罩旋转飘动，非常优美。

7. 宋江阵

"宋江阵",也称为"套宋江",源自明末清初郑成功抗清斗争的军事训练和乡村保卫乡里以求生存的自卫性团练。后在长期的流传中,逐渐形成了在岁时节庆中表演的民间弄阵,是集民间武术演练与民俗舞蹈为一体的群众性娱乐活动,主要流传于厦门同安的汀溪造水村、内厝赵岗村、洪塘郭山村以及泉州各县市。"宋江阵"以武术为载体,以《水浒》的故事为依托,表演时阵容强大,少则36人,多则108人。从宋江阵的表演来看,多是以群体步兵行阵、布阵对练等拳术与舞蹈相结合的形式。在各种游艺活动中,宋江阵的气势最为磅礴,阵容也最为壮观,被誉为闽南文化的"稀世珍宝"。

(二)祭祀舞蹈

闽南人崇儒重道,也崇信鬼神,这一民间信仰的兴盛,不仅影响了闽南地区的民风习俗,也进而影响了民间婚嫁丧葬、敬神、祈雨、道场等仪式上所用的舞蹈。例如泉州在端午前后为驱灾辟邪所跳的"嗦逻莲",丧葬仪式中"师公"(道士)为超度亡灵所跳的"掷闹钹"等,都带有了明显的宗教色彩。

1. 嗦逻莲

"嗦逻莲",也称"采莲舞",是泉州地区端午前后表演的一种行进舞蹈。舞队一般由十个至几十个丑扮的"铺兵"开道,肩上挑着扁担,扁担的一头吊着酒壶,另一头吊着草鞋和铜锣;紧接其后的是2~4名"妆人"(又称"小旗"),手执采莲艾旗;后是四管乐队;最后压阵的是由四名壮汉抬一泥塑、纸扎的或是木雕的龙王头,旁随男扮女装的"花婆"或是孩童扮的"花童",手上提着盛满鲜花的红漆篮。舞队所到之处,即登堂入室,在舞曲的伴奏下,高举采莲艾旗,于人家厅头、店堂梁间反复舞动,意为扫除污秽、禳祸纳福。而户主则酬以红包和酒、米等物,以示答谢。最先采到的人家被称为"头莲",紧接着是"二莲"、"三莲"……家家户户,人潮如涌,热闹非凡。

2. 掷闹钹

"掷闹钹",为男性舞蹈,舞者原本就是"师公"(道士本人),双手拿着一副特制的铜钹,翻转耍弄,动作刚健有力,有时还穿插一些杂技表演。原本是道教为超度亡灵在"做功德"(祭奠仪式)上所跳之舞,以慰众鬼魂,为亡魂开道。后慢慢分离出来,成为单独表演的舞蹈形式,并搬上舞台,收入《民间舞蹈集成》。但时至今日,"掷闹钹"舞蹈仍未脱离宗教色彩,在闽南很多地区的丧葬仪式中,仍时常可以见到"掷闹钹"及其舞者的身影。

(三)歌舞小戏

闽南地区的人们喜欢在节庆之时,聚在一起,表演一些具有一定戏剧情节和人物形象的小戏。这些小戏通常在民间歌堂或是庙会活动中表演,并以载歌载舞的形式表现，主要有丑和旦两种角色，表演时幽默滑稽、风趣盎然。例如泉州惠安的"公背婆"、厦门同安的"车鼓弄"等，均属此类。

1. 公背婆

舞蹈"公背婆"，又称"哑背疯"，广泛流传于泉州各地。表演时，演员一同表演"公"、"婆"两个角色，在道具、服装的帮助下，上半身扮作"婆"，下半身扮作"公"。一般动作有上坡、下坡、涉水、过桥、持花、照镜、打伞等。脚步则以戏曲"傀儡丑"科步为主，手势、腰身则以"家婆"动作为主。

2. 车鼓弄

"车鼓弄"，又叫"车鼓舞"、"车鼓跳"等，流行于同安、厦门、泉州、惠安、南安、晋江、漳州、漳浦、龙海等沿海一带。"车"在闽南语中读"qiā"，"车倒"即为"翻倒"；而"弄"则有"表演、戏弄"之意，所以，"车鼓"意为"翻倒鼓"。舞蹈极富地方特色，车鼓扮演的形式亦纷繁多样，多数以三男三女的表演为主。表演时，鼓公、鼓婆各执小道具，中间扛着一顶以野花或蔬菜装饰的小花轿，"三步进，三步退；弄过来，扭过去"，音乐多采用民众熟悉的各种小调，如"车鼓歌"、"四季歌"、"更鼓调"等，配合即兴的一唱一答，生动活泼，十分有趣，深得民众喜爱。厦门同安的车鼓弄被列入福建省非物质文化遗产名录。

3. 竹马灯

"竹马灯"，取材于昭君和番的故事，因此，又称"番仔弄昭君"。主要流行于闽南漳州的漳浦、华安、南靖、平和等地，主要在正月十三日（关公生日）和农历五月十三日（关公升天日）庙会活动中表演，意为祈求合境平安、风调雨顺。之所以得名"竹马灯"，是因为舞者在表演时在腰间系上用竹篾编成的马形道具，然后在马的骨架里点上蜡烛（现为安全考虑，多用小灯泡代替）。伴奏音乐一般选用家喻户晓的民间小调，如"十进酒"、"五更寒"等。竹马灯的整个舞队共9人，角色为王昭君、状元刘文龙、番王、番兵、番婆、女婢、三小丑（四块丑、打锣丑、钱鼓丑），表现昭君出塞途中的各种情节片段，唱、念、舞一体。2005年10月，漳州南靖竹马灯入选福建省首批非物质文化遗产名录。

四、闽南民间舞蹈的传承与发展

舞蹈，是一种"人体文化"，是一种"非语言文字"的动态文化。根据舞蹈本身的特点，其传习继承的方式，自古以来就是以师徒间的口传身授为主。只可惜，在闽南，许多具有较高艺术水平的民间艺人都已年逾古稀，许多舞种缺乏接班人。而且，伴随着现代文明的快速进程，新的文化艺术形式层出不穷，加之西方流行文化的冲击，一些传统民俗日益淡化，闽南传统民间舞蹈的活动范围逐渐缩小。面对越来越年轻的观众，如何才能扭转这个"艺难传"、"舞难留"的局面？如何才能使闽南传统民间舞蹈在现代文明中得以保护、传承和发展，是我们现临的一个重要而紧迫的问题。新中国成立以来，特别是改革开放以后，闽南传统民间舞蹈的传承与保护工作取得了一定的成效，归结起来，主要体现在以下三个方面。

（一）全面推进文化生态环境的建设

可以说，闽南，这一特定的自然生态环境和民俗文化情境孕生了闽南民间舞蹈，因此，对于保护和传承闽南传统民间舞蹈文化来说，良好的文化生态环境，具有不可忽视的作用。只有保护好闽南文化生态环境，才能保证闽南传统舞蹈传承活动的有效进行。并且，这种文化生态的保护应当是多层次、多渠道的保护，需要各级相关部门合力完成。新世纪以来，闽南文化的重要性与特殊性，渐渐得到了国家和社会的重视。2007年6月，国家级"闽南文化生态保护实验区"正式成立。随之，各级政府和相关部门相继制定了一系列刚性政策，如《闽南文化生态保护区规划纲要》、《闽南文化生态保护实验区规划》、《厦门市非物质文化遗产保护条例》等，开始有计划地对闽南各地的传统文化艺术形式进行动态的整体性保护。不仅把包括闽南民间舞蹈在内的"非遗"文化纳入地方文化建设规划和当地政府的财政预算，为闽南传统文化的发展提供了政策和资金上的支持，同时，还加大了对闽南民间舞蹈的广宣力度，利用报刊、网络、广播电台等各种宣传媒体，为群众接触和了解闽南传统民间舞蹈搭建有效的平台。

除此之外，各级政府和相关的文化部门还积极开展了各种丰富多彩的艺术活动和民俗活动，引导社会各界参与进来，通过举办各种文化节、艺术展演、民俗舞蹈表演等活动来普及、推广闽南传统民间舞蹈，在全社会形成了一种理解和尊重民间文化价值的风气，为闽南传统民间舞蹈的发展提供了"优质的土壤"。

（二）高度重视"活态资料"的整理与传承人的培养

民间舞蹈的保护，关键在于传承。而传承的根本，在于对人才的培养。闽南民间舞蹈是群众集体创作的结晶。民间舞蹈能手、民间艺人不仅是舞蹈的创作者、表演者，同时也是舞蹈的继承者和传播者。相对于高雅的舞台艺术形式来说，民间舞蹈培养、继承的方式就显得"草根"了许多。一方面，讲究面对面、手把手地传授技艺，传承方式趋于保守、老旧；另一方面，由于各表演者自身的身体素质、文化修养、性格喜好等的不同，师徒间的传承也是良莠不齐。而且，在农村，几乎所有的演职人员都属于兼职性质的，有演出就上，没演时就回家干农活。因此，传承形式单一，后备艺术人才匮乏，演员文化水平偏低，且得不到系统规范的训练，这些因素极大地制约了民间舞蹈的传承和发展。

针对上述情况，相关的文化部门与机构采取了一系列有效的措施：

1. 建立"活态"档案

相关部门录制了大量的影像资料，对闽南传统民间舞蹈的活态资料进行了有效的保护。不仅组织人员对闽南民间舞蹈各舞种的表演过程、道具制作过程进行了音像记录,同时,也对优秀老艺人传授技艺的过程给予了记录。这些活态资料的保存对闽南文化各领域的研究起到了至关重要的作用。

2. 丰富文字资料

许多专家、学者逐渐重视闽南舞蹈文化的学术研究,积极探索其内在精神意蕴,深入挖掘了闽南传统民间舞蹈在中华传统艺术文化传承中的意义和作用。与此同时,还有一些专家、学者对闽南舞蹈技艺进行了整理。不仅规范了各舞种的名称及舞蹈动作语汇,甚至用文字、图片详尽地记录了每一舞种的步法、队形变化及配乐等方面的内容,并形成书面教材。例如,福建师范大学的黄明珠教授,便与郭金锁老人一起编著了《闽南民间舞蹈教程》,书中详细地记录了闽南民间舞蹈的各种舞姿和技巧,为后人的学习与研究提供了参考。

3. 健全教育、培训体系

除了对民间团体和专业舞团资源的有效利用之外,学校教育在闽南民间舞蹈的传承问题上也发挥了不可磨灭的作用。教育部在《全国学校艺术教育发展规划(2001—2010年)》中指出:"各学校应充分利用和开发本地区、本民族的文化艺术教育资源。"而在《全日制九年义务教育音乐课程标准》中也明确要求学校应将"地方民间歌舞艺术"作为音乐教育的内容。由此可见,传承本民族地区优秀的民间歌舞艺术,已然成为学校教育中一项重要且紧迫的任务。不管是专业艺术院校,还是普通中小学,都积极响应国家的号召,把闽南文化引进学校课堂。目前,一些艺术专业院校,如福建师范大学音乐学院、福建省艺术职业学校和厦门艺校等大中专艺术院校都先后将闽南民间舞蹈纳入专业舞蹈教学,聘请优秀老艺人进校园传授闽南民间舞蹈,并把其作为一门重要的课程加以建设,为闽南传统舞蹈的传承与发展提供了人才保证。而在闽南的一些中小学,也已经尝试着把一些闽南代表性舞种作为校本课程加以开发、实践,使当代学生更为直观地了解到了闽南的地方文化,发现民间文化艺术的真谛,从而保护了非物质文化遗产。

(三)大力发扬勇于改革与创新的精神

历史的车轮浩浩荡荡,随着社会的进步,人们的审美需求也会发生相应的变化。因此,任何的文化艺术形式都不应该是静止不变的,而应该在保护的基础上对其进行合理、适当的传承,并科学地加以开发、利用。

1. 向舞台艺术升华

民间舞蹈,从草根走向艺术舞台,是一个由低级到高级的艺术再创造的过程。收集现存闽南民间舞蹈素材,进行重新加工或创作,是继承和发展闽南民间舞蹈的重要途径。在新中国成立后,闽南丰富的民间传统艺术得到了党和政府的高度重视,人民群众对民间艺术的热情也空前高涨。一些闽南民间舞蹈不断地被众多文艺工作者挖掘、整理出来,新的舞蹈作品也不断地被创作出来。例如,1953年,晋江专区文工团蔡祖惠、许炳基等人整理创新的民间舞蹈《采茶扑蝶》、《彩球舞》、《跳鼓舞》等参加全国民间舞蹈会演,《采茶扑蝶》被选送到中南海怀仁堂演出,获得好评。改革开放后,随着人们整理挖掘民间舞蹈素材的积极性不断提高,众多新作品如雨后春笋般不断涌现,如《七星灯》《拍胸舞》《嗦啰莲》《九莲灯》《田间乐》等,一批以移风易俗、民间节庆、婚丧喜庆、迎神赛会为题材的作品应运而生,在全国引起极大反响。随着一批批新作品在各级文化活动中大放异彩,闽南民间舞蹈的影响和地位不断提高,焕发出新的生命力。

2. 借助其他艺术形式加以发展

民间舞蹈艺术不只是向舞台艺术升华,其文化素材也常常被戏曲、木偶戏、话剧、杂技等其他艺术形式所吸收,扩展了其本身的舞台艺术表现力。例如,梨园戏《郑元和与李亚仙》中的"亚仙踢球"一场,就借鉴、吸收了泉州民间舞蹈彩球舞的形式,而梨园戏反过来又丰富了彩球舞的动作程式和表演形式。比如在着装方面,现今彩球舞的演员们在表演时就是分别着李亚仙的旦装、丫鬟的小旦装、李妈的彩婆装和球手装;而在表演上,彩球舞大量使用了梨园科步和动作姿态。此外,彩球舞还和高跷结合在一起形成了一种全新的表演形式——"高跷彩球",深受民众喜爱。由此可见,在保存核心文化价值与内涵的基础上,突破原有表演形式的局限,或是对其他艺术形式兼收并蓄,也是传承和发展闽南民间舞蹈艺术文化的一个新的思路,也能够更好地保护非物质文化遗产。

闽南民间舞蹈艺术历经千百年岁月的荡涤,丰富的地方文化底蕴使其成为闽南地区的一块文化艺术瑰宝。珍惜、保护、传承闽南民间舞蹈艺术,让民族的优秀传统艺术瑰宝发扬光大,是我们不可推卸的历史责任。

参考文献

[1] 蔡丁澜. 厦门市翔安区民间曲艺人才培养初探 [J]. 福建省社会主义学院学报,2014(2):64-68.

[2] 蔡湘江. 论闽南民间舞蹈的多源性特征 [J]. 东南学术,2005(3):144-153.

[3] 蔡湘江. 泉州民间舞蹈 [M]. 福州:福建人民出版社,2006:1-216.

[4] 陈向群,杨丽芳. 闽南民间宗教舞蹈及其文化生态保护 [J]. 泉州师范学院学报,2013,31(5):24-28.

[5] 黄明珠. 闽南民间舞蹈"横摆"动律特征及其源流初探 [J]. 北京舞蹈学院学报,2008(2):81-86.

[6] 黄明珠. 闽南传统民间舞蹈文化 [M]. 上海:上海音乐出版社,2013:1-340.

[7] 郑玉玲. 漳州民间舞蹈文化探析 [J]. 闽台文化交流,2006(4):115-120.

[8] 郑玉玲. 论闽南民间舞蹈文化脉络与艺术特色 [J]. 艺术教育,2010(10):122-124.

[9] 郑玉玲. 略论闽台民间舞蹈的艺术审美特征 [J]. 北京舞蹈学院学报,2012(1):36-39.

第七章

闽南民间曲艺

曲艺是中华民族各种说唱艺术的统称，是由民间口头文学和歌唱艺术经过长期发展演变形成的一种独特的艺术形式。中国曲艺早期流连于瓦舍、勾栏等简陋的民间演艺场地，所以深深地扎根民间，具有广泛的群众基础。

各地曲艺都与古代民间的说故事、笑话和叙事诗歌有一定渊源关系。唐代，曲艺作为一种独立的艺术形式开始形成；宋代以来，曲艺以小说、演义形式在民间发扬光大，得以成型；发展到南宋，杂剧成为中国最早的戏曲艺术形式，说话、鼓子词、诸宫调、唱赚等演唱形式极其昌盛；明清两代一直到民国初年，伴随着资本主义经济的萌芽，城市数量猛增，大大促进了说唱艺术的发展。一些老曲种在流传过程中，与当地方言、地域文化融合，形成了各具特色的地方曲艺，闽南曲艺也应运而生。

一、闽南民间曲艺的起源

闽南民间曲艺主要是指盛行在福建厦门、漳州、泉州等闽南三角地带，台湾省等闽南话语区的民间曲艺形式，带有强烈的闽南地方文化色彩。根据各类史料记载去追根溯源，探其轨迹，可大概厘清闽南民间曲艺产生的脉络。

（一）经济的发展、城市的繁荣催生闽南民间曲艺

五代之时，泉州便是闽国的主要政治经济中心。南宋建炎三年（1129年），宋王室的贵族院南外宗正司及睦宗院均移置泉州，并设市舶、宗正二司，商贾云集。这对闽南曲艺的发展提供了极有利的条件。商品经济的发展，城市繁荣，市民阶层壮大，说唱表演有了专门的场所，也有了职业艺人，闽南地方曲艺得以进一步繁荣与发展。

闽南讲古，最早时叫聊天，是一种最早、最原始、最生动的闽南民间艺术，从广义上讲，有闽南历史就有闽南讲古；闽南人称歌谣为歌仔，可以说，有闽南人就有歌仔，那些以抒情为主的民歌、小调、杂歌、有人物情节的故事歌唱都属于歌仔

说唱的范畴。自4世纪晋代士民避战乱入闽，定居晋江流域，历南朝、隋、唐以至南宋，中原文化艺术随汉族士民的不断南来而流入泉州。宋元时期，泉州作为海上丝绸之路的起点，贸易空前兴盛，可谓商贾云集。地方曲艺得以长足繁荣。

锦歌在福建闽南汉族地区民歌、民谣基础上形成，吸收了戏曲、南曲、南词的养分，经过民间艺人糅合加工而成，流传于广大农村地区；东山歌册源于潮州，明洪武年间，驻守东山的官兵和南来北往的商人，从潮汕地区把歌册传入东山岛；南词始于唐初，唐明皇时盛行于宫廷，据传说，清道光二十五年（1845年），漳州府官总爷到江西办事，接触此戏，感觉很好，于是从江西带回，从此有了漳州南词。至于那些由歌仔说唱衍生的荷叶说唱等细类，则是新中国成立后才出现的。

（二）丰富多样的宗教信仰推动闽南民间曲艺的发展

原始的戏曲都和宗教有关，宗教盛行促进戏曲的发展。宋元时期的泉州就出现了多种宗教并存的局面，寺院与道观林立，海商酬神还愿，都佐以戏曲。现存莆田北宋祥应庙碑就记载了海商酬神的盛况，泉州九日山祈风石刻也有官方酬神的记载。闽南文化作为一个庞杂的综合体系，其中的多种宗教信仰、服饰、方言等都在闽南曲艺中有所反映。

闽南地区多神教信仰是闽南文化多元性的重要表现，多元的宗教信仰带来的是多元的宗教祭祀活动，以及与之相适应的各种演戏酬神活动，这对闽南曲艺的各种构成要素影响很大。闽南曲艺中的一些对白形式，如"答嘴鼓"，据说最初来自"道士戏"。答嘴鼓的起源、沿革没有文字记载，但在古老的梨园戏以及提线木偶戏、高甲戏中都运用答嘴鼓的形式插科打诨，旧时和尚、道士做法事，也穿插使用这种形式，可见它在民间流传久远。打城戏更是直接由宗教法事发展起来，其表演形式、舞蹈曲调就是在法事仪礼动作、佛曲、道士腔的基础上，吸收了本地梨园戏、高甲戏一些音乐曲牌和伴奏乐器形成的。

（三）纷繁复杂的民俗活动促进闽南民间曲艺的繁荣

闽南民俗文化是闽南人共同创造的，并历经千百年积淀、闽南民间历代相传的社会风尚和习俗。它与闽南人民的生活息息相关，内容丰富繁杂，包括了生产生活习俗、文艺风俗、娱乐风俗等。闽南人纷繁复杂的岁时节庆，少不了演戏。元宵节为"天官赐福"之日，清明节为祭祖之日，端午节有驱邪逐疫活动，中元节有祭拜祖先和普渡众生活动，中秋节有祭月神和土地公活动。婚娶时演戏娱神、酬神极为常见，许多人生关口的过渡、人生礼俗也要请戏，为的是祈福禳灾。繁多的民俗活动为闽南戏曲提供了生存的机会、经费和演出场所。闽南戏曲很少在剧院演出，有时由乡人请到家中献演，更多的是在寺庙前戏台和广场野台演出。民俗活动的兴盛带动了闽南曲艺的蓬勃发展，祭祀、民俗等文化性内涵与闽南曲艺形成一个完整、系统的生态链，保持其稳定性与生存力。

二、闽南民间曲艺的特点

闽南民间曲艺作为中国曲艺大家庭中的一员，理所当然地带着中国曲艺形式的同质性特点。不过，作为闽南地方文化深沉积淀下的曲艺形式，经过几百年，甚至上千年的演绎，已经深深地刻上了"闽南"的烙印，带着鲜明的地域特征。

（一）以"说"、"唱"为主要的艺术表现手段

与戏曲的以歌舞演绎故事不同，曲艺以"说"和"唱"为主要表现手段。这决定了它的语言必须适于说或唱，一定要生动活泼，简练精辟，能朗朗上口；也决定了演员只能以叙事与模拟人物相结合的手法，构建舞台形象的千变万化，给观众形成"一人一台戏"的感觉。

闽南曲艺中的讲古、歌仔说唱、答嘴鼓、东山歌册等，无一不是通过说、唱来演绎故事。例如答嘴鼓，与北方的对口相声相近，但又不尽相同，它的对白是严格押韵的韵语，通过二人韵语对口争辩的形式表达一定的主题；语言节奏很强，有点像北方的数来宝，完全依靠表演者的嘴上功夫来完成，不需要伴奏乐器，更不需要借助戏剧舞台表演的各种因素。

（二）一人多角的表演形式

戏曲是一门综合类艺术，包括舞台设计、化装、道具、布景转换等，每个演员扮演固定角色。而曲艺则不同，一个人就可以模仿多个人物，通过说、唱的形式，把形形色色的人物、各种各样的故事演绎出来，表达给听众。比如讲古，即便故事场景是千军万马的战场，也可由一人讲述完成，充分展现出曲艺的丰富表现力。曲艺表演比戏剧简便易行，一两个说唱艺人、一两件伴奏的乐器，或一个人带一块醒木、一把扇子或一副竹板儿，甚至什么也不带（如答嘴鼓艺人），走到哪儿，就说唱到哪儿，演出的时候在不同角色上进进出出，与听众直接交流。

（三）舞台形式简单，表演便捷

戏曲表演，需要融入很多的舞台效果，比如舞美布景、灯光艺术、化装造型艺术等，表演区占据整个舞台。相对而言，曲艺表演比较简便易行，这可能与它产生之初的市井背景以及简陋的表演条件有关，同时也使它对生活的反映更加快捷直接。曲艺节目的内容以短小精悍为主，曲艺演员通常还能自编、自导、自演。闽南曲艺中的南词、锦歌、答嘴鼓、月琴说唱、荷叶说唱等，不仅演员简单，伴奏乐器也简单，有的甚至都不需要伴奏乐器（如答嘴鼓）；演员的服装、化装也简单，有的甚至也不需要化装（如走唱艺人的表演）。故事情节、场景、气氛、人物心理刻画等都是演员根据叙事或抒情的需要，以及听众的反应随机应变而来，最终导演出

一个个令听众心醉的精彩节目。

（四）注重听觉的民间艺术

闽南曲艺中的各种艺术形式，均为说、唱艺术，都主要作用于受众的听觉。闽南曲艺对舞台形式要求简单便捷，演员的服装、化装也趋近生活化，所以，受众的享受是在于在听觉中享受故事的演绎，而不是着重通过各种舞台表演元素来增加视觉的刺激。因此，闽南曲艺演员一般都具备坚实的说功、唱功、做功和高超的模仿力，只有具备了这些技巧，才能将人物形象刻画得惟妙惟肖，使事件的叙述引人入胜，从而博得听众的赞赏。

（五）以闽南话演绎的说唱艺术

曲艺作为一门表演艺术，运用口语说唱来叙述故事，塑造人物，表达思想感情并反映社会生活。闽南各类曲艺的道白演唱都用古老的、带有唐音古韵的闽南话，既古老又独特。比如，答嘴鼓经常运用丰富多彩、生动活泼、诙谐风趣的闽南方言词语和俚俗语，利用闽南话复杂而富有节奏感与音乐美的音韵结构组织韵语；歌仔说唱，曲调走向上结合了闽南地区的方言特点；芗曲说唱，唱词与念白均使用闽南白话。

三、闽南民间曲艺的主要类型

闽南民间曲艺形式多样，它的种类在厦门、漳州、泉州三地以及台湾有所区别，甚至名称也不尽相同，我们综合了各类史料，并佐以田野调查，最后将其大致分成如下几种类型。

（一）南词

南词始于唐初，唐明皇时盛行于宫廷，可唱、吟、歌、舞、弹，总称《霓裳之曲》，是历朝雅乐，也称为"国乐南词"。早期，南词多传授给官宦子弟，清末传至民间，而后盛行于江南一带。宫廷鼓乐流落民间，开启民间南词之端，而江苏扬州为始发地，后兵分两路：一路沿江浙一直传到福建的南平、将乐一带；一路转至江西赣州，而漳州南词属"赣州一派"。据说，清道光二十五年（1845年），漳州府官总爷到江西公办，听闻此戏，深感其妙，于是从江西带回。目前，漳州南词还传有《天官赐福》、《秋江》等十几个传统经典剧目，均按戏曲程序安排编写，介、引、念、白一样不缺。随着时间的流逝，民间古乐也在演变，江西、江苏的南词早已融入其他音乐的元素，而漳州南词却罕见地保持了原汁原味的古代宫廷雅韵，成为研究中古语言、音乐面貌的珍贵的活资料。

闽南曲艺，一般使用闽南本地方言，而南词的特殊就在于，它的演唱使用的是古代官话。漳州南词至今已传承了六七代，近两百年，其特点就是——文，不仅因其官话唱腔，还因其典雅唱词，都是经过文人再创作而成，如果说芗剧、锦歌属于下里巴人，南词就可称为阳春白雪了。

南词主要使用的乐器有扬琴、北琵琶、北三弦、北月琴、笙、二胡、椰胡、苏笛、北箫、唢呐、击鼓、古筝等，有时使用狼帐、洞箫这样的福建民间乐器。演出主要以坐唱形式展开，演唱者与乐手没有严格的区分，开始以打击乐开场，然后奏前奏曲转入演唱，终唱仍有后奏。剧本均是按戏曲程序安排编写，有人物角色、介、引、唱、念、白、动作和模拟，这些曲目只要脸部化妆、穿上戏服、配上动作即成一出戏。

（二）锦歌

锦歌，原名歌仔或什锦歌，是福建省闽南最古老的民间曲艺之一。根据地方史志记载，锦歌在宋元时期福建闽南汉族地区性民歌、民谣基础上形成，吸收了戏曲、南曲、南词的养分，经过民间艺人糅合加工而成。它起初流传于广大农村地区，后来随着农民流入城市，进入城市的锦歌艺人常常像乞丐一样沿街卖唱，所以又称乞食调。

锦歌来自民间，以方言演唱，曲调流畅朴实，有着浓郁的乡土气息，富有表现力，内容通俗健康又易学易懂，所以为人民群众所喜爱，许多农村都有"歌仔阵"、"歌仔馆"。锦歌是一种有器乐伴奏的歌唱形式，使用的乐器有月琴、二弦、洞箫、南三弦、拍板等，也有以琵琶代替月琴，用品箫代表洞箫的，有的还加上唢呐，厦门地区演唱时，常用木鱼代替拍板。锦歌演唱形式有一人唱念，两人对答，三、四接着唱念，也有演员自唱乐队伴奏的；漳州市锦歌多坐着弹唱，厦门市锦歌则站着演唱，并借助动作来表现。

锦歌的唱腔风格大致要分为堂、亭两大流派。堂派主要流传在农村，唱腔粗犷有力，曲调接近民间歌谣，擅长唱"杂念调"，旋律灵活，变化多样，每句后面都有落尾；亭派流行在城市，唱腔婉约柔细，姿势安逸，采用南曲的曲调比较多，改用南琵琶、洞箫、三弦、二弦等乐器，乐器的使用和指法比较接近南曲。

锦歌与歌仔戏有一种奇妙的渊源。明末清初，郑成功收复台湾，锦歌作为一种说唱的曲艺形式，随闽南人东渡，落户台湾。在锦歌说唱的基础上，与台湾当地的民歌、调相结合，形成完整的戏剧表演形式，歌仔戏由此诞生，然后又从台湾反传回了大陆闽南地区。两岸同根同源，就从锦歌与台湾歌仔戏的密切关系，也可窥其一斑。

（三）歌仔说唱

闽南人称歌谣为歌仔，自有闽南人就有歌仔。歌仔可分为两大类：一类是以抒情为主的民歌、小调、杂歌；一类是有人物情节的故事歌。故事歌又分为三种：一是民间流传的长篇故事，如《陈三歌》、《乌白蛇》等；二是中小型的段子，如《过番歌》、《海底反》等；三是劝善歌，如《二十四孝》、《鸦片歌》等。这几种歌仔都有书坊刊刻的唱本，俗称歌仔册。歌仔册流传甚广，并且比较统一，但一般民众只能演唱其中最流行的一两首，只有专业的演唱者和少数业余爱好者能掌握全本的唱调和曲牌。20世纪50年代，歌仔正名为"歌仔说唱"，它的语言生动诙谐、平仄押韵，唱腔或粗犷豪放、雄浑有力，或温文婉约、幽雅纤细、色彩浓烈，是闽南民间说唱艺术的瑰宝。

歌仔说唱采用的乐器，一般以大广弦为主弦，加月琴、南北三弦和竹笛。由于它简便易于传唱，能及时反映现实生活，成为闽南地方主要的曲艺形式。受走唱艺人的条件所限，歌仔说唱无法实现乐队伴奏，往往是艺人手持月琴或大广弦独自说唱，于是有了"月琴说唱（盲人说唱）"、"大广弦说唱"的说法。

1. 月琴说唱

闽南早年专业的歌仔说唱有一种形式，即一手持月琴的走唱艺人，大多是盲人，由一小女孩前导，怀抱月琴，"叮当"沿街而行。月琴上悬有一些小竹片，烙刻着盲人可以摸出的记号，代表曲名，然后根据客人所选择的记号来为客人演唱，唱完后还告诉客人这一签说明什么运气。也有的并不算命，只是沿着街市、村镇走唱，唱一些太平歌取悦听众以乞讨。闽南著名的卢菊、台湾著名的陈达就是手把月琴，以歌为生。

月琴说唱的曲目大多是民歌小调和地方戏曲片段，采用的曲调与锦歌旋律相近，如流行于闽南漳州地区的盲人走唱曲调《四空调》，在曲调走向上就结合了闽南漳州地区的方言特点。

2. 大广弦说唱

大广弦是我国古老的拉弦乐器，属于胡琴类，最初流传于福建等地，用于演奏民歌、小曲、曲艺，如闽南的锦歌、歌仔说唱和歌仔戏的音乐伴奏。

闽南早年专业的歌仔说唱有一种形式，是走江湖卖膏药的民间艺人，一般以歌仔戏乐器大广弦或壳仔弦伴奏，有自拉自唱的，有两人自拉自弹对唱或三人拉弹坐唱等，这就是大广弦说唱。它主要流行于厦门地区，一般用歌仔调演唱，主要曲调有卖药调、七字仔等，唱词大都是传统戏唱段，有人物，有情节。

3. 荷叶说唱

荷叶说唱是厦门地区特有的说唱艺术形式，源于清乾隆年间在四川形成的"苏镲说唱"。通常是演员一人，男女均可，表演时，演员左手拇指挂一竖板，食指裹一薄钹，下垂长彩带；右手执竹筷，自开介头，自打节奏；后台有壳弦、二胡、大广弦、二弦、三弦、箫笛等乐器演奏配乐。因表演者手持一彩带的钹，形如荷叶，这种曲艺形式被定名为"荷叶说唱"。

荷叶说唱可谓是厦门的首创，产生的历史并不太长，主要流行区域是同安。20世纪50年代，厦门曲艺界对歌仔说唱进行了大胆的创新，在厦门歌仔说唱的基础上引入了四川清音的表演形式，加以融合改进，采用歌仔戏七字仔调、卖药调、杂碎调、四腔仔等曲调，经过一段时间的创作、演出实践，逐步形成一种曲调优美、节奏鲜明、道具运用自如、唱念字正腔圆、善于表现各种人物性格的新曲种，并很快地在厦门城乡流传。

荷叶说唱形式活泼，气氛热烈，说、唱、演、奏（击）节拍明快，节奏感强，善于表现情节紧张、斗争激烈的生活内容的曲目。其表演形式多样，有一人多角，化出化入，也有全体乐队参与演出边演唱边伴奏，还有伴奏乐队中的部分乐员帮衬主演跳出跳入等。20世纪60年代中期，荷叶说唱在表演形式上有所突破，由原来一人独演发展为数人同演的"荷叶群"，有独唱、轮唱、合唱等，更加生动活泼。

4. 芗曲说唱

芗曲说唱是使用芗剧音乐演唱的一种说唱艺术，其前身是闽南话歌仔唱，是厦门民间流传最广、演唱最多的说唱。从渊源方面来看，芗曲说唱来源于台湾歌仔戏，是结合台湾各种戏曲及音乐为一体的汉族曲艺表演艺术。芗曲说唱在发展过程中吸收北管、南管、九甲戏和民间歌谣等音乐曲调，引进京戏的锣鼓点和武打动作，使用北管曲牌、服饰、装扮和福州戏的彩绘布景，并且沿用各剧种的戏码、身段、道具、乐器，发展成一种兼容并蓄、内容丰富的新剧种。

芗曲说唱的曲目、曲牌（曲调）源于闽南地区歌仔唱和歌仔戏、高甲戏、梨园戏、竹马戏等戏曲部分曲牌（曲调），并吸收、融会锦歌、南曲、南词及山歌、民谣、小调等民间音乐，经过几代民间艺人的演唱和创造，逐步丰富、发展起来，其基本唱腔有大调（又称倍思调）、七字仔调、杂碎小调、卖药调（又称江湖调）、杂念仔调、哭调、杂调等7种；主要乐器有六角弦、二弦、三弦、洞箫、壳仔弦、大广弦、月琴、台湾笛仔等，有时还加上打击乐；传统曲目有《益春留伞》、《五娘思君》、《搭渡》、《金花投江》、《十八相送》、《三伯讨药》、《英台二十四拜》、《雪梅训商辂》、《人心节节高》、《钞票歌》、《安童买菜》、《李妙惠过五更》等。邵江海是早期著名的歌仔唱（芗曲说唱）艺术家，他撷取众长，潜心钻研，创造了杂碎仔调。他用杂碎仔调演唱《人心节节高》、《钞票歌》等曲目，富有地方韵味，十分动听，令人赞不绝口。

芗曲说唱曲调灵活，旋律优美，唱词口语化。因其唱词与念白均使用闽南白话，一般观众易于理解，且其音乐曲调都是民间耳熟能详的音乐，剧情亦是汉族民间所熟悉的故事，因此迅速流传。作为闽南民间曲艺的一种，芗曲说唱有深厚的观众基础。

芗曲说唱的表演艺术属于歌剧形式，表演方式为传统戏曲的"合歌舞以演故事"，戏码、角色、服装、道具及舞台陈设与其他传统戏曲大致相同，最大特色在其唱腔与音乐。芗曲说唱故事情节主要以歌谣及唱腔来陈述，其发声方法使用"本嗓"，唱词、念白则为闽南语白话，内容通俗易懂，多用俚语、谚语，鲜有华丽辞藻，句尾常用押韵的"四念白"，有俗谚之美。

芗曲说唱一般不使用剧本，只有剧情大纲，各个演员根据大纲各自发挥，即兴演出，所以也会比那些结构严谨的剧本演出活泼。其角色原以小生、小旦及小丑为主，后从北管戏引入大花脸，形成生、旦、净、丑四种角色。

身段做表是芗曲说唱的欣赏重点，所谓"有声皆歌，无动不舞"，其原取自车鼓戏，后吸收北管戏、南管戏与京戏动作，构成完整的芗曲说唱舞台动作。剧中角色首次出场，通常须先整冠或"跳台"亮相，尔后自报姓名与身世，让观众了解演员于剧中所扮演的角色与背景，再提纲挈领地说明剧情纲要，之后才进行演出。

（四）东山歌册

东山歌册，也称潮州歌册，是一种民间文学的通俗唱本，是漳州东山独有的地方曲艺。据史料记载，它源于潮州。明洪武年间，驻守东山的官兵和南来北往的商人，从潮汕地区把歌册传入东山岛，后流布东山各乡镇以及云霄、诏安、澎湖列岛以及台湾南部。在传唱过程中与兴化、泉州传播入岛的秦腔、南词相融合，从而产生出一种既不脱离潮州歌册音韵体，又包含秦腔、南词旋律的，独具风格的东山歌册，至今有600年历史。

东山歌册题材来源主要包括两个方面：一是移植改编全国其他地方的多种民间文学作品和史传、演义故事、各种曲艺、话本小说，如《白蛇传》、《薛仁贵征东》、《封神演义》、《刘备招亲》、《梁山伯祝英台》、《薛刚反唐》等；二是根据民间故事传说和生活中的典型故事而编写创作的，如《陈三五娘》、《苏六娘》、《金花牧羊》、《龙井渡头》等。作为一朵珍贵的民间歌谣奇葩，东山歌册具有鲜明的群体性特点，是研究海岛渔民文化生态的活样本，具有很高的历史文化价值和艺术价值。

东山歌册是吟诵歌唱体的民间口头文学，具有文字浅显、易于诵唱、故事性强、戏剧色彩浓厚等特点，均为口传心授，深受人们喜爱。歌册长短不一，以数万字占绝大多数，最长达五六十万字，最短也有一万字上下。文体主要为长篇叙事歌文或诗体，都有歌册本（唱本、唱簿），由演唱者手持歌册演唱。故事情节生动有趣，诗行有押韵，通俗易懂，押韵顺口，曲调易学。其文体属长篇叙事诗，有七言句、五言句、三三七字句、三三五字句、三三四字句。吟诵时无器乐伴奏，不需锣鼓，不用管弦，只依靠歌手圆润婉转的歌喉，根据故事情节发展以及句式平仄的需要，适时变换曲调节奏，或抑扬顿挫，或轻柔急陈，唱出优美的歌词，增强艺术感染力。

歌册具有诱人的艺术魅力、波澜起伏的故事情节、丰满生动的人物形象，注重叙事的条理性、材料组织的严密性和故事的完整性，运用诗化的方言口语表达，富有浓郁的地方色彩，所以深受老百姓喜爱，是东山一宗值得珍视的文化遗产。在漫长的历史长河中，东山人民不断创作出不同时期的歌册，经国家级专家论证后，已被《中国民间曲艺音乐集成》收录。

（五）讲古

讲古即说书、讲故事。闽南讲古源远流长，基础很深，可以说有闽南历史就有闽南讲古。它最早时叫聊天，是一种最早、最原始、最生动的闽南民间艺术。它是艺人用闽南方言对小说或民间故事进行再创作和讲演的一种表演艺术形式。这种民间技艺直接来源于古代的汉族说唱艺术，开讲的场所叫作讲古场，说书人叫作讲古仙。根据其内容风格，有文讲与武讲之分，文讲擅长讲《聊斋志异》《西厢记》《红楼梦》等，才子佳人，儿女情长；武讲则善于讲《水浒传》《三国演义》《三侠五义》等，人物剧情，刚劲激烈。

闽南话讲古的历史十分悠久，清道光《厦门志》载："有说平话者，绿荫树下，古佛寺前，称说汉唐以来遗事，众人环听，敛钱为馈。"据此可知，起码在清代，讲古在厦门地区已相当兴盛了，主要内容是讲古本章回小说。也有不少民间业余讲古，就是晚上厝边邻里老人小孩去听听有历史知识的老人讲述古代英雄人物或长篇历史故事；也有一些落魄文人为了生活，以讲古维持半饥不饱的生活，他们见多识广，有较强的语言表达能力，运用生动滑稽的语言、多变的腔调、丰富的面部表情和形象的动作，引人入胜。早期讲古场是居民的业余娱乐场所，一般只是在原有庙宇的角落或大树底下搭寮开讲，因而较为简陋，但对于过去文化水平较低的老百姓来说，这是他们在最省钱、省时、省力的情况下，了解中国文化和历史、获取丰富知识的最好的渠道。

（六）答嘴鼓

答嘴鼓，是流行于福建省闽南地区、台湾省及东南亚闽南籍华裔聚居地的一种以闽南语表演的一种喜剧性的说唱艺术，亦名触嘴古、拍嘴鼓或答嘴歌，台湾人民至今称其为触嘴古，触嘴是斗口、舌战的意思，古就是讲古、讲故事的意思。在闽南方言中，嘴鼓也作䐐、嘴巴解，答嘴鼓也可解释为专靠嘴巴对答。答嘴鼓内容不一定都是"古"（故事），以韵语对话为主要形式，其艺术手法幽默、风趣、诙谐，具有浓郁的乡土气息，是闽台人民喜闻乐见的汉族民间曲艺形式之一。

答嘴鼓的起源、沿革没有文字记载，但在古老的梨园戏以及提线木偶戏、高甲戏中都运用答嘴鼓的形式插科打诨。旧时和尚、道士做法事，也穿插使用这种形式，可见它在民间流传很久。在闽南地区，古来民间卖艺的、卖药的在招揽生意时，乞丐在行乞时，说话都讲究押韵，即兴发挥，像顺口溜一样，甚至民间举行婚丧仪式时也常采用一种"念四句"的韵语形式。由于念四句在民间广泛流传，在人们日常谈天说地时，也被逐渐运用来戏谑论争。它要求双方反应灵敏，口舌流利，如一方接不下去，就会引起哄堂大笑，这种形式逐渐发展成为答嘴鼓。明末民族英雄郑成功率领大军进驻台湾，将士多为闽南人，念四句也传至台湾，当地称为"四句联仔"，后来逐渐发展为触嘴古，与闽南的答嘴鼓形式相同。

答嘴鼓是二人对口争辩的形式，有点类似北方的对口相声、数来宝，但又不一样。它的对白是严格押韵的韵语，语言节奏很强，经常运用丰富多彩、生动活泼、诙谐风趣的闽南方言词语和俚俗语，运用闽南方言复杂而富有节奏与音乐美的音韵结构组织韵语，注重情节的展示与人物的刻画，讲究使用"包袱儿"与"韦登笑科"

（爆笑料）的艺术手段，以获取喜剧性的艺术效果。答嘴鼓一般不用击节乐器，但在和尚、道士做法事穿插这种形式时，也会使用扁鼓、小钹、品箫、南嗳、大吹等乐器，做为段落之间的间奏，并以扁鼓作为指挥，所以答嘴古也写作答嘴鼓。偶尔有一人来说答嘴鼓，也是模拟二人对话。

四、闽南民间曲艺的传承与发展

在各类新媒介甚嚣尘上的时代，数字、图像已越来越占据强势话语权，各类传统文化已日渐式微，闽南文化也难逃厄运，脱胎于民俗文化的民间曲艺形式更是退到乡间土台甚至逐渐消亡。地方文化的传承对于整个中华民族文化的繁荣发展来说，其重要性毋庸讳言。也正因为如此，国家近年来已越来越重视非物质文化遗产的传承问题，地方政府也屡屡出招，传统文化的生态继承成果显著。尽管如此，民间曲艺的传承依然不容乐观，需要政府、民间集体发力，方可承袭正统，将地方文化发扬光大。

（一）闽南民间曲艺传承的意义

很早以前，闽南话就享有活化石之称。这一活化石在海峡两岸一"蹲"就是2000多年，它见证了两岸祖祖辈辈血脉相传的历史，见证了闽台文化的发展与繁荣。那些锦歌、南词、歌仔说唱、答嘴鼓、东山歌册等闽南曲艺扎根民间，与老百姓的生活息息相关，涉及民间习俗、风情、信仰、宗教等元素，具有很强的文化属性。在大力宣扬继承非物质文化遗产的背景下，闽南曲艺文化所蕴含的大量的心理影响、文化信息，在传播推广正统意识形态方面有很强的教化作用，它们既是世世代代闽南人十分宝贵的文化遗产，也是两岸结缘的重要纽带，因而闽南曲艺的传承与发展自然有着重要的意义和价值。

从语言的角度看，经过千余年的演变，当今的普通话，已和中原古语有很大的差别，而作为闽南说唱艺术的闽南曲艺各形式的说、唱所使用的闽南话既保存了唐音唐韵，又是我们研究古汉语的活化石。

从文化的角度看，闽南人性格中的延展性、进取性和开放性、别具特色的闽南家族制度、遍布闽南各地的丰富的民间习俗信仰、闽台之间千百年来的同胞情谊、闽南人拓殖海外的世界眼光和深刻的商务理念，表明了闽南文化对中华文化的一种延伸和创新，都在闽南曲艺中得到了体现。它们承载的闽南文化，是中华传统文化的一个组成部分，是浓厚的历史文化积淀，具有鲜明的地方特色。

从音乐的角度看，闽南曲艺保留了唐音古韵的南词，在宋元时期闽南汉族地区性民歌民谣基础上形成，吸收了其他曲艺形式的养分，经过民间艺人糅合加工而成的锦歌，那些以抒情为主的民歌、小调、杂歌，有人物情节的歌仔说唱等，对于研究早期的音乐曲调，都是非常珍贵的资料。

（二）新时期闽南民间曲艺传承的困境

与非物质文化继承的紧迫性不相称的是包括闽南曲艺在内的闽南地方文化所面临的生存危机。西方文化、快餐文化、网络文化等，带来对传统文化的巨大冲击和消解。城市化与现代化也逐渐消解了农耕文化的土壤，如今大多数闽南曲艺，或跻身于乡村的庙台、草台，专演迎神赛会戏、祝寿丧礼戏，或在一年几次的岁时节庆上昙花一现。自20世纪80年代开始，随着我国传统戏曲以及优秀民间遗存的日渐消亡，闽南曲艺的观众与表演者数量急剧减少，面临严重的生存危机。随着经济文化全球化程度的日益加强，现代图像媒体视觉冲击日益强大，人口流动日益增速，闽南话使用率降低，地方乡土文化观念也日渐迷失，造就了闽南曲艺的现实危机。

（三）闽南民间曲艺的生态继承与发展

自2007年国家首个文化生态自然保护实验区——闽南文化生态保护实验区挂牌成立以来，厦、漳、泉作为实验区的三个核心城市，各市政府马上出台了相关的政策，如厦门就相继出台了《厦门市非物质文化遗产保护条例》、《厦门市闽南文化生态保护实验区保护和管理规定》等，从人力、财力、物力上大力支持闽南文化传承的各项活动，力图在这多元文化冲击下，让优秀的闽南文化传承和发展下去，进而形成一个"可持续发展"的生存态势，闽南曲艺的传承既有暂时的困境，又有前方的曙光。

1. 南词的传承与发展

漫长的古乐演变中，江西、江苏的南词已融入其他音乐元素，但漳州南词保持了"原汁原味"，可谓"音乐活化石"。霞东钧社南词古乐队是漳州唯一的南词乐团，20世纪30年代初，他们创演了"踩高跷南词戏"，一度非常轰动，后来，乐队慢慢解散，演出日渐萧条。只是南词的歌词创作需要几十年如一日的积累与实践，不是一般人能够完成的；南词行腔的古朴韵味具有很强的独特性，这韵味无法通过文字记录，只能通过师徒间的口耳相传，所以，现在的南词生存维艰，而乐队成员、歌者尤其是女歌者的传承是最大问题。

台湾的十全腔和漳州的南词一样都源于江苏的滩簧，演唱风格都是坐唱形式，演唱者与乐手均没有严格分工，唱腔与说白都用"官腔"等，是同源同宗的一对民间音乐姐妹花。与闽南漳州南词的萧条景象相对而言，十全腔的境况好多了，它主要流行在高雄、屏东一带，共有40个乐团，最大的一个乐团达100多人。

从1999年开始，随着漳州市文化部门和南词老艺人着手展开南词抢救工作，霞东钧社又开始活动；漳州南词的第六代传人苏水泉，将花了30年时间精心记录保存的工尺谱等曲词古谱奉献出来；一些民间老艺人自发组成南词古乐队；漳州市正着手对南词的音乐进行记录、整理、研究和创作，帮助艺人们排练、恢复更多的南词音乐，并从漳州艺校挑选了学生加入到南词演奏队伍中。通过对南词古谱的抢救、发掘和演奏，使这种古老的民族音乐重新焕发活力，再现华彩。

2. 锦歌的传承与发展

锦歌，作为闽南最古老的民间曲艺之一，和泉州南音可并称闽南民间艺术姐妹花，在大陆的主要流行区域以漳州为中心，包括厦门、晋江在内的闽南平原地带，后来伴随着漳州人漂洋过海，扎根台湾和南洋诸岛华人聚居地。

历史上，漳州曾有很多锦歌馆，逢年过节、婚嫁喜庆就会聚会弹唱，在现代文明的影响下，这一文化遗产日益淡漠。2006年，漳州锦歌曲艺经国务院批准列入第一批国家级非物质文化遗产名录。为了更好地保存和发展锦歌，漳州市成立了锦歌研究会，编印锦歌论文集和演唱集，重建锦歌社，20世纪末还出现了多样化的演唱形式，并在小学生中推广。现在漳州市区中小学所使用的乡土教材中，有15%的地方出现了介绍锦歌的部分内容。据资料显示，闽南师大艺术系也在音乐专业培养模式中设置锦歌弹唱课程，并在音乐专业模块中提供课程选修以促进更深一步的研究。

3. 歌仔说唱的传承

歌仔说唱主要流传于厦门、漳州、台湾等地，包括荷叶说唱、月琴说唱、大广弦说唱、芗曲说唱等。厦门地区流行的是荷叶说唱和月琴弹唱。

民国初年，歌仔说唱在厦门人气很高，歌仔馆有十几家，主要演绎朝代兴衰、悲欢离合的民间故事。新中国成立初，歌仔说唱《海底反》《加令记》等节目曾被文艺工作者整理、登台演出并正式出版。

荷叶说唱形成至今只有50多年，20世纪中后期，曾风靡厦门一时，表演艺术家多次参加省会演并获奖。因艺人收入低，社会地位不高，研究、表演荷叶说唱的专业人才流失，传承人数不多。

芗曲说唱源于歌仔说唱，是在吸收融会民间音乐基础上逐步丰富完整而发展起来。在台湾，芗曲说唱形成后，因其唱词与念白都使用闽南白话，音乐曲调都是民间耳熟能详的音乐，剧情多是汉族民间所熟悉的故事，因此受众很广，也迅速从宜兰流传至台北，产生职业性戏班，甚至有客家籍人士演唱客家语言的芗曲说唱，芗曲说唱便流传全省各地，成为当时台湾最盛行的曲艺形式。

1925年，厦门双珠凤戏班曾聘请台湾艺人矮仔宝至厦门传授芗曲说唱，第二年双珠凤改演芗曲说唱，之后厦门地区纷纷成立歌仔馆，演唱芗曲说唱，而台湾的芗曲说唱团也陆续来到闽南地区公演，自此，芗曲说唱风行于闽南地区。新中国成立后，芗曲说唱的创作和演出都兴盛一时，20世纪70—80年代经常在厦门曲艺舞台上演唱。除大陆地区外，芗曲说唱亦流传于新加坡、马来西亚、印度尼西亚及菲律宾等闽南移民居住地区。

2007年歌仔说唱被列入第二批福建省非物质文化遗产项目，2009年，歌仔说唱入选第三批国家级非物质文化遗产名录，随着"非遗"保护工作的广泛开展，歌仔说唱的传承也受到极大的重视。

4. 东山歌册的传承与发展

歌册自明朝从广东潮州传入，然后逐渐演变成别具海岛风味的东山歌册，也曾跨洋过海，在海峡彼岸的台湾、港澳地区以及马来西亚、新加坡一带的闽南、粤东的侨台胞中广泛传播，侨、台、港、澳同胞们返乡探亲，都不忘捎带歌册出境。新中国成立初期，东山歌册达到鼎盛，近百个歌册场分布东山县各村落；20世纪50—60年代是东山歌册的辉煌期，但自20世纪70—80年代以来，受诸多原因的影响，东山歌册愈来愈遭受冷落，尤其是随着老歌手相继去世，歌册濒临失传。

1996年中央文化部赋予东山"中国民间音乐艺术之乡"称号，东山县有关部门将东山歌册列为地方曲艺重点保护项目，成立了东山歌册保护领导小组和东山歌册艺术研究会，采取积极措施，抢救、保护和弘扬这一文化国宝：组织人员搜集整理歌册唱本和流散于民间的口头作品，目前县图书馆共已系统地整理了《狄青征西》、《双鹦鹉》、《望春风》、《王昭君》等古代剧目唱本2000多册，总计2000多万字；鼓励支持社会文化工作者创作新时代歌册，充分发挥全县现有民间老艺人的作用，在各社区、村老人协会，开展带头演唱东山歌册，做好传、帮、带，培养年轻的歌手。自2006年6月入选国家级非物质文化遗产保护名录以来，东山歌册进一步得到传承和弘扬。

5. 讲古的传承

20世纪20年代，厦门方言讲古极盛，仅十几万人的厦门市区就有几十个讲古场。1938年厦门沦陷后，讲古场几乎绝迹，抗战胜利后陆续恢复。后来，随着社会的发展，不断推陈出新，与时俱进：新中国成立后，主要讲革命斗争故事；20世纪50年代，喜欢将古典小说与革命故事结合；现代的讲古仙，不再侧重"讲古"，更多在于述今。像《泉州讲古》栏目，主要内容是讲述泉州的地方历史文化、民风民俗、历史人物及典故、民间笑话，还有新时代发生的新鲜故事等，内容健康向上，思想性、艺术性和娱乐性都比较高。

可是，像其他闽南曲艺一样，随着外来人口的不断增多，闽南话地位受到激烈冲击，加上现代丰富的文艺形式、媒介图像等巨大诱惑，传统闽南文化濒临危机。作为闽南文化组成部分的闽南讲古，也出现了危机，虽有一定的生存空间，可是发展不容乐观。例如，在厦门，20世纪20年代，方言讲古极盛，仅市区就有几十个讲古场，而现在，仅存一个"金榜讲古场"。泉州目前真正意义上的"讲古仙"只有两三个，且都已年迈。作为闽南文化的民间口传文学，讲古在新加坡也受到闽南侨胞的欢迎，20世纪60—70年代，曾风靡一时，出了许多讲古大师，只可惜，随着时光流逝，讲古已经在新加坡消失。

21世纪以来，厦漳泉三地都纷纷采取措施继承、创新闽南话讲古。漳州电视台于2004年开办《漳州讲古》栏目；《泉州讲古》是泉州电视台名牌栏目，经过十多年来的运作，已成为泉州一种新的艺术品种走进千家万户，全新改版后，一批个性鲜明的新讲古人出现在栏目中，讲古形式更加丰富，故事更为精彩；厦门电视台闽南话讲古栏目《斗阵来讲古》定位于传承和弘扬闽南话讲古,节目分为"经典名著"、"两岸传奇"、"闽南故事"和"两岸名人故事"几个板块,进一步挖掘两岸共同的方言之美;2013年,中央人民广播电台与台湾云嘉广播公司共同策划制作的历史人物系列讲古节目《两帝师》在台湾开播,节目将向台湾听众呈现蔡世远、蔡新的道德风范和感人事迹;2015年厦门卫视全新亮相,推出方言讲古栏目,以闽南话述说两岸传奇故事。除此之外,厦漳泉三地文化部门还积极推荐"闽南文化进校园"活动,其中就有讲古培训班与夏令营等。

6. 答嘴鼓的传承与发展

答嘴鼓在闽南地区,特别是在厦门一带流传许久。20世纪70—80年代,在著名答嘴鼓艺人林鹏翔的指导下,厦门答嘴鼓的创作与表演出现了繁荣与高潮,一些新颖优秀的作品,如《厦门地名学》、《梁祝新传》等常年在厦门地区演出。进入新的世纪以来,答嘴鼓艺术再次得到了有关部门的重视。自2000年起,厦门市连续举办了4届答嘴鼓创作征文比赛,厦门电视台录制4集《厦门答嘴鼓欣赏》,通过征文、比赛、电视台播送等形式推广答嘴鼓艺术,提高答嘴鼓创作和表演水平。2006年,该曲艺经国务院批准,列入第一批国家级非物质文化遗产名录,对它的保护、传承、运用和推广更加引起政府文化部门和社会各界的重视。思明、集美区通过举办少儿答嘴鼓夏令营,培养孩子们对答嘴鼓的兴趣;思明区青少年宫创作了少儿答嘴鼓节目,参加学校艺术周;集美区在2006年出版了《集美答嘴鼓》(共61篇)[①]这一系列创作研讨、演出比赛等活动,为扶持和推广答嘴鼓艺术起到了重大作用。

由于海峡两岸同根同源,语言相通,习俗相同,答嘴鼓艺术在台湾老百姓当中同样红火。答嘴鼓名家的节目通过各种媒体向四方传播,在海外也引起了强烈反响,成为海外专家学者研究闽台民俗和语汇的宝贵资料。20世纪50—60年代,厦门答嘴鼓《唐山过台湾》、《庆新春》、《中秋月圆》等曲目被选入中央人民广播电台、中国国际广播电台对台广播,通过电波将答嘴鼓传到台湾、金门地区,周长楫教授注音出版的《林鹏翔答嘴鼓艺术》也传到海峡彼岸。1991年,台湾宜兰还举办了台湾省首届答嘴鼓比赛,使台湾答嘴鼓艺术水平进一步提高。答嘴鼓这富于地方特色的闽南曲艺,让两岸人民共同感受中华民族传统文化的无穷魅力。

总而言之,要传承闽南曲艺这一宝贵的文化遗产,政府要积极采取措施,重视闽南曲艺氛围的营造,让地方文化走进课堂;创新曲艺人才的培养模式,或建立民间曲艺传承人的工作室,或资助其生活、表演、带徒等;也需要民间合力,培养专门的曲艺人才,或是采用学校与表演团体合作的形式,或采用学校与企业合作等形式,多方位思考、多渠道拓展,培养这些珍贵的非物质文化遗产的传承人。唯其如此,这些打上了深深的古汉语及闽南文化烙印的闽南曲艺,才能摆脱目前萧条的局面,做到生态地继承,重放异彩,代代相传。

---

① 黄念旭.厦门答嘴鼓的保护与传承[J].厦门文艺,2008(1):8–13.

参考文献

[1] 陈梦婕.漳州南词:一个外来戏种的生存样本[EB/OL].(2007-8-29). http://news.guqu.net/News.

[2] 东山歌册 [EB/OL].[2014-4-8].http://baike.baidu.com.

[3] 锦歌 [EB/OL].[2015-7-28].http://baike.baidu.com.

[4] 闽南文化专题库:厦门方言讲古 [EB/OL].[2014-8-3].http://www.fjwh.net.

[5] 漳州南词,难别难辞 [EB/OL].(2014-08-03).http://www.zznews.cn.

[6] 中国曲艺 [EB/OL].[2015-4-23].http://baike.baidu.com.

第八章

闽南戏剧

地方戏最大载体是方言，方言是剧种区分最主要的因素。本书认定的闽南戏剧，首先依据的是闽南方言。使用闽南方言的地区，主要包括泉州、厦门、漳州三市和广东潮汕地区，以及台湾和东南亚等闽南人聚居地。在这些闽南方言区，流播的闽南传统剧种主要有梨园戏、高甲戏、芗剧（歌仔戏）、潮剧、四平戏、打城戏，以及偶戏（包括提线木偶戏、布袋木偶戏）等。它们以闽南方言为主要表演语言，在兼收并蓄、多元互补的闽南地方文化绵延中始终保持了旺盛的生命力和创造性。其中，高甲戏、梨园戏、歌仔戏、泉州提线木偶戏、晋江布袋木偶戏、漳州布袋木偶戏、四平戏于2006年列入首批国家级非物质文化遗产保护名录，打城戏于2008年列入第二批国家级非物质文化遗产保护名录。

一、闽南戏剧的起源

闽南戏剧是在中原文化、闽南本土文化和外来文化的长期交融与碰撞中演变发展起来的。首先，闽南戏剧的兴起与发展和中原文化南移有着密切的关系。闽南先民原活跃在河南洛阳一带，首次大规模南迁始于两晋战乱之际。他们带着中原先进生产技术和文学艺术举族南迁，为闽南这块蛮荒之地的崛起带来了星星之火。随着元灭南宋统一中原后，北方的政治、军事势力进入南方，北方繁荣的文化成果大量播迁南方，包括北曲杂剧。北曲杂剧是当时占压倒性优势的戏剧形式，体制完备、艺术精妙。它的传入给当时南方戏剧带来了质的变革。有史料表明，早在南宋庆元年间（1195—1200年），闽南民间戏剧活动就已颇具规模，但比较粗陋简单，一直以歌舞小戏的形式流传于村坊地头，与温州杂剧等统称为南戏。北杂剧传入后，闽南地区南戏巧妙地借鉴了其丰富的内容和精美的形式，融和闽南民间小曲、说唱等艺术因素，逐步发展完善了自身的戏剧艺术，形成了各具特色的闽南地方剧种。梨园戏就是伴随泉州移民史发展起来的。移民作为文化的载体，他们南渡后，以带来的"泉腔"为母语，以古乐南音为唱腔，在泉州地区流行的民间优戏杂剧基础上，

第八章 闽南戏剧

吸收了宋末元初传入泉州的温州南戏的剧目和表演艺术,同时融合自安史之乱后散落泉州的梨园"七子班",最终以泉腔影响改造外来的两种戏路,形成了"上路"、"下南"、"七子班"三派分足鼎立的局面,统称为梨园戏。所以,梨园戏其实本是"土"、"俗"的民间小戏,到了南宋时期,戏剧活动与中原古乐南音相结合,优雅的南音逐渐取代了粗糙、俚俗的民间小调,便出现了一种新型的戏曲声腔。可见,闽南地方戏剧其实就是由地方方言小曲整合北方戏剧艺术发展演变而成。

对外来剧种的吸收和本土化,一直是闽南戏剧文化丰富发展的重要途径。清代,一些大的声腔剧种开始流传各地,如湖南的祁剧、安徽的徽班、江西的赣剧、浙江的北路戏和京剧等先后入闽,它们作为较成熟的戏剧样式,促使闽南的歌舞说唱表演纷纷向民间小戏转化,各地的戏剧在闽南文化兼容并包的胸怀中糅合成为新的戏剧剧种。清末民初,漳州一带流行的剧种已相当丰富,有唱官腔的正音戏、唱白字的泉腔、做大班的昆腔、做九角的四平戏、唱潮调的潮腔、唱小曲的采茶戏等。民国以后,漳州甚至形成了拥有自己语言声腔的戏曲——芗剧。芗剧形成于台湾,但是孕育这种剧种的主要基因是漳州的方言体系、漳州锦歌,由这两个因素构成台湾歌仔戏(芗剧)的道白和主要声腔,然后加上车鼓、采茶以及中原传来的各种戏剧的表演而形成的。

二、闽南戏剧的特点

"地域性、乡土性和民间性是地方戏的根本特征,也是戏曲的民族特征的呈现,是戏曲的魅力之源。"[①] 闽南戏剧的特点概莫能外,只是,闽南戏剧与民间宗教信仰、人生礼俗的关系更为密切。

(一)地域性

地方戏就是某一特定地域产生和流行的戏曲剧种,具有极强的地域性。这一特征首先是通过声腔和方言体现出来。"地方戏的声腔中民间音乐的成分丰富,能反映一个地域独有的精神风貌和文化积淀,这种声腔与某一方言的关系很密切,能反映某一方言的音乐美,而且一般只能用这种方言演唱。与方言关系越是密切的戏曲声腔,其地域性特征也就越强。"[②] 闽南戏剧即是如此。闽南方言对闽南各戏剧剧种的声腔形成有着至关重要的作用。闽南方言具有很强的地域稳固性,它所关联的地方戏声腔在强势音乐文化的冲击下,始终能够保留其地域性,不至于偏离闽南人的审美趣味。因而,闽南方言及以其为基础形成的声腔,使得闽南戏剧具有地域的标

---

① 郑传寅.地域性·乡土性·民间性——论地方戏的特质及其未来之走势[J].湖北大学学报(哲社版),2010(6):6.
② 郑传寅.地域性·乡土性·民间性——论地方戏的特质及其未来之走势[J].湖北大学学报(哲社版),2010(6):3.

志性。萧遥天先生指出："盖凡一种戏剧,其中各种艺术成分的综合,犹如散颗珍珠,方言如线,必赖以贯串之,方能自成形式而为乡土戏剧。"[①] 梨园戏是用泉州方言搬演戏文的古剧种,以泉州古乐南音为唱腔,故又称泉腔或下南腔。它是承续晋、唐的音乐文化,历经宋、元而形成的。梨园戏的音乐和古老乐种南音,不管在宫调体系、旋律、曲词和唱法等方面,都是相同的。当明代的海盐、余姚、昆山、弋阳四大声腔盛行之际,泉腔梨园戏在闽南已是壮大的具有浓郁地方色彩的独立声腔。高甲戏也是以闽南方言为表演语言,音乐以古老南音、锦曲为主,属泉南声腔。它们都是极具地域特色的闽南戏剧。

（二）乡土性

闽南地方戏剧大多诞生于田间地头,创作主体往往是乡野村民、民间艺人,他们"即村坊小曲而为之",编演的内容脱离不了乡村草根大众的思想、情趣与生活,即使是表现皇室贵胄的生活,也往往施以民间普通百姓的立场和视野。它们的舞台表现方式迎合的也都是普通大众的欣赏习惯和审美趣味,因而,"土"、"俗"本是闽南戏剧重要的审美品格,这也是它们吸引看客的主要法宝。这种品格在地方剧种产生初期特别明显。例如,高甲戏形成于明代,最早只演《水浒》的英雄人物故事,后来又演文武合璧的公案戏、诙谐逗趣的丑旦戏,剧目故事、人物形象体现的都是闽南人的性格特征、精神气质。随着高甲戏的丑角艺术不断发展丰富,形成亦庄亦谐、以丑见美的特有风格,至今深受民间百姓喜爱,仍得归因其乡土本性。闽南戏剧各剧种发展进入城市以后,为了吸引成分复杂的市民,有逐渐雅化的倾向,但即使如此,雅化了的地方戏与正统的雅文化仍不太相同,它是俗中之雅,俗文化的品格仍然是其主导品格。闽南戏剧赖以生存的文化土壤赋予了其鲜明的乡土情味和世俗化面貌。

（三）民间性

地方戏来自于民间,创作者及观众往往更关注家长里短和婚姻家庭等与其密切相关的生活题材,更倾向于世俗俚趣的津津乐道,更热衷于表达民间的生存体验和诉求。因而,闽南地方戏剧是闽南民间文化的承担者,是闽南地方百姓的代言人,传达的是闽南民众的民间立场、民间诉求,富于民间情味。同样是宣扬忠孝节义,闽南地方戏剧与儒家经典以及封建社会正统诗文的视角和立场并不完全相同。例如芗剧《保婴记》中,重情重义、关爱友善、共渡难关的大爱真情体现的是我们民族的和群众的广阔胸怀,具有很强的感人力量。高甲戏《阿搭嫂》塑造了一个古道热肠、爱管闲事的阿搭嫂,她排解了难缠的矛盾与纠葛,在奇思妙想中透露对生活的热爱与追求。梨园戏《皂隶与女贼》把两个毫无关联的人聚合到一起,一个劫富济贫,

---

[①] 萧遥天. 潮音戏的起源与沿革 [G] // 潮剧研究资料选. 广东省艺术创作研究室.1984:156.

一个憨厚老实，性格差异极大，却在押解过程中不断磨合而相知相许，真可谓"无奇不传"，却又透着人性之理。

（四）戏剧活动与宗教祭祀密不可分

演戏酬神，是闽南人自古以来的民俗传统。闽南戏剧活动与宗教祭祀密不可分。早在《汉书》中就记载闽人"信鬼神，重淫祀"。闽南的民间信仰最少有四五十种之多。各个宗教信仰均有自己的宗教祭祀活动，而形形色色的宗教活动、民俗活动离不开搭台演戏。首先，民间戏曲最重要的功能，就是深入农村，为各村落"佛生日"的祭祀仪式演出。由于民间信仰的神系十分复杂，各村敬奉的神系也各不相同，但都有一个主神和许多较次要的神。每个神都有两个或者两个以上的生日，每个"佛生日"都要演出几天戏。这就是说，自古对鬼神怀抱敬畏之心的闽南人每逢四时神诞，必然锣鼓喧天，搭台演戏，连日不止。最集中的表现当属每年农历七、八两月的"普渡"。每年的这段时间，可谓闽南民间"戏剧节"。除了神诞，闽南人岁时节庆、祭祖、婚丧喜庆也要演戏酬神，还有一些宗教祭祀活动也常常要演戏酬神，如寺庙的修建落成、神像的点眼开光、祈雨、庙会、立春前一天的迎春大典、早稻收成和秋冬收成后，都要演戏酬神。如九、十月之交，农事告成，乡间迎神演戏；二月初二日、中秋、元宵等节令"各街社里逐户鸠金演戏"等，均可见岁时节庆与演戏活动之密切关系。再者，闽南人的人生礼俗亦十分繁复，包括生育礼俗、成年礼俗、婚姻与丧葬礼俗等，闽南这些乡间家庭婚丧等仪式也多半搬演戏曲活动。因而，闽南戏剧活动与宗教祭祀、民间礼俗的关系特别密切，这是闽南戏剧的一个显著特点。

由于宗教祭祀活动在闽南人生活当中的重要意义，宗教祭祀对闽南戏剧影响甚大。为了适应各种宗教祭祀活动，闽南地区不仅引入各种外来剧种，本地土生土长的剧种也不断涌现。许多戏班也在演戏酬神的风气下组织起来，数量可观。不同剧种、各种戏班，为了争夺客户不断提高表演技艺，在客观上有力地促进了戏剧表演水平。在戏剧内容题材方面，为适应不同宗教祭祀活动的需要，大量剧目带有浓厚的宗教色彩。如《目连救母》、《李世民游地府》、《封神榜》、《白蛇传》、《西游记》、《八仙过海》、《临水平妖》、《五显》、《哪吒闹海》等，经常在迎神赛会上演出，甚至演出场所就在寺庙佛堂。梨园戏表演之"瓦舍"原指僧舍、寺院。据考证，中国佛寺为游艺场所由来已久，唐代"戏场"几乎全在佛寺，后来逐渐脱离寺院而世俗化，这个过程也可以验证梨园戏与泉州宗教文化的密切联系。另外，流行于闽南多地的打城戏，本是从释、道两教法事活动的宗教仪式逐步衍化而成的戏曲艺术形式。其名又称法事戏、和尚戏、道士戏，从中可看出戏曲与宗教信仰之间的密切关系。闽南民间信仰众多，民间戏班兴盛，演出活动繁忙，确是我国各个戏剧文化圈中最富于个性的一个。

三、闽南戏剧的主要类型

（一）梨园戏

梨园是古代对戏曲班子的别称。梨园戏是以泉州话为表演语言的闽南地方戏，被称为宋元南戏活化石、古南戏遗响，是现存中国最古老的剧种之一。它以泉州古乐南音为唱腔，故又称泉腔或下南腔，主要流行于福建泉州、晋江、厦门等闽南语系地区。

梨园戏最早在泉州孕育形成。史料记载，唐时泉州的曲艺歌舞就已相当发达，它为梨园戏的孕育提供了基础。南宋年间，闽南泉州、漳州一带的民间盛行一种以闽南土腔土调演唱的"优戏"，奠定了地域声腔的基调，是最初始的梨园戏形式。后来，戏剧活动与传统古乐南音相结合，优雅的南音逐渐取代了粗糙、俚俗的民间小调，出现了一种独立的新型戏曲声腔，称泉腔，又称下南腔。到明代，当海盐、余姚、昆山、弋阳四大声腔盛行之际，泉腔已经发展为闽南地区的独立声腔。至清代，泉腔梨园戏成为闽南戏剧中极具代表性的地方戏剧种。它与浙江的南戏同被誉为古南戏活化石。

梨园戏在发展进程中分为大梨园（成人班）和小梨园（孩儿班）。大梨园均以成年演员组班，俗称老戏，又分为上路与下南。南宋时期，一级行政区划称路，当时泉州人习惯将北方地区包括江西、浙江等称为上路，自己则自称下南人。因而，上路老戏是指由浙江温州传入的一批大型的南戏剧目。它保存着大量宋、元浙江南戏剧目，能够反映宋元南戏的原貌，为全国剧种所罕见。下南老戏就是本地戏。它是闽南泉州、漳州一带民间土生土长的剧种，唱的是闽南土腔土调，后人称之为下南腔。演唱内容多是南曲曲牌体的戏文。它是由宋光宗绍熙年间（1190—1194年）盛行的一种优戏发展而来。小梨园又叫七子班，泉州人常常称其为戏仔。它一般由七八岁至十二三岁的儿童组班，是南宋末年金兵南下时，宋氏宗室或官宦人家入闽所带的戏子家班。因而，南宋末年的泉州，便出现了上路戏、下南戏和小梨园的三种戏剧艺术形态。上路老戏的剧目延续了部分来自温州的古老南戏剧目；下南老戏的剧目生活气息浓厚，较多插科打诨；小梨园剧目则以生、旦戏见长，多半取材于民间传说和古代爱情故事。它们同供戏神"田都元帅"（俗称"相公爷"），均用泉腔南曲演唱。三派遵从严格的师承规范，各有18个基本剧目，叫作十八棚头（也叫棚内戏），是各自的看家戏，彼此不能互演，即使是同一故事题材的剧目，在情节、戏路等方面也不一样；在表演上，有统一的程式，音乐上都唱南曲，与曲艺南音彼此有着密切的渊源与交流关系。三派各有其专用曲牌，风格各有不同，伴奏均以琵琶、洞箫为主，用南鼓指挥。到明代，上路戏、下南戏和小梨园逐渐合流，形成了以下南腔即泉腔为主体，以泉州音为正宗的梨园戏。

梨园戏的剧目有100多种，保有剧本或能口授演出的仅70余种。《荔镜记》是梨园戏最流行的传统剧目，后根据老艺人蔡尤本、许志仁口述整理，改名《陈三五娘》。其他常见剧目有《李亚仙》、《胭脂记》、《苏秦还乡记》、《王魁负桂英》、《吕蒙正》、《朱文太平钱》、《刺桐舟》、《燕南飞》等。

梨园戏艺术特色主要集中在开场、音乐唱腔、角色行当和表演程式上。梨园戏早期演出一般都是临时搭棚，道具也只有一条条凳。戏台称为"棚"，台下帮腔叫"棚下唱"，对台戏叫"对棚"。演出时，开场一般先打"头落鼓"，全班人员"落棚脚"，做演出准备；接着打"二堂鼓"，上演《八仙贺寿》；接下来是"跳加官"、"相公爷踏棚"，排场较为简单。梨园戏剧目大多数是用男主人公来命名的，每一个戏的开场，都要有生脚坐场当引子，叫作"头出生"。

由于梨园戏的音乐源自南音古乐，在宫调体系、旋律、曲词和唱法等方面，两者都是相同的。南音的器乐曲，梨园戏填上词可作为唱腔。南音也有些曲谱在梨园戏是作为场景音乐的。尽管梨园戏的唱腔均以南曲为主，三个流派各有其专用的曲牌和独特的风格。梨园戏伴奏乐器有琵琶、洞箫、二弦、三弦、唢呐等；打击乐器以鼓、小锣、拍板为主。南鼓是梨园戏中乐队的指挥者，有"万军主帅"之称，在制造气氛、刻画人物、烘托剧情上有非常重要的作用。在唱念方面，要求"明句读"，讲究"喜怒哀乐，吞吐浮沉"。音韵上保留了许多古语言，方言土腔一律以泉州音为准。

梨园戏的行当沿用宋元南戏的旧制，早期只有生、旦、净、丑、贴、外、末七个角色，俗称七子班。小梨园、上路、下南三个流派行当又各有侧重。小梨园以生、旦、贴、丑为四大柱（即四个主要行当），以生、旦、贴为主的戏叫"幼脚戏"，以丑为主的戏为"粗脚戏"。上路老戏则以生、旦、净、丑为四大柱，下南老戏则以净、丑、外、末为四大柱。大梨园还增加了老贴和二旦，但是一般也不超过七人。由于角色少，演员通常要兼扮，因而所有传统戏目都是文戏，没有武打场面。如有战斗或动武情节，都用台词交代，做暗场处理，或用特有的身段示意，舞而不武。这也是梨园戏表演上的一个特点。

梨园戏的表演优雅细腻，程式严谨。它的基本程式称为十八步科母，在手、眼、身、步等动作表演上规定严格，如"举手到眉毛，分手到肚脐，拱手到下颔"等。除统一的十八步科母外，各行当都有自己独特的科步身段，如官生与末行的十八罗汉科，净与官生的马鞭科。老生的须功，生、旦的扇法及眼法，也各有成套的程式。除旦角外，梨园戏各行当服装简朴，一般衫和裙居多，没有水袖，故无水袖表演。

（二）高甲戏

高甲戏是闽南地方戏剧种中传播最广、观众最多的一个剧种。最初是由明末清初闽南农村流行的一种装扮梁山英雄、表演武打技艺的化装游行发展而来的剧种，又名戈甲戏、九角戏、大班、土班。它遍布于晋江、泉州、厦门、龙溪等闽南方言区和台湾省,还流传到华侨居住的南洋一带。

高甲戏源自明末清初的宋江戏。当时,泉州一带流行化装游行。每逢喜庆吉日或迎神赛会,村民便装扮成梁山好汉,以南锣、南鼓和民间"红甲吹"、"十音"之类的曲调伴奏随行,在村镇间或在广场上进行各种故事性的表演。后来,这种化装游行逐渐演变,开始由儿童组成的业余戏班演出宋江故事,称为宋江仔。清道光后,又出现了由成人组成的专业戏班演宋江故事,时称宋江戏,常规剧目有《李逵大闹忠义堂》、《扈三娘替嫁》、《武松杀嫂》等。由于宋江戏只限于演梁山好汉故事,渐渐不能满足观众需求。清代后期,南安岭兜村的合兴班突破只演宋江故事的框架,演出半文半武戏,如《困河东》、《斩黄袍》等,后又发展为演出绣房戏,如《孟姜女》、《杏元思钗》等。至清末,合兴班又吸收京剧、昆腔、傀儡戏的精华,走向专业化组织形式,并上演连台本戏,形成了独具风格的地方剧种合兴戏。在合兴班发展过程中,宋江戏仍然存在。二者除剧目可以互演外,基本功、表演程式也很近似。清末,合兴班与宋江戏逐渐合流,始称高甲戏。高甲戏名称由来说法不一,一种说法是因演出时搭高台,穿战甲,拿戈枪,故观众叫作"戈甲戏"("戈"与"高"闽南语音同);另有一说是戏班赴海外演出,侨胞赞其为高等甲等戏,戏班归国便自称为"高甲戏"。

高甲戏传统剧目有600多个,内容大半来自京剧、木偶戏和布袋戏,小部分是吸收梨园戏的,还有一些是艺人根据历史小说和民间传说改编而创作的。演出剧目分为大气戏(宫廷戏和武戏)、绣房戏和丑旦戏三大类,以武戏、丑旦戏和公案戏居多,生旦戏较少。宫廷戏即属宫廷斗争的戏文,有《狸猫换太子》、《逼宫》等;公案戏即审案戏文,如《彭公案》《包公审黄菜叶》等;绣房戏,即才子佳人的生旦戏,如《杏元思钗》、《孟姜女》、《英台山伯》等;丑旦戏均属小戏,如《笋江波》、《管甫送》《番婆弄》《桃花搭渡》等。高甲戏的丑旦戏独具一格,是其有别于其他剧种、自成体系的表演艺术形式。

高甲戏的角色,原来只有生、旦、丑,其后增加了净、贴、外、末和北(净)、杂,共有九个角色,俗称"九角戏"。高甲戏在角色方面以丑角表演最为突出,它形象夸张的脸谱造型、奇特怪异的服装道具、幽默滑稽的肢体动作、风趣即兴的说白、逗人发笑的插科打诨、诙谐夸张的表演手法以及故事的滑稽和荒诞性等特征,具有极强的趣味性。高甲戏的丑角门类繁多,多达几十种(连女丑也可分为夫人丑、老婆丑、媒人丑、奴婢丑等),几乎各色人物都可以化身为"丑"。高甲戏的丑角表演已形成一套较为完整的表演艺术。丑角脸部五官的表现力、话白和嬉笑,都成为高甲戏丑角很重要的表演手段,如男女丑眼神表现、男丑五官肌肉的颤动、女丑的嘴形变化、光棍丑特有的一口气"丑白"等。另外,丑角的笑,也有分别,一般反派丑角笑声尖锐,怪里怪气;"哈哈哈"和"呵呵呵"等爽朗笑声,则一般运用于正派丑角。长衫丑一般表演地位较高的人物,这类角色在表演上,大动作较多;短衫丑一般为表演身份低微的角色,动作灵活,具有猴戏表演的特点,常利用细小动作如手指动作，来刻画人物的内心；女丑动作夸张，泼辣风骚，常用嘴形变化来进行生动表演；武丑翻着跟头出场，在舞台上腾挪跌宕，体现了角色的灵动性；公子丑表现的是游手好闲的纨绔子弟或花花公子。在众多丑行表演中，最具特色的要数厦门市金莲升高甲剧团的老艺人陈宗熟创立的"提线木偶丑"和林赐福创立的"掌中木偶丑"。另外，柯贤溪的柯派女丑也独具特色。20 世纪 60 年代初，集高甲丑之大成的剧目《连升三级》将丑角艺术推向高峰，被誉为"南海明珠"。

高甲戏有两种演出形式：一种为定型剧制，一种为幕表戏制。定型剧是指高甲戏中有固定演出本的剧目，它讲究剧情、唱词、念白、行当、音乐的规定性和一致性，表演不能临时发挥、随便更改。定型剧往往是在长期舞台实践中锤炼出的表演艺术精品；而幕表戏，是高甲戏的一种传统表演体制，是一种无剧本、无对白、无动作提示的即兴演出。这种演出形式，在高甲戏的发展历程中起过很特殊的作用。

高甲戏有丰富的武打程式，早期采用闽南的南拳、斗狮的套数，后来加入了京剧的武打程式，不断加以丰富，同时吸收不少提线木偶的表演动作，俗称傀儡打。高甲戏的音乐唱腔兼用南曲、傀儡调和民间小调，而以南曲为主。高甲戏使用的乐器，分为文、武乐两种。伴奏乐器以管乐、唢呐为主（新中国成立后，改用琵琶为主），此外还配有横笛、二弦、三弦等。打击乐器及其打击方法与京剧相同，打击乐多取自京剧的锣鼓经。丑旦戏或轻松场面加用双铃、响盏、小叫等轻快活泼的音响。特色乐器有南琵琶、二弦、南嗳。

（三）芗剧（歌仔戏）

芗剧与歌仔戏，也可称为闽南芗剧和台湾歌仔戏，是同一剧种的不同名称，二者同根同源。闽南芗剧的前身是台湾歌仔戏。明末清初，郑成功率部收复台湾，大批闽南人随之移居台湾，把流传于漳州的锦歌、车鼓弄、采茶褒歌等曲艺说唱带到台湾，同当地民歌小调结合，出现坐唱形式的歌仔馆。清末，由于迎神赛会的需要，出现化装游行的表演形式，称歌仔阵。民国初年，因其音乐曲调富有地方特色，方言俚语通俗易懂，又博采其他剧种的剧目和表演艺术而风靡盛行。到 20 世纪 20 年代，这种表演形式开始融合为小戏演出，后受四平戏、正字戏、高甲戏、潮剧、京剧等剧种的影响，逐渐丰富定型，被称为歌仔戏。1928 年，台湾歌仔戏班三乐轩以回乡祭祖为名，回闽南等地演出，一时广受欢迎。接着霓光班、霓进社等戏班随之而来，台湾歌仔戏开始在闽南风靡一时。漳州、厦门和泉州等闽南语系地区，几乎所有的戏班都改演歌仔戏，其甚至慢慢传播到东南亚华侨居住的区域。1954 年，传入的台湾歌仔戏由于流行于芗江一带改称为芗剧。由于孕育这个剧种的主要基因是漳州的方言体系、漳州锦歌，漳州地区除靠近潮汕地区的东山、诏安、云霄、平和 4 个县份以潮剧为主兼流行芗剧外，其余县（区）皆以芗剧为主。

芗剧唱腔特点是曲多白少，曲调自由，唱词通俗。道白、唱词都使用闽南方言，道白通俗易懂，风趣幽默，乡土气息浓厚；唱腔旋律优美，节奏强烈，富有较强的艺术表现力。芗剧的传统曲调有100多种，主要有七字仔调、杂念调、大调、倍思及其他民歌、时曲。歌仔戏乐器分文场戏和武场戏，武场戏的乐器有通鼓、竖权、板鼓、木鱼、小钹、大钹、大锣、小锣、铜铃，还加上小叫、柳盏等。文场戏乐器，早期以壳仔弦、大广弦月琴、台湾笛为主，后来又采用二胡、洞箫、鸭母笛、唢呐，又有以琵琶、大唢呐及西洋乐器参与伴奏的。

　　芗剧的行当较少，早期只有生、旦、丑几个角色，后来借鉴了其他剧种，逐渐增加花脸、武生等角色。一直以来，芗剧以"三小戏"为主——即小生、小旦、小丑。其中，苦旦称为芗剧一绝，它的唱腔谓之哭腔，凄切悲楚，伤感哀怨，具有很强的悲情感。苦旦的走红与芗剧的发展历史有关。当年台湾移垦者经历过移民、海难、战事等种种悲惨遭遇，加上日据时期所受的屈辱与迫害，艺人把现实中的悲怆、痛苦的情绪寄予剧情，以哭代歌形成了哭腔。[①] 哭腔常由扮相俊美的苦旦演绎，如泣如诉，剧场感染力很强。

　　芗剧的传统剧目大约有500个。目前流传在闽南一带的传统剧目主要有：《十三太保》、《赌妻》、《信义亭》、《五子哭墓》、《包公案》、《狸猫换太子》、《玉连环》、《李妙惠》、《陈三五娘》、《吕蒙正》等。最初多用台湾歌仔戏的唱本，如《陈三五娘》、《孟姜女》。后来吸收了其他剧种的不少剧目，增加了不少历史类题材的剧目，如《薛刚反唐》、《千里送京娘》等。当时多是幕表戏，没有固定台词和唱词。1939年后，艺人邵江海首先废除幕表制，编定本剧种的第一个文学剧本《六月飞霜》（又名《六月雪》），以后又编演了《白蛇传》、《白扇记》、《山伯英台》、《陈三五娘》、《安安寻母》等30多出戏，初步奠定了芗剧传统剧目的基础。

　　芗剧的最大特点就是平民化、通俗性、生活化。芗剧题材内容多取自百姓日常生活，如《三家福》《五子哭墓》等；还有不少情爱主题，如《三伯英台》《陈三五娘》等。剧中大量语言都是闽南地区百姓日常用语，通俗直白，表现力强，充满闽南人的机趣与诙谐。

（四）木偶戏

　　木偶戏是由艺人在幕后操纵木制玩偶进行故事表演的戏剧形式，在中国古代又称傀儡戏。中国木偶戏历史悠久，三国时已有偶人进行杂技表演，隋代开始用偶人表演故事，唐代则用木偶演出歌舞戏。清代以后木偶戏进入全盛时期，不仅流行范围广，而且演出的声腔也日益增多，闽南地区就出现了泉州提线木偶戏、晋江布袋木偶戏、漳州布袋木偶戏等分支。它们是闽南地方戏剧中不可或缺的剧种。

　　1. 泉州提线木偶戏

　　泉州提线木偶戏，古称悬丝傀儡，又名丝戏，民间俗称嘉礼，是流行于闽南语系地区的古老珍稀剧种。它源于秦汉，晋唐时随中原移民南迁入闽，唐末五代已在

[①] 许燕滨.闽南芗剧的传承发展研究［D］.广西：广西师范学院，2012.

泉州地区流行，历经宋、元、明、清、民国，从未间断。明末清初开始向台湾及东南亚华侨聚居地流播。历经千年传承与积累，泉州提线木偶戏形成了一套稳定而完整的演出规制。在全国各类木偶戏中，泉州提线木偶戏是唯一仍有自己剧种音乐"傀儡调"的剧种，至今仍完整地保存将近300支曲牌，及南鼓（压脚鼓）、钲锣等古乐器及相应的演奏技法，并有一整套精巧成熟的操线功夫。

提线木偶是在木偶的重要关节部位如头、背、腹、手臂、手掌、脚趾等处连缀丝线，演员拉动丝线以操纵木偶的动作，故称悬丝木偶。泉州提线木偶形象，一般都系有16条以上，甚至多达30余条纤细悬丝，线条繁多，操弄复杂，与我国多数传统木偶戏相比，技巧表演难度最大。

泉州提线木偶戏至今保存700余出传统剧目，涵盖大量古代泉州地区民间婚丧喜庆及民间信仰、习俗的内容。这些剧目也保存着古河洛语与闽南方言俚语的语词、语汇、古读音。同时，它还保存着许多宋元南戏的剧目、音乐、演剧方法、演出形态等珍贵资料。泉州提线木偶戏具有闽南文化学、闽南方言学与宋元南戏学等多学科的研究价值。

精美绝伦的偶头雕刻、偶像造型艺术与制作工艺也是泉州提线木偶广受赞誉之处。泉州提线木偶形象结构完整，制作精美，尤其是木偶头的雕刻，继承了唐宋雕刻、绘画风格，线条洗练，巧夺天工。当代木偶头制作，在师承的传统技艺基础上，更侧重于夸张与变形，尤为强调性格化和表现力，是驰名中外的民间工艺珍品。

2. 晋江布袋木偶戏

晋江布袋木偶戏又称南派布袋戏，指泉州地区掌中木偶戏。其音乐主要为南曲及傀儡调，以泉州腔演唱，有别于唱北调的漳州北派布袋戏。南派布袋戏源头可追溯到晋代，明中时至清末，是南派布袋戏兴起与发展时期，民间传说和《台湾通志》称，布袋戏兴起于明嘉靖间，创始人为后来被誉为"戏状元"的梁炳麟。清中叶，晋江等地的布袋戏演出兴盛，并传至台湾。清末民初，泉属各县一些著名的布袋戏班社纷纷兴起，如清同治、光绪年间的闽南"五虎班"。民国时期，安溪、惠安等地的布袋戏班几乎遍及全县。但至新中国成立前夕，由于经济衰退，泉属诸县的布袋戏班社处境维艰。中华人民共和国成立后，南派布袋戏获得了新生。20世纪50年代，晋江等县组织挖掘记录了200多个布袋戏剧目和音乐曲牌。新时期以来，南派布袋戏得到了进一步的发展，其主要承载体为晋江市掌中木偶戏剧团。建团以来，多次进京演出。参加戏剧赛事和国际木偶节，并获得省级、国家级的奖誉。剧目《白龙公主》、《五里长虹》获得文化部嘉奖和第九届文华奖。

以晋江布袋木偶戏为代表的南派布袋戏，对表演艺术有严谨的规范要求，每个行当的基本功都非常精细，如生角基本动作24步，旦角基本指法40步，同是一把扇，生角玉骨扇11步，丑角鼓扇21步。一个缝衣程式，就有外手裁衣裳、髻上拔针、针插襟前、抽线、咬线、线尾搓尖、对针穿线、打结、口齿弹线、发上滑线、缝衣抽线等11个动作；表演修书盖章，从取印开始，再看印，去印脏、盖印油、呼印、下印，最后叠手压印，细致入微，一丝不苟。南派布袋戏演员，人人都要经过严格的训练，全面掌握各种行当表演程式的基本功。

晋江布袋木偶戏的剧目非常丰富，有生旦戏、武打戏、宫廷戏、审案戏、连本戏和折子戏等，大量是一代代承袭下来的传统剧目，其中有些剧目如《玉真行》等是从梨园戏移植过来的。南派布袋戏对各种类型的剧目都有过硬的工夫，其中特别擅长表演抒情性的文戏，尤其是公子、小姐、男女丑角的表演更是丝丝入扣，点点带情，是观众、行家公认的看家本领。

晋江布袋木偶戏的音乐是南管音乐系统，其中有提线木偶的傀儡调，更多的是梨园戏的音乐唱腔，传统唱腔曲牌近百首，场景音乐用十音谱伴奏居多。音乐的基调清脆幽雅，悦耳动听。乐器有唢呐、三弦、二弦，有时也用琵琶和洞箫。打击乐以独特的南鼓（压脚鼓）、钲锣、草锣为主，还有通鼓、花鼓、大锣、小锣、响盏等。

此外，南派布袋戏的服装、道具也有特定的风格。早年的布袋戏所使用的行头都有固定的加工点，如江加定的木偶头、安鲍的服装、凤冕斋的金魁头戴、阿林的刀枪剑戟等。

3. 漳州布袋木偶戏

漳州布袋木偶戏又称景戏、指花戏、掌中戏，是由木偶表演、剧目、音乐、木偶制作、服装、道具、布景等组合而成的一种综合性艺术，至今已有1000多年历史，是我国古老珍稀的优秀艺术。南宋时兴盛于漳州，明末流传到广东、台湾和东南亚一些地区。清中叶以来漳州各地出现大量专业布袋戏班社，形成若干不同的流派，其中主要有福春、福兴、牡丹亭三派，各有特色。

漳州布袋木偶戏的特点是用指掌直接操纵偶像进行戏剧性的表演。主要操纵方法是用手由下而上，以手掌作为偶人躯干，食指托头，拇指和其他三指分别撑着左右两臂。它既能够体现人戏的唱、念、做、打，以及喜、怒、哀、乐的感情，又能表演一些人戏难以体现的动作。技艺高超的艺人甚至可以双手同时表演两个性格、感情各异的偶人。漳州布袋木偶戏尤为擅长武打场面和善于刻画人物性格。

漳州布袋木偶戏经典剧目有《大名府》、《虞姬别》、《雷万春打虎》等。

（五）潮剧

潮剧又名潮州戏、潮音戏、潮州白字戏，用潮州方言演唱，是形成于广东东部、福建南部的古老的地方剧种之一。潮剧在国内主要流布在广东东部、福建闽南潮语区，也流行于香港、台湾及东南亚一带。

潮剧历史悠久，属元明南戏的一支，在明代称为潮腔、潮调。明代弋阳、昆山等腔流播潮州，清代西秦戏、外江戏（以二黄西皮为主）也在潮州演出，潮剧兼收弋、昆、梆、黄和当地丰富的民间音乐、说唱、歌舞，深化成具有潮州乡土特色的地方戏曲。

潮剧传统剧目可分为两大类：一类来自南戏传奇和杂剧，如《琵琶记》、《荆钗记》、《白兔记》、《拜月记》、《珍珠记》、《蕉帕记》、《渔家乐》等。另一类是根据当地民间传说故事或实事编撰的地方剧目，如《荔镜记》、《苏六娘》、《金花女》、《柴房会》、《龙井渡头》等。

潮剧有自己的体系和独特的风格。音乐唱腔是曲牌联缀为主的联曲体和板腔体综合体制，至今保留一唱众和，两三人以上同唱一曲和合唱曲尾的帮腔形式。唱腔以轻婉抒情见长，多曼声折转，清丽悠扬。潮剧行当由南戏的生、旦、丑、净、外、贴、末发展到现在为十类丑、七类旦、五类生、三类净，其中以丑、旦两行表演较有特色。

（六）竹马戏

竹马戏，是在民间歌舞跑竹马表演等当地民间歌谣、小调、南曲等说唱技艺基础上发展，吸收融合了闽南木偶戏、梨园戏的一些音乐唱腔和表演程式而逐渐形成的地方剧种，已有300余年历史。它发源于闽南漳浦、华安等县，流行于长泰、南靖、龙海、漳州、厦门、同安、金门等县（市）以及台湾地区。

竹马戏班初称子弟班。早年竹马戏班每到一地演出，开场节目总要表演《打四美》（或称《跑四喜》），即由四个旦角分别扮演春、夏、秋、冬四季角色，演员化装简朴，胸前臀后扎着纸糊的马头、马尾，手拿竹竿子，边舞边唱"春游芳草地，夏赏绿荷池，秋饮黄花酒，冬吟白雪诗"等四季曲。由于当时没有固定的剧种名称，群众便称它为竹马戏或子弟戏，戏班名则有竹子弟、玉兰子弟、老马、新马等。其表演粗犷，化装、道具简单朴素。音乐唱腔主要用民间小调，伴奏乐器以琵琶、洞箫、横笛为主。

竹马戏目前留存剧目有50多个，主要有三类：一是排场戏，有《跑四喜》、《跳加官》、《答谢天》、《送子》、《大八仙》；二是只有生、旦或丑、旦两个角色的民间小戏，亦称弄子戏，有《番婆弄》、《砍柴弄》、《搭渡弄》、《士久弄》等；三是移植外来剧目，有《王昭君》、《赛昭君大报冤》、《宋江劫法场》、《宋江征方腊》、《燕青打擂》、《李广挂帅》、《武松杀嫂》、《崔子杀齐君》、《陈三五娘》、《金钱记》、《水牛》等。

（七）四平戏

四平戏，古称四平腔，系明嘉靖年间（1522—1566年）江西弋阳腔传入安徽歙县一带后形成的。明末，经江西分三路传入福建：一路传入闽东地区的屏南、宁德、古田、霞浦、福安等地；一路传入闽北的政和、建瓯等地；一路传入闽南漳属广大地区。

明末清初时，不少江西移民迁徙入闽，四平戏随之传入闽南，流行于闽南漳州、平和、漳浦、诏安、云霄、南靖等地。其音乐曲牌、传统剧目、伴奏乐器等均与闽东、闽北的四平戏大体相同，并把《蔡伯喈不认前妻》、《苏秦六国封相》、《刘文龙菱花镜》、《吕蒙正衣锦还乡》称为"四大棚头"戏。

乾隆年间（1736—1795年），角色已从七子班发展到九角，清中叶后，闽南四平戏发展很快，行当角色从九角发展到十二角，同时，从昆山腔、皮黄等声腔剧种吸收不少音乐唱腔与表演艺术，特别是后期唱南北路（二黄、西皮）的外江戏盛行，闽南四平戏受到很大影响，开始大量吸收皮黄曲调。从清末流传下来的传统剧本里发现，其唱腔绝大部分还在四平戏的曲牌名下标注为头板、二板、倒板、叠板、快板、摇板和"唱西皮"等。传统剧目除代表性的"四大棚头"外，增加了"四大弓马"（即《铁弓缘》、《千里驹》、《马陵道》、《忠义烈》）和"五大元记"（即《满床笏》、《五桂记》、《月华园》、《樊梨花》、《罗帕记》）。

清末民初是闽南四平戏最繁盛的时期，漳属每县都有四平戏专业班社。在漳州、龙溪有凤仪班、万盛班、玉凤班、永春班等；在南靖、平和有永丰班、荣华班、新福班、彩霞班、金麟凤班、麟凤班等；在云霄、诏安有万利班、庆乐堂班、全发班等，演出《状元游街》、《金花报捷》、《贵妃醉酒》、《五代荣封》、《五台山》等剧目。平和县的风仪、万利等班还到闽西龙岩演出。20世纪20年代，因芗剧崛起、潮剧盛行，闽南四平戏走向衰落。1941年，南靖山城涂尾陈仔拥办的四平戏班，由于汉剧艺人加入而改唱汉剧。抗日战争爆发后，厦门一度沦陷，四平戏开始消亡。20世纪60年代初，平和县文化馆曾对四平戏做过一次调查，发掘出《三元记》《陈春生》《真珠衫》《金桥篦》《乌鸦记》等79个古抄本和334支曲牌，现存漳州市戏剧研究所。

（八）打城戏

打城戏，又名法事戏、和尚戏、道士戏，是一种道教式宗教剧。它是从泉州、晋江一带的僧道法事仪式基础上演变发展起来的戏曲剧种。最初源自道士做功德超度亡灵时，扎一个纸城放在桌上，寓意亡灵因于城中受苦，再由道士作法，破城门而入引渡亡灵出城。这种仪式叫打桌头戏，后来发展为打地上戏。打城仪式通常是在和尚道士打醮拜忏圆满的最后一天举行的，一般在广场上表演简单的杂技，如弄钹、过刀山、跳桌子、弄包子等没有故事内容的小节目。后为适应法事需要，又增加些短小的神怪节目。100多年后，它才从宗教仪式圈子里跳出来，开始在民间丧仪、盂兰盆法会和水陆大醮上演出。

打城戏戏班的真正形成，是1905年。泉州开元寺和尚超尘、圆明为了招揽法事，合资购置行头道具，以演戏的道士为基本演员，又吸收"香花和尚"（吃荤）参加，聘请泉州木偶戏艺人传授整套《目连戏》，组成一个半职业性质的戏班，叫大开元班。它吸收木偶戏的曲调作为演出的音乐，并由广场搬上舞台。不久，戏班主圆明与超尘，各自分开组班。超尘仍旧主持大开元班，圆明另行组织小开元班。1920年，晋江县小兴元村的做法事兼演戏的道士，组织了一个小兴元班。小兴元活跃在晋江、石狮、东石、英林一带，班主为道士，故俗称道士戏；而小开元则流行于泉州、惠安、南安及晋江等地，因其班主是和尚，所以叫作和尚戏。新中国成立后，统称为打城戏。

打城戏走上舞台，渐渐地形成一套具有独特风格的传统剧目，大致可分为：神话神怪剧、历史故事和武侠剧三类。新中国成立以来，创作一批新的剧目，如《郑成功》《龙宫借宝》《岳云》《宝莲灯》《潞安州》等，颇受观众欢迎，也使该剧种更臻成熟。

由于受木偶戏的影响较深，打城戏早期的音乐、唱白以及科步，带有浓厚的木偶戏表演风格。其表演动作多侧重于跳跃跌打和武打杂技，有时也表演一些少林拳技。后期武戏受京剧的影响，较多采用京戏的武技表演；文戏则吸收了梨园戏和高甲戏的某些科步动作来丰富自己。该剧种的生、旦、净上下场都要念场诗。韵白较多，唱白发音较重，但比高甲戏轻柔，接近口语。此外，它还有其他剧种所没有的"开大笼"，里面装着表演各种类型舞蹈节目的衣套，可随演随用，别有一番生动情趣。

打城戏的音乐曲调是在道情和佛曲的基础上，大量吸收木偶戏音乐曲调混合而成的。后来虽然也加进一些南音和民歌，但仍以傀儡调为主，既有地方特色，又有自己风格。

四、闽南戏剧的传承与发展

闽南语系的传统地方戏剧有数十种，目前代表性的有梨园戏、高甲戏、歌仔戏、布袋戏、木偶戏、打城戏、潮剧、四平戏等12种，它们多被列入国家级非物质文化遗产名录，具有深厚的传承和发展的文化价值。然而，在多元文化碰撞交会的今天，闽南戏剧不可避免地面临着传承与发展的困境，亟待推动与变革。

（一）闽南戏剧的文化价值

闽南民间戏曲之所以得到蓬勃发展，拥有广泛的草根民众，与弥漫于闽南地区繁盛的民间信仰有着紧密的关联。民间戏曲酬神娱人的社会功能，使闽南人一年有不少演戏的缘由，诸如四时节令、神佛圣诞、庙宇庆典、人生礼俗等，这种形形色色的宗教活动和民俗活动，为闽南民间戏曲的生存与发展提供丰厚的文化土壤。闽南民间戏曲伴随着早期闽南先民的足迹，深深地嵌进居住地区的现实生活中，成为他们认识社会、评价生活、升华情感的文化仪式，是闽南民众的精神气质、价值信仰、思想观念的集中体现，成为闽南文化的一个重要组成部分。闽南戏剧凝聚了闽南文化的核心与精髓，具有极强的历史价值和民俗价值，其所承载的文化功能对促进闽南文化的传承与传播起到了关键性的作用。

闽南方言是中国八大方言之一，同时也是世界上最具代表性的60种语言之一。闽南方言中保留的唐宋时期的词汇和语音，被国内外语言学者称赞为中国古代语言的活化石。随着社会经济的不断发展，闽南方言有日益被边缘化的趋势，而这无形之中可能会动摇闽南文化传承的语种根基。闽南戏剧擅长于表现家庭和邻里之间的日常生活，而其使用的表演语言主要是村坊里巷的日常生活用语，具有较强的口语化表演成分，大量闽南地区日常生活俗语使其表演旋律、表演歌词和闽南方言得以有机融合。因此，在闽南地区传承和推广闽南地方戏，有利于弘扬和保护中国古代语言文化遗产。同时，由于表演语言相通、文化一脉相承，闽南戏剧在开展对台文化交流和增强台湾民众文化认同感方面也具有非常重要的作用。

闽南戏剧具有极强的历史价值、民俗价值、语种传承价值和两岸交流价值，应当注重传承与发展。

（二）闽南戏剧传承与发展的困境

近年来，受到市场经济的影响和现代数字媒体的冲击，闽南戏剧正逐步走向衰落。投资减少、人才流失、艺术水平下降、观众与剧团数量急剧缩小，闽南戏剧面临传承与发展的窘迫局面。

首先，剧种个性取决于声腔，声腔则依托方言。这是各种地方戏曲保持自己独立个性和特色的主要因素。闽南戏剧使用闽南方言进行表演，观众往往局限于闽南方言人群，然而，现今闽南方言严重的衰变特征不容乐观，厦漳泉地区的大部分青少年不以闽南方言为母语，依托于闽南方言的闽南戏剧正逐渐失去了生存根基，观众群越来越狭小。而且，年轻一代的主创人员，缺乏对闽南方言之精粹的驾驭能力，难以演绎出各剧种蕴含其中的精妙之处。

其次，闽南戏曲在娱乐选择多样化的现实中优势毫不突出。西方文化、快餐文化、网络文化和各种现代娱乐形式占领了主要的文化市场。闽南戏曲与大部分其他剧种一样，无可奈何地退出了城市舞台，回到乡村的庙台和草台，以演迎神赛会戏、祝寿丧礼戏为生，日趋成为边缘文化。

再次，戏曲创作与演出市场严重脱节，获奖剧目得不到普及推广。如获"梅花奖"、"文华奖"、"五个一工程奖"的优秀剧目在基层演出往往因场地、设备等原因无法推广，无法深入广大群众。另外，一些公办剧团获奖心切，名为锐意创新，实则淡化了闽南地方戏曲的草根色彩，出现舞台表演京剧化、戏曲音乐现代化、美工设计浮夸化、导演排戏话剧化等片面倾向，偏离了闽南戏剧活态保护的原则，失去了传承的价值和意义所在。

最后，人是文化的载体，地方戏曲的生存和发展必须依靠演员这一重要载体来实现。而随着文化体制改革，政府不断削减财政经费，许多地市财政只负责剧团演职人员的基本工资，其他相关费用则需要剧团商业演出来解决，而目前地方戏剧演出市场萎靡不振，演出价格低迷，单纯依靠商业演出难以承担支出。演员现实生活的窘迫状况导致演职人员对从事闽南戏剧表演事业的信心和热情不断减弱。演员缺少最为基本的艺术创作条件，只会阻碍演出水平的提高，加速演职人员的流失。

（三）闽南戏剧传承与发展的策略

首先，发挥政府主管部门的主导作用。各级文化主管部门的不同文化保护措施，乃至同一部门不同领导的不同态度都可能影响到非物质文化的传承与发展，因此各级政府应正确认识闽南戏剧的重要价值，发挥政府的主导作用，建立健全文化保护扶持机制，采取合理的措施，加大对地方戏剧的保护力度。如制订出闽南戏剧传承的中长期发展规划；注重做好文化体制改革、资料收集和软硬件建设及对外宣传等诸方面的现实工作；从根本上解决剧团的资金和工作人员的工资待遇问题，建立和完善艺术人才激励保障机制。

其次，坚持剧种特色和活态保护原则。闽南戏剧如果想在竞争日益激烈的文化市场占有一席之地，必须保持其区别于其他剧种的浓郁的闽南地域人文气息特征，坚持剧种特色和活态保护原则，加强闽南语系不同地域和剧种间的相互协作，在多元并存与相互借鉴基础上，促进戏剧文化圈内部各剧种和各地域的交流合作，共同弘扬闽南戏剧文化。

再次，扎根校园为戏曲发展培养观众。闽南地方戏曲发展的隐忧之一，在于观众老龄化严重，年轻一代对于本土戏曲知之甚少，进而形成一些与现实不符的错误认知。为改变这种状况，应当注重让地方戏剧走进校园。通过戏曲知识在校园的普及宣传，改变年轻人认为地方戏曲枯燥难懂的看法，为戏曲的永续发展培养观众。同时，地方戏曲纳入课程体系设置或学科建设规划，能够引起教育界与学术界的关注，反过来通过实务界与理论界的热络互动，促进戏曲深入发展。

最后，增进两岸戏剧的互动交流。加强两岸闽南戏剧的良性互动交流，包括戏曲产业、戏曲教育、戏曲研究等方面的合作，将有助于闽南戏剧的传承和发展。应重视发挥闽南戏剧对台文化交流优势，进一步促进两岸戏剧融合优化，交流提升，取长补短，共谋发展。

参考文献

[1] 陈耕. 闽台民间戏曲的传承与变迁 [M]. 福州：福建人民出版社，2003.

[2] 陈世雄，曾永义. 闽南戏剧 [M]. 福州：福建人民出版社，2008.

[3] 陈世雄. 闽台戏剧与当代 [M]. 厦门：厦门大学出版社，2011.

[4] 林国平. 闽台宗教祭祀与地方戏剧 [J]. 福建师范大学学报（哲社版），1995(2)：120-125.

[5] 刘鹏. 闽南戏曲传承的文化功能与生态形式 [J]. 泉州师范学院学报，2012，30(1)：23-26.

[6] 吴慧颖. 传承与变异——论闽南戏剧文化圈［D］. 厦门：厦门大学，2008.

[7] 郑传寅. 地域性·乡土性·民间性——论地方戏的特质及其未来之走势［J］. 湖北大学学报（哲学社会科学版），2010（6）：1-6.

第九章

闽南民间工艺

　　闽南民间工艺种类繁多，是闽南艺术宝库中的一颗璀璨明珠，它以精湛的技艺和奇妙的艺术魅力驰名海内外，许多民间工艺已经成为非物质文化遗产。闽南民间工艺是大众的生活的民俗的艺术，它和人们的日常生活有着密切的联系，闽南人对艺术的执着追求，推动着闽南民间工艺不断创新和发展。

一、闽南民间工艺的起源

　　闽南民间工艺历史悠久，它是随着闽南地区经济和社会的发展，经过一代又一代闽南人不断挖掘、弘扬、创造，所形成和发展起来的。汉晋以来，中原的民俗文化始传入以南安丰州为中心的泉州地区；唐五代时期，泉州成为海上丝绸之路的起点，漳州地区也得到开发，闽南地区的手工业已达相当水平，出现制瓷等各种民间工艺；宋元时期海外交通贸易发达，泉州港成为东方第一大港，手工业发达，各类民间工艺兴起；明清时期，人口和土地的矛盾日益突出，大量农村人口转而从事手工业生产，民间工艺异彩纷呈，不仅形式多样，技艺精湛，而且远播台湾和东南亚各国；近现代以来，各类民间工艺创作又有新的发展。

　　闽南民间工艺的形成和发展，始终与闽南地区的宗教信仰、民风习俗、建筑艺术等文化事象相生相伴。闽南地区宗教信仰兴盛，民间普遍重视礼佛祭神，婚丧嫁娶仪式繁复，这无疑促进了民间工艺品的生产制作和产品的销售。拜神礼佛，佛像雕塑必不可缺；做功德，需用纸糊明器；迎神赛会、做普渡，少不了张灯结彩。尤其官绅殷富、华侨巨贾，更是讲排场、竞豪奢。这就形成了一个巨大的民间工艺品市场。可以说，闽南地区大部分的民间工艺品的产生，都与民间信仰习俗有关。例如，宋代佛道盛行，闽南地区就涌现出许多雕塑神道佛像铺和妆佛艺人，民间留存不少有艺术价值的彩雕神像。闽南建筑中大量使用石雕、木雕、砖雕等艺术形式，雕艺精湛，设计巧妙。从闽台两地现存的许多古寺庙、古民居建筑中可以看到，无论多复杂、难度多高的建筑工程，民间艺人都可以从设计、施工到装饰雕刻逐一完成。许多作品历经几百年风雨，依然保存完好。

二、闽南民间工艺的特点

民间工艺是人们对一定物质材料通过视觉形象加工完成的艺术。民间工艺的发展标志着特定时代社会生产力的发展、科学技术的进步和人类物质生活水平的提高。闽南民间工艺有三个显著的特征：

（一）地域性

闽南民间工艺是源于黄河流域的中原文明，又融会吸收了闽越文化和海洋文化，而形成的富有地方特色的民间工艺。

闽南地区独特的地理环境、自然资源、民俗风情和多元的文化氛围，使得闽南民间工艺在题材、艺术表达方式、审美情趣等方面都具有鲜明的地域特征。闽南人善于运用大自然赋予的各种材料资源，如石头、竹子、草等，创造出极具地方色彩的工艺美术文化。尤其是石头，泉州的花岗岩石有白、青、红、黑等色，蕴藏量极为丰富。早在宋元时期，泉州即有大量石刻、石雕遗存，泉州的石刻、石雕工艺以惠安县最为著名，随处可见各种鬼斧神工般的石刻、石雕，常常令人叹服不已。

（二）民俗性

闽南民间工艺具有广泛的群众基础，同社会生活联系紧密。它同闽南人的宗教信仰以及岁时节庆等民俗活动紧密结合，是民俗文化的艺术表现，民俗活动是闽南民间工艺赖以存在的基础。寺观庙宇和传统民居建筑为能工巧匠们提供了施展绝技的机会，也往往成为闽南民间工艺精彩的陈列馆；而各种岁时节庆活动，包括民间音乐、民间舞蹈、民间曲艺、民间戏剧等，也淋漓尽致地展示了闽南传统民间工艺。

（三）实用性

民间工艺是与人们物质生活和精神生活具有广泛与密切联系的一种艺术形式，一般是实用与审美相结合，实用目的与装饰趣味相统一。闽南民间工艺的创作目的首先在于满足人们的日常生活需要，是同人们的日常生活紧密结合的艺术。在闽南地区，无论是雕刻、瓷器、工艺画、剪纸，还是民俗工艺、生活工艺，都和人们的日常生活息息相关，它们都具有物质使用功能，同时满足人们对美的渴望。

三、闽南民间工艺的主要类型

闽南民间工艺数量之多，品种之丰富，是其他地区难以比拟的。主要包括：闽南雕刻、闽南瓷器、工艺画与剪纸，以及民俗工艺、生活工艺等几大类。

（一）闽南雕刻

闽南民间雕刻工艺久负盛名，石雕、建筑木雕、木偶头雕刻、砖雕、漆线雕、剪瓷雕、玉雕等，在中国民间工艺美术史上都占有一席之地。

1. 石雕

闽南石雕工艺以泉州惠安县最为著名。惠安石雕是我国南派石雕艺术的代表，其所使用的石材主要为花岗岩，传统石雕工艺流程包括捏、镂、摘、雕四道工序。据史料记载，五代时闽将张悃（被称为惠安境主，又作"青山王"）为防御海寇屯兵山霞乡青山，其部下在青山一带传授中原石雕技艺，后扩大至惠安全境。明初崇武半岛的五峰村和五陈村就已经出现最早的石铺"和晟石店"，仅五峰村就有上百人从事石刻工艺。这两村自明清至民国，除在本地经营石雕业外，还到福州、厦门等地开设店铺，作品远销台湾和东南亚各地。

早期石雕工艺具有浓厚的宗教色彩，除神佛造像雕刻外，也包括宫观寺庙的建筑设计、雕刻安装，以及各类塔、亭、柱、栏的建造雕刻。新中国成立后，惠安石雕工艺有新的发展，形成包括碑石加工、环境园林雕塑、建筑构件、工艺雕刻、实用器皿五大系列，以及圆雕、浮雕（包括透雕）、线雕、沉雕、影雕（包括彩雕）五大工艺的上千个品种。尤其惠安人独创的影雕技艺被誉为"中华一绝"、"不朽的艺术"。20世纪60年代的集美鳌园、北京人民大会堂，20世纪80年代的毛主席纪念堂、南昌八一起义纪念馆、南京雨花台纪念馆、湄洲岛妈祖雕像、厦门郑成功雕像，等等，都有惠安石雕艺人的经典作品。2006年，惠安石雕经国务院批准列入第一批国家级非物质文化遗产名录，惠安县也被文化部授予"中国雕艺之乡"的称号。

2. 建筑木雕

建筑木雕是中国古代建筑长期使用的装饰手法，闽南古建筑木雕装饰艺术源远流长，在雕刻技艺、工艺美学等方面都有很高的成就。

闽南地区建筑木雕装饰技艺集中体现在寺观宫庙和传统民居建筑（红砖大厝）中，如泉州开元寺的飞天、南安官桥蔡氏古民居、南安石井中宪第等。一般雕彩结合，有雕刻必有彩绘。建筑木雕一般分为大木雕刻和小木雕刻两类。大木雕刻主要指直接承受重量的梁、柱、枋、斗拱等构件上的装饰雕刻；小木雕刻是指包括家具在内的细木工装饰雕刻。建筑木雕的雕刻技术主要通过混雕、线雕、隐雕、剔雕和透雕这五种形式表现出来。混雕也称圆雕，是一种立体的雕刻；线雕是一种线刻技艺，经常与彩绘结合使用；隐雕与剔雕均属浮雕，强调凹凸感；透雕也称镂空雕，具有空间穿透效果。

惠安木雕兴于唐五代，成熟于宋元，繁荣于明清，近现代以来更是声名鹊起。新中国成立后，惠安木雕不断创新发展，成为当地经济发展的重要支柱产业。惠安木雕源于汉族文化的雕梁画栋，是与闽南地区传统民居"皇宫式"大厝的建筑雕刻相辅相成而流传至今的汉族民间艺术。它融合了闽南地区的风俗习惯，既具有古朴淳厚、线条流畅、刚直简洁、人物造型端庄的中原痕迹，又具有南方雕刻艺术细腻繁杂的特点，是南派雕刻艺术的典型代表。2007 年被列入福建省第二批省级非物质文化遗产名录。

3. 木偶头雕刻

19 世纪以前，泉州木偶头雕刻没有专业作坊，均由妆佛铺兼营，其中泉州西来意妆佛铺雕刻的木偶头最为出名。后来发展到有专业作坊，周冕号的黄良、黄才的木偶头雕刻、粉彩作坊即曾名噪一时。清末江加走是泉州地区最负盛名的木偶头雕刻大师。江加走，字长清，泉州北郊花园头村人。他少时仰慕黄良、黄才的木偶头雕刻技艺，暗中学习揣摩，不但掌握了黄家传统雕刻技法，还不断发展创新。70 多年间，他创作了 280 种不同性格的木偶头，新编 10 余种不同式样的头髻和发辫，雕刻、粉彩的木偶头像达万余件。1958 年上海人民美术出版社特为其出版《江加走木偶头像雕刻》一书，他的传记被编入《中华民国史资料丛稿·人物传记》。

漳州木偶头雕刻始于何时未见记载，但漳州木偶戏在南宋时就已盛行。漳州木偶头像造型严谨，雕刻精美，彩绘细腻，色彩稳重，保留了唐宋绘画风格。漳州木偶头按戏剧角色分为生、旦、净、末、丑等，另有神、鬼、动物等其他品种。漳州木偶头雕刻注重"五形"（眼睛、嘴、鼻子、眉毛、耳朵）和"五骨"（眉骨、顶骨、颧骨、额头、下巴）。一些木偶头像，嘴、眼睛、耳朵还能活动自如。新中国成立后，漳州民间艺人许盛芳、徐年松的木偶作品被工艺美术部门收藏。1959 年，徐年松的木偶头作品被选送参加全国工艺美术展览。徐年松的儿子徐竹初继承了家传手艺并有创新，从 1979 年到 1989 年，他的作品在澳大利亚、美国、台湾、香港等国家和地区展览，赢得了很高的声誉。

4. 闽南砖雕

福建的砖雕荟萃于晋江、浦城、建阳等地，其砖雕艺术品用作民宅、宗祠的门罩、门楼，以及寺庙的八字墙等装饰。晋江的砖雕陶质较为松软，胎骨多呈砖红、青灰两色。雕刻一般采用镂空雕、浮雕加线刻相结合的技法。造型多种多样，如狮子的造型丰满、雄健，花卉的造型简练、柔美、舒展。特别是龙与凤的造型，与中国传统造型风格不同：龙的造型威猛，凤的造型典雅，系受古景教与摩尼教的教义影响，融进了西方文化的神秘色彩。

砖雕艺术中值得一提的，还有厦门的砖刻版画。砖刻版画是以普通火焙砖为材料进行版画创作，是版画艺术的又一新品种。从 20 世纪 50 年代后期开始，陈武星把中国古老的画像砖作为文化遗产加以继承，长期从事砖刻版画的创作并取得成绩。代表作品有：《大海的女儿》、《郑成功》、《年年有余》、《工地之夜》、《十二生肖》等。福建美术出版社出版《陈武星砖刻版画》一书，《人民日报》海外版、《福建画报》等均曾撰文介绍。1987 年以来，孙煌、李全森、胡贻孙的砖刻版画先后获全国版画最高奖——"鲁迅版画奖"。

5. 漆线雕

漆线雕是来自泉州地区的汉族艺术文化瑰宝，是闽南地区独有的传统工艺。自唐代彩塑兴盛以来，漆线雕便开始被应用于佛像装饰（俗称"妆佛"），迄今已有1400多年的历史。漆线雕做工精细雅致，形象逼真生动，风格古朴庄重，堪称闽南民间工艺奇葩。

漆线雕的种类主要有盘、瓶、框三种，经过历代的改良创新，也装饰在盘、瓶、炉等瓷器、玻璃器皿、石头等材质上。漆线雕的制作一般要经过漆线土制作、粉底、设计造型、做底胎、搓线、漆线雕塑、上明漆、粉白土、上安漆、贴金箔等复杂的工序，其中雕塑是主要的，漆线装饰技艺是关键，装饰题材以龙凤、麒麟、云水、缠枝莲等居多。

早期从事漆线雕制作的，大多是来自泉州惠南张坂镇的佛雕艺人。他们将漆线雕应用于佛像、神像的装饰，后来才发展成为独立的工艺品。从事漆线雕制作的民间艺人也越来越多，其产品驰誉中外，并远销东南亚各国。民间艺人还把漆线雕与陶瓷结合起来，制作出线条陶瓷作品，如线条瓷塑《郑成功》，参加全国工艺美术展览，并被选送到日本展出，获得好评。目前漆线雕代表性传承人分别为：泉州永春县蓬壶镇幕后佛雕第十六代传人吕俊杰，泉州晋江市安海镇庐山国佛雕祖铺第九代传人邱加田，泉州台商投资区张坂镇的黄雪玉、黄胜阳、黄培聪，以及厦门蔡氏漆线雕传人蔡水况等。

漆线雕具有很高的收藏价值和纪念价值，2006年经国务院批准漆线雕被列入第一批国家级非物质文化遗产名录。据说这与厦门蔡氏漆线雕传人蔡水况老先生有一定的渊源。从10多岁起，蔡水况就跟随父亲蔡文沛学习漆线妆佛技艺，自1956年起开始做"金木雕"，"文革"中这种技艺被打入冷宫，直到1973年，蔡水况首创在蛋壳、瓷盘和瓷瓶上设计、创作漆线装饰图案并获得成功，在当年的广交会上大受欢迎。同年，蔡水况重新将其命名为"漆线雕"。

6. 剪瓷雕

剪瓷雕源于漳州东山县寺庙建筑装饰的一种汉族传统手工技艺，它在闽台地区和东南亚各国华人聚居地有较大的影响，凡是具有闽南地方特色的仿古建筑、园林建筑中，都少不了剪瓷雕的装饰。

剪瓷雕利用各种残损的彩瓷器，根据需要剪成形状大小不等的瓷片，贴雕成人物、动物、花卉、山水等，将它们装饰在宫观寺庙等建筑物的屋脊、翘角、门楼、壁画上。剪瓷雕以其精湛的雕刻技艺、不朽的艺术价值，令人叹为观止。

7. 玉雕

玉雕是我国最古老的雕刻品种之一，当代玉雕有南北派别之分，具有不同韵味。漳州华安玉，古称茶烘石、九龙玉、五彩玉、九龙璧，它与辽宁岫玉、新疆和田玉、福建寿山石、浙江青田石、内蒙古巴林石、浙江昌化鸡血石、河南独山石、湖北绿松石、台湾红珊瑚等，并称"十大国宝玉雕"。

华安玉雕具有随石赋形的特点。民间艺人根据玉石材料的形状、大小、质地，以及自然翡翠颜色的分布特点来确定雕刻题材和作品造型，采用圆雕、浮雕、镂雕、影雕等各种技法，打造出精致独特的工艺品，集雕、塑、刻等造型艺术于一体，具有很强的实用性、装饰性和艺术性。

（二）闽南瓷器

闽南地区制瓷业有悠久的历史。据统计，唐五代时期，泉州一带共有瓷窑17处，可见那时闽南地区的制瓷业是很发达的。宋元时期，福建的瓷器有黑瓷、白瓷、青瓷三种。黑瓷以建州的建窑（今建阳水吉）为代表，其中的划花碗最有名；白瓷以泉州的德化窑为代表，此外还有磁灶窑、安溪窑、南安窑等；青瓷以同安汀溪瓷窑、磁灶窑为代表，另有安溪窑、南安窑等。明清以来，晋江的磁灶和德化生产的瓷器都很有名，尤其德化县生产的白瓷器，享誉海内外，是人们收藏的珍品。

1. 德化瓷器

泉州德化县与江西景德镇、湖南醴陵并称"中国三大瓷都"。德化的瓷器生产始于宋代，早在宋元时期，德化瓷器就已出口海外，明代以来德化瓷器工艺技术得到巨大发展。德化以烧制白釉瓷器闻名于世，其生产的建白瓷、高白瓷、瓷雕，被称为瓷坛三朵金花，建白瓷最为有名，被称为中国白、象牙白、奶油白、中国瓷器之上品等。明代著名瓷塑家何朝宗塑制的十尊瓷佛像，都是难得的珍品。其中达摩像、盘坐观音像、渡海观音像被列为国家一级文物，欧美、日本等国著名的博物馆，都藏有何朝宗的作品。此外，德化的高白瓷多次被陶瓷界评为"白瓷之冠"，德化的瓷雕则获得北京首届国际博览会金奖和银奖。

2. 同安汀溪瓷器

历史上同安汀溪瓷窑制作的瓷器种类繁多，以日用器物为主，器形有碗、碟、瓶、罐、洗、执壶、杯、壶等，碗瓷最负盛名。据《晋江县志》记载："（瓷器）出磁灶乡，取土地开窑，烧大小钵、缸、瓮之属，甚饶足，并过洋。"同安汀溪瓷器釉色主要是淡褐黄釉，其次是青釉，还有灰白釉；装饰技法多种多样，主要有刻花、印花和划花等；纹饰主要有直线纹、篦点纹、卷草纹和菊瓣纹等。同安汀溪瓷窑的青瓷产量很大，多销往国外。

（三）工艺画与剪纸

闽南工艺画是用各种材料，通过拼贴、镶嵌、彩绘、铸锻、髹饰等工艺制作而成的图画，漳州木版年画、永春纸织画、漳州棉花画、泉州漆画（又称磨漆画）等最具代表性。剪纸，即用剪刀将纸剪成各种各样的图案，是一种镂空艺术，也是汉族古老的民间艺术之一；刻纸由剪纸发展而来，有的艺人用刻刀刻制，即为刻纸。漳浦剪纸、泉州刻纸最为有名。

1. 漳州木版年画

漳州木版年画始于宋代，盛于明清。明初，漳州曲文斋、多文斋等书坊兼营年画，较出名的是颜锦华书坊。颜氏从明代朱棣永乐年间开始印刷木版年画，并逐渐发展为有画工、刻工、印工等超过60人的作坊（俗称"红房"），产品达到200多种。至清末民初，漳州木版年画生产达到鼎盛，有年画作坊20多家，年画作品除流传于漳州芗城区和闽南、岭南一带外，还远销台湾、香港和东南亚等地。

漳州木版年画多用于喜庆迎新和避邪等室内外装饰，题材内容包括祈福、财神、将军、送子、辟邪等几大类。祈福型年画多贴于正厅大门，财神型年画多贴于厢房门，将军型年画多贴于临街大门和宅院大门，送子型年画多贴于新婚夫妇的房门或内房门上，辟邪型年画多贴于民宅门额上。清代比较流行的作品有福、禄、寿、喜、门神，以及避邪的"狮头"，娱乐的"葫芦迷"，还有以神话传说为题材的连环画和民俗活动的图案、花卉等。

漳州木版年画在艺术形式上既有北方的朴素粗犷，又有江南的秀美雅致，富有浓郁的乡土气息。特别是印刷于黑色纸张的作品为其他地区罕见。2006年漳州木版年画入选第一批国家级非物质文化遗产名录。

2. 永春纸织画

永春纸织画是通过在宣纸上绘画、裁剪、编织、填色、装裱而成的民间工艺画，曾一度与四川竹帘画、苏州刺绣画、杭州丝织画齐名，被称为"中国四大家织"。永春县也被文化部命名为"中国纸织画之乡"。

永春古称桃源，相传隋唐年间，当地遍植桃树，桃花姹紫嫣红，使踏青赏花之人身临其境，宛如雾中观花，纸织画便产生在这种特定环境中。宋元时期，永春的纸织画进一步发展。明清时期纸织画创作曾兴盛一时，据史载，清乾隆年间（1736—1795年）即有李、施、黄、翁、蒋、王、章、郑、洪、庄10家60多人从事纸织画制作，到清光绪年间（1875—1908年），纸织画作品已远销至东南亚。

永春纸织画的特点是画面朦胧，使人有隔帘观花的奇幻感觉。纸织画创作的传统题材主要为《山水花鸟》、《福禄寿星》、《皆大欢喜》、《寿图八仙》、《白鹤朝天》、《双凤牡丹》、《八仙过海》、《鸳鸯图》、《嫦娥奔月》以及《三国演义》、《西游记》、《水浒传》、《红楼梦》中的人物。新中国成立以来，创作的新产品有《双面双猫》、《泉州十八景》、《百幅毛泽东》、《当代纸织百米长城图》、《百米百虎纸织画长卷》等。2011年6月，永春纸织画被列入第三批国家非物质文化遗产名录，它是福建省唯一入选的传统美术"非遗"项目。

3. 漳州棉花画

漳州棉花画原名棉堆画，始创于20世纪60年代。过去漳州一带的弹棉师傅常用彩色棉花，在棉被的胎面镶嵌上诸如"双凤牡丹"、"鸳鸯戏水"、"双喜临门"等彩色图案或文字。20世纪60年代初，游秋源、黄家声等弹棉师傅将这类平面彩色图案或文字分离出来，采用脱脂棉花、无光纺、金丝绒、桃胶等原料，综合运用彩塑、彩扎、浮雕、国画等工艺手法，以山水画为背景，创制了《猫》、《鹰》、《金鱼》、《花卉》四块棉花画，用以布置橱窗。自此棉花画便成为一门独立的民间艺术，从业人员越来越多，棉花画产品畅销省内外，并远销日本、德国、美国等地。

棉花画以其构图新颖、技艺精湛、造型生动、立体感强等特点享誉海内外。20世纪70年代初，黄家声创作的《公社鸡群》被送往日本展出，之后有不少作品参加了加拿大蒙特利尔"人与世界"主题展览，以及其他国家和地区的展览。20世纪80年代，黄家声在全国工艺美术展评会上荣获创新奖和全国第五届工艺美术创新二等奖，他被授予"福建省工艺美术家"称号。游秋源的棉花画作品，也荣获福建省工艺美术百花奖。

4. 漳浦剪纸

漳浦剪纸艺术源远流长，唐宋以来极为兴盛，最初只是作为刺绣的底样，后来被广泛应用于各种婚庆、祭拜活动。明清以来，剪纸逐渐脱离刺绣而成为一门独立的民间工艺。民国时期，剪纸曾经是当地妇女喜爱的一种民间艺术，在漳浦、云霄、长泰等地颇受欢迎。

新中国成立以来，漳浦剪纸艺术有很大的提高，以构图丰满匀称、线条连贯简练、风格细腻雅致著称。被称为闽南"四大神剪"的陈金、黄素、林桃、陈匏来等人对漳浦剪纸艺术的发展发挥了重要作用，如陈金、黄素借鉴传统刺绣表现手法，创造了"排剪"技法；林桃、陈匏来开创了构图奇巧、古拙抽象的写意风气，林桃甚至被称为"中国民间毕加索"。当代漳浦的剪纸艺人陈秋日、张峥嵘、高少苹、欧阳艳君、李小燕、陈燕榕、卢淑蓉、游金美等人，在推进剪纸产业发展的同时，致力于培养新人，使民间传统剪纸艺术得到弘扬和传承。

2006年漳浦剪纸被确定为福建省非物质文化遗产；2008年入选第一批国家非物质文化遗产扩展项目名录；2010年漳浦剪纸作为中国剪纸的子项，被列为世界非物质文化遗产。

5. 泉州刻纸

泉州剪纸始于唐而盛于宋，泉州刻纸是由剪纸艺术发展而来的，最初刻制的是红笺、福符，贴在门楣或春联上端，用以增添春节喜气，后来刻纸也用作其他节庆装饰，尤其与花灯结合，成为泉州花灯艺术重要的造型手段。近代以来，泉州刻纸的应用更加广泛，题材更加丰富多样。据民间著名艺人李尧宝回忆，光绪十八年（1892年）前后，泉州的刻纸业蓬勃发展，刻纸作坊有数十家，艺人多达200余人。李尧宝能刻善画，他创造的阴刻图案，将实用性和艺术性结合起来，对泉州刻纸艺术的发展有较大影响。

（四）闽南民俗工艺

民俗工艺是与民俗活动密切相关的一类民间工艺。闽南地区的民俗工艺丰富多彩，闽南彩塑、泉州妆糕人、泉州花灯、泉州糊纸等，都具有鲜明的地方特色。

1. 闽南彩塑

闽南彩塑是汉族传统民间工艺，它以本地黏土为主要原料，糅合纤维物、沙、水等做成胶泥，通过手捏或模制等方式塑成各种造型，阴干或烧制后再填缝、打磨，最后施以彩绘即制成彩塑作品。

闽南彩塑工艺具有悠久的历史。唐五代时期，随着道教和佛教在闽南地区的传播，以及各类宫观寺庙的兴建，促进了民间彩塑艺术的兴起。宋元时期，民间彩塑艺术进一步发展，不仅出现许多雕塑神道佛像铺和妆佛艺人，一些小型彩塑也发展起来，有许多人专门从事彩塑制作。明清时期，闽南彩塑工艺品的创作十分繁荣，题材更加多样化，彩塑工艺技术也有很大的提高。近代以来，闽南彩塑工艺品在社会上仍然流传不衰，尤其是小型彩塑，不但可供观赏陈设，还可让儿童玩耍。

彩塑的前身是泥塑，经过着色后就成为彩塑。顾名思义，彩与塑，是彩塑作品成功的关键。彩与塑的分量比例，传统说法是"彩七塑三"。完成一件彩绘，要从捏塑入手。必须确定主题，经过周密的构思，运用一定的手法把各种不同人物的性格特征及其精神状态刻画出来，力求达到形神兼备。接着就是进行彩绘，应先彩（色）后绘（画），绘画称为开脸，开脸可以起到画龙点睛的作用，赋予人物以喜、怒、哀、乐各种表情。泉州民间艺人把生漆揉成细如毫发的漆线，并将其应用到彩绘上，作为装饰花纹图案之用，称为"漆线开金"，形成泉州彩塑艺术的独特风格。无论捏塑还是彩绘，都需要作者对生活进行深入细致的观察，要有长期的生活体验和积累。

闽南各地都有民间彩塑，尤以泉州、漳州为盛。彩塑工艺产品造型生动、色彩绚丽，具有独特的地方风格。彩塑大体可分为神像和泥偶两类。泉州地区的彩雕神像具有很高的艺术价值。明嘉靖年间（1522—1566年）泉州王弼创作的关圣帝君、关平、周仓、天妃神像及郎君立像颇有名气，清代以来泉州知名的妆佛铺有西来意、西明国、西方国、西天国等，其作品行销闽南各地及台湾、南洋群岛。泥偶大多取材于民间，诸如福德正神、观音、弥勒、福禄寿三星等，表现民间的传统习俗与风情，泥偶品种丰富，风格淳朴，富有浓郁的乡土气息，且价格低廉，深受人们欢迎。一些玩具类的泥偶，如掌中泥偶头、龙王头、不倒翁、泥兽以及有情节性的戏曲人物等，儿童尤其喜爱。

2. 泉州妆糕人

妆糕人源于中原汉族的捏面人，在泉州、台湾等地称为妆糕人，或米稞雕、糯米尪仔，是以粮食为主要创作原料的民间传统艺术。捏面人的产生反映了古代汉民族对天地神鬼的崇拜，它既是传统节庆期间民间祭祀神明的一种祭品，又能增添节庆的气氛。

泉州制作妆糕人的艺人主要分布在洛江区双阳镇前洋社区张厝村和永春县石鼓镇东安村。传说双阳妆糕人的一世始祖张德山大约在清乾隆三十三年（1768年）入闽定居南安四都，二世祖张鸣凤由南安四都迁徙至洛江双阳，并把妆糕人工艺传承下来。

妆糕人是以传统大米粉、糯米粉、调色素、蜡油等为原料，经过祖传工艺加工，配制成五颜六色的糯米团，以搓、捏、团、挑、揉、压、按、擦、拨等多种捏塑手法，借助刀、梳子、剪刀等工具，制作成高约 10 厘米的妆糕人，再插上竹签。妆糕人的服饰、五官以及其他配件，则根据需要用不同颜色的糯米团粘贴而成。如今泉州妆糕人已成为闽南地区特有的民间工艺奇葩。

3. 泉州花灯

闽南传统节日和宗教活动都要张灯结彩热闹一番，灯品的制作便成为一种民间工艺。泉州花灯始于唐五代，盛于宋元时期，一直延续至今。

泉州花灯按制作工艺，可分为彩扎灯、刻纸灯、针刺无骨灯三大类。灯品种类繁多，常见的有天公灯、门口公灯、名姓灯、伞灯、大红灯、宫灯、走马灯、料丝花灯等，料丝花灯被誉为中国民间花灯妙品。泉州刻纸大师李尧宝将他独创的刻纸技艺应用到料丝花灯的造型图案上，提高了花灯的艺术含量。

2006 年，泉州花灯被列入第一批国家级非物质文化遗产名录。2007 年，泉州市的李珠琴、蔡炳汉被列入第一批国家级非物质文化遗产项目 226 名代表性传承人名单。泉州吴氏花灯工艺有限公司（原泉州华祥花灯制作有限公司）是泉州唯一一家注册的大规模花灯制作企业。

4. 泉州糊纸

泉州的糊纸（彩扎）是为适应民俗的需要而发展起来的，广泛应用于岁时祭神、喜庆节日、吊丧礼仪等民俗活动，"金传胪"是老牌的糊纸店（原锦茂糊纸店）。

糊纸工艺分站艺及坐艺两种，包含五大工种：扎骨（扎制造型骨架）、包堆（制浮雕式的造型）、剪贴（糊纸工艺所需装饰纹样和线条，由艺人用手剪裁出来）、框线（将纸糊成立体管状，如圆形、方形、多角形的立体框条）、画笔（彩绘、浑染通草包堆的艺术造型）。各种工艺糊纸艺人各有所专长，且多为一专多能，遇有大型业务，分工合作，各逞其能。早期糊纸工艺主要用于死人入殓和迎神赛会的魂轿、冥屋、纸偶俑等纸糊制品。新中国成立后糊纸工艺得到较大发展，材料也由纸张改为绸缎，所扎制的人物，人们称之为彩扎人物。

（五）生活工艺

民间生活工艺品异彩纷呈，竹编工艺、刺绣工艺、金银首饰制作工艺普遍流行，各类花轿、彩亭、香品、花炮等，都是传统工艺。

1. 竹编

闽南竹编工艺盛行。据明代何乔远《闽书》载："福、兴、泉以竹为器。"清光绪年间（1875—1908 年）有陈姓竹匠在晋江安海生产竹制新娘轿、佛轿。至民国，泉属各县普遍开设有竹器铺，生产各式各样竹制家具和生活用品。现代画家李硕卿独制改良竹编，将日用竹编扶上艺术之宫。传统竹编工艺包括细丝竹编工艺品和粗丝竹编工艺品两大类。花色品种有 500 多种。1962 年，泉州工艺美术厂公开竹编技术，从而在全省许多地方都办起竹编厂。1973年，正式成立泉州市竹编工艺厂，许多产品销往国外。

2. 刺绣

随着戏曲艺术的兴盛，对戏服、道具的需求量越来越大，推动了闽南刺绣业的发展，尤以泉州、漳州为盛。

泉州的刺绣始于何时，史无明载，但有一种高浮绣，与唐时蹙金绣工艺相同，可见泉州刺绣工艺很早就有相当高的水平。宋代泉州城内东隅有个衮绣铺，传说就是因为刺绣业集中于此而得名。至清末，泉州已有绣铺数十家，如得春堂绣铺。泉州刺绣分为金线刺绣、绒线刺绣两大类。金线刺绣主要用于龙蟒桌裙、朝服、佛服、戏服、道场绣品、幢幡、凉伞、喜庆绣幛等；绒线刺绣主要用于木偶戏服、官装女帔、妇女衣裙、帐眉、手帕、被面等。泉州的刺绣产品远销台湾、香港地区和东南亚各国。

漳州的刺绣源于明代，发展于清代后期，驰名海内外，被誉为漳绣，向来是朝廷的贡品。漳州刺绣工艺从母亲传到女儿，嫂传到姑，农村宗族亲戚相传，一个女孩从小就学绣鞋面、绣花手帕，采用民间剪纸为绣稿。清末民初是漳州刺绣兴盛时期，较著名的是甘棠村的垫凸金线绣、西洋坪的打只绣、康山村的双面绣、上墩村的丝线绣。特别是垫凸金线绣、打只绣和双面绣，绣工精细，层次分明，立体感强，浮雕效果明显。用垫凸金线绣出的龙、凤，栩栩如生，似有腾云而起之势。

四、闽南民间工艺的传承与发展

闽南民间工艺是浸透了闽南地域文化的民间喜闻乐见的艺术形式，是千百年来闽南人民创造的极其珍贵的非物质文化遗产。保护、传承和发展闽南民间工艺，对维护文化的多样性，促进闽南地区全面协调可持续发展，加强两岸文化交流等，都具有不可忽视的重要作用。近年来，各级政府高度重视非物质文化遗产保护工作，采取了许多行之有效的措施，并取得初步成效。

（一）制订保护规划，完善保护制度

保护民族文化遗产，弘扬优秀传统文化，是文化繁荣发展的重要内容。2007年6月经文化部批准，闽南文化生态保护实验区正式设立，这是第一个国家级文化生态保护实验区，为探索闽南文化遗产的保护、传承和发展开辟了新道路。

2014年福建省人民政府办公厅印发了《闽南文化生态保护区总体规划》，进一步明确闽南文化生态保护区建设的总体思路、工作原则、建设目标，以及保护范围、保护对象、保护内容和相应的保障措施。以《中华人民共和国非物质文化遗产法》、《国务院关于加强文化遗产保护的通知》等文件为依据，制定《闽南文化生态保护区保护工作管理暂行条例》、《闽南文化生态保护区非物质文化遗产代表性项目保护与管理暂行办法》、《闽南文化生态保护区非物质文化遗产项目代表性传承人保护与

管理暂行办法》等相关配套的管理办法，使大批非物质文化遗产代表性项目和代表性传承人得到有效的保护。

（二）明确保护对象，加强抢救工作

《闽南文化生态保护区总体规划》明确了各级非物质文化遗产代表性项目以及代表性传承人。闽南民间工艺美术方面，列入非物质文化遗产代表性项目的有传统美术 13 项，传统技艺 41 项；列入各级非物质文化遗产代表性传承人的有传统美术 23 人，传统技艺 35 人。各级政府部门注意深入开展非物质文化遗产的调查，加强对非物质文化遗产代表性项目和代表性传承人的保护，鼓励民间艺人带徒授艺，尤其对部分濒临失传的珍贵民间工艺，采取了一些必要的抢救措施，如鼓励和组织老艺人进行挖掘、整理、研究和创作，使之得以生存和发展。

（三）建立长效机制，加大财政投入

长期以来，由于资金投入不足，民间工艺发展困难。近年来，政府部门采取国家、省、市财政拨款和民间筹集方式解决经费问题。其中，国家、省、市财政投入比例为 1:1:1。福建省人民政府设立闽南文化生态保护区建设专项资金，列入年度财政预算；闽南文化生态保护区所涉及的市、区、县人民政府设立相应的专项资金，分别列入本级财政预算。此外，通过政策引导等措施，鼓励个人、企业和社会组织对文化生态保护区建设予以资助，多渠道吸纳社会资金投入。经费主要用于非物质文化遗产代表性项目活动、传承人经费资助、传习中心活动、对台对外交流活动、整体性保护区域建设、人才队伍建设、数据库建设、基础设施建设、非物质文化遗产研究等。

（四）成立传习中心，打造特色文化

各级政府重视对传习团体的合理引导和规范提升工作，下大力气建设非物质文化遗产传习中心，其中，民间工艺美术方面的传习中心近 30 个，有力促进了非物质文化遗产的传承和传播。这些传习中心由文化主管部门牵头，制订传承计划，开展传承活动，扩大传承队伍。鼓励支持公民、法人和其他社团组织设立非物质文化遗产展示场所和传承场所，充分利用公共文化机构场所、古民居、古建筑等作为传习场所，开展非物质文化遗产的传承和展示活动，对有困难的传习中心由政府部门给予传习场所租借或修缮的经费资助。

（五）支持学校开展非物质文化遗产教育传承

鼓励将优秀文化遗产内容和文化遗产保护知识纳入教学计划、编入教材，建立从幼儿园、小学、中学、职业院校到大学的教育传承体系，将闽南民间工艺编入乡土教材，让闽南民间工艺得到有效的传承。开展闽南民间工艺进课堂的活动，激发青少年对闽南民间工艺的兴趣和爱好，树立学习本土优秀文化的自豪感。

此外，各地还通过制作民间工艺宣传片，建立民间工艺网络平台，举办民间艺术节等各种方式，加大对闽南民间工艺的宣传力度，扩大社会影响，促进民间工艺的传承与发展。闽南民间工艺在创造人文艺术价值的同时，也创造出令世人瞩目的社会经济价值。比如惠安石雕，经过1600多年的发展形成了集技术研发、生产加工、经贸等为一体的完整产业链，并延伸拓展到建筑装饰和玉石雕刻等产业，成为全国雕艺业最具活力、产业规模最大、生产加工能力最强的地区之一。2013年惠安石雕产业产值已达175.1亿元，荣获全国雕刻艺术领域首个"中国雕刻艺术传承基地"称号。

参考文献

[1] 陈磊. 闽南民间艺术奇葩——剪瓷雕 [J]. 南京艺术学院学报，2009（6）：133.

[2] 福建省地方志编纂委员会. 泉州市志 [DB/EB]. 福建省情资料库地方志之窗地市县志，www.fjsq.gov.cn.

[3] 福建省地方志编纂委员会. 漳州市志 [DB/EB]. 福建省情资料库地方志之窗地市县志，www.fjsq.gov.cn.

[4] 福建省地方志编纂委员会. 厦门市志 [DB/EB]. 福建省情资料库地方志之窗地市县志，www.fjsq.gov.cn.

[5] 福建省人民政府办公厅. 闽南文化生态保护区总体规划 [DB/EB]. 福建省人民政府网站，www.fujian.gov.cn.

[6] 孙宏图. 闽南民间刺绣艺术 [J]. 美术大观，2008（10）：164-165.

[7] 童焱. 中国传统审美文化视野下的闽南惠安石雕艺术 [D]. 福州：福建师范大学，2011.

[8] 许恩琦. 闽南民间美术的渊源与流变 [J]. 艺术：生活，2008(4).

[9] 曾智焕. 闽南民间古石雕艺术现状思考 [J]. 重庆科技学院学报（社科版），2012（21）：166-168.

第十章

闽南建筑

建筑是人类为自己创造的物质生活环境，由于建筑与人类生活的密切联系，不同文化圈的人群会有不同的建筑观念和表现手法，建筑艺术作品都有不同的面貌，反映出深刻的文化内涵。

一、闽南建筑的形成

闽南建筑具有悠久的历史。闽南传统建筑继承了中原地区古建筑的风格，在同闽越文化和异域文化的碰撞与融合过程中，逐渐形成具有地方特色的建筑体系。

为了适应亚热带湿热气候，闽南早期先民闽越人大多因地制宜，选择靠近河岸的台地和滨海的丘陵上生活，喜欢居住干栏式房屋，人们称之为"巢居"。汉晋以来，北方的门阀士族大举南迁，带来了先进的中原文化，根据儒家礼制设计建造的合院式宅第建筑逐渐成为闽南民居的主流。同时，为了增进家族成员对血缘关系的认同，其后裔先后建立宗祠家庙，并形成一种建筑类型。

隋唐五代时期，随着佛道在闽南地区的传播，各地普遍兴建寺庙宫观，许多佛道建筑保存至今。唐代泉州刺桐港名扬海内外，宗教交流活动日益频繁，伊斯兰教、摩尼教和婆罗门教都在这时期传入泉州，闽南地区开始出现异域建筑。

宋元时期，闽南地区经济有较大发展，各类建筑逐渐形成地方特色。传统民居建筑的特色在其布局上，以宗祠为中心，宫庙五方为边界，建筑主体采用合院住宅形式。虽然入宋以来政府规定普通民宅不得使用斗拱、藻井、门屋、彩画梁枋等，但自元代以后，闽南民居突破了这一限制。这时期泉州港海外贸易十分发达，外商云集，带来了伊斯兰教等异域文化，出现许多新兴的宗教建筑和洋楼，成为当地一道靓丽的风景。

明清时期，闽南建筑向多样化发展。典型传统民居为"皇宫式"大厝，普遍采用左右护厝布局和曲线形屋面，大量使用花岗石、青斗石、红砖作为建材。红砖白石、雕梁画栋、高翘的燕尾脊和山墙，充分体现闽南建筑的风格。除了红砖大厝，土楼也是闽南地区颇具特色的一种民居建筑，现存土楼民居均为明清以来的建筑。

近代以来，随着厦门的开埠，其建筑风格也受到西方影响，涌现出许多西洋式建筑，厦门鼓浪屿因此被称为"万国建筑博览"。海外华侨归来，也建了不少别墅、楼房，有欧式的、东洋式的，也有中西合璧的。

总之，汉晋以来的闽南建筑是在中原文化的影响下，融合了闽越文化和域外文化而逐渐形成的。需要说明的是，虽然以闽越人为代表的土著文明离我们已经十分遥远，但闽越土著文化在建筑中的影响并未彻底消失。例如：闽南传统民居红砖大厝张扬夸张的造型和热情奔放的色彩装饰，仍可体现出闽越人的性格；泉州传统民居中张扬高翘的燕尾脊，最初很可能源于闽越人船屋的造型特点；泉州传统民居中普遍采用的穿斗式木构等，也融合了闽越人干栏式建筑的结构内涵，德化、安溪、永春等地甚至还有极少量干栏式建筑遗留下来。

二、闽南建筑的特点

（一）地域性

闽南地区依山傍海的区域环境，特殊的气候和自然条件，造就了其独有的地域文化，从而形成与众不同的建筑风貌。

以闽南传统民居建筑——红砖大厝为例，这类建筑深受中国传统建筑的影响，也以合院形式布局，讲究中轴对称，但它们在建筑材料、屋顶造型、建筑装饰等方面都具有鲜明的地域性特征。在建筑材料方面，中国传统民居建筑通常以木构为主，而闽南地区盛产白色花岗岩，传统民居建筑也大量使用这类石材；中国传统建筑大量使用青砖灰瓦，而闽南民居建筑则普遍使用红砖红瓦（板瓦和筒瓦）。白色的花岗岩与红色的清水砖两种建筑材料的有机组合，使闽南民居建筑在墙面表现形式上具有出砖入石的特点，在色彩上形成既对比又和谐的效果。闽南民居屋顶造型普遍采用人斜面成凹曲线，两端为高高翘起的燕尾脊，如果是五间起的大厝，屋顶会多出两条燕尾脊，不同高度的燕尾脊相互穿插，其造型结构体现了闽南建筑独特的韵味，而中国传统建筑则很少使用燕尾脊。闽南民居建筑重视细节装饰，充分发挥砖雕、木雕、石雕、泥雕、彩绘等民间工艺的作用，使其墙面和屋顶均具有鲜明的装饰美感，与周围的环境相协调，形成闽南特有的地域色。

近代以来，由于受到海外文化的影响，闽南建筑在材料和表现形式上也兼容海外建筑的一些特色，但是即便是现代私人别墅，仍然具有传统古民居的建筑风格。

（二）多样性

闽南地区建筑种类繁多，堪称建筑文化的聚宝盆。除了传统民居建筑，还有各类欧式建筑、中西合璧的建筑、宗教建筑和祠庙建筑。民居建筑数量最多的是红砖大厝、土楼和土堡，近代以来，在闽南城镇地区还出现手巾寮、竹篙厝等街屋。

厦漳泉三地的建筑都属于闽南建筑的范畴，建筑风格基本相同，但各地因为地域条件的差异，又有各自建筑的特点。泉州地区的古建筑带有"皇宫式"的建筑风格，例如瓦筒（半圆筒形的瓦）这种建筑材料，在泉州古建筑中就比较常见。漳州传统建筑材料主要是原生木、红土壤或土坯砖、窑烧砖瓦和花岗石。厦门由于早期作为通商口岸，西方殖民者的涌入，留下较多欧式建筑。闽南山区和沿海地区，在建筑风貌上也有所不同。以民居建筑为例，在闽南山区，如安溪、华安、长泰、南靖等地，为适应山区多丘陵、台地的地形特点，在合院方面流行三间起、五间起的虎头厝，后来发展为五凤楼。

（三）传承性

闽南建筑文化既承载了中原文化，又兼具闽越文化和海洋文化，同时闽南建筑文化也随着闽南人的脚步播迁至台湾地区和东南亚各国华人聚居地。

闽南建筑对台湾的影响是显而易见的。早在唐代，浯洲岛（今金门岛）即因陈渊率众前往牧马而得到开发。宋乾道（1165—1173年）与庆元年间（1195—1200年），泉州宦族先后到金门开发山海之利。明末清初，郑芝龙两次大规模招募闽南贫苦农民前往台湾垦荒；郑成功、郑经父子治台期间，大批闽南子弟兵经厦门进入台湾；清朝统一台湾后，又有大批闽南人东渡台湾。几次移民高潮，加快了台湾地区的开发。在建筑方面，台湾的建筑风格受闽南建筑影响极为深厚。台湾岛内和金门、马祖、澎湖等地都有闽南风格的民居建筑、寺庙建筑，例如在金门，有一个名为鹿港的地方，被称为"泉州街"，其民居建筑同泉州地区极为相似。台湾的寺庙建筑也与闽南地区一脉相承。

入宋以来，闽南地区战祸较少，社会比较安定，人口迅速增加，人多地少的矛盾日益突出，部分闽南人（主要泉州人）开始出洋定居；明清时期，由于战乱、倭患、海禁、迁界、水旱等人祸天灾，大量泉州人出洋到东南亚等地谋生。闽南移民主要集中在菲律宾的马尼拉，印尼的巴达维亚城、泗水、三宝垄，马来西亚的马六甲、槟城、吉兰丹，以及新加坡等地。闽南建筑文化也在东南亚各国的华人聚居地得到弘扬，例如马六甲周边地区的天福宫、青云亭等华人庙宇及华人会馆的建筑，都与闽南地区的建筑风格类似。闽南建筑文化甚至在一定程度上影响着华人所在国的建筑，比如在菲律宾，也有许多干栏式建筑，印度尼西亚也有许多中国式的砖瓦房。

三、闽南建筑的主要类型

（一）民居建筑

闽南传统民居建筑主要是红砖大厝、土楼和土堡，在闽南城镇地区，还有手巾寮、竹篙厝等街屋。20世纪闽南沿海的农村，出现许多用花岗岩石料盖起来的石头房子，不但墙壁用石头砌成，屋顶也用石板铺成。

1. 红砖大厝

闽南红砖大厝具有很高的艺术价值和丰富的文化内涵。红砖大厝主要分布在泉州、厦门、漳州等地，在台湾，以金门最为集中。目前泉州地区保存较好的红砖大厝主要集中在老城区和晋江、南安、石狮等地，厦门地区现存红砖大厝主要分布在岛外的海沧、同安、翔安等地，漳州地区的红砖大厝主要分布在龙海、龙文、芗城、长泰、南靖等地。

红砖大厝的结构都差不多，普通大厝为三间起，更大一点的为五间起，结构上沿中轴线布局，大门叫"四目炳（栅）"，进门以厅为中心，第一进为下落（即门厅），两边为下房；第二进为上落（即主厅，俗称"献嘴厅"），主厅用于奉祀祖先和神灵；左右为卧室和起居室，无窗或小窗，故有"光厅暗房"之说；两厢角头用作厨房和杂物间；大厅后有一小廊，廊后是后庭。如果还有第三进，则为后落。红砖大厝格局通常有一落、两落、三落、四落之分，后一落房必须高于前一落，四落大厝最大。

红砖大厝内普遍设有深井（又称"天井"），左右为廊道，建筑中普遍设置塌寿（"凹肚门楼"）、檐廊、厅堂等半开敞空间，以适应闽南地区炎热、潮湿、多雨的气候条件。明清时期，闽南民居在合院的基础上发展为"皇宫式"大厝，住宅两侧普遍设置东西向的横屋，称为护厝，护厝具有良好的通风、防潮效果。

蔡氏古民居建筑群位于福建省南安市官桥镇漳里村，俗称漳州寮。该建筑群由蔡启昌及其子蔡资深于清同治年间至宣统三年（1862—1911年）兴建。建筑群以其庞大的建筑规模、严整的布局、精美的雕饰和丰富的内涵，成为闽南红砖建筑的代表。现存较完整的宅第共16座，建筑多为穿斗式结构，硬山或卷棚屋顶，座座屋脊高翘，雕梁画栋。其精美的雕饰，不仅集中表现了闽南成熟的雕塑艺术，而且反映了受印度教、伊斯兰教及南洋文化和西方建筑艺术的影响，被誉为闽南建筑的大观园。蔡氏古民居建筑群作为清代古建筑，被国务院批准为国家级重点文物保护单位。

2. 土楼和土堡

土楼是漳州地区特有的一种民居建筑，有圆形、方形、椭圆形、前方后圆等形状，是为防御倭寇、海盗、山贼而建的聚族而居的民用堡垒，也称为圆寨。漳州现存土楼民居均为明清以来的建筑。土楼是土、石、木结构，外墙非常坚固，一般用土和石组成，楼内有3~4层的木结构房屋，土楼在外观上同周围的自然环境相协调。

闽南地区有为数众多的城堡寨建筑，大部分为明清时期的建筑，如泉州惠安县的崇武古城；漳州龙海县的镇海卫城、南炮台，漳浦县的诒安城（亦称诒安堡，俗称湖西堡）、六鳌城、顶坛新城、东山县的铜山古城、康美土堡，诏安县的悬钟城等。这类建筑多数具有军事用途，民居建筑方面以漳州漳浦县的赵家堡（亦称赵家城）最为有名。

(1) 华安县二宜楼

二宜楼位于福建省华安县仙都镇大地村,该楼建于清乾隆五年(1740年),整座楼为双环圆形土楼。楼内有两口井,分别为阴泉和阳泉,组成太极阵型。楼内存有壁画226幅,彩绘228幅,木雕349件,楹联163副,都是民间艺术珍品。二宜楼是我国圆土楼古民居建筑的杰出代表,素有"圆土楼之王"、"神州第一圆楼"、"国之瑰宝"等美誉。1996年11月,二宜楼被国务院公布为第四批全国重点文物保护单位,是第一座被列为国家级文物保护单位的古建圆楼。

(2) 南靖县田寮坑土楼群

田寮坑土楼群坐落在福建省南靖县书洋镇上坂村,建筑群由1座方楼(步云楼)、3座圆楼(和昌楼、振昌楼、瑞云楼)和1座椭圆形楼(文昌楼)组成,步云楼居中,其余4座土楼环绕周围,整个建筑群依山势错落布局,周围是层层叠叠的梯田,当地人戏称为"四菜一汤"。步云楼始建于清嘉庆元年(1796年),是座方形楼,取名步云,寓意子孙后代步步高升、青云直上。文昌楼是南靖县1000多座土楼中唯一的椭圆形土楼。田寮坑土楼群在基址选择上,遵循了中国的风水文化,史学家、地理学家称这五座土楼为金、木、水、火、土的杰出代表。

(3) 漳浦县的赵家堡

赵家堡位于福建省漳浦县畲乡湖西硕高山下,是南宋末年皇族闽冲郡王赵若和流亡避难隐居的古城堡,俗称赵家堡。赵家堡素有"五里三城"之称,其布局立意仿照两宋故都。城堡内外两道城墙,外城是条石砌基的三合土墙,分东、西、南、北4个城门,东门横匾刻"东方钜障",南门刻"丹鼎钟祥",西门刻"硕高居胜"。城中有5座府第(俗称"官厅"),每座5落,共有150间房。府第前为石板广场,有石坊、鱼池、石桥("汴派桥")、六角凉亭及聚佛宝塔。另有石刻多处,其中"墨池"碑为宋代书法家米芾的手迹,"松竹村"为明代书法家张瑞图所书。赵家堡的主体建筑为完璧楼,取"完璧归赵"之意。完璧楼用花岗岩条石砌成台基,以三合土为墙,第一层有10间房,第二层有9间房,第三层为四合大通廊,楼底有地道通往城外。赵家堡对研究赵宋家族史、明代军事史、倭患史,以及宋城的规划布局有重要意义。

3. 手巾寮

手巾寮,指建筑平面狭长如手巾的独户式街屋住宅,是泉州地区利用街巷地形特点建造的一种民居类型。手巾寮一般面宽1间,3~4米,进深在20米左右,有的达到50米。手巾寮的布局通常由门口厅、天井、正厅、厅后房、小天井、大房、后房、窥脚、后尾或后落组成,一般有二落、三落进深,也有四落、五落的,宅内有一条前后相连的巷路。手巾寮左右两侧均为山墙,与邻近的手巾寮共用。清末民国时期,随着人口的急剧增加,人多地少的矛盾突出,手巾寮也由单层建筑发展为二层的楼房式建筑。

（二）欧式建筑

早在唐五代时期，泉州即已成为海上丝绸之路的起点，宋元时期随着海外交通贸易的发展，泉州港更成为东方第一大港，往来泉州的外国使臣、商人和传教士日益增多，闽南地区的建筑也深受海外文化的浸染。近代以来，随着厦门的开埠，闽南地区在建筑风格上也受到西方的影响，涌现出许多西洋式建筑。由于外国列强在厦门鼓浪屿建造许多领事馆和别墅，建筑风格均为异国情调，鼓浪屿因此被称为"万国建筑博览"。

1. 原英国领事馆

1840年英帝国主义发动鸦片战争，厦门被迫成为通商口岸，鼓浪屿也因此被英国殖民者占据。1843年英国在厦门设立领事事务所，纪里布为首任驻厦领事。次年阿礼国成为第二任驻厦领事，他在鼓浪屿鹿礁顶兴建办公楼，之后又在鼓浪屿漳州路建了一座公馆，即现在位于漳州路5号的原英国领事馆（时称"大领事"）。1870年英国人又在鼓浪屿的田尾路6号建了另一座领事公馆（时称"小领事"）。鼓浪屿原英国领事馆的建筑为三层红砖楼，四角出砖入石，结构方正严谨，落地门窗均配百叶调节阳光，内饰有壁炉，是鼓浪屿早期殖民建筑风格的代表。

2. 八卦楼

八卦楼坐落在厦门鼓浪屿的笔架山麓，该楼建于清光绪三十三年（1907年），因其红色圆顶有8道棱线，置于八边形的八角平台上，顶窗呈四面八方二十四向，故称"八卦楼"，是厦门近代建筑的代表，现为厦门博物馆。

八卦楼由原鼓浪屿救世医院院长、美籍荷兰人郁约翰设计。当时西方设计师崇尚复古，在别墅设计中使用巴勒斯坦、希腊、意大利和中国古典建筑手法，设计出这幢独特的仿古近代建筑。八卦楼的红色圆顶模仿世界上最古老的伊斯兰建筑——巴勒斯坦阿克萨清真寺的石头房圆顶；四周82根大圆柱参照5世纪古希腊海拉女神庙的大石柱；柱间平托的石梁和线条，可从希腊雅典广场的赫夫依斯神庙看到类似样式；内部通道呈十字形，四面都能出入，这种风格源于希腊，后用于罗马教堂；古希腊陶立克式和爱奥尼克式柱头装饰和走廊压条下的青石花瓶雕件，充分展示中西结合的古典美。

八卦楼原主人为台湾板桥林家三房林鹤寿，他立志盖一幢站在楼顶能纵览厦门、环视全鼓的大别墅，后因资金不足被大楼拖垮，宣告破产，远走海外，终生未回鼓浪屿。

3. 八角楼

八角楼位于厦门鼓浪屿鹿礁路15号。该楼建于1915年，属法式建筑，有南欧风格。台湾垦抚大臣林维源携全家定居鼓浪屿，他买下一幢英国人的别墅，称"大楼"，后再建一座"小楼"。1915年，林菽庄在大小楼之间建一别墅，并增设连廊将三幢楼宇连在一起，称"林氏府"。新建的别墅共5层，为塔式建筑，立面呈多个八边形,故称"八角楼"。八角楼具有巴洛克韵味。

4. 黄家花园中楼

黄家花园位于厦门鼓浪屿晃岩路25号,是印尼华侨黄奕住("印尼糖王")1919年回国定居鼓浪屿时兴建的别墅。

黄家花园原址是英商德记洋行副经理的住宅,黄奕住回国后将其买下,在原住宅两侧建了两幢别墅,称"南北楼"。1921年,黄奕住拆去原址上的旧宅,由中外设计师设计,上海裕泰公司承建,新建了被称为"中楼"的这幢别墅。中楼注重欧陆风格,建筑材料极为讲究,大量使用抛光的意大利白色大理石和进口楠木,楼内精雕的博古架、青铜镂花壁炉、名匠细琢的廊柱,造型新颖华贵。整个建筑既有欧洲文艺复兴时期的建筑风采,又有18世纪德国贵族家庭的华丽装饰,是一座中西结合、以欧式风格为主的别墅。

20世纪50年代,黄家后人将黄家花园交给政府,现为鼓浪屿宾馆,这里曾经住过许多中外政要,号称"中国第一别墅"。20世纪20—30年代,汪精卫、蔡廷锴等人都参观过黄家花园;原国家最高领导人邓小平、原国家副主席王震和十大元帅,都在黄家花园住过;美国前总统尼克松、新加坡前总理李光耀等,也在此参观游览或小住。

(三)中西合璧的建筑

闽南人都有落叶归根的情怀。近代以来,许多华侨在海外事业有成后相继回国经商,或投资其他事业。海外华侨归来,都要建造楼房、别墅,他们将异国他乡的建筑形式用在闽南本地建筑上,有欧式的、东洋式的,其中绝大部分是中西合璧的,这类建筑最典型的是骑楼和嘉庚建筑。

1. 骑楼

骑楼源于古希腊,在欧洲广泛流行,后来传到世界各地。中国的骑楼可追溯到先秦时期的干栏式建筑,宋以来的城镇商铺,大多为檐廊式建筑,在空间设计上与骑楼十分相似。

闽南骑楼是20世纪初,由华侨从东南亚引入,主要分布在泉州中山路、厦门中山路等地。泉州中山路形成于20世纪20—30年代。闽南人陈光纯早年随父到马尼拉经商,后继承父业,成为岷埠富商。自1912年起,陈光纯先后在泉州市区建造房屋100余幢。1921年前后,华侨黄仲训投巨资对中山路进行重建。1923年旅菲华侨叶青眼修建中山路。直到1934年,具有骑楼特色的泉州中山路基本定型。泉州中山路是我国仅有、保存最完整的连排式骑楼建筑商业街,曾获得联合国教科文组织"2001年亚太地区遗产保护优秀奖"。同时期晋江人李清泉、南安人黄奕住也先后把海外产业移到闽南,在厦门盖了很多骑楼,才有了厦门中山路的骑楼风景。

闽南骑楼是商住楼,底层是商店,楼上是住宅,高度在12~15米之间,楼的底层都有柱子，柱子与底层间距4米左右，形成一条柱廊式的人行道，可以让行人遮阳避雨，闽南人称为"五脚记"。所谓"南国多雨天，骑楼可避风"，由于这类建筑较好地适应了闽南地区亚热带季风气候特点而在当地得到推广。闽南的骑楼大多采用闽南传统红砖作为主要建筑材料，同时吸收了西方建筑的某些元素（如百叶窗等），是闽南特色建筑和南洋风格建筑的完美结合。

2. 嘉庚建筑

20世纪初，旅居南洋的爱国华侨陈嘉庚先后在家乡集美镇创办集美小学、集美师范、集美中学、集美水产航海学校、集美幼儿园、集美商业学校、集美农林学校。1921年，陈嘉庚在厦门岛内创办厦门大学。这些学校的建筑既保留闽南民居的建筑风格，又受到海外建筑文化的影响。在建筑立面上，采用屋体西式、屋面中式的设计形式，所谓"穿西装，戴斗笠"，寄托着陈嘉庚先生重乡崇祖的乡族情怀。这类建筑因其融合了东西方建筑的形式特征，而成为中西合璧建筑的典型代表，人们通常称之为"嘉庚建筑"。

（四）宗教建筑

1. 佛教建筑

随着北方簪缨世胄的南徙入闽，佛教也传播到闽南地区。早在西晋太康九年（288年），南安九日山即有闽南第一座佛寺——建造寺。唐五代时期，佛教在闽南地区极为兴盛。宋元时期，经过历朝的增建、扩建、迁建或修建，闽南地区佛教寺院已经遍布城乡。闽南历代名僧辈出，不少传教海外，明清时期佛教建筑也随着僧人传教海外而远播日本及东南亚地区。

（1）泉州开元寺

开元寺位于泉州市鲤城区西街，是福建省内规模最大的佛教寺院。该寺始建于唐垂拱二年（686年），初名莲花道场，据传该寺曾"桑开白莲"，因而被称为"桑莲法界"。唐玄宗开元二十六年（738年）更名为开元寺，现存庙宇大多系明清两代修建。开元寺主要建筑有天王殿、藏经阁、大雄宝殿（紫云大殿）、甘露戒坛等。天王殿内石柱上的对联"此地古称佛国，满街都是圣人"，为朱熹所撰，弘一法师所写；藏经阁保存有大量珍贵佛学典籍和历代文物；大雄宝殿为开元寺的主体建筑，现存建筑系明崇祯十年（1637年）重建；甘露戒坛与北京戒台寺、杭州昭庆寺并称中国三大戒坛。寺内有镇国塔和仁寿塔，俗称东西塔。此外，开元寺沿中轴线的两边还有其他一些建筑群，如檀樾祠、尊胜院、水陆禅寺等。1982年开元寺被列为第二批全国重点文物保护单位。

（2）漳州三坪寺

三坪寺原名三坪真院，原址在漳州市内紫芝山东南麓，为唐宝历二年（826年）高僧杨义中创建。现三坪寺位于漳州平和县文峰镇，该寺始建于唐咸通七年（866年），寺内供奉的开山始祖杨义中高僧，被尊称为三坪祖师，唐玄宗曾赐号广济大师。

三坪寺为闽南佛教名刹，至今香火鼎盛，尤其每年农历正月初六、六月初六、十一月初六日三坪祖师的诞辰、出家、圆寂之日，闽南地区和台港澳、东南亚地区都有众多善男信女前来朝拜。现存寺院系清末重修，依山而筑，结构严谨。同一般寺院不同的是，三坪寺只建了"两殿半"，进山门即大雄宝殿，后进为祖殿，最后半殿是塔殿，少了天王殿。

（3）厦门南普陀寺

南普陀寺位于厦门鹭岛名山五老峰下，毗连厦门大学。该寺始建于唐末五代，初名泗洲院，北宋改建称无尽岩，元朝毁于兵乱，明初重建并改名为普照寺，明末迁建于山前，清初再度毁于兵乱。清康熙二十三年（1684年），施琅捐资修建，并增建大悲阁供奉观音菩萨，更名为南普陀寺。

南普陀寺有千年古刹之称。寺内主要建筑有天王殿、大雄宝殿、大悲殿、藏经阁、左右厢房、钟鼓楼等。藏经阁珍藏有经典、佛像、宋代铜钟、古书等大量佛教文物，尤以明万历年间的血书《妙法莲华经》和何朝宗名作白瓷观音等最为名贵。寺院周围遗留下众多题刻，如明万历年间陈第、沈有容题名石刻，清乾隆御制碑刻，寺后崖壁上的"佛"字石刻等。寺前两座石塔的造型仿泰缅佛塔，为闽南地区仅见。位于南普陀寺一侧的闽南佛学院，创办于1925年，是培养佛家弟子的摇篮，在海内外久负盛名。

2. 道教建筑

道教在闽南地区的传播历史悠久，早在秦汉时代就有方士活动，其后历代都有道教人物修隐于闽南名山。西晋太康年间(280—289年)，泉州即建有道教宫观白云庙。唐五代时期，王审知家族和留从效、陈洪进等人大力推崇道教，广建道教宫观庙宇。入宋以来，道教在闽南地区极为兴盛，历史上著名的道教宫观庙宇多为宋代修建。明清时期，又增建许多道教宫观庙宇。

宋以来许多民间信仰的地方神祇被列为道教俗神。奉祀开漳圣王陈元光的建筑以漳州地区的云霄、漳浦两地最多。奉祀保生大帝的建筑主要分布在漳州、厦门等地，宋乾道年间分别在白礁（今漳州市龙海县）、青礁（今厦门市海沧区）建造慈济宫，俗称西宫、东宫，为闽南及台湾等地慈济宫的祖庙。奉祀广泽尊王的建筑分布在以南安市为中心的泉州地区，其祖庙为南安市诗山镇境内的凤山寺。奉祀清水祖师的祖庙在泉州市安溪县的清水岩。此外，闽南沿海地区还有海上保护神的信仰，各地都有奉祀妈祖的建筑。

（1）云霄燕翼宫

云霄燕翼宫，俗称王府，位于漳州市云霄县云陵镇王府社区，是开漳圣王陈元光的故居。燕翼宫始建于唐垂拱年间，是陈元光始建漳州时朝廷赐建的宫宅，也是一座具有1300年历史的古建筑。该建筑三进二院，附建护庑，殿堂高抬梁单檐悬山式大屋顶。历史上燕翼宫几经兴废，多次重修，北宋熙宁年间重修时，加挂"开漳祖庙"匾额。2013年1月,福建省人民政府公布燕翼宫为第八批省级文物保护单位。

（2）海沧青礁慈济宫

厦门海沧青礁慈济宫,又称慈济东宫,位于厦门市海沧区海沧街道青礁村(古属漳州府海澄县),供奉宋代民间神医吴夲。明永乐十七年(1419年),吴夲被封为保生大帝,民间俗称大道公。

青礁慈济宫初名龙湫庵,宋绍兴二十一年(1151年)建庙,赐庙号"慈济";宋淳祐元年(1241年)改庙为宫,因方位在东,称慈济东宫。漳州白礁的慈济宫(吴夲出生地)则为慈济祖宫。现存青礁慈济宫系清初重建,为砖石木结构三进建筑。前殿重楼由檐廊、门厅和钟鼓楼组成；中殿为正殿,内供吴真人神像；后殿重建于1989年,内供佛道诸神。三殿两侧有廊道通连。青礁慈济宫保存有康熙、嘉庆、咸丰、光绪等朝代的四方重修碑记,以及大量珍贵的石雕、木雕、彩绘艺术品。1996年被国务院公布为全国重点文物保护单位。

（3）泉州天后宫

泉州天后宫位于泉州城南,是莆田湄洲妈祖祖庙分灵庙宇中现存较早、规模较大的一座妈祖庙。

泉州天后宫始建于宋庆元二年(1196年),历代有重修。天后宫山门两侧为东西阙建筑,二层楼阁,楼上分置钟鼓,楼下塑千里眼、顺风耳神像。正殿保存有宋代构件和明清时代的木构建筑。东西两廊现为闽台关系史博物馆陈列室,收藏有大量珍贵的历史文物和民俗文物。天后宫被认为是海内外建筑规格最高、规模较大的祭祀妈祖的庙宇,1987年被国务院公布为国家重点文物保护单位。

（4）泉州法石真武庙

泉州法石真武庙位于泉州市丰泽区东海街道法石社区。真武庙始建于宋代,奉祀玄天上帝(北极玄武星君化身,又称真武大帝)。

法石真武庙主要建筑有山门、拜亭和真武殿。山门为四柱三间三层牌楼,门左侧有凿于明万历十四年(1586年)的"三蟹龙泉"古井。进门有22级石阶,石阶尽头有巨石,巨石旁为拜亭。现存真武殿重建于清道光二十二年(1842年),1985年重修木构架,面阔进深各五间,穿斗式木构架,单檐歇山顶。法石真武庙被称为玄天上帝八闽第一行宫,有"小武当"之称,在福建道教历史上有着重要的意义,2006年被列为第六批全国重点文物保护单位。

（5）南安诗山凤山寺

南安凤山寺,原名郭山庙(又名将军庙、威镇庙),位于泉州南安市诗山镇,供奉郭圣王,是闽台和世界各地广泽尊王的祖庙。

凤山寺始建于五代后晋天福三年(938年),历代屡有兴废,现在庙宇为1978年重修。凤山寺为典型的四进皇宫式建筑,其布局、结构充分体现闽南传统建筑风格。凤山寺供奉的主神为广泽尊王,同时奉祀文昌夫子、释迦牟尼、观音佛像等,是典型的三教合一多神庙。主神广泽尊王，原属道教尊神，后来许多信众也把他看成佛，历代常有和尚在此住持。广泽尊王信仰在闽台及海外华人聚居区有广泛影响，其中台湾地区的广泽尊王庙，以台南市的西罗殿、永华宫最为有名，桃园市的镇抚宫也颇具规模。

（6）安溪清水岩寺

清水岩寺位于泉州市安溪县城关西北的蓬莱山，供奉清水祖师。清水祖师是泉州人特别是安溪人信奉的地方俗神，经过1000多年的香火传承，清水祖师信仰遍布闽台、东南亚及世界各地。据统计，台湾有清水祖师寺庙近300座，信众近千万人。清水岩寺是海内外清水祖师寺庙的祖庙，每年到清水岩寺进香拜谒的台胞和海外侨胞数以万计。

清水岩寺始建于北宋元丰六年（1083年），原名张岩山，元祐七年（1093年）改名为清水岩。南宋景炎二年（1277年）以来，屡有修建。现存建筑为清乾隆二十六年（1761年）修建，保留了宋元时期依山势构筑殿宇的布局。岩寺为楼阁式，共分三层，第一层昊天口，第二层祖师殿，第三层释迦楼。左右为翼钟、鼓楼，东西两侧分别为檀越厅、观音厅、芳名厅等，周围有历代文物古迹和奇观异景。远看清水岩寺，外形犹如"帝"字，因此"帝"字形商标被评为"福建省著名商标"。如今，清水祖师信俗已被列为国家级非物质文化遗产。

3. 其他宗教建筑

唐代泉州刺桐港名扬海内外，宗教交流活动频繁。伊斯兰教、摩尼教和婆罗门教都在这时期传入泉州。唐武德年间(618—626年)，有穆罕默德门徒三贤、四贤来泉州传播伊斯兰教，后卒葬东郊灵山，俗称圣墓。

北宋大中祥符二年(1009年)，阿拉伯穆斯林在泉州城南创建具有伊斯兰建筑风格的清净寺。泉州伊斯兰教鼎盛时期，有穆斯林数万人。宋元时期，除伊斯兰教外，古基督教(中国称景教)的聂斯脱里派(元代称也里可温教)、摩尼教(宋代称明教)、印度教（古称婆罗门教、吠陀教）等在这一地区也十分流行，留下不少珍贵历史文物，泉州也因此赢得"世界宗教博物馆"的美誉。

鸦片战争后，特别是厦门被辟为通商口岸以来，外国传教士凭借列强的势力涌入闽南地区传教，他们在闽南地区设立教堂、圣所，创办一批学校、医院，活动遍及闽南各地。其中厦门的新街礼拜堂、竹树脚礼拜堂、厦门港礼拜堂三个教堂，是英法美等教会组织传教的重要据点。

（1）泉州清净寺

清净寺位于泉州鲤城区涂门街中段，是我国现存最古老的伊斯兰教建筑，也是泉州海外交通的重要史迹，被国务院公布为第一批全国重点文物保护单位之一。

清净寺始建于北宋大中祥符二年(1009年)，元至大二年(1309年)重修，系仿照叙利亚大马士革伊斯兰教礼拜堂的形式建造。现存主要建筑包括大门楼、奉天坛和明善堂。大门楼外观采用阿拉伯伊斯兰教传统建筑形式，共分三层，第一、二层为圆形穹顶拱门，第三层为砖砌圆顶。奉天坛是穆斯林礼拜的地方，现仅存四周石墙，门楣部分雕刻有阿拉伯文《古兰经》。明善堂建于明隆庆元年（1567年），自奉天坛屋顶坍圮后，教徒们便在此做礼拜。门楼东侧祝圣亭内立有元至正十年（1350年）、明万历三十七年（1609年）重修清净寺的碑记，是研究泉州伊斯兰教的重要物证。寺内有明成祖于永乐五年（1407年）颁发保护清净寺和伊斯兰教的"敕谕"石刻一方，弥足珍贵。清净寺的宣礼塔初建为石砌，16世纪初为木塔，目前仅存塔址。

（2）厦门新街礼拜堂

新街礼拜堂位于厦门市思明区台光街29号，又名中华第一圣堂，是我国最早供华人使用的基督教堂。1842年美国归正教会和美以美会派牧师到厦门传教，最初在水仙宫寮仔后（今水仙路附近）租赁民房，后因教徒增加，乃于1848年在新街仔（台光街现址）建成一座砖木结构的礼拜堂。自此厦门成为鸦片战争后除广州外最早传入基督教的城市。

（3）鼓浪屿天主堂

鼓浪屿天主堂位于厦门鼓浪屿鹿礁路34号，该址原为西班牙领事馆，后改为法国领事馆。1916年，西班牙多明我会传教士马守仁被罗马教廷任命为厦门教区主教，他将多明我会会所的楼房与法国领事馆交换，把领事馆改为主教楼，次年在主教楼前面建天主堂。该建筑由西班牙建筑师设计，为典型的哥特式单钟楼建筑，目光所及拱、窗、门、塔及女墙镂空均呈尖形。教堂正中祭台供奉耶稣像，两边各有一个小祭台，可容纳200人左右。天主教厦门教区管理从龙岩到莆田的80个天主堂，遍及半个福建省。

（五）祠庙建筑

1. 宗祠建筑

宗祠是供奉列祖列宗的场所，建造宗祠是汉民族祖先崇拜的一种重要形式。闽南地区祠堂建筑的出现，是与中原汉人的迁入和该地区的开发联系在一起的。闽南地区家族祠堂的建造，可以追溯到唐五代时期，明清以来随着经济发展和家族制度的完善，祠堂建筑进一步发展和繁荣起来。闽南城乡大都建有族姓祠堂，不但有家族宗祠，一些大的家族，族内各房还建有支祠。

（1）泉州吴氏大宗祠

吴氏大宗祠位于泉州市鲤城区涂门街西段，原为明万历十一年（1583年）进士吴龙徵的故宅，清代状元吴鲁亦居于此。因吴龙徵官任东观侍读、西台御史，故其地被称为"东观西台"。清光绪十六年（1890年），晋江人吴鲁中状元，为闽南吴姓千百年来所未有，吴氏后裔便将其故宅的前三进改建为泉府五县吴氏大宗祠，并在祠前竖立状元旗杆。

吴氏大宗祠系汉族祠堂建筑，该建筑三开间、三进深，占地近1700平方米，规模宏大,结构严谨。祠堂内存有《温陵吴氏大祠堂记》《东观西台族史和吴氏大宗祠》《温陵合族吴氏祠堂记》等多方清代重要碑刻,正厅有一匾额"状元宰相"系南宋状元吴潜所立,是泉州地区现存较大的清代府级祠堂建筑,具有重要历史价值和艺术价值,2005年被公布为第六批福建省文物保护单位。

(2)漳州林氏宗祠

漳州林氏宗祠,又称比干庙,位于漳州市芗城区振成巷内,由漳州七县林氏后裔捐资共建,供奉林氏始祖比干。历代漳州官员每逢清明节都亲临比干庙祭拜先祖。漳州林氏宗祠不仅长期供奉林氏始祖比干,还作为林氏族人赴考往来生员的接待处。此外,它也是台湾林氏宗族——雾峰林家和板桥林家共同的祖祠。

漳州林氏宗祠始建于宋代晚期,清末重修,现存建筑既保留宋元建筑风格,也具有清代建筑特点。宗祠前后进已废,现存中进为四方正殿,面阔三间、进深五间,重檐歇山顶,红色筒瓦,下檐不围合,留有回廊痕迹。中国古建筑专家、历史学家均认为,林氏宗祠融早期南北派建筑风格于一体,是一座具有较高历史、科学和艺术价值的汉族古建文物。1996年被国务院公布为国家级重点文物保护单位。

2. 文庙建筑

文庙之制始于唐代,唐以来除京师孔庙外,各府、州、县均设立孔庙。宋以来孔庙与学宫(官学)并建一处,左庙右学,文庙为习礼之所,学宫为习文之所,这个制度一直延续到清代。闽南地区文教发达,文庙建筑颇多。

(1)泉州文庙

泉州文庙位于泉州市鲤城区中山中路泮宫内。文庙始建于唐开元末年,宋代建孔庙于此,北宋太平兴国七年(982年)建为州学,南宋绍兴七年(1137年)重建,是集宋、元、明、清建筑形式的孔庙建筑群,也是闽南地区最大的文庙建筑群。

泉州文庙规模宏大,布局匀称,造型独特。文庙主体建筑大成殿为宋代重檐庑殿式结构,斗拱采用抬梁式木结构,立48根白石柱,正面8根为浮雕盘龙檐柱。殿前为露台,台下有拜庭,庭外是泮池,泮池上有元代建的泮桥。大成殿前两侧分别为东庑、西庑,两庑前正中为大成门,左为金声门,右为玉振门,三门联成一体。门外为露埕,可容纳千余人,左右分别为礼门、义路,大成殿西面建有泮宫门。文庙东面依次是明伦堂、露庭、书斋、方池、育英门,以及尊经阁、祠堂等建筑。

泉州文庙建筑风格古朴,体现中原文化与闽南建筑文化的完美结合,2001年被国务院公布为全国重点文物保护单位。现文庙内设有"泉州府文庙文物陈列馆"、"泉州历史名人纪念馆"、"泉州古代教育展览馆"。

(2)漳州文庙

漳州文庙位于漳州市区修文西路,是我国四大孔庙之一,始建于宋庆历四年(1044年)。朱熹、郑成功、黄道周都曾到此祭祀孔子,南宋建炎年间(1127—1130年),孔子后裔入漳,亦居住于此。

漳州文庙进大门沿中轴线依次为戟门、丹墀、月台、大成殿,两旁为东西两庑、敬一亭等。戟门面阔九间，进深二间。东西两庑面阔各八间，进深各二间。大成殿是文庙建筑的主体，为明代木结构建筑，面阔五间，进深六间，重檐歇山顶。大成殿具有早期闽南建筑特征，如红砖红瓦，同时也融入北方建筑风格，殿内保存大量宋、明遗迹，内部结构和局部装饰，反映闽南地区石雕技术和建筑技术水平。文庙右边即为府学部分，建有训导署、启圣祠、明伦堂、教谕署、名宦祠、乡贤祠、土地祠、闵公祠、泮池、游圣之门及学舍。漳州文庙具有很高的历史文化价值，被国务院公布为国家级重点文物保护单位。

四、闽南建筑的文化价值

建筑与人类生活的关系最为密切，人类的活动——无论物质的还是精神的，都离不开建筑。闽南古建筑是闽南先民长期创造形成的，有着深厚的文化积淀，具有很高的历史价值、艺术价值和科学价值。

（一）历史价值

建筑是历史的年鉴。闽南建筑是闽南区域政治、经济和文化发展最集中、最鲜明的反映，它所承载的是几千年来闽南地方社会博大精深的文化，历史、地理、生活方式、文学艺术、宗教信仰，乃至行为规范、思维方式、价值观念等，无所不有，反映了各个不同历史时期闽南地区的文化事象，具有包罗万象的特点。

正如当代艺术家简森在《世界美术史》中说的："当我们想起任何一种重要的文明的时候，我们有一种习惯，就是用伟大的建筑来代表它。"闽南建筑具有悠久的历史和深厚的文化底蕴，不仅是闽南地域文化的载体，更是闽南地域文化的代表。它既承载了中原文化，又包容海洋文化，兼具地方民俗文化，以及民间工艺文化，留下大量历史文化实物和非物质文化遗产，集中反映闽南地区的社会面貌和文化形态，是闽南地区古代灿烂文化的重要组成部分。做好闽南古建筑遗产的保护工作，对弘扬和传承民族文化具有重要意义。

（二）艺术价值

建筑不仅具有物质使用功能，同时能够满足人们对美的渴望。同其他造型艺术一样，建筑艺术主要通过视觉给人以美的感受，成功的建筑艺术作品，能够陶冶和震撼人的心灵，给人很大的精神感染，所以建筑又被称为"凝固的音乐"。

建筑艺术形象具有反映社会生活的特殊功能。闽南历代古建筑真实地反映了在各个不同历史时期闽南先民的生活状态和精神面貌，正如法国作家雨果在《巴黎圣母院》中说的："人类没有任何一种重要的思想不被建筑艺术写在石头上……人类的全部思想，在这本大书和它的纪念碑上都有其光辉的一页。"以闽南地区的传统民居建筑——红砖大厝为例，泉州蔡氏古民居、厦门海沧新垵古民居、漳州龙海埭美社水上古民居等建筑群，蕴含着闽南人独特的建筑观念和审美情趣。这些建筑群不仅凝聚着闽南人世代传承的亲情，而且集历代多种建筑风格于一体，融合了历代建筑工程技术、民间工艺美术等多种元素，创造出丰富多彩的艺术形象，展现了闽南地区丰富的风土人情，表现出独特的艺术魅力，是传统民居建筑的瑰宝，具有很高的艺术审美价值。

（三）科学价值

闽南历代建筑的形成同闽南地区所处的历史时代、地理环境、气候条件、生活习俗密切相关，同时受到建筑材料、施工技术的影响。现存古建筑不仅是闽南地区在各个不同历史时期的社会生活、宗法制度、宗教信仰、民风习俗、历史事件的见证，也是研究特定历史时期的社会经济状况、生产力水平和科技发展水平的重要实物资料。

在各类古建文物中，遍布城乡的红砖大厝最为典型。中原汉族传统民居建筑，用的都是青砖灰瓦，只有闽南地区的红砖大厝大量使用红砖红瓦（称为"红料"），红砖成为闽南的象征。到了清代，这类建筑形制更加规范，在建筑群、单体建筑以及建筑布局、建筑装饰、建筑技术等方面都取得辉煌的成就。近现代以来，红砖建筑则在继承优秀传统和吸收世界优秀建筑艺术的实践中，不断发展，有所创新。红砖大厝堪称传统民居建筑的活化石。

参考文献

[1] 曹春平，庄景辉，吴奕德.闽南建筑[M] // 陈支平，徐泓.闽南文化丛书[M].福州：福建人民出版社，2008.

[2] 福建省地方志编纂委员会.泉州市志[DB/EB].福建省情资料库地方志之窗地市县志，www.fjsq.gov.cn.

[3] 福建省地方志编纂委员会.漳州市志[DB/EB].福建省情资料库地方志之窗地市县志，www.fjsq.gov.cn.

[4] 福建省地方志编纂委员会.厦门市志[DB/EB].福建省情资料库地方志之窗地市县志，www.fjsq.gov.cn.

第十一章

闽南宗族组织

闽南地区历史源远流长，上下越千年，宗族文化始终是闽南地方传统文化的固有成分。宗族是由有父系血缘关系的各个家庭，在祖先崇拜及宗法观念的规范下组成的社会群体。[①] 现如今，宗族观念虽不似从前那般强烈，但它依然存在于闽南社会的经济、文化、宗教、伦理道德、民俗等各个领域。追根溯源，闽南宗族组织的形成与历史上闽南地区的移民潮休戚相关，主要是由不断南迁的中原汉民逐步孕育出来的。

一、闽南宗族组织的形成

现如今走在闽南的一些乡村或老街小巷依然会发现不少民居古厝门楣上方悬挂着的一些门匾，如"陇西衍派"（李姓）、"青阳衍派"（蔡姓）、"金墩衍派"（黄姓）、"九牧传芳"（林姓）、"开闽传芳"（王姓）等，当陇西、莆阳、金墩……这些中原地名出现在闽南古厝的门匾上，既说明现今闽南的主体居民原是来自中原地区，也表明闽南人对自己祖脉源流的追寻。

在春秋战国时期，浙江地区的越族进入福建境内，与土著闽族融合成为闽越族，在秦汉之际建立了闽越国。秦汉以前闽南地区一直都是闽越族人栖息之地。自汉代以降，历朝统治者为加强对闽中地区的控制不断削弱闽越族的力量。至西晋，当地的土著文明基本被破坏殆尽，闽越人或被消灭，或逃遁山林。并且，从西晋至五代的数百年间，北方中原地区的汉民不断向南迁徙，掀起了一个又一个入闽高潮。其中有三个时期规模较大，一是西晋永嘉年间"中州八姓"入闽。据清乾隆《福州府志》记载："永嘉二年，中州板荡，衣冠始入闽者八族：林、黄、陈、郑、詹、邱、何、胡是也。以中原多事，畏难怀居，无复北向。"这"中州八姓"多为达官贵人，是为逃避永嘉之乱而携眷南逃的。二是唐高宗总章二年（669年），陈政、陈元光父子

[①] 冯尔康. 中国宗族史 [M]. 上海：上海人民出版社，2009:17.

统率府兵入闽，驻守绥安（今漳州云霄）一带。陈氏父子所率戍闽的部将有五十八姓，如许、卢、丁、沈等，也都在漳州落籍定居。三是唐朝灭亡后，中国分裂为五代十国，河南光州固始县王潮、王审知兄弟二人趁大乱，组织乡兵渡江南下进入闽南。不过，从总体看，由汉晋至隋唐，入闽移民大多都是沿途陆续留居，真正到达闽南的人口是相对偏少的。随着移民的持续入闽以及莆田两溪流域居民的南迁，闽南人口在唐末至宋代才急剧增加。宋至明清时期，闽南人口甚至成为赴潮汕、过台湾、下南洋的主要来源。可见，随着人口的增长、社会经济的开发，人口不仅在一地繁衍生息，更是迁移新居地而展开衍派的流布。

中原汉民入闽，有的是随军戍守，有的为躲避战乱，有的为开疆拓土，寻求生存空间。在迁徙过程中，中原汉民大多是举家或举族南迁。在闽南定居后，为争夺土地和山场等生产资料，维系家族的生存和发展，维护利益不受侵犯，松散的宗姓群体逐步发展，通过建祠堂、修族谱、立族规、祭祖宗、设族田，逐步形成组织化、制度化了的宗族组织，成为封建时期闽南地方社会最基本的社区群体。

二、闽南宗族组织的特点

闽南宗族组织是闽南地区悠久的地方历史文化中的固有成分，经历了兴盛、衰落、重构的反复发展过程，具有多元融合、延续性、世俗性和信仰杂糅等特点，这些特点凸显了闽南地方文化特有的品质和精神内涵。

（一）多元融合

闽南地区历史上就已是外来移民的聚居地之一，众多人丁主要还是由外来入闽者构成。这当中主体人口仍为中原汉民，不过也有一部分是因港埠通商而侨居于此的外国侨民，主要有阿拉伯人、犹太人、波斯的亦思法杭人、印度人和一些欧洲人。他们在当时被称作番人或番客，这些海外人士久居闽南，习汉语，随汉俗，当中有许多人与当地人通婚，生儿育女，在闽南本土发展家业，也立祠修谱，日渐融入汉人主流社会中。现如今，泉州陈埭丁氏和惠安百奇郭氏的始祖即为阿拉伯裔，今其裔孙仍奉回教。除了外侨，元代蒙古族人、女真族人等少数民族在闽南与当地汉族居民的交往乃至通婚亦传下血脉，较为有名的有蒙古裔的惠安燕山出氏、金女真族裔的晋江衙口南浔粘氏。

中原汉民，海外侨民，回、蒙、女真等少数民族，这些族群在迁徙、入闽、聚居、交往的过程中，不断演绎着中外、"胡"汉民族融合，极大地丰富了闽南地区宗族组织的人口构成，呈现出多元融合的局面。

（二）延续性

时代的车轮总是不可阻挡地向前滚动，在历史的洪流中，朝代更迭、战乱动荡、人口迁移，这些无一不影响着宗族组织，使之发生变动。只不过，宗族组织总能在变迁冲击的洗礼下得以延续。明代后期的倭寇之乱和清代初期的迁界之变，使闽南地区的聚居宗族受到了全面冲击，不少宗族甚至一度趋于解体，长期未能恢复正常活动。而过台湾、下南洋等人口迁移活动，也使得聚居宗族及香火的传承受到了考验。不过，在根深蒂固的家本位观念影响下，宗族组织并未轻易地就完全湮灭。即使重建或新建的宗族组织发生变异，在强调血亲关系之余也掺杂进由地缘、利益联结而形成的联宗、合宗，但祭祀、崇拜、修编谱牒等宗族文化还是得以相对完整地延续下去。

（三）世俗性

闽南宗族带有鲜明的世俗功利色彩，主要反映在维护宗族共同利益的实用观念上。一方面，体现在各宗族依靠族内势力争夺土地、山场等生产资料，并依靠他们的政治地位和家族实力来进一步谋求经济利益，甚至不惜进行族与族之间的对抗和械斗。另一方面，则体现在聚居布局、宗祠、官庙、族谱等组织形式上。闽南地区的宗族聚居布局讲究风水，重视环形对称，一些宗族还特别营造风水林、风水池以趋吉避凶。而在宗祠、官庙的建造以及族谱的编修上更是煞费苦心：置官庙用以驱恶辟邪，显示势力；建宗祠用以认祖归宗，增强向心力；修族谱用以显扬门庭，正本清源。以上种种无不体现宗族共利的实用观念，通过维护宗族共同利益以确保宗族成员情感上的认同，并自觉团结在宗族组织周围，进而维系宗族生存发展，后世子孙开枝散叶绵延不绝。

（四）信仰杂糅

民间信仰在闽南地区尤为活跃。在崇拜的众多神明中，有一部分是与崇拜的宗族有着某种渊源的神祇，其神灵的事迹不少是由族人们塑造并口耳相传而来的。如漳州府一带的林姓宗族多供奉"云霄太师林偕春"，晋江陈埭丁氏供奉传说中舍身驱瘟神的"丁王爷"，漳州云霄崇拜"夫人妈"等，而能成为族中奉祀神明的，其原型大多具有高尚的德行和超凡的人格魅力，为宗族乡野舍生取义做出过重大贡献。在闽南乡民看来，奉祀与本族同宗同姓，或是与本姓氏有过缘分的神明可给予本宗族兼有亲情的倾向性庇佑。更进一步的，将祖先崇拜与神明崇拜糅合一体，可增进祖先系统的神圣性，更可借助神的灵光提升宗族声望，这就构成了闽南宗族社会一个鲜明特点。

三、闽南宗族组织的主要形式

古人有云，一个宗族，务必"立家庙以荐蒸尝，设家塾以课子弟，贾义田以赡贫乏，修族谱以诲疏论"。可见宗祠、族田、族谱都同一个宗族的命运紧紧相连。在

第十一章
闽南宗族组织

这里，我们将闽南宗族组织的形式扩展为宗祠、族谱、族产、祭祖、迎神赛会，力求较为全面地展现闽南宗族组织，以期还原闽南宗族历经岁月变迁的历史风貌。

（一）宗祠

宗祠是中国传统的祭祀场所之一。在闽南地区大小宗族都有祠堂；百十户甚至十数户的小宗族，就在村落中营建一座宗祠，族大人多的则建立数所祠堂，因此，祠堂又有总祠和支祠之分。全族合祀的为总祠，或称宗祠，族内的房、桃各祀其直系祖先的为支祠，或称小宗祠。一个宗族有数所祠堂的，大多是由于族人繁衍过多，向外拓展，已经分别聚居于邻近的几个村落，各自建立祠堂以奉祀其近祖。[①] 作为闽南宗族组织的象征性标志，宗祠既有举行祭祀和其他宗族活动的实用功能，又有教化、艺术和审美等方面的文化功能，其历经岁月积淀的建筑风貌往往体现着天人合一、人文与生态和谐统一的思想。

闽南宗族祠堂的建造历史，最早可以追溯到唐代。在一些较古老的姓氏族谱中，都可以看到这方面的记载。位于泉州开元寺的紫云黄氏大宗祠——檀越祠，即建于唐代垂拱年间。宋元时期，闽南各宗族建造祠堂的较多。泉州德化美湖阳山陈氏祠堂，始建于南宋年间。晋江芝山刘氏祠堂，始建于元代至治年间。但明代以前，宗族建造祠堂的现象并不是很普遍，主要局限于少数豪族，且由于兵荒马乱人为破坏和年代久远自然毁坏等因素，世家豪族所营建的祠堂也大多颓圮。进入明代之后，随着闽南宗族的进一步壮大，加上山海商品经济的发展，建造祠堂有了较好的经济基础，也便成为各宗族的主要追求。祠堂的数量和规模不断增加和扩大，修建祠堂进入竞相效仿时期。唐宋以来早已建造祠堂的宗族，或将旧祠堂推倒重建，或另辟新址，或修葺扩大旧祠堂。而那些在宋元时期尚未拥有祠堂的宗族也纷纷兴起建造祠堂的行动。南安梅溪吴氏祠堂，始建于明代初年，后几次修葺。漳州诏安秀篆镇埔坪王游氏的龙潭家庙"盛衍堂"，始建于隆庆六年（1572年），是秀篆镇最大的宗祠。总之，族必有祠，在明清时期的闽南是极为普遍的现象，而现如今我们所能看到的绝大多数祠堂也都是具有明清风格的建筑。

祠堂对于宗族而言，有不少功能，这当中当属供奉和祭祀祖先为重。宗祠被族人们视作是已故祖先的"家"，是祖先们的神灵所聚之地，因而祠堂内供设着族内全部或部分祖先的神主牌位。所谓"神主"就是一种嵌在木座上的长方形小木牌，上面写着某某祖先的名讳、生卒年月、原配姓氏、子孙、曾孙名字。每一对祖先夫妇一块木牌，这木牌即是祖先的象征。一般在宗祠大殿正中会设置一个正龛，左右两边各设一个配龛。正龛之中居始祖神主，始祖以下的诸祖神主牌位分左昭右穆（古人在室内座次以东向为上，其次才是南向、北向和西向。故以始祖居中，东向；二世祖、四世祖、六世祖位于始祖的左方，朝南，称昭；三世祖、五世祖、七世祖位

---

① 苏黎明.家族缘：闽南与台湾[M].厦门：厦门大学出版社，2011:154.

于右方，朝北，称穆），摆列于始祖神主的两侧，井然有序。正龛供设的神主，一般仅设考、祖、曾祖、高祖四世的神主，超过四世的神主则迁到配龛上去。也有见一些宗族祠堂，在大殿正龛安放祖先神主牌位，而在配龛则供奉福德正神、文昌帝君等信奉的神明。故而，是否设置配龛，配龛供设神主或是神明，供设多少神主，供奉哪几尊神明，还得依各个宗族的具体情况而定。在一些跨地域的大宗祠堂，供设的神主很多，但往往供设的是宗族中一些有特殊贡献或影响广泛的族人的神主。这是闽南各宗族供奉神主的基本做法。对宗族而言，为显示实力倾力修筑的宗祠，往往还衍生出艺术审美的功能。华丽庄严且重视法度的营造方式，可以称得上是闽南宗祠建筑的精华所在。宗祠外观通常是合院式，有单殿、双殿和三殿等，其格局大小依据宗族规模大小、官位高低、财富多寡而定。清朝对于宗祠建制有较严格的规定，几品官、几开间、几台阶，都有一定的规格限制。宗祠中的彩绘和纹样，从门神、隔扇到梁柱等，除具有保护木构件不易受潮、受风化侵蚀及美化装饰的作用外，还通过描绘一些孝悌忠信、礼义廉耻的故事，宣扬中国传统的伦理道德观念，也寄寓着族人们对于生活平安和美、宗族兴旺昌盛的期许。宗祠通常是额有匾，楹有联。从匾额题字中，可以看出各宗族的族风与科名。门柱上的楹联（联文），多是请文人雅士或达官显宦撰写的，它与匾额题字一样，是构成宗祠文化景观的一大要素。闽南宗祠的建筑风格大体相似，但有一处不得不提，那就是晋江市陈埭镇丁氏祠堂。丁氏宗祠在建筑的设计和平面布局上煞费苦心，由阿拉伯文字装饰的雕刻工艺，以及"回"字形的廊院建筑形式，无不暗示其先祖为伊斯兰教徒（回族），强烈的民族意识融于宗族祠堂的建筑技艺中，闽南汉文化的共性与伊斯兰教之遗俗交融在一起，可说是匠心独运。除祭祀先祖、艺术审美外，旧时宗族祠堂还发挥着规训教化的功能。宽敞的祠堂，是族中要人进行议事、处理族内纠纷的地方，也是对违犯族规者进行惩戒的"法庭"，有的宗祠内甚至还开设学堂，请私塾老师为族内子弟讲授知识。

（二）族谱

"人有祖，犹木有本，水有源也。苟无谱以述之，虽支流百出，无以知其源，旁支竞秀，无以得其本，此族谱之不可不修也。修之者何？盖欲识尊卑、序长幼、明伦纪、分昭穆，以笃尊尊亲亲之谊，以究木本水源之理。"

如果说宗祠作为闽南宗族组织的象征性标志，将族人紧密联系在宗族组织的活动中，那么，作为闽南宗族史籍志书的族谱，载祖德、立族规、明宗支、分族从，则是宗族强调木本水源、敬宗睦族的另一重要标志。

通常记载一个家庭中辈分排行的谱牒，称为家谱。而记载一个宗族的谱牒，就称为族谱。宗族为了厘清自身的来源，以及记载族中重要的事件，每隔几代或是有重要的事件发生时，就会重新修改并增加族谱的内容，使得宗族的历史得以延续。

这样的工作称为修谱。①

闽南宗族族谱的内容,尽管格式不大一致,详略也有差别,但总的来看无外乎以下几个部分的内容:(1)谱序:包括跋语。邀请达官显宦、名流大儒或族中贤达者写序,主要写宗族的历史,叙述本族姓氏的由来、始祖的渊源、迁徙的过程、兴盛的始末、祖宗的事迹、修谱的历史等。(2)凡例:包括谱论。主要阐明修谱的基本原则和体例。(3)家族的世系和血缘关系图表:世系中详细记载着全族男子的名讳、字号、排行、出卒年月、葬地、配偶姓氏及出卒年月,以及生了几子,子何名等。世系也有以图式为基本表现形式,即把全家族的世系绘成简图,把主要内容注入图中,一目了然。(4)恩荣录:主要记载皇帝、官员对家族成员的封赏恩宠等。(5)族规:基本内容多是孝敬祖先、和宗睦族、各安其业、遵纪守法。将其载入族谱的目的是便于读谱时向族人宣讲,要求族人恪守,并使宗族组织能根据此类宗法来惩罚那些有损宗族利益和声誉的族人。(6)祠堂、祖墓、族产、公田:祠堂的坐落所在、朝向、基本轮廓、几进几重、奉祀神主,文字配上绘图,一目了然。至于宗族的祖茔,为防止抛弃于荒原郊野之外,失去标记,因而必须在族谱上详细记载某某墓地在某山某向,坐落某处,甚至绘上简图。(7)人物传与科名录:族谱中对于值得表彰的人物事迹大书特书,既有标榜彰显之意,又期望发扬光大。(8)艺文与轶事:宗族中成员的重要著述、诗文等,以及有关轶事,有的族谱也予以收录。

族谱是专载血缘家族的人物世系与宗族源流的史籍志书,是一种以特殊形式记载的宗族发展史,也是宗族社会的重要组成部分。在追溯某宗某支的世系时,多会发现宗族祀奉其祖先,无不夸耀其出身多么高贵,另外,许多族谱也都会有历代功名科举的记录等。实际上,在族谱修撰的过程中,特别是清中叶以后大兴的统谱和联谱之举,不少宗族相附相攀,标榜出身,炫耀门第,因而出现了假造、攀附历史名人的情形。作为根植于宗族社会的族谱,是带有某些封建糟粕或假造冒托的痕迹,但族谱也有不可否认的价值。族谱中蕴藏着大量有关人口学、社会学、经济史、家族制度及地方史志方面的资料,可以补充或是校勘正史和地方史志的不足,具有较高的文献价值。同时,族谱中的族规、族训等内容,如敬长者、孝父母、尊师长、崇俭朴、戒奢侈、禁赌博等伦理规范,对促进现代文明建设也有积极的作用。更为重要的是,族谱为宗亲认同,尤其是港澳台同胞、海外侨胞寻根认祖提供重要资料。许多港澳台以及海外族裔,正是通过祖地的谱牒,找回了自己的根。可见,族谱当中记载的一手资料确实具有其他文献材料无法比拟的宝贵价值,但这当中也不能排除某些宗族族谱存在的夸大失实乃至错误的记录。因此,在引用族谱资料的同时必须小心甄别,认真考据,本着客观审慎的科学态度,去伪存真,宁缺勿误,方可真正发挥族谱的文献史料价值。

---

① 周志强.我的寻根之旅:拜访宗祠.金门:金门县文化局,2009:12.

(三) 族产

族产是闽南宗族组织的经济支柱。宗族组织举办的诸多活动，都需要相当的费用作为支撑。宋代以后，除临时按人丁收取这些费用外，设置固定的收入来源日渐盛行，即族产。族产的用途很广，凡是属于宗族组织事务的费用支出，一般都可以动用族产，如建祠修墓，篆谱联宗，迎神赛会，赈济贫穷，兴办公益事业，以及与外族的民事纠纷、诉讼甚至械斗等，都可以族产作为经济后盾。但这当中，最重要的还是举办祭祖和拜神仪式的费用支出。宗族之所以看重族产，是因为借由设置和维持族产可以从经济上把族人们聚拢在一起，在一定程度上达到敬宗收族的目的。

宋元时期，宗族的族产基本上仅限于族田、房屋、桥渡、水利工程、碾坊、沿海滩涂等，其他方面很少。明代以后，闽南地区的宗族组织为了自身的生存和发展，在经济方面也不断进行自我调节。除了继续增置和经营族田外，不少宗族也开始涉足工商领域，特别是通过出租经商房屋和管理手工作坊等途径，筹措宗族的活动经费，增值宗族的财产。因此，族产的内容增加，呈现多样化的趋势，出现了诸如房产、生息银两等方面的内容。但就大多数宗族组织而言，数量最多且影响最大的族产，无疑还是土地田产，即通常所说的族田。

目前学界一般认为中国最早设置族田的是北宋范仲淹，他在苏州置义田十余顷，将每年租米所得用来救济各房族人。不过，明清才是普遍设置族田的时期，这从族谱的记载中可以得到清楚的反映，这一时期各宗族所编修的族谱几乎均有设置族田的记载。族田的设置和增殖，主要通过提留祭产、义捐、派捐等途径实现。所谓的提留祭产，即是在下一代分家时，提留一部分的田产作为祖辈、父辈的赡养来源，祖、父辈死后，这部分田产便成了祭田。而义捐，则是倡议族人主动捐献钱物以购置族田。除了这两种途径外还有派捐，闽南的宗族往往根据人丁的数量、各家的条件，通过各种临时性集资摊派，购置族田，来扩充本族的公有财产。

(四) 祭祖

为了维系宗族内部团结，增强凝聚力，祖先崇拜成为维系宗族内部团结的重要纽带，而祖先崇拜又集中反映在祭祖活动上。祭祖是族人在宗子或族长的率领下，通过一定的仪式，沟通人神，培养怀念祖先的情感并接受伦理孝悌的教育，同时在祖先面前确认族人间尊卑伦序、血缘关系的活动。可以说闽南各宗族对于祭祀祖先都是极为重视的。

一般而言，祭祖有三类较为规范的仪式：（1）祠祭，又称公祭，是在宗祠内举行的祭祖活动，多为宗族合祀。（2）墓祭，即在祖先墓地举行的祭祖活动。这是祭祖礼仪规格中仅次于祠祭而又高于家祭的一种祭祀。墓祭与祠祭一样，时间上比较固定，也不如家祭频繁，闽南宗族一般只有清明扫墓一次，平日是不去祖墓的。墓祭的对象可分为近祖和远祖，因而墓祭的方式也会有所不同。墓祭直系近祖，即高、曾、祖、祢四代祖先的坟茔，是以家庭为单位进行祭祀的，备应时供品，烧香焚纸，仪式较为简单。而祭祀远祖的墓茔，则是以宗族为单位偶尔举行，但场面较为隆重，这当中既饱含族人慎终追远的情感，同时也是彰显宗族强大势力的机会，因而有实力的宗族往往大操大办，铺张声势。（3）家祭，即在家中厅堂进行的，多为一家子孙祭祖的仪式。家祭有忌日祭祖和四时节日祭祖。闽南人称祖先诞日和卒日的祭祀为"做忌"，诞日祭祖叫"生忌"，卒日祭祖叫"死忌"。考妣的生忌、死忌都要做，祖考妣以上，一般只做死忌。做忌虽是对某祖先的纪念，但诸祖牌位并列，实际上一起祭祀。一般而言，"私祭则设位于家，公祭则集拜于祠，清明则祭祀于墓"。①此外，还有宗族不定时的祭祀，俗称"杂祭"。每当宗族发生重大事件，如婚娶、添丁、中举、盖房等，也要向祖宗报喜，再求祖宗庇佑。而在各种各样的杂祭中，要数"做功德"（拜忏，超度祖先亡魂）和七月中元普渡的祭祀最为隆重。

由于祠祭多为宗族合祀，是场面盛大、礼仪庄重的祭祖仪式，在这里做详细介绍。古人认为，祠为祖宗神灵所依，墓为祖宗体魄所藏。子孙思祖宗不得见，见其所依所藏之处，如见祖宗。一般祠祭的时间，各宗族都有相对固定的约定，"大宗小宗之祠，各春秋两祭"，不过具体的日期还得是因族而异。民国《南安县志》载："泉俗祭礼，凡世家巨族，每于冬至祭始祖。前一日，设位、陈器、省牲、具馔。祭时，主祭盛服就位，引赞、通赞、读祝，俱序立。主祭奉神主出，就正寝降神、参神、进馔、初献、亚献、终献、侑食受胙、辞神纳主……"其实，在祠祭礼仪中，最主要的还是行三献礼的仪式，乾隆《安溪县志》所描述的比《南安县志》更能凸显三献礼在整个祭祖仪式中的核心地位。乾隆《安溪县志》载："凡祭，先三日斋戒，厥明夙兴，设馔，奉主出龛就位，盥洗，行三献礼，进羹饭，侑食。礼毕，纳主，彻馔饮羧。此宦族之礼。""今庶人家合族共一宗祠，冬至阖族同祭，只行一献礼。一献之中，三祭酒、三奠酒一时并举，有祝文，无嘏辞。余俱同。"三献礼一共有二十几个步骤，金门陈坑陈氏宗祠至今还保留着按照传统的三献礼程序进行祭祖的仪式。

"万物本乎天，人本乎祖。"祭祖作为体现祖先崇拜的一种表现形式，是神圣的，可以说被视同为与神明崇拜一样重要。其本质是一种以血缘关系为基础，受血缘观念支配的信仰。对一个宗族来说，祖先是维护血缘关系、代际传承的纽带，因而这种崇拜形式较其他崇拜也更来得亲切些。

（五）迎神赛会

在闽南宗族文化中，提及宗祠就不能不谈到宫庙，谈到祭祖就不能不提及迎神。它们都是因应人们信仰需求而产生的，也是闽南宗族社会的重要组成部分。

闽南，原是闽越族的聚居地。司马迁的《史记·封禅书》记载：越族人信鬼，而其祠宇中供奉的都是鬼像。可见，闽越族已很崇尚鬼神。中原汉民入闽后，同样

---

① 程维荣．中国近代宗族制度[M]．上海：学林出版社，2008:47.

也面临着恶劣的自然环境以及各种力不能及的问题，这使得他们也相信冥冥之中有着神秘力量在主宰世间万物。尽管最后闽越族消失了，但崇敬鬼神的风气却也在闽南这片土地上保留下来。

　　闽南宗族社会所崇拜的神明纷繁杂芜，但往往带有明显的宗族印记。"境主"就是闽南人对官庙主祀神的俗称，主祀神庇护的是一方众生，被认为是一个地域范围内的保护神。因而，除了供奉祖先的宗祠外，奉祀神明的官庙也就成了族人表达信仰需求，寻求精神寄托的公共空间。族人乡民日常会到官庙拈香拜神，祈愿祝祷。而到了神明的诞日等纪念日或是宗族的重大活动，迎神赛会，就成为一个宗族文化生活中最为热闹的场景。传统的迎神赛会一般有打醮、鼓乐、演戏、游神等活动。打醮，即请僧道念经做法事求福禳灾，乡民纷纷到醮坛烧香祈祷，献物献钱，祈求神明赐福与庇佑。而比较大型的迎神活动还要请戏班子在官庙前的戏台或是空地演戏，短则三五天，长则半月一月；规模较小的迎神演出的是木偶戏，配合着鼓手乐师吹拉弹唱，热闹非凡。在迎神赛会中，最主要的节目当属游神，这往往是整个宗族甚至是几大宗族联合举办、全员参与的宗族盛事。通常，游神绕境的队伍是由锣鼓阵、旗牌队、由童男童女化装为戏剧人物的辇艺阵、鼓乐队、曲艺队、舞蹈队以及神轿阵等组成。浩浩荡荡的游神队伍出发时，敲锣打鼓，鞭炮齐鸣，载歌载舞而行，族人乡民或竞相聚拢在道路旁观看，或代表家庭在路旁设祭迎候神明，或干脆拈香祝祷虔诚地跟着队伍行进。游神队伍每过乡民设祭点，都要鼓乐舞蹈一番，神轿阵则要停下来，接受乡民族人的膜拜，让神明享用乡民们的宴祭，就这样一直到最后一站，方可返回官庙。

　　迎神赛会是年度娱神活动，意在驱逐境内的妖魔鬼怪，保护宗族平安，族人也借此感谢"境主"的庇护，是一个宗族性的仪式活动。对其内部而言，族众的参与形式多样，题香火钱、捐锦旗牌匾、请戏班子演戏、为庙宇当义工、抬神轿、打灯笼等。通过参与，族人们增进了了解，有利于宗族团结，并且这也是难得的文化娱乐与休闲放松的机会。而从外部因素考虑，迎神赛会活动又直接关系到宗族的社会地位和外部威望，这也就使得迎神赛会成为宗族与外部联络的一个重要手段。在同一地域范围内关系比较融洽的不同宗族，还可以通过举办共同的迎神赛会活动加深友谊和联系。再者，闽南游神绕境队伍中常见的火鼎公火鼎婆、拍胸舞、宋江阵等舞蹈表演以及娱神演戏中的芗剧、高甲戏、木偶剧等戏剧演出，也间接促进了闽南民间歌舞曲艺的传播和发展。然而，作为宗族社会大型宗教与民俗活动，迎神赛会一度是政府查禁的对象，被认为带有封建迷信色彩，容易形成攀比之风靡费钱财，加重群众负担。在许多场合里，宗族的迎神赛会、文化娱乐活动，往往还成为宗族向社会显示势力的一种手段，因而也容易成为族间冲突对抗的导火索。如泉州东西佛会每年迎神接香，经常发生械斗，吴增《泉俗激刺篇》所载"东佛去取火，西佛去接香，旗鼓各相当。最怕相逢狭路旁，狭路相逢不相让，流差霎地相打仗。打仗打死人，石片弹子飞如尘。东家妇，西家叟，茫茫丧家狗。孩子倒绷走，神魂惊去十无九",就是对械斗场面的形象描绘。

四、闽南宗族组织的社会功能

在悠远的历史进程中,宗族组织渗透于闽南地方社会的政治、经济、文化等方方面面,通过建祠堂、篆族谱、置族产、祭祖先、崇神明发挥其社会功能,对闽南地方社会民众的生存互助、规训教化、情感凝聚产生深刻影响。

(一)生存互助

对于闽南各宗族来说,倡导"守望相助,患难相恤"的宗族道德是重要的,因而宗族也成为族人在经济上求生存、寻互助的社会组织。一方面,生活上陷入困顿的族人可向宗亲寻求援助,宗族内部通过捐资或族产的收益赈济孤寡贫疾,提供某种程度的经济扶持,使贫弱者生死婚丧有所保障,生产生活至少得以维持低水平的运转,不致颠沛流离。另一方面,在小农经济下,农民农忙时节或平日修房造屋,劳动力供不应求之际,往往需要族人间互相帮工,通过经济协作来解决人力短缺问题。这种宗族共利的现实经济纽带,对于满足族内众人的一时之需,解决燃眉之急发挥着互助互惠的重要作用,进一步来说,对于维护宗族秩序,拢聚族众,其作用也不可小觑。

(二)规训教化

宗族在历史上曾是统治阶级为维护君主专制制度和皇朝政权的一种工具。统治阶级通过宣传孝悌、亲亲、敬宗收族等传统伦理观念,加强对社会的有效控制,如张载主张:"……管摄天下人心,收宗族,厚风俗,使人不忘本,须是明谱系、世族与立宗子法。"通过封建的宗法制度来约束人民的行为,从而达到维护社会稳定,巩固统治根基的目的。而后宗法制度逐渐脱离国家政权与权力分配,以宗族组织的形式沉潜于基层社会,尽管如此,在闽南村落的土地上宗族组织规制约束族人的功能依然得以延续。一种是清晰的辈分等级的规约,在宗族组织内部有着严格的上下、长幼等级秩序,族长的辈分最高,拥有最高权威,有权决定宗族内部的大小事务,以促成个人思想和行为的自律。另一种更为普遍的,用以约束族人行为的便是宗族共同订立的族规。如南安芙蓉李氏宗族订立族规十条,内容主要是严谕其宗族子孙要抑恶扬善,敦亲睦族,奋发图强。不管是族中要人的权威,还是族规、族训的准则,各个宗族无不借此强调族内相互扶持和救助的重要性,教导族人恪守敦亲睦族的宗族道德观,调节族人间的利益冲突,以维持宗族内部秩序有条不紊的运行。

(三)情感凝聚

"人有祖,犹木有本,水有源也。"作为"百善孝为先"的封建宗法社会,宗族组织与孝道伦理是一脉相承的，宗族组织自古沿袭下来的修谱、祭祖等传统始终提醒着族人们"慎终追远，民德归厚"，在宣扬孝悌、亲亲等传统伦理观念，弘扬孝道文化方面发挥着重要作用。另外，通过祭祖、修谱等一系列的仪式活动还能够实现对宗族存在的统一认识，对宗族组织的认同进一步内化成为族人内心的慰藉和情感归宿，最终实现增强本族认同感与凝聚力的目的。这点从散落各地的族亲，尤其是港澳台同胞、海外侨胞不远万里也要寻根谒祖就可以看出来，仿佛有一条无形的血缘纽带将族众紧密联系在一起。

传统的闽南社会中宗族组织是一种血缘组织，同时也是利益和文化的共同体，这从上述宗族的社会功能中可以清晰地呈现出来。而在现代文明秩序中的闽南宗族组织的功能和权力范围虽在弱化、缩小，却也并不妨碍其作为闽南传统文化影响着闽南人的社会生活。作为一种乡土文化现象，宗族组织依然是人们情感的认同和心灵上的归宿。不过，宗族组织及其文化也存在着偏离现代文明的负面影响。

（一）封建迷信与陋习泛滥

闽南宗族通过修谱、祭祖、迎神等活动，在增强族众向心力和显示宗族实力的同时，也衍生出了许多封建迷信和陋习。封建迷信思想的泛滥大多是基于民众世俗、功利心态的缘故，其中一个突出的表现就是淫祠的泛滥。许许多多荒诞不经的邪僻之神、妖，也成了民间供祀的对象，并煞有介事地建祠供奉。与这种世俗的信仰联系着的，还有闽南民间普遍滋长的封建陋习，如为了彰显宗族势力，在祖先祭祀、中元普渡、迎神赛会等礼仪性活动中大操大办，相互攀比，造成了人力、物力、财力的浪费。一些宗族还为争夺风水宝地引发过族际矛盾。这些封建迷信和陋习的沉渣泛起既有违民间信仰和宗族文化的初衷，也不利于宗族社会的稳定。

（二）对抗与械斗

闽南的械斗始于明末，由于当时闽南社会秩序动荡，海寇、山贼交讧，寇患频发，百姓为保护身家性命，不得不修筑防御工事，建立地方军事武装以此对抗，却也渐渐形成了尚武、好勇斗狠之风。百姓即使遇到鸡毛蒜皮的小纷争，也会大动干戈，彼此报复。而因沿海经济发展而兴盛的宗族组织和族人对宗族的依附关系，以及官府审断不公、置之不理的态度，也使得个别族人的纠纷或地方权益之争往往演变扩大为族与族之间大规模的对峙械斗。宗族间的对抗与械斗甚至一度恶化成为历史上闽南宗族社会的突出问题，其持续时间之长，影响范围之广，对社会发展产生了许多不良影响，也从一个侧面反映出宗族组织的愚昧和落后。

认识闽南宗族，事实上回答的是"我是谁"，"我从哪里来"的问题，是对身份认同和乡土归属感的思考和追寻。"年深外境犹吾境，日久他乡即故乡。朝夕莫忘亲命语，晨昏须荐祖宗香。"……从中原南迁、闽南聚居、衍派流布到过台湾、下南洋，闽南移民几经辗转和迁徙，留居地与祖地也许已隔千万里，但木本水源、慎终追远的信仰始终都是维系闽南后裔与祖地根脉的一根剪不断的纽带。

参考文献

[1] 陈名实. 闽越丛谈 [M]. 厦门：厦门大学出版社，2012：310.

[2] 陈支平. 福建族谱 [M]. 福州：福建人民出版社，2009.

[3] 程维荣. 中国近代宗族制度 [M]. 上海：学林出版社，2008：47.

[4] 戴希朱. 风俗 [Z]// 南安县志编纂委员会.（民国）南安县志第九卷.1989.

[5] 冯尔康. 中国宗族史 [M]. 上海：上海人民出版社，2009：17.

[6] 福建省漳浦县政协文史资料征集研究委员会. 风土志上·风俗 [Z]// 福建省漳浦县政协文史资料征集研究委员会.（清康熙）漳浦县志第三卷.2004.

[7] 郭志超，林瑶棋. 闽南宗族社会 [M]. 福州：福建人民出版社，2008.

[8] 刘朱紫. 从闽台冬至祭祖看闽台的宗族文化 [A]// 周仪扬. 谱牒研究与五缘文化 [M]. 北京：中国文联出版社，2009：358-359.

[9] 清源. 雷安族谱（旧序）[Z]. 民国十五年（1926年）修.

[10] 苏黎明. 泉州家族文化 [M]. 北京：中国言实出版社，2000.

[11] 苏黎明. 家族缘：闽南与台湾 [M]. 厦门：厦门大学出版社，2011.

[12] 吴松青. 福建地方村落共同体的原始聚合形态 [A]// 福建省闽文化研究会主办. 闽文化研究 [M]. 天津：天津古籍出版社，1994：105-114.

[13] 吴增.《泉俗激刺篇》[A]// 陈支平. 近500年来福建的家族社会与文化 [M]. 上海：三联书店，1991：230.

[14] 吴祖鲲，王慧姝. 文化视域下宗族社会功能的反思 [J]. 中国人民大学学报，2014（3）：132-139.

[15] 周志强. 我的寻根之旅：拜访宗祠 [M]. 金门：金门县文化局，2009：12.

第十二章

闽南宗教信仰

宗教是在一定历史阶段形成的精神现象。由于人们的生活需要，这种精神现象逐步衍生出相应的社会实体，并形成巨大影响力。关于宗教的定义，学界一直众说纷纭。一般认为，宗教具有以下特征：（1）宗教具有神明崇拜的意识与行为；（2）宗教存在一定的崇拜礼仪；（3）宗教具有适应信仰生活的组织管理形式；（4）宗教具有传播信仰的经典及其思想体系。

从文化发展的历史背景进行审视，我们会清楚地发现，中国的各种宗教（包括原始宗教、民间宗教、道教、少数民族宗教以及外来的佛教、伊斯兰教、基督教），既在一定程度上表现了各自的文化特性，同时又与中国传统文化的其他类型，如哲学、文学、政治、经济、伦理道德、法律、民族风俗乃至绘画、雕塑、戏剧、建筑、医药养生、天文历算、地理等存在着千丝万缕的联系。从这个意义上看，可以说"信仰文化性"是所有宗教的共性。

闽南宗教不仅具有一般的信仰文化特性，而且具有区域文化印记。

一、闽南宗教信仰的形成

闽南地区是中国东南土著民族闽越人的重要活动区域，是闽南民系与闽南文化形成与发展的起源地。从地理位置上看，闽南涵盖了泉州、漳州、厦门三地，在依山傍海，岛屿众多，山地、丘陵纵横的生态环境中，闽南社会历史的发展呈现出独特而纷繁复杂的文化面貌。闽南宗教信仰是区域社会历史文化的重要组成部分，其形成主要受到三个方面因素的影响。

（一）闽越土著民族的原始宗教信仰文化

考古资料显示，旧石器时代，生活在福建区域的原始人类创造了有别于中原地区的砾石石器文化传统，并逐步发展成新石器、青铜和早期铁器时代的几何印文陶文化。东周秦汉时期，江浙一带的越民族向东、向南播迁，与商周时期就生活在福建的土著——"七闽"民族融合，形成了闽越民族。

依据考古资料可以看出，至迟在4000年前，闽越人就有图腾分类象征意识和鬼魂崇拜观念，巫觋之风也相当盛行。福建古称闽，"闽，东南越，蛇种"（许慎《说文解字》）。《太平御览》卷一七○"州郡郊"也提及："闽州越地，即古东瓯，今建州亦其地，皆蛇种。"这些历史文献中都明确指出：闽地的"东南越"崇拜蛇图腾。先秦时期几何印文陶器上拍印的各种花纹，多是蛇状和蛇斑纹的模拟演变，唐宋以来，闽南的漳州、平和、永春、厦门等地均有崇蛇的信仰文化流传于世。例如在漳州、平和等地，有被称为"侍者公"的蛇神崇拜，在三平村一带，当地人把一种黑色无毒小蛇看作侍者公的化身，爬入家中的这种蛇会被当作保佑家居平安的神灵加以保护。而狗图腾是闽越等东南土著民族的又一祖先崇拜文化，如厦门灌口凤山祖庙的白狗信仰、东山岛马銮湾奉祀"十八神犬"的民间宫庙等。

除蛇、狗图腾之外，天、地、星辰以及龟、虎等自然神灵也是闽越土著的信仰对象。闽越土著还有浓厚的鬼魂信仰传统，"信巫尚祠"数千年兴盛不绝，这是以"事死如事生"的观念为基础的。闽南地区自然环境凶险，林中多猛兽蝮蛇，对于闽越人来说，这些"敬鬼立祠"的活动，既是一种与祖先崇拜相关的宗教信仰，也是一种生活方式和生存动力。生活在恶劣自然环境之下的闽越人，通过鬼神信仰来增强心理适应与平衡能力，达到与自然的和谐发展。

（二）中原移民南迁引入的佛道宗教文化

闽越土著虽僻处东南一隅，但从社会历史进程的角度来看，并不是与世隔绝的，在其民族形成与发展的进程中，也受到了先进的楚汉民族文化的影响。

汉武帝元封元年（前110年）灭闽越国，在闽中推行郡县制，并对闽越族采取内迁、同化政策，加速了中原汉文化与闽越文化的交融。唐宋时期的文献曾多次指出福建的大姓如林氏、黄氏等，有相当一部分是由闽越遗民转化而来的。

历史上，中原文化向闽南地区三次大规模移植（西晋永嘉年间中原士人南渡开发晋江流域；唐朝总章年间陈政、陈元光开发漳州；唐朝僖宗元年王绪军团进入漳泉），在这期间，佛教就随着中原移民扎根闽南了。

东汉末年，太平道和五斗米道两大民间道派的产生标志着道教的形成。太平道的创始人为张角，张角在太平道的基础上建立黄巾军，于184年发动了声势浩大的黄巾大起义，207年遭到残酷镇压。五斗米道的创始人为张陵、张衡、张鲁祖孙三代，该教主要以符水禁咒为人治病，病愈者以五斗米作为酬谢。同时张陵曾宣称自己从太上老君处得授"天师"封号，因此五斗米道又称天师道。太平道起义时，五斗米道也在巴蜀之地揭竿而起，张鲁在此施行政教合一的政权，史称张鲁政权。太平道被镇压后，张鲁率众归顺曹魏政权，天师道得以延续，并逐渐成为中国道教的正宗。

太平道、天师道在其早期传播过程中，对南方影响并不大。但在三国两晋战乱频繁时期，南方所受破坏相对较小，因此中原及巴蜀之地的民众纷纷避祸江南，他们所信奉的道教也随之而来。当时孙吴政权的宗教政策比较宽松，自身也信仰神仙方术，因而很多道士纷纷进入江南传教。至于道教何时传入闽南，虽无文献明确记载，但可以肯定的是，至迟在三国时期就已经传入了。

（三）外来宗教依靠海洋环境媒介传入，在闽南共生共荣

闽南地区依山面海，有着漫长的海岸线，海洋不仅是沿海民众的衣食之源，同时也是闽南与外界交通的桥梁与纽带。海洋因素在闽南文化的产生与发展中一直扮演着重要角色，海洋环境对于闽南宗教文化的影响，主要包括两个层面：一是使各种外来宗教信仰借由海洋媒介在闽南传播，为闽南人接受与传承；二是使闽南的宗教信仰具有鲜明的开放性，借由海洋媒介传播到台湾与东南亚一带。

佛教、基督教、伊斯兰教等外来宗教传入闽南主要依靠海洋环境的媒介作用。

关于佛教传入闽南的途径，学界主要有陆路说与海路说两种说法，但均为推测，难成定论。海洋环境是否为闽南佛教的最早传播途径还不能妄下断言，但有资料证明，沿海路来华的僧人对闽南佛教的早期发展产生了深远影响。南朝梁520—526年间，天竺僧人拘那罗陀"汎大海来中国"，驻锡南安县九日山延福寺，翻译经文。拘那罗陀为中国历史上与鸠摩罗什、玄奘、义净齐名的四大翻译家之一，他在延福寺待的时间虽然只有短短的两三年，但却出现了"学徒追逐，相续流连"的景象。可以说，拘那罗陀在延福寺的译经说法，对佛教在闽南的传播发展曾起到重要的推动作用。

基督教在闽南的传播也与海洋环境有着密切关系。英国人阿·克·穆尔（A.C. Moule）在《1550年前的中国基督教史》一书中引用了史料："另一个十字架是8世纪人们建造福建省泉州城墙时发现的，后来很尊敬地被置于城墙面东的一边六英尺高处。当地居民对此十字架十分敬畏，甚至成了他们的传统信仰。"8世纪泉州的十字架，显然是景教在泉州传播的产物。

泉州在元代号称东方第一大港，海洋环境为天主教的传播提供了便利。当时，泉州教会是仅次于汗八里（北京）教区的一个独立的大主教区。明代以后，天主教卷土重来，再次传入闽南。明万历三年（1575年），西班牙派遣马丁·德·拉达（Martin de Rada）等四人使团，随福建把总王望高的船队来闽，从厦门登陆，使团经过泉州时受到官方礼遇，为天主教传入闽南的先声。

伊斯兰教传入闽南，同样也源于海路。宋元以后，来到泉州港的商船番客众多，出现"市井十洲人"的繁盛景象。其中有很多阿拉伯、波斯的穆斯林商人，他们在泉州经商、定居，甚至出任官职，如蒲寿庚"提举泉州舶司，擅番舶利者三十年"，在泉州曾有很大影响。当时仅市区就有六七座礼拜堂，也说明了伊斯兰教在泉州已有相当大的势力。

二、闽南宗教信仰的特点

闽南宗教信仰是积淀深厚、魅力独特的文化现象，它深深地渗透于闽南地区广大民众生活的各个方面，对民众的生活方式、风俗习惯、思维方式、心理情感等方面都产生了深刻和广泛的影响。从某种意义上说，不了解闽南地区的宗教信仰，就无法达到对闽南历史文化传统演变和社会变迁的深层阐释和全面把握。由于独特的自然与人文条件，闽南宗教信仰在长期的发展演变过程中形成了自身的特点，在中国传统宗教文化中占有一席之地。

（一）闽南宗教信仰的地域性

中国的民间信仰可溯源自远古的原始信仰，其崇拜对象漫无边际、无所不包，是一个涵盖了天神、地祇、人神、人鬼、动植物神灵、生殖神灵的庞杂系统。从全国范围来看，对天神（玉皇大帝）、财神、土地神、城隍、灶君、寿星、八仙、文昌福神这些信仰和对圣人、贤人的崇拜均具有普遍性。但由于独特的人文、地理条件，闽南地区的信仰和崇拜有所选择、有所侧重、有所指向，呈现出独特的地域特点。

比如，在众多的信仰对象中，闽南人尤为重视的是天公（玉皇大帝）。在所有神祇中，天公受到闽南人的虔敬程度最高。每年正月初九日的"天公诞"是民间隆重节日，而闽南人的人生重要阶段如出生、婚嫁、寿辰以及丧事等都有隆重的拜天之礼。早在西晋太康年间，泉州就建成了奉祀天公的玄妙观（俗称天公观）。在祭祀天公时设立天公坛，悬挂天公灯，燃烧天金以及做天香等，都体现了闽南地区的信仰特色。

在对圣哲贤人、忠孝义烈的信仰供奉方面，关羽信仰在民间最具广泛影响。泉州的通淮关帝庙，始建于南唐或宋代，历史悠久，至今香火旺盛，可见闽南地区民众崇拜对象的选择性。

最能体现闽南宗教信仰地域特色的应是那些遍布城乡的种类繁多的地方性神灵。这些地方性神灵大部分是对人物的神化。从身份上看，他们既有道教道巫、佛教僧侣，也有民间乡贤，既有地方官吏也有普通百姓。例如，清水祖师、三平祖师、开漳圣王、辅顺将军、广惠尊王、广泽尊王、广利尊王、青山王（灵安尊王）、通远王、肖太傅、法主公、万氏妈、苏夫人姑、保生大帝、妈祖等。特别值得一提的是，在闽南地区的城乡广泛存在着被称为"铺主"、"境主"的地方保护神。比如，旧时泉州城内划分为36铺94境，每一个铺、境均有本地护境安民的保护神。闽南地区独特的人文、地理环境产生了这些乡土色彩鲜明的神灵，这是闽南各地区独有的神灵，具有特定的地域性。

(二）闽南宗教信仰的世俗性

明清之后，闽南道教的宗教活动成为世俗生活的重要组成部分。闽南道士多属正一教派，不出家，居家娶室，茹荤，不在道观长住，多在民间做法事。正一派道士在闽南民间被称为师公，分为两种：一种是乌头师公，属天师派；一种是红头师公，属闾山三奶派。他们大多数不谙教义，也无笃实信仰。在世俗活动中，乌头师公较多司理对死者的宗教礼仪活动，如对死人开魂路、做功德、引魂等。红头师公较多司理为活人举行的宗教礼仪活动，如起土、谢平安、竖符、补运、安宅等。在闽南地区，有信无教的状况比较明显。一般信众以祈福避邪为主要目的，只要有神可拜，便不问佛道。

地方神灵更是适应闽南民众各种各样的现实需要而产生的，闽南地区生存条件险峻，为祈求安康，供奉的不同功能的神灵也就应运而生。海神妈祖、医神保生大帝等就是最典型的例子。首先，闽南是滨海地区，海上作业发达，渔业是社会经济的重要支柱，浩瀚的大海是人们的生活之源，但变化无常的大海的力量又令人恐惧不可驾驭，闽南人由此产生了对海神的崇拜。其次，闽南地区对于中原移民来说还是蛮烟瘴雨之区、炎热潮湿之地，自然环境险恶，人们的健康与安全受到威胁。海神妈祖和医神保生大帝就是适应当时当地人们的需要而产生的。此外，遍布闽南地区的瘟神——"王爷"信仰，也从一个侧面反映了闽南地区疾疫流行情况，民众在肆虐的疾疫面前无可奈何而祈求神灵。

闽南民间的各种节庆仪式（如天公诞、佛生日、普渡等）、红白喜事、民俗表演等，往往带有浓厚的宗教色彩，可见宗教信仰已渗透进闽南民众的日常生活与劳作，这也是其世俗性的体现。

(三）闽南宗教信仰的包容性

明清之后，闽南道教、佛教普遍向世俗化发展，儒、道、释进一步合流，许多宫庙佛、道并祀。不仅如此，在各地民间宫庙里，还供奉着不计其数的本土神灵如妈祖、保生大帝等，这些本土神灵往往与观音、如来等佛道尊神济济一堂，分享着信众的奉祀。例如，据《厦门志》所载以及现实调查，都可发现，在厦门地区有几十间宫庙是同时共祀妈祖和保生大帝的，这种平安之神与医药之神共祀的普遍现象，显示出信仰的包容性。

闽南区域不仅有晋江、九龙江的出海口，而且面对台湾海峡，有天然的黄金海道，为北上日本、韩国和南下东南亚诸国提供了便利。因而早在宋代，闽南地区与世界许多国家的商贸往来已相当兴盛。随着商贸的发展，濒海而建的城镇不断扩展，跨国文化交流也日趋频繁，大陆文化与海洋文化相互融合，形成了闽南宗教信仰传播的独特文化环境，呈现出兼容并包的特点。

如在宋元时期，泉州港即成为世界大港，与埃及亚历山大港并驾齐驱。由于海外交通繁盛，又实行信仰自由的宗教政策，外国商人、工匠、学者、旅行家纷至沓来。泉州建有番人街、番坊、番学，外国人"杂处民间"，和闽南人和睦相处，"蕃汉通婚"极为普遍。北宋大中祥符二年（1009 年），阿拉伯穆斯林在泉州城南创建具有伊斯兰建筑风格的清净寺。泉州伊斯兰教鼎盛时期，有穆斯林数万人。古基督教（景教）、摩尼教（宋代称明教）、印度教（古称婆罗门教、吠陀教）等，在这一地区也十分流行，遗留下不少珍贵历史文物。异国的文化习俗、宗教信仰的传入，使闽南地区成为中外文化交流的中心，泉州也因此赢得"世界宗教博物馆"的美誉。

（四）闽南宗教信仰的开放性

海洋环境使得各种宗教文化在闽南荟萃，同时，借助海洋媒介，闽南宗教信仰也通过移民和侨民向海外传播，体现了开放性。唐宋时，已有一些闽南民众到东南亚一带谋生。明清以后，闽南民众对外流动更逐渐增加，一方面是南下东南亚贸易，另一方面是东渡开发台湾。航海条件的艰险，在外谋生的不易，都促使闽南民众把故乡宗教信仰带到移居地，以求得神灵和超自然力量的庇护。就这样，宗教信仰随着闽南民众的对外流动而传播到东南亚和台湾一带。

闽南道教在台湾与东南亚一带得到广泛传播。早在唐代中叶，流寓泉州的著名道士施肩吾就率族迁居澎湖台湾。明清以后，有很多闽南正一派及闾山法主派道士，到台湾设坛传法。

闽南佛教主要通过僧侣到海外的弘法、住持、建寺等活动来实现其在海外的传播。以漳州南山寺为例，早在明崇祯元年（1628 年），旅居日本长崎的漳州籍船主就在紫山创建福济寺，并延请南山寺觉海和尚为开山住持。清末民初，南山寺僧到南洋弘法的也很多，其中的一些被当地邀请为住持，还有一些则在当地创建寺院。

相较道教和佛教，闽南民间信仰在海外的传播更为普遍而广泛。

台湾民间信仰的形成可以说是闽南民间信仰跨海东传的直接结果。郑成功入台，以及清王朝入主台湾，带来了闽南民众以及民间信仰播迁台湾的高潮。可以说，台湾民间信仰的发展史，就是移民开发台湾的历史，移民开发到哪里，民间神灵也跟到那里。在闽南民间信仰播迁台湾的过程中，保生大帝、清水祖师、广泽尊王等闽南三大神灵受到了普遍崇拜。

闽南民间信仰在很早前也随着闽南侨商的步伐，经海洋播迁到东南亚一带。如康熙三十六年（1697 年）的《吧国缘主碑记》，记录了巴达维亚（吧城）一带华人华侨捐资重建青礁慈济东宫的情况。东南亚的华人领袖直接参与青礁慈济东宫的重建活动，表明东南亚一带信仰保生大帝的深厚基础。清水祖师、广泽尊王信仰在东南亚一带的影响也很大。

闽南宗教信仰向海外的播迁，不是单向的流动，而是双向的互动过程，更充分显示了开放特点。海外的佛教信徒对闽南原乡的佛教事业极为关心，许多寺院的重修重建活动都得到东南亚华侨华人信徒的热心援助。闽南道教与民间信仰在海外的分炉，也大多与故乡祖庙保持着密切的联系。如白礁慈济宫清嘉庆二十一年（1816年）重修时，其分炉台南学甲慈济宫不辞长途跋涉，跨海运来六根蟠龙石柱。台湾关帝信徒与泉州通淮祖庙间的关系也很密切。

三、宗教文化在闽南的传播

闽南宗教文化是国内难得的多元和谐的宗教文化。历史上，由于移民迁徙文化传播、村落家族传统保持、海上贸易开放交流等诸多因素影响，道教、佛教、伊斯兰教、基督教、天主教、摩尼教等都在闽南广泛传播并产生较大影响。

（一）道教传播

闽南地区早在秦汉时代就有方士活动，其后历代都有道教人物修隐于清源、紫帽等名山，留下许多史迹。秦代，有一个名叫大道的人，从中原到泉州，修真于清源山左峰，受到后人供奉，其地取名"大道岩"。同期又有道友结庐修炼于惠安万岁峰。汉时，泉州人陈寨善禁咒术，为人治病多愈。道教创立不久，左慈、葛玄、郑思远等著名道士相继入闽云游或传教，晋江内坑瑞云岩有葛仙翁寄迹之处，故名"仙境"，传说他显道术化杖为龙，此地又号葛州。西晋太康年间（280—289年），泉州建有道教宫观白云庙。东晋末年，信奉天师道的孙恩、卢循起义失败后，部分徒众流散在泉州沿海，称为"游艇子"。

唐朝王室自认是道家老子的后裔，使得道教得以迅速发展。隋唐以前，福建境内共有道观三座，即宁德的鹤林宫、建安县的报恩光孝寺、晋江的玄妙观。到了唐代，由于统治者对于道教的优宠，道教宫观庙宇应运而生。在泉州，新建有紫极宫、金粟崇真观、紫泽宫、虎岫寺等；在厦门同安，建有朝元观、东岳行宫等；在漳浦县城西，也建置了漳州第一座道观开元观。著名的道士有蔡如金、郑文浚、蔡明浚、施肩吾、吴崇岳、杨樵等人，皆以修持养炼及方术显名于世。

安史之乱后，中原动荡，闽南地区僻处东南，比较稳定，一些有避世思想的官宦和知识分子，到道教中寻找精神寄托。诗人秦系（浙江人），建中元年（780年）到南安九日山隐居，长年足不离山，致力于注释《老子道德经》，自号东海钓客。唐末诗人罗隐（余杭人），因科场不得志，南下浪游福建，流传有晋江罗裳山的画马石故事和"罗隐谶"等神奇传说。有人视罗隐为修真学道者。五代十国时期，王审知家族、留从效、陈洪进等相继统治泉州，他们都大力推崇道教，广建道教宫观庙宇。

五代时期，闽南道士谭峭全国知名，他所作的《化书》在道教史上具有重要的思想价值。

入宋以来闽南地区道教兴盛，宋朝廷尊崇道教，倡建道观，重用道士，编辑道书，追封道教神祇及民间神祇。地方官吏（如颜师鲁、真德秀等）都重视斋醮、法事仪式，常亲自主持或参与坛祭、庙祭、祠祭等活动，许多官宦士绅对道教的哲学思想、养生之道均有所研究。道教不仅对闽南地区的民风习俗如岁时节令、婚丧喜庆等有影响，对民间文学、音乐舞蹈、戏剧曲艺、民间工艺、地方建筑等也有深刻影响。

金元时期出现了全真道、太一道、大道教等新道派，尤其是全真道在丘处机带领下走向自身发展的顶峰，一度出现繁盛局面。至元后期，由于上层腐化和在僧道辩论中的失利，全真道也走向了衰微，各道派纷纷趋向合流。

明代中叶之前，由于统治者的重视，尤其是明宪宗的崇道，道教（主要是正一道）一度贵盛非凡。明后期至清乾嘉年间，道教走向了衰微。新建道教宫庙甚少，以前所建的重要宫庙大部分因年久失修而圮坏湮没，仅有小部分获得修葺。但是，清王朝又有对道教加以利用的一面：官方把泉州通淮关岳庙、泉州府城隍庙列为春秋祭祀的场所；康熙皇帝晋封妈祖为天后；乾隆以后多次修建泉州东岳行宫。

闽南道教自明代之后，进一步世俗化，道教的宗教活动成为世俗生活的组成部分。清代，儒、道、释进一步合流，许多宫庙佛、道并祀，城乡建有大量民间信仰的宫庙。每个都、铺、境都有庙宇，祀奉保护神。道教与民间信仰混淆不清。清末民国初，泉州府城周围有正一派道士二三百人。此时，住观道士已很少见，大多在民间做法事。1931 年，原籍龙溪县的著名学者许地山，撰就《中国道教史》，成为当时全国为数极少的一部有关道教史的专门著述。

闽南道教供奉的尊神和俗神众多，其中保生大帝、清水祖师、广泽尊王被称为闽南三大神灵，还有妈祖、开漳圣王等，不仅具有鲜明的地域特色，在台湾和东南亚一带也有广泛影响。

1. 保生大帝

保生大帝吴夲（979—1036），又称大道公、吴真人，北宋福建路泉州府同安县白礁乡人（今属漳州）。吴夲云游四方，从师习道，潜研医术。他多方运用道家传统医术，自炼丹药，运用气功，施用针灸，配制草药，使民间病患者病愈康复。其医德高尚，受宋仁宗敕封为慈济真人，后被奉为医灵真人，从宋代到明代多次受到朝廷追封，明永乐年间被封为"昊天金阙御史慈济医灵真君万寿无极保生大帝"，成为闽南、台湾乃至东南亚一带负有盛名的道教俗神。供奉保生大帝世界祖庙位于漳州白礁慈济宫，现大陆和台港澳、东南亚有 2000 多座供奉吴夲的保生大帝庙宇，信众近亿人。

2. 清水祖师

相传清水祖师俗姓陈，讳荣祖，法名普足，宋仁宗庆历四年（1044 年）正月初六日诞生于泉州永春。因在麻章施医济药，普救贫病，被尊称为麻章上人。宋神宗元丰六年（1083 年），清溪蓬莱乡一带大旱，乡人请他去祈雨，立刻甘霖普降，因此被尊称为清水祖师。清溪蓬莱刘氏献张岩山，筑一精舍，延请麻章上人居住，并更名"清水岩"，这就是安溪蓬莱祖殿的由来。麻章上人在此修行 18 年，行医救世、独力募化、修桥铺路，受到泉州、漳州、汀州一带民众崇信。逝后民众感念其德泽，屡次奉报朝廷，敕赐"昭应广慧善利慈济大师"封号。随着明末清初郑成功复台、清廷迁界和后来规避战乱，大批安溪民众先后向浙江平阳、闽北崇安和海外移民，清水祖师的崇拜也随之向内地及台湾和东南亚地区发展，成为闽南移民强根固祖的主祀神之一。

3. 广泽尊王

广泽尊王圣号为"威镇忠应孚惠威武英烈保安广泽尊王"，简称广泽尊王，此外尚有郭圣王、郭王公、圣王公、保安尊王诸称。据传广泽尊王宝姓郭氏，名忠福，系五代后晋天福年间人氏，郭子仪十一世孙，开闽郭在嵩五代孙，时龄16岁在诗山凤山寺第二殿左边大房古址，盘膝于古藤上坐化得道成神。据史志记载，广泽尊王成仙登神后，神通广大，有求必应，行仁赐福，兴神助战，功勋卓著。自宋至清，获历朝皇帝6次敕封祭典。广泽尊王在海内外有广泛影响，每年旧历八月都会举办广泽尊王封茔祭祖的活动，世界各地的信徒至闽南泉州安溪县祭拜广泽尊王的祖坟，对尊王先人表示敬意。

4. 妈祖

妈祖的人物原型是宋代福建湄洲岛上的疍民女巫林默娘，她死后被疍民奉为海上救生女神。妈祖以预卜者、灵媒、巫觋知名，"生而神异，能力拯人患难"，"生而神灵，能预言人祸福，矢心履救"，"少而灵异，能知人祸福，乡民以疾告辄已"。她生前最著名的灵迹是在梦中救助千里之外海难中的父兄，当地人相信她有超自然力量，可以引导出海的人在风暴中安全回家。宋庆元二年（1196年），泉州修建了第一座妈祖庙——顺济庙，随着闽商在各海港商埠建立神庙致祭，妈祖信仰超越了方言与地域的边界，不仅是湄洲岛的巫鬼神灵，而且演变成东南地区海洋贸易保护神和航海救生神灵，著名的海神"天后"。

5. 开漳圣王

开漳圣王是唐朝首任漳州刺史陈元光的封号，开漳圣王信仰在闽南、台湾和东南亚都有重要地位。陈元光，字廷炬，号龙湖，唐显庆二年（657年）农历二月十六日生，淮南道光州固始人（今河南省固始县）。陈元光自幼聪颖好学，博通经史，熟谙《太公》韬略，喜读黄石公《素书》，13岁领乡荐第一。唐总章二年（669年）随父归德将军、岭南行军总管陈政率府兵平定了闽粤边陲骚乱。陈元光治理漳州二十五载，使泉州与潮州之间"几疑非人所居"的区域告别炎荒，走向文明，实现了"北距泉州，南逾潮惠，西抵汀赣，东接诸屿，方数千里无烽火之惊，号称乐土"的安定局面。他以智勇双全、知人善任享誉闽粤，武则天赐其"忠毅文惠"谥号。多年来闽台地区人们为开漳圣王立庙奉祀，香火不绝。每逢农历二月十五日开漳圣王诞辰之日，乡亲云集，盛极一时。在漳州和潮汕地区，民间供奉开漳圣王的威惠庙、燕翼宫、州主庙等有百余座；在东南亚各地陈圣王庙也有二三十座之多；在台湾崇奉开漳圣王的官庙祠宇接近300座，这是台湾广大同胞认同根在大陆，台湾永远与大陆亲如一家的象征性标志。

（二）佛教传播

佛教作为世界三大宗教之一，在闽南地区影响极大。可以说，佛教文化已深深融入了闽南的社会精神生活之中，无论从历史还是现实看，闽南佛教都是闽南文化的重要组成部分。

佛教起源于古印度，由迦毗罗卫国（今尼泊尔境内）王子乔达摩·悉达多创立。佛教创立的出发点是基于对个体生命的理性观照，追求自由平等，提倡慈悲智慧。佛教教义的精髓是缘起性空，认为万事万物都是在相依相缘的关系下存在与生起，在这中间没有自性，没有造物主。佛教教义的基础是三世因果定律，认为在善恶之中，每一个个体的生命都必须承担自己的行为责任。从缘起论出发，佛教的基本教义包括四圣谛、十二因缘、八正道、三法印等。

佛教创立后在印度不断发展，公元前3世纪，孔雀王朝的阿育王统一全印后，尊崇佛教为国教，并派人往周边国家布教，使佛教逐渐成为世界性的宗教。在我国史料中，有汉哀帝元寿元年（前2年）口授佛经的记载，可知在此之前，佛教已随西域贸易商路，从印度经中亚细亚、新疆，传入中原；东汉明帝时，佛教作为一种神仙信仰在上层贵族中传播；东汉桓帝时，翻译了大量佛教经典，使洛阳成为当时的佛教中心。

历史上，中原文化向闽南地区三次大规模移植（西晋永嘉年间中原士人南渡开发晋江流域；唐朝总章年间陈政、陈元光开发漳州；唐朝僖宗元年王绪军团进入漳泉），在这期间，佛教也随着中原移民扎根闽南了。

佛教在闽南地区甚为兴盛，古时泉州有泉南佛国之称。西晋太康九年（288年），南安九日山建造第一座佛寺——建造寺。唐代佛教在闽南地区广为传播，兴建许多佛教建筑。例如泉州开元寺，始建于唐垂拱二年（686年），据传该寺曾"桑开白莲"，因而被称为"桑莲法界"。寺内有镇国塔和仁寿塔，俗称东西塔。除开元寺外，唐时泉州还有南禅寺（后改为承天寺）、东禅寺等44座寺院。唐代漳州兴建寺院12处，其中南山寺和三坪寺为闽南著名佛教圣地，影响遍及台港及东南亚地区。唐代厦门岛内则有陈姓家族建立的佛教寺庙，包括陈夷则的觉性院、陈元通的万石岩、陈肇的泗洲院（今南普陀寺）、陈黯的白石岩等。

宋元时期，闽南地区佛教日兴，寺院遍布城乡。朱熹称道泉州："此地古称佛国，满街都是圣人。"在佛教的八大宗派中，以禅宗为盛。宋元以来，佛教渐趋世俗化，一些佛寺兼祀道教神祇、孔子、文昌帝君以及乡土神祇。佛教的寺庵与道教的宫观经常相互更替、取代。善男信女多求救苦救难，很多寺庙专祀观音菩萨。

南宋时期，寺田成为儒佛之争的一个议题。漳州籍理学家陈淳在《上傅寺丞书》指摘说："此间僧寺极多，极为饶富，十漳州之产，而居其七。凡为僧者，住无碍屋，吃无碍饭，着无碍衣，使无碍钱，因是不复知稼穑艰难。"宋绍熙元年（1190年），朱熹任漳州知州，为了倡导儒学，对佛教加以限制，反对男女出家为僧尼，力倡僧尼还俗。

元代，统治者尊崇佛教，僧人地位尊贵。明初厦门建城，城镇初具规模，岛上诸山相继拓建佛教寺岩。明中后期，地方政府听任豪强势族侵夺寺产，甚至"奉例变卖"寺产以充兵饷。不少寺院"僧亡寺废"。嘉靖以降，倭患的加剧，社会的动荡，也给佛教以沉重打击。泉州开元寺、承天寺被军兵占住，一度变成锻造兵器的场所。明朝末期，漳州寺院亦毁废不少。清代，地方政府严格限制寺院的创建和寺产数额。清康熙二十二年（1683年）施琅统一台湾后回驻厦门，厦门逐渐发展成为东南沿海的港口重镇。清初被毁的许多寺岩陆续得到恢复重建。其间施琅扩建普照寺并改称其为南普陀寺，吴英兴建虎溪岩等。清乾隆十九年（1754年），宣布取消官给度牒制度，准许自由收徒度众，于是出现寺僧滥收徒众的流弊，寺众良莠不齐。甚至有些寺僧抛开清静的山岩佛寺，进入闹市去主持经营香火鼎盛的神道宫庙。

清末民初，革命运动的相继开展与新文化运动的兴起，使佛教受到很大冲击，日渐衰微。为此，一些虔诚的佛教徒致力于复兴佛教事业。1913年，转解和尚在南普陀寺创办旃檀学林，被推举为林长，亲自执教讲经，为厦门佛化教育的兴起奠下基础。1920年，转逢和尚住持南普陀寺后，进一步严整规仪，聘请知名法师来寺开讲佛经，创办景峰学社；1922年，倡议将子孙传承的南普陀寺改为十方选贤的丛林，并选举会泉为首届方丈；越年，又协助会泉创办闽南佛学院，招收全国十方学僧入学进修。1927年，会泉方丈3年任满告退，推举一代高僧太虚来厦继任南普陀寺方丈兼闽南佛学院院长。太虚及其弟子在厦门将南普陀寺和闽南佛学院作为推行佛教改革、发展僧伽教育的实验基地，使之很快成为全国比较正规化的佛教高等学府。20世纪20年代初，厦门佛教突破以僧团活动为中心的传统，出现以佛教居士为主的弘教活动群体。20世纪30年代以后，一些闽南僧人还到东南亚各国弘扬佛教，扩大影响。

闽南地区佛教流派向来以禅宗为最盛，尤其以临济、曹洞两宗最多，彼此既互相渗透，又分立门户，各有传人。历代名僧辈出，不少传教海外，与日本及东南亚各国有密切联系。唐天宝年间(741—756年)，鉴真和尚东渡日本，即有泉州超功寺僧昙静随同前往。明末清初，泉州开元寺的木庵率僧人赴日本长崎，清康熙三年(1664年)，木庵继承隐元和尚的衣钵，成为黄檗宗第二代祖师。后来黄檗宗发展成为日本的一个盛宗，与临济宗、曹洞宗成为禅宗三大派。

闽南地区宗教胜迹遍地，名寺古刹众多。在有泉南佛国之称的泉州，名称可考的佛寺就有近600座。其中，开元寺、承天寺、崇福寺被称为三大丛林；海印寺、宿燕寺、朵莲寺、庆莲寺被称为女众四大丛林；开元寺、龙山寺被列为全国重点佛寺；承天寺、崇福寺、雪峰寺、天柱岩寺、大慈林寺、草庵寺、南天寺、西资岩、海印寺、铜佛寺、科山寺等11座被列为省级重点佛寺。漳州自唐代之后历代都兴建寺院，知名者众，其中南山寺为唐开元年间所建，迄今已有1200多年历史，是闽南三大寺院之一；位于平和县文峰乡三坪村的三坪寺，供奉三坪祖师公，香火鼎盛，声名远播。厦门市著名佛寺有南普陀寺、梵天寺、梅山寺、万石莲寺、鸿山寺、普光寺、虎溪岩寺、日光岩寺等。泉州开元寺、漳州南山寺、厦门南普陀寺并称闽南三大寺院。

（三）伊斯兰教传播

"伊斯兰"为阿拉伯语"和平与顺从"之意，遵照这种生活方式的人称为穆斯林，意即顺从真主安拉的人。《古兰经》是伊斯兰的根本经典，据称真主降示《古兰经》的时间发生在610—632年之间，领受者为穆罕默德。目前全球穆斯林超10亿人。

唐代泉州港兴起，与广州、扬州、交州并称为中国四大对外贸易商港，泉州成为海上丝绸之路的起点，是伊斯兰教传入中国最早的地区之一。据载，唐武德年间（618—626年），伊斯兰教创始人穆罕默德门徒三贤、四贤来泉州传播伊斯兰教，后卒葬东郊灵山，俗称圣墓。

其后，随着海外贸易的不断发展，来闽南的外国穆斯林与日俱增。除商贾外，还有不少工匠和宗教职业者。他们没有携带家属的居多，不少人长期居留闽南，娶汉族女子为妻，在此安家落户，繁衍后代。伊斯兰教教历400年，即北宋大中祥符二年（1009年），留居泉州的阿拉伯穆斯林，在泉州城南通淮街创建规模宏大、具有阿拉伯伊斯兰建筑风格的清净寺。

生活在闽南的穆斯林侨民，与朝廷政权和当地人民关系融洽，热心公益事业，慷慨捐资造桥、铺路、修建城墙等，有的还为安定社会做出贡献。宋咸淳十年（1274年），海贼寇泉州境，为西域人蒲寿庚兄弟击退，他们因此受到宋朝廷的信任。蒲寿庚曾任闽广招抚使，兼领泉州提举市舶司，迁福建安抚沿海都制置使。后降元，受到元朝廷重用。他招抚海外"蕃商"，使大批阿拉伯商船涌入闽南。

元代是闽南伊斯兰教的鼎盛时期，阿拉伯、波斯等地的穆斯林商贾、手工业者、旅行家、学术界人士以及宗教职业人员继续由海上丝绸之路接踵来闽，泉州因汉族居民信奉伊斯兰教者日多，曾有"回半城"、"蒲半街"的说法。元末，泉州穆斯林上层人物介入朝廷政治斗争，伊斯兰教走向衰落。

明朝时，穆斯林历经两次大规模摧残杀戮，死难者不计其数，伊斯兰教受到毁灭性的打击。直至明永乐五年（1407年）五月，朝廷颁发保护伊斯兰教、严禁欺侮穆斯林的"敕谕"，穆斯林的境遇才稍好转。清代，因统治者采取排斥和限制的政策，闽南伊斯兰教继续走向衰落。

（四）基督教及其他宗教的传播

作为世界三大主要宗教之一，基督教（包括景教、天主教与基督新教等派别）在人类文明发展史上占有重要的地位。闽南地区由于地处中国与海外交通要津，很早就与基督教结缘。早在宋元时期，这里已是景教与天主教在华传播的一个中心地。明末清初，天主教耶稣会与多明我会传教士纷至沓来，在闽南各地开展传教活动。明清时期，因为朝廷和地方官吏的抵制，基督教和天主教在闽南地区的传播并不顺利，教徒发展极少。鸦片战争后，特别是厦门被辟为通商口岸以来，外国传教士凭借列强的势力涌入闽南地区传教。自咸丰六年（1856年）起，近代基督教的一些教派先后传入泉州，其中有英国长老公会、伦敦公会、美国归正教公会、美国美以美公会（又名卫理公会）、英国安立甘公会（又名圣公会）、天主教西班牙多明我会、日本教大谷派等，在闽南地区设立教堂、圣所，创办一批学校、医院，以教会学校和教会医院、育婴堂为据点，迅速发展起来，活动遍及闽南各地。厦门的新街礼拜堂、竹树脚礼拜堂、厦门港礼拜堂三个教堂，是英法美等教会组织传教的重要据点。经过多年的传播积淀后，基督教已成为在闽南社会具有广泛影响的一种宗教。

此外，摩尼教也曾在闽南具有广泛影响。摩尼教是伊朗古代宗教之一，3世纪由摩尼创立，6—7世纪传入中国新疆地区。摩尼教传入闽南也在唐代。明何乔远《闽书·方域志》记载：唐会昌年间，摩尼教僧侣呼禄法师避难入闽。先到福清，再到福州传教，秘密收徒。之后，来泉州秘密传教。死后，埋葬在泉州城北清源山下。五代时，摩尼教继续在闽南活动。宋代，摩尼教称为明教，在福建十分流行。元代，泉州是"管领江南诸路明教"的所在地。位于泉州市晋江罗山乡华表山麓的草庵明教寺是全国罕见的遗址，受到国际学术界的重视，具有很高的研究价值。

除前述各种宗教外，闽南地区还曾流传印度教、日本教、犹太教，现在基本上都已销声匿迹。

四、宗教信仰对闽南地方文化的影响

（一）宗教信仰对闽南民俗文化的影响

宗教信仰的传播丰富了闽南的民俗文化，即使在今天这样一个西方和现代节日成为主流的时代，传统的闽南人仍保持了具有当地特色的各种节庆活动（如佛生日、普渡、头牙、尾牙等），而且还有不断将其发扬光大之势，广东的潮汕地区、福建的中部地区以及海峡对岸的台湾地区受其影响，或多或少也开展类似的节庆活动。宗教信仰也影响闽南人的生产和劳作，特别是闽南的农村地区，红白喜事都渗透着浓厚的宗教色彩。宗教文化还不断丰富着当地民俗表演的内涵，使闽南地区在千城一面中成为一道亮丽的风景线。

（二）宗教信仰对闽南建筑文化的影响

闽南传统民居多采用红砖红瓦，建筑风格上主要运用出砖入石的技艺。闽南民居特别是砖石混砌、墙面的装饰以及色彩纹样在中国建筑史上有独特之处，一些学者认为闽南民居属于红砖文化区。就造型来说，最有艺术气息的要数其屋脊的处理，这里的燕尾脊，给人一种活泼生动而又富丽堂皇的感觉。这可能与道家思想的集成有关，在中国古代的建筑中，唯有与道教关系密切的二郎庙、土地公庙的造型带有闽南民居造型的特点。燕尾、龙首、曲脊、护厝等建筑风格，装饰彩绘华丽，细微布局多遵循阴阳、五行、八卦方位模式，闽南传统民居为信仰和生活营造了良好的自然景观和人文景观，渗透了道教天人合一、生生不息、物我圆融的审美意蕴。另外佛教文化与闽南建筑元素的结合也更加丰富了闽南建筑的内涵。

（三）宗教信仰对闽南民间艺术的影响

闽南民间艺术的发展是与民间的宗教信仰、岁时节庆民俗活动紧密结合的。大量的宫庙寺院，为能工巧匠们提供了施展绝技的机会，也往往成为闽南民间工艺、美术精彩的陈列馆。儒家、佛教、道教的各种祭仪，是繁复庞杂的祭祀体系，为表现民间信仰、烘托气氛，需要各种形式的戏剧、曲艺和音乐舞蹈表演，如极具闽南地方特色的高甲戏、梨园戏、木偶戏、掌中戏、南音演唱、南管和北管、拍胸舞、舞龙等，还有一些民间信仰专用的车鼓阵、宋江阵等，手工技艺的花灯、武术工艺灯等。民间宗教信仰及其风俗成为闽南非物质文化遗产保留、传承至今的重要载体。

（四）宗教信仰对闽南方言的影响

闽南许多民间谚语都是与宗教信仰活动和风俗习惯相关的，这在一定程度上反映了闽南社会生活和人民的精神世界，对于民风教化、提示生产等方面具有重要的作用，这些谚语不断丰富着闽南话的内涵和趣味，使闽南话成为当地人引以为豪的一种语言艺术。"死死师公调"，比喻办事死板，不够灵活；"本地师公治本地鬼"，比喻解决问题要请教熟悉情况的人；"得过年，去找崇福寺和尚"，比喻天无绝人之路；"土地公白目眉，无人请自己来"，这是不请自来的不速之客的自我解嘲。

（五）宗教信仰对闽南人精神世界的影响

闽南人具有爱拼敢赢的精神，无论在何处，即使是地球上最不起眼的国家或地区，都有福建人的影子，在东南亚部分国家的一些主要地区，闽南人活跃于各阶层并成为当地社会的中坚力量。在国内，也不乏"出闽即龙"的现象。古时闽地自然条件险恶、经济文化落后，在这种严峻的环境下，生命犹如草芥，闽南人在遇到无法解决的问题时，内心世界里往往希望有人能及时站出来助一臂之力、解后顾之忧，而这些能帮他们化险为夷的人物形象就逐步被人们所崇拜，并最终以神的形象供人朝拜与敬仰。无论什么样的神灵信仰，本质就是"不放弃"。这种信仰在闽南人一旦遇到危机或是挫折的时候，总会给予他们战胜困难的力量，并且相信只要自救，神就会相救。这种信仰的力量伴随着闽南人的足迹，播撒于世界各地。因为有了信仰，闽南人行为处事就有了规则；因为有了信仰，闽南人更相信因果报应、平安是福的朴素价值观；因为有了信仰，闽南人才有了勇往直前的动力，也有了发展不平衡之下的相对和谐。

参考文献

[1] 范正义.试论闽南宗教信仰与海洋环境的关系[A]//福建省炎黄文化研究会.中华文化与地域文化研究——福建省炎黄文化研究会20年论文选集[第三卷][C].厦门：鹭江出版社，2011：212-219.

[2] 连心豪，郑志明.闽南民间信仰[M].福州：福建人民出版社，2008.

[3] 彭维斌.从百越巫鬼信仰到汉式佛道宗教——闽南民间信仰历史变迁的分析[J].福建师范大学学报（哲学社会科学版），2007（6）:251-256.

[4] 彭维斌.论妈祖信仰的形成与东南海洋文化的扩张[J].漳州师范学院学报（哲学社会科学版），2013（2）:1-5.

[5] 吴幼雄.泉州伊斯兰教的历史[A]//福建省闽学研究会.宗教：世纪之交的多视角思维——福建省宗教研究会论文集（三）[C].厦门：厦门大学出版社，1999：378-385.

[6] 徐舜杰.泉州民间宗教文化探析[A]//福建省闽学研究会.宗教：世纪之交的多视角思维——福建省宗教研究会论文集（三）[C].厦门：厦门大学出版社，1999：225-232.

[7] 詹石窗，林安梧.闽南宗教[M].福州：福建人民出版社，2007.

[8] 张禹东.试论中国闽南民间宗教文化的基本特点[J].华侨大学学报（哲学社会科学版），1999（4）:97-103.

[9] 佚名.有关闽南民间信仰的研究报告[EB/OL].百度文库，http://wenku.baidu.com/.

第十三章

闽南民风习俗

民风习俗是特定社会文化区域内历代人们共同遵守的行为模式或规范，它起源于人类社会群体生活的需要。由于自然条件的不同而造成的行为规范上的差异，称为"风"；由于社会文化的差异而造成的行为规则上的不同，称为"俗"。民风习俗具有多样性，所谓"百里不同风，千里不同俗"，反映了不同社会文化区域民风习俗上的差异。

一、闽南民风习俗的形成

闽南民风习俗的形成与历史上的移民潮有密切关系。在秦汉以前，闽南地区为蛮荒之地，虽经闽越人的开发，但社会经济的发展落后于中原地区。闽越人以蛇为民族图腾，因为他们主要从事海上捕捞作业，有"断发文身"的习俗。自汉代以来，中原地区在西晋末年、唐代初期、唐代末年和南宋建立前后，出现几次大规模的移民高潮，北方汉人相继辗转来到闽南地区。吴永安三年（260年），闽南第一县——东安县的设置，使位于泉州晋江下游的南安丰州成为闽南政治、经济和文化中心，汉族人口在这一地区得到初步汇聚。他们带来了中原地区的文化，也带来了中原的民风习俗，经过漫长岁月的融合，在同当地原有的闽越风俗和域外风俗交融中，逐渐形成独具特色的闽南民风习俗。

闽南民风习俗在世代传承的过程中，始终具有中原民俗文化的烙印，保留着许多最初的行为习惯和礼制痕迹，至今延续着中原河洛人的传统。中原地区主要岁时年节习俗，如春节、元宵节、清明节、端午节、七夕、中元节、重阳节、中秋节等，宋代就已在闽南地区普遍流行。闽南民俗活动中融进大量文化和艺术的元素，也沿袭了中原地区的民俗文化传统。

闽南地区曾经是闽越人生活过的地方，因此，闽南民风习俗中到现在还能见到与古闽越人生活有关的部分习俗，如泉州城乡旧时端午节独特的驱邪消灾习俗"采莲"，这种习俗被民俗学者认为是古闽越人的遗风。

二、闽南民风习俗的特点

闽南民风习俗是在闽南地区悠久历史文化传统的积淀、传承和发展过程中形成的,具有鲜明的地域性、世俗性、传承性等特点,这些特点凸显了闽南地方文化特有的品质和精神内涵。

(一) 地域性

闽南民风习俗是讲闽南语的族群内部共同遵守的行为规范,它既不同于中古或上古时期中原地区的民风习俗,也有别于其他语系族群(如客家人)的民风习俗,具有鲜明的地域文化特征。例如,普遍存在于闽南城乡的妈祖、保生大帝、广泽尊王、清水祖师和各姓王爷等民间信仰,在这方面表现得十分明显。旧时惠安人奉祀青山王,惠安县境内建有主祀青山王官庙的乡镇达 2/3 以上,反映了青山王信仰的地域特征。到闽南渔村做客,吃饭时不能将碗和汤匙覆置,吃鱼不能反翻,不得用筷子把碗底的菜"翻"上来,这些禁忌都与当地渔业经济的特点有关。被称为"封建头、民主肚、节约衫、浪费裤"的惠女服饰,仅限于惠安东部。惠安妇女缠足陋习以惠北最盛行,而惠东的妇女因大都要参加生产劳动,就较为少见。过去被称为番仔楼的洋楼、内地的土楼(或土堡)等民居习俗,也富有地方特色。一些特色民俗如广泛流行于厦门地区的"博饼",其形成与民族英雄郑成功有关,其地域色彩是不言而喻的。

(二) 世俗性

闽南民风习俗具有鲜明的世俗功利性色彩,是历代闽南地区人民物质生活和精神生活的具体表现。例如,在闽南民间信仰诸神中,有不少是职能明确的神,如医神吴真人(亦称保生大帝)、海神妈祖、驱瘟之神萧太傅等,反映了人们在某个方面的意愿要求。闽南人的生活习俗、岁时习俗、礼仪习俗和各种行业习俗,进入千家万户,有明显的市井特点。闽南地区许多习俗,反映了闽南人对家族血缘关系的重视。比如,对婚礼习俗的重视,就是对家的重视;生儿育女的满月礼俗,是为了彰显家丁兴旺,族业有继;春节贴春联、门神,期盼家庭平安,生活美满;清明节祭祖,既是为了追记祖先,也是为了敦亲睦族等。闽南民风习俗的世俗性特点,在当代有了新的发展。如惠安崇武的群众自发兴建"解放军庙",出现崇拜解放军烈士的新习俗;晋江侨乡"公鸡娶妇"的风俗,成为侨乡独具特色的民俗。

(三) 传承性

宋代以来,闽南地区经济快速发展,随着北方汉人不断迁入,人口迅速增加,人多地少的矛盾日益突出,面对生存的压力,闽南人开始向外迁徙,以拓展生存空间，他们先后到达广东潮州、汕头、雷州半岛，海南岛，浙江温州，台湾岛等地区，部分闽南人（主要是泉州人）开始出洋定居，成为早期的华侨。闽南语、闽南民风习俗也随着闽南人移民的脚步向海内外传播。广东潮州世代所传承的清明节吃薄饼、冬至节吃冬至丸、除夕围炉等民俗，都与闽南人一样。浙江温州地区讲闽南语的地方，民间都有布袋戏表演，比如苍南县，现在仍有戏班。

台湾地区居民中绝大部分是汉族。历史上，到台湾的汉人分为客家人和福佬人两大部分，客家人是从广东东部和福建西部迁入的，福佬人（福建人）主要是从泉州和漳州一带迁入的。现在台湾岛内说闽南话的人口约占总人口的80%，早年从泉州、漳州传去的闽南民风习俗，迄今保留完好。台湾汉人的生活习惯、岁时礼俗、民间信仰、民间艺术等，都与闽南地区有许多相通的地方。台湾的民间信仰，如妈祖、关帝圣君、保生大帝、开漳圣王、清水祖师、广泽尊王和各姓王爷等，都是从闽南地区传入的，具有广泛的社会影响。台湾的古厝建筑、旧街小巷，至今保留着闽南传统建筑的风格。台湾流行的歌谣《天乌乌》，也是在闽南同名歌谣的基础上加工而成的。闽南民间曲艺、民间戏剧也传入台湾，并世代相承。

闽南民风习俗还通过华侨传播到东南亚等海外华侨、华人聚居地。例如印尼的苏门答腊，闽南籍华侨、华人对从家乡带去的岁时习俗十分重视。他们除夕以嫩饼菜奉祀厝主、门宅诸神，长辈给孩子们分过年钱，在大门外烧火囤，合家大小围坐守岁；正月初一早放鞭炮开春迎新，互相拜年；元宵节游鼓仔灯、听香、吃上元圆；清明节扫墓；端午节"煎堆补天"、结粽；中秋节赏月、吃月饼、"烧塔仔"，等等。此外，南音、舞狮，以及民间信仰中的普渡、跳铜等习俗，也都是从闽南传去的。

三、闽南传统习俗

闽南传统习俗包括生活习俗、岁时习俗、礼仪习俗和行业习俗。俗话说，"走一乡要问一俗"，闽南地区传统民风习俗有许多共同的地方，但由于自然环境、社会历史和文化环境上的差异，厦、漳、泉三地的习俗也不尽一致，反映了传统习俗的多样性特征。

（一）生活习俗

闽南地区生活习俗主要由饮食、居住、行旅等几个方面构成。

1. 饮食

闽南人的主食以大米为主，辅以甘薯（地瓜）、麦类。闽南餐俗为一日三餐，中午吃干饭，早晚吃糜（粥）。糜有多种：番薯糜、咸粥和甜粥，咸粥分别为芋粥、蚝仔（牡蛎）粥、鱼粥和鸭肉粥，甜粥分别为绿豆粥、龙眼干粥。闽南人喜食菜饭，主要有芋饭、菜豆饭、高丽菜饭、菜头（萝卜）饭、芥菜饭和油饭。闽南人也食甜饭，一般是甜糯米饭，俗称秫米糕，用红糖蒸的称红米糕饭，用白糖蒸的叫白米糕饭。副食佐餐种类繁多，鲜蔬菜、腌渍菜、豆制品、水产品、肉蛋类等，有素有荤。泉州民间传统菜肴有嫩饼菜、五香鸡卷、炸肉丸、芋鸭、肉夹包等，其中嫩饼菜为冬至、年兜、清明三个节日的家常祭品菜。漳州古称瘴疠之地，民间喜食药膳，即将中药掺入食物中合煮，不仅能治疗某种疾病，还能改善食物的味道，形成独特的风味。

地方风味食品主要有蚝仔煎、面线糊、沙茶面、卤面、手抓面、烧肉粽、鱼丸、芋粿、五香卷、元宵丸、土笋冻、厚泥螺、醉蟹、食珍糕（橘红糕）、碗糕、菜粿、米糕、牛肉糕、炸枣、甜粿、麻糍、绿豆饼、甜花生汤、豆腐花（浓豆浆）、豆乳（稀豆浆）、石花糕等。漳州传统的糕点有：绿豆糕、乌麻糕、茯苓糕、蒜蓉枝（蒜味甜麻花）、莘宝饼、小溪枕头饼、东美香脯糕、白水营贡糖、海澄双糕润、石厝嘴口酥、山城米芳（爆米花糖）、南胜麻枣等。

闽南地区有"早茶晚酒"的说法，称饮茶为"吃茶"，习惯喝乌龙茶，自古以来，保留着"客至敬茶"的礼俗。闽南人饮酒，大多以番薯酒、甘蔗酒、米酒（如红曲米酒"状元红"）为主，中老年人喜饮屠苏、五加皮、固本等药酒。

饮食禁忌主要有：用餐忌上六道菜；生日寿面忌切断；吃饭时忌啼哭；忌敲打碗碟餐具；用膳忌筷子插饭上，或用单根筷子扒饭；吃饭后忌碗里残留饭粒；餐桌上忌放刀具；渔民、船户忌餐具覆置。

2. 居住

闽南传统民居比较有特色的是红砖大厝、骑楼和土楼。红砖大厝以条石为地基和墙基，上砌红砖墙和山墙，墙上或雕花或绘画，屋顶覆盖朱瓦，飞檐翘角。大门叫"四目炳（栅）"，进入大门经过小厅就是前庭（俗称天井），两旁有几间平屋，俗称护厝，上去是大厅（俗称献嘴厅），大厅两侧是住房，无窗或小窗，有"光厅暗房"之说。大厅后有一小廊，廊后是后庭。格局有一落、两落、三落、四落之分，后一落房必须高于前一落，四落大厝最大。骑楼是商住楼，底层是商店，楼上是住宅，高度在 12~15 米之间。楼的底层都有柱子，柱子与底层间距 4 米左右，形成一条走廊式的人行道，可以让行人遮阳避雨，闽南人称之为"五脚记"。土楼是漳州地区特有的建筑，有圆形、方形、椭圆形、前方后圆等形状，是为防御倭寇、海盗、山贼而建的聚族而居的民用堡垒，也称为圆寨。鸦片战争后，厦门被辟为通商口岸，外国列强在厦门建造领事馆和别墅，建筑风格均为异国情调，鼓浪屿因此被称为"万国建筑博览"。海外华侨归来，也建了不少别墅、楼房，有欧式的、东洋式的，也有中西合璧的。至于贫穷人家，住的多半是"竹篙厝"或"板皮仔"小屋。20 世纪闽南沿海的农村，出现许多用花岗岩石料盖起来的石头房子，不但墙壁用石头砌成，屋顶也用石板铺成。

闽南人建房讲究"理路"，一般要经过选址、破土、夯墙、上梁、造灶、谢土、挖井等过程。整个建房过程中，最隆重的礼仪是上梁和谢土，需择定吉日请道士主持仪式。民间习惯在大门顶上的墙面造一块横匾，书刻"某某衍派"或"某某传芳"，俗称"灯号"。闽南人重视厨房炉灶方位的选择，一般为坐北朝南，较大的家庭厨房造"双连灶"，小家庭仅设"鸡母灶"。住宅内大多凿有水井，一家一井或两家一井。房间要凑成奇数，台阶和每间屋子的梁也必须是奇数，因为奇数属阳，住宅就叫阳宅。住宅大门忌正冲豁口、溪流口、道路口、大树；排水沟忌从中门直出，大厝一般不设下水道，沿天井四周挖下约3米深的洞窖，名"暗涵"；庭院忌种桃、柳、竹、梧桐等；门槛忌踩踏；睡卧忌脚朝门口，床位忌朝房门。迁居是家中的大事，乔迁的理路也十分繁复。

3. 行旅

旧俗闽南人出远门须择吉日启程，行前要向祖宗和神祇祷告问卜，祈求一路平安。俗谚云"七不出，八不归，初一、十五不来往"，忌农历初一、十五日出门，农历逢七日不出门，逢八日不入门，正月要过初五方能出门。确定启程日之后应向长辈、亲友辞行，长辈、亲友设宴送行称祖钱（俗称"送顺风"），忌说不吉利的话或打破碗碟、摔倒家具等。出门前，要到寺庙里用红纸包一些香炉里的香灰，随身带走，以求护身；家属要给出外的人带上家乡的水和土（也有带米的），防止到异地后水土不服。旧时出门喜结伴同行，以便彼此照应。俗话说，"出门人矮三分"、"路在嘴上"，旅途中问路、投宿、待人，应出语谦恭，凡事忍让，注意入乡随俗。闽南人还有"穷厝不穷路"的说法，出门带足钱，该用钱的地方要舍得花钱。出外归来，要向长辈请安，祭告祖宗，登门向亲友致谢并赠送礼物，亲友则回赠线面、猪脚等礼品，或设宴接风洗尘（俗称"脱草鞋"）；带香灰出外的人归来后还要到寺庙答谢、还愿。

闽南人出门还有许多禁忌，如夜间走路不得回头，上山入林不得呼啸，走夜路或山路时同伴交谈不得叫出姓名，过桥时不得披棕蓑、戴斗笠、撑雨伞，在船上就餐不得将盘中的鱼翻转，遇到砍大树的人不得与之谈话，等等。

（二）岁时习俗

岁时习俗是指一年之中随着季节、时序的变化，在人们生活中所形成的各种民俗事象。闽南地区的岁时风俗，包括传统习俗和节气时令习俗两个部分，集中反映了闽南人传统的生活习惯、道德风尚、宗教信仰等社会风貌。

传统习俗包括：春节、元宵节、清明节、端午节（五月节）、七夕（七娘生）、中元节（七月半节）、中秋节、重阳节、尾牙、送神、除夕等。

1. 春节

春节是闽南地区一年中最为隆重的节日，有"初一正，初二走，初三没人走，初四神落厅，初五过规"之说。正月初一日子时一到，家家户户在厅堂上点香燃烛、拜神祭祖，在家门口燃放鞭炮，迎接农历新年的到来，俗称"开正"。闽南初一全日有不扫地、不倒垃圾、不动厨刀针线、不汲井水、不劈柴、不打人骂人、不吃稀饭、不说不吉利的话、不向人索债等禁忌。初二又称"迎婿日"，俗话说"正月初二请女婿",已嫁女儿要回娘家。初三是新丧之家祭拜之日,俗称"赤狗日"(凶日)或"拜鬼正",一般不互相串门。初四传说是灶王爷自天上回归本宅的日子,民间普遍要接神。初五按世俗常规春节已过,各行各业开始劳作。此外,初七"人日"或"七元日"(天门开),初九"天公生",初十"地公生"等,民间都有祭拜活动。

2. 元宵节

元宵节又称上元节。闽南元宵节有"上元小年兜"之说,其隆重程度不亚于除夕。家家户户做元宵丸、蒸糕粿。泉州素有元宵闹花灯之俗,自唐初建城,中原灯俗即传入,至南宋,更有"天下上元灯烛之盛,无逾闽中"的盛况,历经元、明、清和民国,花灯活动长久不衰。

闽南地区有上元猜灯谜(俗称"灯猜")的习俗,民间盛行舞龙灯和舞狮,还有大鼓凉伞舞、歌仔阵、大车鼓、锣车鼓、高跷、艺棚、扮阁、蜈蚣阁、宋江游、海底反等娱乐活动。

旧时泉州、晋江、惠安一带,元宵夜有"过关限"之俗,泉州沿海一带元宵节还有未成年女孩结伴烧"粽蓑娘"的习俗;漳州人称元宵节为"正月半",有"吃宵"、庙会、"办丁"、看新娘、游春的习俗;厦门元宵节有已婚妇女送灯添丁、钻灯脚求子和未婚妇女听香的习俗。"乞龟"是厦门上元节独特的习俗,"乞龟求寿,添丁发财,任人祈求,过年还愿"已成厦门传统民俗。

3. 清明节

清明节是民间祭奠先人的日子。南安石井一带,因郑成功起兵反清复明,忌"清"字置于"明"字之上,故将清明节改在三月初三日上巳节。清明节前后各10天为扫墓期,扫墓的形式多种多样,有的不修坟,有的需要修整墓区、坟茔,有的要进行"墓祭",有的还要"哭墓"。泉州还有做"小清明"之俗,即在清明前的第10天和清明后的第10天,两次在家门口设饭菜祭孤魂野鬼(俗称"清明公")。清明节期间,还有"拾骨"的风俗。安溪清明节,各家门旁皆插大麦穗和榕叶枝。清明前后,闽南城乡都有吃嫩饼菜和踏青的习俗。旧时漳州城区清明节这一天还有城隍巡街驱疫鬼的习俗。

4. 端午节(五月节)

农历五月初五日为端午节,家家户户都要吃粽子,漳州城区还有端午节吃卤面的习俗,大人饮雄黄酒,小孩额上点雄黄,全家男女老幼午间烧菖蒲艾草汤洗浴。民间以红纸束艾草、柳条、榕枝、稻穗、蒜头、菖蒲或铁树叶等,悬插门首以祛秽辟邪,用食盐配茶叶、蒲姜、薄荷晒制"午时茶"。带香包、系长命缕也是端午节民间的习俗。

闽南地区端午节最热闹的场面是赛龙舟,俗称爬龙船。龙船的式样一般有两种:一种是雕塑有龙头龙尾的;另一种是用绘画装饰的。各地都有龙舟竞渡的习俗,此风至今犹存。

旧时泉州各铺境宫庙均奉木雕的龙王头,名"唆啰嗹",是龙神的代表。每年端午节,城区有迎"唆啰嗹"采莲的习俗。漳州一些地方有祭江之俗,漳州城在端午节这一天还要祭祀水仙尊王，现在龙海石码一带仍有祀水仙王的习俗。厦门端午节孩子要吃"剪锥螺"，俗称"光眼螺"，认为吃了光眼螺，人会聪明。

5. 七夕（七娘生）

农历七月初七日为七夕，亦称乞巧节，闽南民间认为是七娘妈生日，俗称"七娘生"。七娘妈是儿童的保护神，因此七夕这天民间要敬祀七娘妈。供品均以7为数，除了摆上花粉、胭脂、果品、三牲、饭菜及酒盏、筷子外，还有彩纸糊的七娘妈轿、七娘妈亭，亭上贴七娘妈坐像，以及用纸剪贴的剪刀、尺子、镜子等，有的还在房门口挂一盏七娘神灯。礼毕将七娘妈轿、七娘妈亭和纸钱焚化，香粉、胭脂等掷于屋顶。七夕夜晚，孩子们听大人讲牛郎织女故事，姑娘们则做"卜针乞巧"活动。乞巧活动有两种：一是"卜巧"，即卜问闺女将来女红巧拙；二是"乞巧"，即向七娘妈乞巧求智。

泉州有儿童拜七娘妈为义母（俗称"契母"）之俗。初生儿第一个七夕拜七娘妈为契母，称"新契"；至16岁七夕，解除契约称"洗契"。这两次七娘生最为热闹。漳州一些地方七夕要吃白酒（甜酒酿），有的地方吃糯米饭。姑娘们可在当晚卜问婚姻等事，女孩穿耳有的也在七夕进行。一些地方称七夕为"婆姐生"，要在孩子睡的床上祭拜床神。

6. 中元节（七月半节）

农历七月十五日，是道教中元节、佛教盂兰盆会的日子。清中叶以后，发展为"祀阵亡野鬼"的普渡民俗活动，俗称"鬼节"。每逢中元节，家家户户要祭祀祖先，是家庭祭祖的重大节日之一，安溪、德化等地外出的人这一天都要赶回家过节，有"七月半不回家是忘祖"的说法。

7. 中秋节

农历八月十五日为中秋节，是古老的传统佳节。闽南中秋节除了沿袭赏月、吃月饼的习俗，民间还有吃芋头、番薯、柚子之俗，安溪人还制作芋包分赠亲邻，有"芋皮包，包肉馅；贴人吃，贴人骂"的习俗。民间还有祭祖之俗，中秋节当日需备甘薯、芋头、月饼及其他瓜果、茶料，祭祀祖先神明。漳州一些农村还要祭祀土地神，卜"土地公卦"。

中秋节的民俗活动很多，如"烧塔仔"、赌"状元饼"、听香等，还有演奏弦管（南音）、放孔明灯等多种娱乐活动。厦门中秋节有博饼习俗，也叫"博状元饼"、"博会饼"，是中秋节不可缺少的娱乐活动。漳州一些地方还有未婚少女偷菜的习俗，俗语说："偷着葱，嫁好翁（丈夫）；偷着菜，嫁好婿。"有的坐到菜园的芥菜上，俗语说："坐芥菜，嫁着好翁婿。"

8. 重阳节

农历九月初九日为重阳节，民间有登高、放风筝、插茱萸、赏菊、吃重阳糕（"花糕"、"栗子糕"）、喝菊花酒等活动，有的地方放孔明灯。重阳节这一天，漳州民间以麻糍祭祖，以番薯、芋、花生果、红柿、柚子、甘蔗祀神，并以芋皮涂门槛，称"剥鬼皮"。民间习惯在重阳日进补。

9. 尾牙

农历每月初二和十六日，民间要祭祀厝神和土地神，称"做牙"。腊月十六日，是一年中最后一次"做牙"，俗称"尾牙"。尾牙要备三牲祀"门口公"，称"尾祭"，街市商号东家晚上还要宴请雇员。旧时还通过斟酒先后、鸡头所向，暗示来年伙计的去留。尾牙过后，店家年终结账，一般人家开始大扫除、置办年货，外出的人开始赶回家过年。

10. 送神

闽南地区有送神之俗。古有"官三，民四，疍家五"之说，即官家腊月二十三日送神，民家腊月二十四日送神，疍家腊月二十五日送神。传说家中诸神，要在这一天上天庭禀报居家善恶，为防止灶君多嘴，敬祀的菜肴中，有一碗"番薯粉牵"，用以糊住神的嘴巴。

11. 除夕

除夕，亦称"除夜"、"年三十"、"大年夜"，俗称"廿九暝"，又称"年暝"。腊月二十四日送神后，到除夕前这段时间称为"年兜"。年兜开始，就要办年货、清尘、蒸年糕、挂年画、贴春联，准备过年。

除夕，是全年祭祖最重大的节日，要以丰盛的酒菜祭祀祖先，其中必有"春饭"（俗称"过年饭"），放在供桌上，一直要放过年，意在富足有余。祭祖完毕，合家吃年夜饭，俗称"围炉"。在外未能赶回的人，也应为其留下座位，摆上碗筷。厦门风俗，要先吃薄饼。围炉结束后，要安排香案拜天公（称为"辞年"、"辞岁"）。长辈给未成年的子孙分压岁钱（俗称"红包"），孩子们睡前要把它压在枕头下或放在衣袋里，将其带过年。除夕夜，要点通宵大红烛；门后放置连根带叶的甘蔗（称为"长年蔗"）；水缸要贮满水（旧时还要投入两枚铜钱），然后把水井封盖；人人洗澡，家庭内外再进行一番清扫。收拾停当后，一家人聚在厅堂守岁（俗称"守暝"），准备迎新春。

旧时一些寺庙庵堂往往在除夕这天搭台演戏，有布袋戏（木偶戏）或歌仔戏。除夕夜，农村还有"跳火囤"之俗，家中男子，不分老少，逐个从火堆上跳过，跳火囤之后，由家中主妇把余烬置火笼中，藏于房内床下，称"挑金挑银"，寓意火红兴旺。

闽南节气时令习俗包括立春、立夏、霜降、立冬、冬至等。此外还有正月二十、二月初二、三月初三、六月初六、六月十五、九月半等。

1. 立春

春为岁首，闽南旧俗有迎春活动。清代地方官在立春前一日要举行接春仪式，迎春牛太岁像入府衙，沿途百姓抢春牛身上的泥巴，或用石子掷春牛。民国后不再举行，但民间普遍在立春之日设香案、燃爆竹接春。立春这天如果下雨，称"烂春"，预示春寒多雨。

2. 立夏

民间在立夏日宰鸡买肉进补，吃"夏面"，称"补夏"。一些地方做"麦卷煎"，祭祀土地公；一些地方用金钱草熬汤炖肉或鳖吃，也有喝绿豆汤的，称"消夏"。立夏若下雨，称"烂夏"，预示当年雨水充沛。

3. 霜降

闽南有句谚语："一年补通通，不如补霜降。"闽南人重视霜降节气的秋补，民间在霜降这天，要进食补品。闽南人在霜降日普遍吃柿子，所谓"霜降吃丁柿，不会流鼻涕"，认为这样可以御寒，能补筋骨。

4. 立冬

立冬俗称"交冬"。闽南有"补冬"的习俗，于是日进食补品，以御寒强身。补冬还讲究进食时间，民间有"立冬时刻，喝口清水也增补"之说。有的地方农家做"交冬糍"自食或馈送亲友。

5. 冬至

冬至俗称"冬节"，闽南人称冬节为"小年兜"。闽南地区冬至有敬祖之俗，冬至前一天家家户户做汤圆，是日用汤圆祭祖，敬祀的供品肴馔中必有嫩饼菜。闽南习俗一年中的冬节、除夕、清明三次办嫩饼菜，寓意"包金包银"。在外地做工的人也要赶回家过节祭祖，有"冬节不回家无祖"之说。如果有家人外出未归，应将糯米粉晒干，待其回来时补食冬节圆。冬至扫墓的旧俗尚在，但仅限于旧墓。从冬节过后到年兜，各家庭都择吉日"扫尘"（大扫除）。

（三）礼仪习俗

礼是中华传统文化的核心要素，是调整人与人之间的各种社会关系和权利义务的规范和准则，它通过人与人交往中的各种礼节仪式表现出来。在闽南民间传统观念里，"丁"是摆在第一位的。闽南人对生命的敬畏和虔诚，突出表现在婚嫁、生养、寿诞、丧葬等人生礼俗上。

1. 婚嫁礼俗

闽南婚俗古有纳采、问名、纳吉、纳徵、请期、亲迎六礼，至清末民国时期，民间婚嫁礼俗更为繁复，大致经过议婚、订婚、完婚、婚后四个阶段。议婚相当于古代的纳采和问名，一般要经过探家风、求庚、合婚、相亲等若干环节，媒人是议婚阶段的关键人物；订婚相当于古代的纳吉、纳徵和请期，一般要经过定亲、行聘、送日等若干环节，自此时起直到婚后一段时间内，男女双方及其亲属不得参与丧事，以免"红白相克"；完婚相当于古代的亲迎，迎娶的细节十分讲究，一般要经过出阁、迎亲、成亲等若干环节；婚后还有出厅、探房、归宁等礼俗，民间习俗婚后4个月内不得参与他人的红白事活动，同时也忌家庭内的喜事相冲。厦、漳、泉各地婚俗也有较大差异，如安溪的西坪、芦田等地有男女青年在茶园对歌的婚俗；惠安沿海地区旧时有早婚和妇女长住娘家直到生育孩子才回夫家居住之俗。

2. 生养礼俗

闽南地区主要生养礼俗包括：生育、坐月子（俗称"做月里"）、弥月（俗称"满月"）、四月日、周岁（俗称"度晬"）及其他杂俗。

（1）生育

妇女怀孕称有喜、有身，怀孕期间不但要经常求神拜佛，还有不少禁忌，如家中忌拆、建房子、炉灶，忌在房中钉钉子或搬动大型家具，以免动了胎气。另外，闽南旧俗忌在娘家或他人家中分娩。临产月俗称"顺月"，旧时闽南城乡孕妇习惯在家分娩，多由接生婆用土法接生，要预先请好。婴儿出生后，夫家即须向产妇的娘家"报生"。

（2）坐月子

俗话说："月内做得好，毛病会减少。"产妇生育后一个月内要留在自己的房间里调养，俗称"做月里"、"做月内"，要大补元气。刚出生的婴儿穿衣不穿裤，小衣裳不能用纽扣，俗称"和尚裳"，婴儿的手腕和脚腕要系上红丝线。婴儿出生第三天，闽南人有"做三朝"（又称"做三日"）的习俗，必须做糯米油香饭等敬祀床母、七娘妈等，并分送娘家亲友和媒人，一些地方要请长辈和接生婆喝"三朝酒"。在"三朝"时为婴儿哺乳，称"开奶"。月内外人一般不能进，尤其是男人，进月内房的人，一个月内不得触摸供品、敬奉神灵。

（3）弥月

婴儿出生一个月，要做"满月"。做满月时，祭神祖、床母与做三朝相同。曾向注生娘娘、送子观音或其他神明求子的人家，还要赴寺庙还愿祭谢。做满月时，要给婴儿剃掉头上的胎毛，称"剃满月头"，胎发用红纸包起来藏好，还要为婴儿洗澡。是日还要设宴请客，古称"汤饼会"，俗称"满月酒"，赴宴的客人要送贺礼。

（4）四月日

"四月日"即"做四个月"。是日婴儿由母亲抱回娘家，娘家以婿家赠送的礼品祀神；女儿返回婆家时，娘家要做桃粿让女儿作"伴手"带回。是日婴儿第二次剃发，要剃光眉毛才不会遮眼光。做四个月没有满月隆重，主要在两亲家间进行，但外家送的礼品比满月多。

（5）周岁

周岁俗称"度晬（方言读 zè）"，礼仪比满月、四月日隆重。是日要敬神祀祖，设宴请客，以红龟粿和染红蛋壳的熟鸡蛋赠亲友邻居。婴儿度晬，父母要为其沐浴更衣，抱到厅堂八仙桌上"抓周"，桌上摆满书、笔、算盘、秤、尺、剪刀、糖果、玩具等，让婴儿脚踏双龟（"百寿龟"或自制的米龟），任意抓取桌上的东西，以占卜婴儿将来的前途。婴儿第一次上外婆家，要到厨房磕灶头，并取锅炱点额；外婆备线面（或米饭）一小碗、红鸡蛋两个、新筷子一双，装入小草袋让其背回，俗称"做乞食仔"，寓意来日健康成长。

(6) 其他杂俗

闽南生养礼俗还很多,比如民间普遍还有吃百家饭、穿百家衣、戴百家锁的习俗。孩子体弱多病或有冲忌的,还有寄名、过房、拜干亲等习俗。此外,还有许多禁忌,如婴儿未满月之前忌见孕妇、新娘、病人、孤寡人、陌生人和戴孝的人;幼儿不得从大人胯下钻过,也不得从晾晒的女裤下走过;幼儿不得吃鸡爪,也不得吃老母鸡肉;小孩不得用手直指月亮,以免月娘在夜里割破耳朵;乳牙掉落时,上龈牙扔进床底下,下龈牙扔上蚊帐顶(或屋顶);夜间不许吹口哨,以免招鬼。

3. 寿庆礼俗

寿庆俗称"做生日",旧俗生日以农历为准。民间寿庆分小寿和大寿,小寿即少年儿童、青年、中年的一般生日;大寿即男女50岁以上的生日,每逢10岁庆贺一次,一般做"九"不做"十"。如果父母尚健在,本人不做大寿,仅作小寿。民间寿庆还有大生日、小生日之分。男性逢一为大生日,其余年份为小生日;女性取双数,逢十为大生日。实际上男女都是逢十为大寿,不过男性算实岁,女性算虚岁。

闽南各地寿庆礼俗不尽相同,一般60岁以下寿庆叫作生日,60岁生日才开始做寿,80岁为大寿,88岁为"米寿"。富豪之家做寿大多沿用古礼,甚为繁复。旧俗有的地方在寿庆时,还需购棺木进家,以备老人百年之后启用,民间称这种棺木为寿板。有些地方还有做阴寿的,俗称"做生日祀",即为死人做寿。每逢先人生日,备寿面、寿龟、寿桃、酒馔、香烛等,或陈列案上,向先人祝寿,或到先人的坟前祭拜。

4. 丧葬礼俗

闽南人重视慎终追远,因此丧葬礼俗也大多因循古礼,沿袭官仪,十分隆重。常规丧葬一般要经过移厅、初丧、入殓、停柩、出殡、入土、守孝、祭祀、拾骨等若干阶段。

移厅,也称搬铺。按照古例,老人病危时即应移榻正厅(祖公厅)边,用2个板凳和3块(也有4块)床板或门板搭起"过身床",以便寿终正寝,但许多地方(如漳州民间)大多是等老人断气之后才搬铺。闽南风俗,人亡在外,应在家门口搭棚办丧事。惠安崇武一带的习俗,不得入城进宅,在城外指定地点张篷办丧。病危者断气死亡(也称"过身"),即进入初丧,要设灵堂、报丧。入殓分小殓和大殓,小殓就是给死者穿衣,大殓就是把尸体放入棺内,也称入棺。民间虽有当天入殓当天出山(出殡)习俗,但一般都停柩守灵3~7天,也有停柩到"三七"后再择吉日下葬。出殡(亦称"出葬"),俗称"出山",就是把灵柩送到安葬的地点。入土也称下葬,灵柩要在太阳下山前入土,入葬后要祭拜墓旁的"后土"(土地公)。守孝,古称"居丧",俗称"戴孝",居丧戴孝时间长短不一,从几个月到3年不等。对死者的祭祀从敬"脚尾饭"开始,死后每7天的祭祀称为"做旬",也叫"做七",多数做到"七旬"。拾骨一般在死者葬后3年、5年或7年的清明节前后10天内。

(四)行业习俗

1. 农事习俗

闽南粮食作物以水稻为主，农事习俗也多与水稻生产有关。旧时闽南农村有祭"田公田婆"之俗，一年祭拜多达4次，分别在立春后、插秧前、夏至日、收割前，遇天旱时，还有祭天公祖、海龙王之俗，称为"祈雨"或"求雨"。稻谷成熟季节，还有食"割稻饭"的习俗。为了防止偷盗，农民在田野间搭起草寮，轮流值夜守护，称为"看大社"。漳州地区经济以农业为主，农事习俗更为繁复。此外，民间在养畜、砍伐、狩猎等方面，也有许多风俗习惯，现在大多已经废止。

2. 渔航习俗

闽南船家包括沿海的渔民和内河上以船为家的"泊水"，船家习俗与陆上居民有所不同，主要信仰妈祖、"好兄弟"、水仙王、龙王、孟公孟婆、海神等。渔民普遍信仰妈祖，各地建有妈祖庙（如厦港水仙宫），每年起航出海须择吉日祭祀妈祖；船上设有妈祖神位，朔望致祭。渔民在每月的牙日要祭祀"好兄弟"，即海难鬼魂（又称"人客公"、"头目公"）。九龙江下游的渔民崇拜水仙王，每年农历十月初十日为水仙尊王生日，渔民经常聚集在一起，举行祭祀庆典活动。内地的船家每月的月底要祭祀"公妈"（孟公孟婆）。另外，船只停泊在哪里，还要祭拜当地的土地公。

船家的禁忌很多，比如造船忌用桑木；每年正月逢七、二月逢八不开航；农历七月十五日夜渔船不出海；农历三月二十三日（妈祖诞辰）渔民不出海捕鱼；渔民忌第一艘开航（"开海门"），最后一艘归港（"关海门"）；船上忌说翻、沉、破、倒、覆、火、离、散、慢走等不吉利的话。闽南船家最忌讳的是翻和覆，日常生活中许多同翻、覆有关的行为都在禁忌之列。

3. 商家习俗

闽南商家习俗既沿袭中原汉族地区的传统，又具有地方特色。商号、墟集和小贩最具代表性。

（1）商号

闽南商号喜以"金"命名，意在招财进宝。店内设神龛，供奉陶朱公、赵公元帅（财神）、关公。商家重视彩头，店铺开张或春节开市，都要张灯结彩，敬祀财神，鸣放鞭炮。对第一位顾客特别优待，商品用红纸包好，俗称"开门红"。商家奉行和气生财的信条，即便收盘倒闭，也要尽力偿还债务，以保持信誉。商店的老主顾一般可以赊欠，在端午、中秋、冬至等节日前夕上门催收，按惯例不得赊欠过年。商号里的伙计须从学徒（俗称"司仔工"）做起，学习期间除了店里的业务之外，还要充当杂役。店主雇用伙计以一年为期，每月初二和十六日店主敬祀土地公和财神，并宴请伙计，俗称"做牙"，腊月十六的尾牙最为隆重。

商家有许多禁忌，如忌店员在门口伸懒腰；忌店员面朝内背朝外而坐；忌坐卧或敲打柜台；忌玩弄或覆置算盘；忌由内往外打扫店面；忌第一个顾客不成交；忌人踩踏门槛或冲店门小便；药铺、棺材铺忌对顾客说"再来"。

(2) 墟集

闽南墟集分专业性和综合性两类。专业性的墟集交易品种单一，如鱼市、菜市、米市、花市、果子市、牛市、竹木市等；综合性的墟集交易品种丰富，赶集的除农户和商贩外，还有铁匠、剃头匠、五金匠、江湖艺人等。各个墟集的墟日不同，一般在农历每旬的二日或三日为墟日。墟集交易在上午进行的称"早市"，在下午进行的称"晚市"。

(3) 小贩

小贩又称"走街仔"，大多肩挑担子，走街串巷，或赴墟赶集，采用口头叫卖声和器具敲击声招徕生意。小贩叫卖某种物品有固定的语句和音调，如卖油的叫卖声是"卖油卖豆酱"，卖油条的叫卖声是"油炸粿，哟喂噢"，磨刀的叫卖声是"磨交刀削刀"，收破烂的（"买钱炉灰"）叫卖声是"买龟壳鳖壳"，有高声低音，有长腔短调，各具特色。也有通过器具敲击声代替叫卖声的，如卖杂细的摇"玲珑鼓"（拨浪鼓），卖馄饨的打碗匙，卖猪肉的吹海螺，卖熟面的打竹板，卖麦芽糖的敲小锣，卖蚵煎的敲煎盘，久而久之一听声音就知道卖的是哪一种食杂品。

4. 工匠习俗

闽南民间有各种手工艺人，如木匠、泥水匠、石匠、铁匠、竹匠、漆匠、陶工、瓦工、纺织工、裁缝、剃头匠等。

各行各业的手工艺人都要供奉祖师爷。如木匠、泥水匠、石匠供奉鲁班、杨公，铁匠供奉铁拐李，纺织工供奉嫘祖，裁缝供奉轩辕氏，剃头匠供奉吕洞宾等。各地供奉的祖师爷略有不同，如诏安的泥水匠敬奉"缺口嘴将军"，华安的泥水匠则敬奉"荷叶先师"，漳州城的铁匠有的敬奉尉迟恭。

民间手工艺人都要遵守行业习俗。木匠和泥水匠经常合作建房（负责人称"师傅头"），建房、铺瓦都必须单数，不能双数；木匠的斧头用过要用红布包起来，故有俗谚称"师傅斧，恰惜某"；做棺材的木匠不得制作家具；木匠干完活要留尾巴，意在还有活干，但是做棺材活的，则不留尾巴，否则会被东家视为不祥。石匠打钻眼不能空锤，凿石料时不能说话，采"粪坑石"忌说脏话。铁匠点火开炉要择吉日吉时，并祭拜神明；忌空打铁锤，以免当天发生事故。漆匠忌说"油漆干了"，要说"离手了"。陶窑、瓦窑在生火和熄火时都要祭拜"窑公"；自封窑到开窑期间即使遇到大节日也只能点香烛、烧纸钱，忌放鞭炮。

（五）民间祀神节日

闽南人相信"有吃有行气，有拜有保庇"，对祖先圣贤、释道诸神都顶礼膜拜，意在消灾祈福。因此，民间有许多祀神节日。

1. 祖师公生

农历正月初六日是三坪祖师的生日，善男信女从各地赶到三平寺祭拜。六月初六日和十一月初六日分别是三坪祖师的出家日和圆寂日,也有类似的祭拜活动。

2. 陈圣王生

陈圣王即唐初设立漳州时首任刺史陈元光,民间尊其为"开漳圣王"。陈圣王的生日为农历二月十五日,旧时漳属各县都有祭祀陈圣王的威惠庙,陈圣王生日这一天,各地威惠庙都要举行隆重的祭典,迎神赛会。

3. 大道公生

大道公又称保生大帝,为宋代民间医生吴夲,被封为"大道真人",百姓称他为"大道公"。大道公的生日为农历三月十五日,民间做"三月半埔",连续三天演出对台戏,还有各种巫术表演,祭品有用300多斤糯米做成的大寿龟,有祭祀的专用颂歌,许多地方在是日抬保生大帝出庙游乡,游行队伍包括宋江阵、高跷阵、花鼓阵、牛犁阵、车鼓阵、八音队、大鼓队、舞龙舞狮队等。在大道公的生日前后,有大批台湾的信徒赶到白礁祖庙朝圣。

4. 太史公生

明代云霄人林偕春官历翰林院编修、两浙学政、湖广右参政,卒后被民间广泛敬祀。农历四月初四日为林偕春的诞生日,俗称"太史公生"。是日在云霄云山书院和太史公墓搭台演戏,各地信徒前来朝拜。

5. 浴佛节

农历四月初八日是释迦牟尼的诞辰,寺院有洗佛之会,俗称"浴佛节"。民国时期,各寺院和尚于是日沿门化缘,请求布施"洗佛钱"。民间有些地方将这一天定为牛神节,有"人闲五月节,牛闲四月八"的农谚。

6. 普渡

农历七月十五日为道教的中元节,佛教的盂兰盆节。寺院举行诵经法会、水陆法会(又称"水陆道场")、放焰口、放河灯等活动,民间则祭祀祖先、摆酒宴请亲友,俗称"做普渡"。六月底"开巷口"(开地狱门),家家户户门前挂上普渡灯,七月开始,按街巷铺境自初一至三十轮日做普渡,七月底"关巷口"(关地狱门),家家户户烧掉门口的普渡灯。如遇闰七月,则要重做一次普渡。九龙江沿岸居民在做普渡期间有"放水灯"的旧俗。

四、闽南民风习俗的社会功能

闽南民风习俗是闽南地区社会群体在长期的生产劳动和社会生活中逐渐形成并世代相传的风尚习俗,它起源于闽南地区社会群体生活的需要,体现了闽南人的语言、心理和行为方式,不仅在闽南社会的发展中起着承前启后的作用,而且在今天的文化传承中,仍将发挥重要的作用。

（一）教育功能

优秀的民俗文化传统，无论物质的还是非物质的，对社会群体的语言、心理和行为方式的影响都是十分深远的，这种影响通过具体的民俗事象表现出来，潜移默化地影响着人们的思想和行为。以人生礼仪为例，闽南民间的婚嫁、生养、寿诞、丧葬等礼俗，从一开始就和闽南先民的图腾信仰、伦理教化联系在一起，千百年来始终发挥着道德教育的作用。参加人生礼仪的过程，就是接受道德教育的过程，如婚礼教育人们遵守家庭美德，成人礼教育人们承担社会责任，丧礼教育人们慎终追远，通过各种人生仪式，培养人们的道德情操，使全体社会成员认同并主动实践传统价值观念。

（二）规范功能

闽南民风习俗是闽南人共同创造和遵守的行为规范。它以各种不成文的民俗事象方式，有效调整闽南地区各种社会关系，约束和规范社会群体成员的行为和意识，有助于增强群体内成员的向心力和凝聚力，保持社会生活稳定，以维护闽南地区社会群体的共同利益。

（三）审美功能

闽南人在生产劳动和社会实践中，创造了许多寓教于乐的民俗活动，包括民间歌舞、民间游戏、民间竞技和民间杂艺等，如元宵节猜灯谜（俗称"灯猜"）的习俗、端午节赛龙舟的习俗、中秋节的"博饼"习俗，这些民俗活动都带有浓厚的娱乐性质。民俗活动中的某些门类，甚至以审美功能为主，如建筑、服饰、工艺美术等，都是以审美功能为主的艺术形式。

参考文献

[1] 陈桂炳. 论泉州民俗文化的主要特征 [N].（2006-08-16）. 泉州网中国泉州学研究，www.qzwb.com/qzx.

[2] 陈桂炳. 闽南民俗的形成及其传播 [N].（2009-12-29）. 光明日报_光明网，www.gmw.cn.

[3] 福建省地方志编纂委员会. 泉州市志 [DB/EB]. 福建省情资料库地方志之窗地市县志，www.fjsq.gov.cn.

[4] 福建省地方志编纂委员会. 漳州市志 [DB/EB]. 福建省情资料库地方志之窗地市县志，www.fjsq.gov.cn.

[5] 福建省地方志编纂委员会. 厦门市志 [DB/EB]. 福建省情资料库地方志之窗地市县志，www.fjsq.gov.cn.

[6] 钟敬文. 民俗学概论 [M]. 上海：上海文艺出版社，2009.

第十四章

闽南茶文化

有人说，丝与茶是世界认识中国的标志，中国被称为茶的故乡、茶文化的发祥地。中国茶文化是一种深沉而隽永的文化，长期的历史积淀和文明传承，使绚丽多彩的华夏文明奇妙地溶化在茶香之中，人们视茶为生活的享受、友谊的桥梁、文明的象征、精神的化身。闽南茶文化具有旺盛的生命力，在祖国灿烂茶文化中堪称一枝独秀。

一、闽南茶文化的形成

闽南茶文化丰富多彩、意境优美、雅俗共赏，有着丰富、深厚的文化积淀，在中国茶文化历史上具有重要地位。

（一）闽南茶业发展简况

闽南地区是中国重要的乌龙茶产区，种茶、制茶、贩茶、饮茶历史悠久。唐末，安溪的寺庙已经开始种茶。宋代安溪茶业有了较大发展，生产技术不断提高，安溪民间和寺庙已普遍产茶，茶叶产业颇具规模，清水、圣泉等名岩已产名茶。随着造船技术的发展，加之发明了罗盘针，中国开始和印度、波斯、阿拉伯等国家和地区频繁进行航海贸易，安溪茶叶通过海上丝绸之路走向世界。明代，茶业在安溪蓬勃发展，饮茶、植茶、制茶传遍全县，安溪茶农发明了茶树的无性繁殖法，使茶业迅速发展成为当地的一大产业。清初，安溪茶业迅速发展，并不断向海内外传播，茶业成为安溪县的经济支柱和当地居民赖以生存的主要经济来源。清雍正三年（1728年）前后，安溪茶农又发现了名茶铁观音，独一无二的乌龙茶铁观音制作工艺，奠定了安溪作为中国名茶之乡的地位，成为乌龙茶的突出代表。泉州被誉为"茶树良种的宝库"，泉州茶农素有"茶师摇篮"之称。如今，安溪县既是福建乌龙茶出口基地县，也是全国最大的乌龙茶主产区，年产茶叶约 1.5 万吨，约占全国乌龙茶产量的 1/4，福建省乌龙茶产量的 1/3，是全国产茶大县。质量上，安溪的特级铁观音连续多年保持国家金质奖荣誉。

漳州茶叶种植源于唐宋时期，元明时期逐步发展壮大，茶叶种植得到普及，上等茶叶列入贡品。明末清初，漳州人开始走出去，到武夷山去种茶、开办茶厂，也引入更多的工夫茶技艺。到清末，漳州茶叶贸易更是声名鹊起。当代漳州出产的平和白芽奇兰、诏安八仙茶、华安铁观音、长泰黄金桂、南靖丹桂茶与毛蟹茶等在国内外都享有盛名。

作为最早的五口通商口岸之一的厦门，拥有一个条件优越的天然良港，因此在茶产业的贸易发展和推广中，厦门起到了不可忽视的作用。19世纪末至20世纪初，厦门岛上经营茶叶的店铺在规模和数量上达到了高峰，由于东南亚对茶叶的需求较大，厦门出口的茶叶占据了整个东南亚市场的大份额。直至今日，厦门大街小巷都飘着茶香，依然是海路出口茶叶的第一输出口岸。

（二）闽南茶文化的形成

闽南茶文化的形成与历次移民潮有密切关系。唐末五代时期，北方兵荒马乱，战祸不断。北方人口大量南迁，外来人口不仅带来了茶叶的生产技术，推动闽南茶业的发展，也带来了中原地区的茶文化。五代年间，唐著名诗人、兵部侍郎、翰林学士韩偓在南安归隐期间，经常与廖俨相互造访，互赠诗文。韩偓留有诗句："石崖觅芝叟，乡俗采茶歌。"安溪首任县令詹敦仁在与当时安溪产茶寺院的名僧交往中，也留下许多茶诗，为后人考证闽南茶文化的形成和发展提供了重要史料。闽南茶文化是在中原茶文化的影响下形成和发展起来的，又具有特殊的地域风貌。自然而富有灵性的茶，以平凡却不失高雅的方式，渗透到闽南地区社会各个阶层和人们生活的各个领域中，形成具有闽南特色的茶民俗，折射出闽南人的精神风貌和修养，充分反映了闽南人独特的审美情趣，体现了闽南传统文化的精髓，这在历代的闽南文学作品以及各种文化形式中都有生动的体现。近年来，随着经济的发展，具有浓郁茶乡特色的文化表现形式，如茶歌、茶舞、茶艺、茶餐、高甲戏，以及融自然与人文于一体的茶文化旅游等，都十分风行，成为闽南地方文化的重要组成部分。

二、闽南茶文化的特点

闽南人所营造的浓厚的茶文化氛围使茶成为闽南人的一个独特标签，具有特殊的价值。饮茶是闽南人生活中的一大享受。在闽南曾有一种说法："抽啦叭烟，听南音乐，泡工夫茶，其乐无穷。"归结起来，闽南茶文化的特点主要有以下几个方面。

（一）精

闽南人精于茶，以品茶懂茶为一种荣耀，从而形成独特的文化现象。闽南从事茶业的人众多，茶人对茶叶的品质、冲泡的技艺、茶具的选择、饮茶环境的营造都十分讲究,讲究"五境之美",即讲究茶叶、茶水、茶具、火候、环境的精美。这也影响了许多喝茶的人。闽南地区盛行斗茶。斗茶的习俗始于唐宋,在闽南已传承1000多年,是如今盛行的茶叶评审和茶王赛的前身。官方的斗茶又称茗战、点茶或点试,是评定茶叶品质的主要茶事活动。随着时代的发展,上至官方,下至普通民众,斗茶的形式不断翻新。在闽南,朋友们围坐在一起,总会有人从口袋里摸出一两泡茶叶来,和大家一起品鉴。如何泡好一壶茶,如何享受一盏茶呢?这是需要技艺的,也就是茶艺,闽南人精于此道。

(二)清

闽南乌龙茶茶性平和,闽南人饮茶过程也以清饮为主,重在清心养德,反映了闽南地区的社会风貌和人文精神。陆羽云:"茶之为用,味至寒,为饮最宜精行俭德之人。"徐渭在《煎茶七类》一文中,首先讲的也是人品。闽南人将品茗过程视为摆脱世俗尘嚣、修炼身心的过程。闽南茶道追求内心虚静,以自然、平淡的心情去领略大自然、人生和艺术的美,人们可以在虚静的审美状态下,从茶之味领悟人生之味,达到对茶、对人生、对宇宙的感悟。闽南人信佛者众,饮茶与禅宗关系始终密不可分,名茶铁观音就充分体现了闽南人向佛、向善、清心淡雅的价值取向。

(三)和

茶是雅物,亦是俗物。与北方地区的贵族茶道和雅士茶道不同,闽南地区偏重禅宗茶道与世俗茶道。在闽南地区,茶通用于不同场合。大街小巷的茶叶店随时欢迎茶客前来免费喝茶,即使不买也没有关系。闽南家居茶事最为常见,客来煎茶,联络感情;家人共饮,同享天伦之乐。茶中有温馨,体现在一个"和"字上。例如,当地乡民有什么纠葛,常常通过调解人开个茶话会去解决。闽南茶文化中的"和",蕴含着风调雨顺的"天和"、青山绿水的"地和"以及友爱相融的"人和"。若是上升到茶德的高度,"和"的内涵会更加丰富,饮茶过程不仅有助于收敛奢欲、洗心涤烦、振奋精神,也有助于调和人与人之间的社会关系,具有一定的社会功用。

(四)闲

闽南与粤东的潮汕相邻,这两个地区的茶文化比较相近,都保留了中国茶文化的闲适性。闽南、潮汕均系茶产区,闽南的铁观音、潮州的凤凰水仙都是珍品。北方汉人把长江流域的茶文化带到了闽南、潮汕地区后,结合当地的特点形成了工夫茶。茶有两种功效,饮渴的功效可归于饮食文化体系,品鉴的功效则上升为精神文化的层次。工夫茶的作用不在饮渴,而是品鉴。闽南工夫茶是"闲"者之茶。对闲者而言,是闲中觅闲;对忙者而言,是忙中觅闲。即便是田间农夫,农闲时期也能以茶休闲,以茶养逸。在闽南地区就有这么一种说法:"早茶一盅,一天威风;午茶一盅,劳动轻松;晚茶一盅,全身疏通;一天三盅,雷打不动。"工夫茶所用器具甚多,所用之杯甚小,边冲边饮,连饮数杯之后需换新茶,非有闲工夫无以享受其境、其味、其香、其韵。与潮汕地区不同,闽南地区一般不再使用炉和扇,而改用其他烧水方式,也较少在饮食正点的时候喝茶,而是把喝茶作为一种单独的行为,体现出闽南茶文化的闲适性。

三、闽南茶文化的主要构成要素

闽南茶文化属于精神文明范畴,但是它又不是完全脱离物质文明的文化。不管是茶道、茶艺、茶礼还是茶俗,都是在茶叶应用过程中体现出来的外在形式和内在精神的统一。闽南茶文化的构成要素具体体现在物态层面、行为层面和精神层面上。

(一)物态层面

闽南茶文化在物态层面上的主要构成要素包括茶叶、茶具、水、环境等几个方面。

1. 茶叶

闽南茶叶最著名的是铁观音、黄金桂(黄旦)、本山、毛蟹,被称为茶叶中的"四大名旦"。铁观音闻名海内外,被视为茶中极品。它们都是介于绿茶和红茶之间的乌龙茶,属于半发酵茶类,是我国绿茶、红茶、青茶(乌龙茶)、白茶、黄茶、黑茶等六大茶类之一。大叶乌龙、梅占、奇兰、白牡丹等,也深得闽南人的喜爱。闽南茶农培育了一大批乌龙茶优良品种,如西坪铁观音、罗岩黄旦、萍洲毛蟹、长坑大叶乌龙、清水岩杏仁茶、茶科所凤圆春等。

闽南乌龙茶有其他茶类不能比拟的自然花香,滋味醇厚甘鲜,品饮之后,齿颊留香,回味悠长。和其他茶类相比,乌龙茶具有兰花、桂花、水蜜桃、桂皮、栀子花等天然花果香气,且香气袭人。溪茶当家花旦铁观音,香气清高馥郁,有特殊的"观音韵",且耐冲泡,七泡尚有余香,上品铁观音在冲泡时甚至有香惊四座的气势。安溪茶黄金桂有天然的花香,冲泡时具有独特的"透天香",满室生香,可谓"室雅何须大,茶香不必多"。此外,毛蟹具有"清花香、白心尾、倒钩刺"的特征,大叶乌龙则具有重实、清纯甘厚的特点。

2. 茶具

闽南人所用茶具主要有炉、壶、瓯杯以及托盘,号称"茶房四宝"。款式多种多样,上镂山水人物及花鸟,玲珑精致,现今仍为居家必备之物。

宋元以来,晋江磁灶窑、同安汀溪窑、德化窑烧制的各类瓷器远销日本及东南亚各国,泉州地区烧制的青瓷茶碗被日本茶道界称为"珠光茶碗",它是中日茶道文化交流的使者。德化县是我国南方著名的瓷器产地,德化窑烧制的白瓷茶具讲究形质之美,在各类茶具中独树一帜。

闽南人对茶具十分讲究,有的人家用的茶壶叫"小种罐"。所谓小种罐,是因抗日战争前人们用这种茶壶冲泡当时颇具名气的杨文圃茶行的茶叶"小种泡"而得名。有的人家喜欢用红色的宜兴陶壶，这类茶壶比掌还小，也称"小掌"，茶杯更小，用这种茶具泡出来的茶也叫小掌茶。旧志记载："俗好啜茶，器具精小，壶必曰孟公壶，杯必曰若深杯。"孟公壶即孟臣壶，是明代天启到清代康熙年间江苏宜兴壶艺名家惠孟臣创制的紫砂茶具，其造型典雅古朴，后人仿制，人们尊孟臣为茶具的祖师公，故称孟公壶。此外，旧时漳浦县也烧制紫砂壶，该县是全国出土紫砂壶（包括潮州朱泥壶）最多的县份，其中最著名的是时大彬款履鼎足壶。

闽南人认为，茶具越用越珍贵，长年泡茶之壶，壶内"结牙"（即茶垢），老辈人说结牙茶壶即使不放茶叶也能泡出茶香；还有谁家结牙多，谁家最有礼的说法。

3. 水

闽南人认为，泡茶的水以泉水为佳，故民间有"山泉泡茶碗碗甜"之说。以炭火为主，烧水至"三沸"，再置于"盖瓯"中冲泡。

泡茶对水有严格的要求。明代许次纾在《茶疏》中说："精茗，香，借水而发，无水不可与论茶也。"水有软硬之分，凡每公升水中钙、镁含量不到8毫克的称为软水，反之则称硬水。泡茶要用软水，用硬水泡茶，茶味变涩，茶香变浊，茶汤变色。过去厦门岛内淡水稀缺，人们多取井水泡茶。五老峰的泉水、鼓浪屿的"三不正"井水最佳。如今闽南人饮茶也会用专门的过滤器进行水质处理，并且还会尽可能用矿泉水来泡一壶好茶。

4. 环境

闽南人泡茶讲究佳境。明代文震彦曾说："构一小房，相傍山斋，内设茶道，教一童专主茶役，以供永日平淡，寒窗兀坐，幽人首务，不可少废者。"这是古代骚人墨客追求的清寂。闽南人则爱闹中取静，大多择街边巷尾、房前庭院、厅堂一角，摆下茶几，数人围坐，一边泡茶品鉴，一边谈古论今、商洽生意。茶几周边多置古色古香的雕花交椅，亦有用现代沙发的。到山野之外爬山泡茶也是现在闽南人常见的休闲生活方式。

（二）行为层面

闽南茶文化在行为层面上的构成要素包括饮茶、泡茶、以茶待客的习俗，以及其他杂俗，如祭祀、婚礼中的特殊茶俗，等等。

1. 饮茶习俗

明清以来，随着文化风气的鼎盛，推动饮茶风尚的形成。自乌龙茶创制以来，适合乌龙茶品饮方式的工夫茶随之兴起。

很多闽南人有早起便开始喝茶的习惯。他们称茶叶为"茶米"，与米相提并论；称饮茶为"吃茶"，与吃饭摆在同等地位。民国时期，仅厦门市区经营茶叶的茶庄茶行就有三四十家，烟摊、食杂店也兼卖茶叶。人们饮茶成风，有的在家，有的到"茶桌仔"去吃茶。所谓茶桌仔，是指在小巷小店面摆几张桌子、几条板凳泡茶供客，该茶俗兴起于清末民初。茶桌仔往往是讲古场，一壶茶慢斟浅酌，听讲古仙品《三国》《水浒》等，还能听到不少奇闻趣事。抗日战争前，有比茶桌仔规模大的茶园，如中华茶园等。新中国成立后，出现集体经营的茶室、茶人之家等。1979年后，各类茶馆、茶室、茶艺馆纷纷开张，许多宾馆酒楼也兼营早茶，还有午茶、晚茶。

闽南人不论在家里还是上茶桌仔吃早茶常有"茶配"，如油条、炸枣、发粿或其他糕点，可以代替早餐。日常自用或待客的茶配一般是花生糕、贡糖、蜜饯等，以甜品为主。茶配不但可以防"茶醉"，而且体现主人待客的热情慷慨。有茶配的工夫茶谓之"全茶"，没有茶配的，则叫"半茶"。至20世纪80—90年代，宾馆酒楼的早茶、午茶或晚茶已演变为风味小吃，闽、粤、港式都有，并成为一种新型的交际方式和民俗活动，是传统茶艺文化与饮食文化、现代文明结合的产物。

闽南人一般不饮头泡茶，第一道可饮用的茶必须让给长辈或宾客，茶冲好后，泡茶者一般会伸手示意："请喝茶！"如果座上仅两三人，泡茶者就要端最后一杯；如果座上人多，需等所有客人饮过后才端茶。端哪一杯茶也有讲究，通常要端靠自己左侧的一杯，中间一杯让最后端的人饮，如先用中间一杯，就是不尊重旁人，即使你地位高，辈分高也应有所谦让。闽南人喝茶除"饮"之外，还很讲究"品"，品茶时要眼、鼻、口并用，色、香、味同辨。品茶时，要小口相呷，形如啜酒。

2. 泡茶习俗

我国有数千年的饮茶史，随着制茶技术的进步，人们的饮茶方法也经历了煎饮法、羹饮法、研碎冲饮法、泡饮法四个阶段的演变，闽南地区大抵也是如此。

闽南人泡茶十分讲究火候与汤候。火候指煮水的火力，煮水时间与汤候有关。明代田艺蘅在《煮泉小品》中说："有水有茶，不可以无火。非无火也，失所宜也。"是说品茗，必须茶、水、火三者都好，缺一不可。闽南的品茶行家烧水，既防"嫩"又防"老"。水未烧沸，谓之嫩；水开过头，谓之老。用没有烧开的水泡茶，茶叶中的水溶性物质不能尽数浸出咖啡因、氨基酸、维生素等，茶汤不鲜美。水烧过火，使溶解于水中的气体不断排出二氧化碳，茶汤就缺乏鲜爽味。若用回烧的开水泡茶，茶汤会有"熟汤味"。烧水过长，水分蒸发过多，开水中的盐类物质含量相对增加，特别是亚硝酸盐含量的相对增加不利于健康。所以，闽南人提倡"水老不泡茶"。泡茶时间不宜过长，以3~5分钟为宜，泡得过长，茶汤内的多酚类物质会增加，带有苦涩味。

在闽南，泡茶的第一道程序是烫壶、烫杯。随后，倒掉茶洗中的水，将茶壶置茶洗中，放上茶叶。茶叶往往要放满壶，冲出来才够味。水一开，立刻就冲入茶壶中。这时会浮起一些泡沫，用壶盖轻轻拨动，将泡沫拨出。盖上壶盖后，再从壶盖上淋下开水，把壶外的泡沫冲走，同时使茶壶内外温度差不致太大。接着将第一遍茶全部倒入茶洗中，第二道水立刻冲进去，一直冲到壶盖盖下去后有少许水溢出为止，盖上盖子，再淋一些水。然后马上斟茶，闽南忌浸茶，因为一浸就出茶碱，茶就苦了。斟茶是很讲究功夫的，必须用一个手指按住茶壶盖，将壶翻转90°，壶嘴直冲下，迅速绕着已经排成一圈的茶杯斟下去。这称为"关公巡城"，每一个杯子都要巡到。最后是"韩信点兵"，那后边的几滴最是甘美，也是每一个杯子都必须公平点到。这样斟出的茶，每一杯色泽浓淡均匀，味道不相上下。如今已经比较多的使用公道杯（又称"茶海"），公道杯能起到均衡茶汤浓度的作用，不致厚此薄彼。一泡茶，一般冲五六次。讲究一点的，冲泡三四次，要将茶叶渣倒出，重新烫壶、烫杯。

3. 以茶待客的习俗

以茶待客，是闽南地区普遍的习俗，"请喝茶"、"喝两杯再说"，是当地人的口头禅。工夫茶是闽南人接待来客必不可少的礼节，但凡有客来，泡沏一壶芳香的工夫茶，宾主间的亲情、友情也会更加融洽。

"先客后主，司炉最末。"闽南人在敬茶时除了论资排辈外，还得先敬客人来宾，然后才到自家人。在场的人全都喝过茶之后，这个司炉的，俗称"柜长"（煮茶冲茶者）才可以品饮，否则就是对客人不敬，叫"蛮主欺客"、"待人不恭"。斟工夫茶时，手要放得很低，茶壶嘴伸到杯中几乎近杯底，谓之"高冲低斟"。需要注意的是，不能将茶杯斟满，只需七分满就行，谚云"茶七酒八"、"七分茶，八分酒"，说的便是斟酒倒茶不可斟满，太满不仅客人不好端，也容易溢出茶水，溅到衣服上或烫伤客人的手，有时还会因受烫致茶杯摔破，给客人造成难堪。

茶客端茶时，要用右手的拇指和食指端着茶杯的边沿，中指托着杯底，这叫"三龙护宝"，无名指和尾指收紧，不能指向别人，以示对别人的尊重。主人续茶时，茶客习惯用手指敲桌致谢，单敲中指，表示本人致谢；食指和中指同敲，表示偕夫人同谢；食指、中指和无名指同敲意为代表全家人答谢。客人自己端茶杯时则不用。客人喝茶提盅时不能任意把盅脚在茶盘沿上擦，茶喝完放盅动作要轻，不能让盅发出声响，否则是"强宾压主"或"有意挑衅"。客人喝茶时不能皱眉，这是对主人示警的动作，主人发现客人皱眉，就会认为人家嫌弃自己茶不好，不合口味。当主宾喝茶中间再有客人来时，主人就要撤换茶叶重新冲茶，以表示对客人到来的欢迎，否则会被认为"怠慢客人"。当茶叶冲了几遍后，茶汤从浓到淡，便要更换茶叶，如果无茶色时还在冲，会使客人认为主人是一个对己冷淡、不尽地主之谊、办事不认真的人。

闽南人家中的茶盘通常只摆三只茶杯，这种工夫茶杯又薄又小，叠起来可含口中而不露。当地有句俗语是"茶三酒四秃桃二"，认为茶必须三人同喝；酒必须四人为伍，便于猜拳行酒令；可是外出看风景游玩就以两人为宜，两人便于统一意见，满足游兴。饮工夫茶以三人为宜，三只茶杯形如"品"字，寓意品茶"一人得神，二人得趣，三人得味"。

4. 其他杂俗

每逢新年岁首，闽南人亲友之间相互拜年的礼品，一般会有四种，谓之"四色"，其中必有乌龙茶。这是因为，闽南人将茶叶视为高尚的礼品、通用的饮品，在人生的一些重要场合中，茶，始终扮演着重要的角色。

（1）祭祀中的特殊茶俗

在闽南，许多祭祀活动都有敬茶的习俗。如每年农历正月初九日的天公生，闽南人要敬香茶；祭祀祖宗或初一、十五日烧香拜佛，也要敬茶；人死了，从头七到末七，49天里天天早晚要敬茶；每年农历二月十九、六月十九、九月十九日，是观音菩萨诞日（出生、成道及出家的日子），闽南人不但要去庙里进香，也要在家里敬茶。安溪素有"敬佛祭祖不离茶"的说法。对于崇尚民间信仰的一般信众而言，无论庙的大小，三杯清茶是必不可少的。在茶乡的祭祀活动中，以茶作祭品，可以说是茶文化发展过程中衍生出的一种真实反映人类活动的历史现象。用茶作祭品，一般有三种形式：一是在茶碗、茶盏中注入茶水；二是不煮泡，只放干茶；三是不放茶，久置茶壶、茶盅作象征。闽南地区在亲戚奔丧、堂亲送丧、朋友同事探丧时，主事的"亲堂"，都会对来客敬上清茶一杯。客人也必饮杯茶，吃点甜品，除了一般的礼节之外，更表示饮茶品甜，辟邪气、讨吉利，此俗一直延续至今。

（2）婚礼中的特殊茶俗

在闽南，茶与男女婚嫁有着密切的联系。吃茶成为男女求爱的别称，传统婚礼的整个过程，也都和茶息息相关。订婚时的"下茶"、结婚时的"定茶"、见面时的"合茶"是闽南传统婚姻中的"三茶"。

在厦门，旧时男女青年相亲，常相约在茶桌仔里相见。茶桌仔原是供吃茶的桌子，后来演化成吃茶的地方。相亲的男女双方在茶桌仔里见面，可以避免初次见面的尴尬，双方在茶桌仔里，边相貌、边啜茶、边谈天，感觉会自然些，随意些，亲切些。要是有双方家长陪同，茶桌仔更是不可或缺的媒介。相亲成功了，男家至女家"送定"，称"定茶"。定茶自然是些礼品，礼品的多少与贵重与否，因人而异，但茶是不可少的。男家送定时，女家请男家来人吃茶，也是少不了的礼节。送定完了，称"下了茶礼"。娶亲时，男方应先安排好茶礼，以备新郎与新娘为父母（公婆）敬茶，称"合茶"。结婚的当晚，新郎陪伴新娘请父母（公婆）吃茶。此时新娘则一改以往对男方父母"阿伯阿姆，阿叔阿姨"的称呼，随新郎叫声："阿爸吃茶！阿妈吃茶！"这一改称，意味着新娘从此成了男家的媳妇。

（三）精神层面

闽南茶文化在精神层面上的构成要素包括闽南茶道、闽南茶文学等，是闽南人在应用茶叶的过程中所表现出来的价值观念、审美情趣、思维方式等主观因素的文化呈现。

1. 闽南茶道

中国茶道大约形成于中唐之际，陆羽是中国茶道的鼻祖。宋代蔡襄的《茶录》、宋徽宗赵佶的《大观茶论》，明代朱权的《茶谱》、钱椿年的《茶谱》、张源的《茶录》、许次纾的《茶疏》等茶书都有许多相关的记载。闽南工夫茶是对中国古代饮茶之道的继承和发展。闽南地区信佛者众，儒道精神亦植根颇深，因此茶道的思想深入人心。

闽南茶道是"饮茶之道"、"饮茶修道"和"饮茶即道"三者的有机结合，是闽南茶文化的精髓所在。饮茶之道是指饮茶的艺术，"道"在此有方法、技艺之意；饮茶修道是指通过饮茶艺术来尊礼依仁、正心修身，"道"在此有道德、真理、本源之意；饮茶即道是指道存在于日常生活中，饮茶即是修道，茶即道，"道"在此有真理、实在、本体、本源之意。

闽南人把茶作为一种精神的寄托。元、清两朝，闽南地区许多知识分子对外族统治者采取不合作态度。明王朝实行海禁使得闽南地区经济从鼎盛走向衰落，引起很多知识分子的不满。加上闽南地区佛教盛行，走向空门和超尘隐世的思想一直非常盛行。闽南民间流传千年的古乐南曲中流溢的那种幽雅清和的韵味，正是闽南知识分子十分向往的一种境界。但是出家和隐世，又是多数人难以做到的，他们不得不在俗世中盘桓。偷闲半日，取山间之清泉，摘山崖之茶叶，到梵音古刹，或幽深的静室，邀三两知己烹水泡茶，品茗唱曲，便成为闽南人超尘隐世的精神追求。

闽南人称酷爱喝茶，又有一定品位的人为茶仙，不是没有道理的。当代佛学大师赵朴初先生诗云："空持百千偈，不如吃茶去。"道，寓于吃茶的日常生活中，道不用修，吃茶即修道。闽南人认为，茶是吸取了天地灵气的自然之物，茶蕴含着道家淡泊、宁静、返璞归真的神韵。茶性的清纯、淡雅、质朴和人性的静、清、虚、淡，在茶道中得到高度统一。道家在发现茶叶的药用价值的同时，也注意到茶叶的平和特性，于是道家之道与饮茶之道和谐地融合在一起。

茶道，无非就是借饮茶而修道。当然，茶道中的饮茶与日常生活中的饮茶有所不同。茶道中的饮茶本质上是艺术性的饮茶，是一种饮茶艺术。修习茶道的目的在于养生修心，以提高道德素养、审美素养和人生境界，求善、求真、求美。因此，茶道是以养生修心为宗旨的饮茶艺术。

闽南人把茶道作为一种修道来展示，来品评，来追索茶艺活动中的韵味，便深刻地体现了这种追求。饮茶已经不仅仅是解渴，不仅仅是礼节，而且是对茶叶的种植制作、水质、茶具及泡茶的艺术的点评和鉴赏，是对人生境界的追求。茶叶、水、茶具等在他们眼中成为一系列素材，泡茶者选择、综合、创造，最后创作的整个饮茶过程，都是修为。所以，闽南茶道集哲学、伦理、历史、文学、艺术为一体，是艺术宝库中的一朵奇葩。

2. 闽南茶文学

闽南文学家们一直对茶文化情有独钟，所谓茶文学，是指以茶为主题创作的文学作品，包括茶诗词、茶文、茶联、茶小说、茶曲艺等。闽南古代著名的文学家、学者欧阳詹、朱熹、李贽、王慎中、黄道周等都曾有相关作品。特别是宋代闽南籍蔡襄编著《茶录》，介绍福建茶叶的生产和烹试方法，填补了我国最早茶书《茶经》（唐陆羽著）的缺漏，被译成英文、法文，传播国外。现代著名文学家林语堂是闽南漳州人，受闽南工夫茶熏陶而善品茶，也写了不少关于茶的文章。在《生活的艺术》一文中，林语堂认为：饮茶为整个国民的生活增色不少，它在这里的作用，超过了任何同类型的人类发明，因为茶成了国人生活的必需品，以至于"只要有一只茶壶，中国人到哪儿都是快乐的"。他的另一句名言是"捧着一把茶壶，中国人把人生煎熬到最本质的精髓"。林语堂对品茗之道很有研究，并且善于用幽默、浅近甚至市井的比喻来评议茶道，让人在欢笑中接受知识。说到饮茶的氛围时，他说："饮茶之时而有儿童在旁哭闹，或粗蠢妇人在旁大声说话，或自命通人者在旁高谈国事，即十分败兴，正如在雨天或阴天去采茶一般的糟糕。"林语堂从贮藏到烹煮品饮，不厌其烦罗列出了他自己亲身实践的十条"茶经"。当代的许多作家比如陈梦林、苏淑勉、苏宇霖、郑梦集也创作了大量茶文学作品。夏炜所写的长篇小说《铁观音》被称为闽南茶文化的《清明上河图》。这些文学作品都倾注了闽南人对茶和茶文化的钟爱与抱负。

四、闽南茶文化的社会功能

闽南茶文化之所以作为传统文化的一个精粹部分焕发出生机与活力，正是因为其社会功能随着人民生活水平和文化追求之提高而被赋予了新的内容，主要表现在以下几个方面。

（一）有利于发扬中国传统文化精神，促进社会发展

闽南茶人在饮茶的过程中将具有灵性的茶叶与人们的道德修养联系起来，认为通过茶文化会促进人格道德的完善、修养的提高，有助于调节人的身心，提高人的修养，开阔人的心胸。它跨越了宗教和哲学的界限，将每一个茶人引向一种更高层次的精神境界，因此必然会在浮躁的当今社会中成为对道德沦丧、物欲横流、畸形变态审美的一种校正，成为塑造人格、重建提升人生境界和审美境界的有益资粮，成为加强精神文明建设的有力武器。

（二）有利于促进社会关系的和谐，增进社会交往

因为闽南茶文化具有知识性、趣味性和康乐性，品尝名茶、茶点，鉴赏茶具，观看茶俗茶艺，都给人一种美的享受。闽南茶道注重协调人与人之间的相互关系，提倡对人尊敬，重视修身养德，有利于人的心态平衡，能解决现代人的精神困惑，提高人的文化素质，也是应付人生挑战的益友。在激烈的社会竞争、市场竞争中，紧张的工作、应酬，复杂的人际关系，以及各类依附在人们身上的压力常常使人身心疲惫。参与茶文化活动，可以使人们的身心得以放松，压力有所缓解，以应付人生的种种挑战。闽南茶文化保留在婚姻礼仪、人际交往、丧葬礼仪和祭祀礼仪中，可以起到融洽氛围、沟通感情的作用，其中闽南茶道处处显示出和谐大同的精神特

质,特别有利于社会交往。同时闽南茶文化与外界的频繁交流,使茶文化跨越国界,成了人类的共同精神财富,不仅是个人之间,更能促进个人与社会、国家与国家、民族与世界之间关系的和谐相处,和谐发展。

(三)有利于塑造文化品牌,推动经济的发展

茶文化应用在茶产业品牌开发、品牌推广以及品牌经营过程中具有很强的必要性和有效性,因此诸多闽南茶企业十分重视茶文化产品的开发与茶产品的文化营销,在全国具有广泛的知名度。闽南地区大多数茶叶品牌企业都有比较规范的内部培训机制。企业创办传习所等讲茶史、演茶艺,由水平较高的茶艺师在企业中传、帮、带,提升茶企员工的茶文化知识。同时,闽南地区把茶文化与茶旅游结合起来,茶叶公园、知名茶企形象店、茶博物院等,成为展示闽南茶文化的重要阵地,也成为闽南地区十分有特色的经济发展途径。

参考文献

[1] 蔡清毅.闽台传统茶生产习俗与茶文化遗产资源调查[M].厦门:厦门大学出版社,2014:1-375.

[2] 陈文华.中国茶文化学[M].北京:中国农业出版社,2006:1-382.

[3] 陈宗懋,杨亚军.中国茶经[M].上海:上海文化出版社,2011.

[4] 丁以寿.中华茶文化[M].北京:中华书局,2012:1-184.

[5] 王文径.闽南茶俗与紫砂壶[J].典藏(台湾),2003(4).

[6] 厦门文化信息网,http://www.xmculture.com/.

[7] 张娴静,孙云.闽南茶史[J].中国茶叶,2012(1):29-31.

[8] 周文棠.茶道[M].杭州:浙江大学出版社,2003.

[9] 朱许洪,陈志强.闽南茶文化与地方文学的不解之缘[J].文化艺术研究,2007(15):124-125.

第十五章

闽南传统服饰

闽南指福建的南部，主要是闽南地区（泉州、漳州、厦门）、台湾和东南亚闽南华侨华人聚居地。闽南传统服饰，也是指产生和流行于这些地域的传统服饰。

一、闽南传统服饰的形成

闽南地区是一个移民社会。从4世纪初的"中州八姓"入闽开始，到12世纪的宋室南渡，中原地区出现几次大规模的南迁入闽高潮。闽南人将中原文明、古闽越文明、域外文明很好地结合在一起，形成带有浓厚海洋性特征和鲜明地域特征的地域文化。

由于闽南地处东南沿海，渔业资源最为丰富，自古以来这里生活的渔民都靠捕鱼为生。在清朝时期，统治者将他们称为"疍民"，规定疍民不能定居在陆地上。据人类学家考证分析，这些生活在沿海的水上居民不隶属于哪一个民族，而是一个统称。由于闽南地域的特殊性，闽南人根据自己的生活环境和审美情趣，在长期的历史演变过程中形成了闽南特有服饰文化。

二、闽南传统服饰的特点

（一）与中原汉族服饰文化相融合

闽南妇女的裙装样式与当时的中原汉族妇女无异，旧时以唐装为主，现在随着时代的变迁，以时装为主。大多选择穿着舒适、柔软、透气性好的丝绸面料，加以精细的做工和复杂的配饰，显示出穿着者的庄重大方。男女都穿汉装，裤脚宽大，女裤裤脚镶着多种花边。汉族的首饰也同样受到疍民的喜爱，特别是翡翠碧玉，疍家姑娘尤其喜爱。她们的耳坠是以金为链，下配翡翠碧玉而成，加工时将翠玉雕琢成圆环形，大小为2厘米。蛋家姑娘除了喜爱翡翠碧玉外，所带的竹笠不论做工，还是笠带的配饰都十分考究，竹笠编织细密，表面要涂上一层海棠油，既增添了金黄色的色彩，又起到防水加固的作用。笠带以2厘米宽的胶丝纺织而成，色彩以红、橙、黄、蓝、紫、黑、白为主，配以小珠贝类作装饰。

（二）具有闽南地域特色

和丰富多彩的闽南饮食相比，闽南人在衣着服饰上就突出了简单质朴的特点，因为闽南属于亚热带季风湿润型气候，四季温暖，御寒的衣物较少。因此，朴素、实用、简单成为闽南传统服饰的主要特征。

由于闽南妇女平时很少打鱼或田间耕种，大多以照顾孩子、做家务为主，因此她们把衣裤做得较长较宽，大多选用透气性好，穿着凉爽柔软的丝织物。所穿大襟衫做工考究，装饰性强，采用滚边绣花、金属纽扣、图案装饰等。

闽南渔民最常穿着的衣服"讨海衫"，亦称"红柴汁衫"，是一种暗红色的土布衣。其是用荔枝柴汁（俗称红柴汁）染成的，特点是不易脏、耐磨耐穿，便于捕鱼劳作，因此渔民都很喜欢。下身则穿用龙头细布自制的"油衫裤"，这种裤子能够经受一定的海浪冲击，经久耐穿，舒适方便。其原因在于它的独特加工方式，先在红柴汁中染色，然后涂擦两遍桐油，最后在表面刷一层面光油，布料处理后按人的身材量体制衣。逐渐地，闽南渔民喜爱的讨海衫和油衫裤成为一种标志，世代相传。

在发型方面，闽南妇女发型种类有十几种之多，比如烟筒箍、信杯头、打结头、辫子头、面干头、鲍鱼头等发髻。逢年过节时，则在发髻上插上簪花，平日头上多缠有头帕，防止海风吹乱头发。

闽南人忌穿全身黑色或白色的衣裳，尤其是在逢年过节等喜庆的日子，更是忌讳穿纯白、纯黑的衣服。反之，参加丧葬或服丧期间，禁忌穿着红装、彩服、花衣裳，否则会受到众议和谴责。披麻戴孝穿草鞋者也不得随便出入他人住宅。帽忌歪戴，衣忌不扣，腰间忌系草绳、麻皮；童服、女装忌夜间晾露天处；男女忌穿裤衩在室内外活动；寡妇忌浓妆艳抹、服饰华丽；父母丧亡，旧时孝男49日内不理发，服丧期间孝眷淡妆素服，忌带金佩玉。

三、闽南传统服饰的主要类型

（一）日常服饰

闽南居民多是北方移民，由于厦、漳、泉等地官民迁入，他们多沿袭汉传统服饰，达官显宦锦袍玉带，贵族公子纨绔绣履。官绅阶层男性穿长衫外加马褂，头戴"鲁笠"或瓜皮帽，俗称"碗帽"、毡仔帽。单衣有两种款式：一种是纽扣排正中的"对襟仔衫"；一种是纽扣排右侧的"大襟衫"，闽南俗称"大刀衫"，因其开襟纽扣有如七星大刀故名。但平民百姓，则布衣练裳，长不蔽膝。

平民百姓以粗布汉装衣服及镶边大襟衣、纳底布鞋、草鞋、木屐为主。男装以长衫加马褂作礼服，长衫为右侧开口，窄袖，布制纽扣，下摆长至脚踝；马褂有马甲式和汉装式；裤子宽筒深裆，长及踝，无口袋，折叠腰间系以裤带；衣裤常为蓝、黑、灰、青、棕等纯色。上层女性多着旗袍，旗袍用整块衣料剪成，没有带、袋等附件，线条流畅，穿着贴体合身。一般妇女的衣着，上穿大襟衫（大刀衫），下穿长裤或裙子，上下同色，以青、黑布为主。而劳动妇女一般不穿裙，大襟衫是圆低领，衣长至膝，衣裙均比较宽大，穿起来舒适自然，而且衣裙都有宽布条贴边，增加美感。年老妇女衣服版型较宽，衣服颜色多选黑、褐、蓝。女服上下同色居多，裙沿、袖口、裤脚或衣襟边沿，多有配色镶边。如遇喜庆节日，则穿上鲜艳衣服，以红为主，并戴上首饰，头发上插戴绸制的红春仔花。

闽南服饰在民国以后有较大变化，男性服装以中山装、汉服、土布衫为主，也有穿着西装、长衫马褂、皮鞋、布鞋、胶底鞋。男性的裤子有内外之分、长短之别，还有汉装裤、西装裤、吊带裤、牛仔裤等不同款式。汉装裤宽大，尤其腰部更为宽阔，一般用彩色丝绸裤带，有的将带头垂露在衣服下面。青年女子的旗袍剪裁注意曲线，腰身极窄，下摆至膝，夏装无袖；冬装长袖外加大衣或短套，成为流行款式。初中、高小学生一律穿童子军服，系学校标记的领巾，男黄色衣裤，女黄上衣配黑裙。高中学生一律冬穿黑蓝的中山装，束腰带、打绑腿；女生着蓝色衬衫配黑裙，裙长及胫中，后改短至盖膝。

新中国成立初，西装、长衫、旗袍几乎绝迹，衣着以朴素为荣。男女通穿蓝、灰色"列宁装"风靡一时。工作服在工人和学生中流行。青年女子着西装短裤的时有所见；20世纪50年代后期及60年代，青年男装多为小翻领对襟衫，青年女装多为西式长裤。20世纪70年代，绿色军装在男女青少年中极为流行。自改革开放以来，西装、牛仔服、夹克衣、风衣也大量进入社会。鞋类变化也大，人们的日常穿着是皮鞋、球鞋、旅游鞋、轻便鞋，还有半高跟鞋、高跟鞋和时装鞋。

（二）婚丧服饰

旧时，新郎头戴剪章帽，帽上有一绺红缨。身穿蓝色长衫，上套黑马褂，脚穿黑绒布鞋和布袜，肩上斜披一条红绸带，带至胸前结一红绸花，黑红相间，风度高雅，庄重大方。后改为头戴毡帽，帽顶圈有2条红绸小带。一般平民，身穿对襟布衫，脚穿黑布鞋。民国以后，穿中山装或西装结领带，足穿皮鞋。有的肩披红绸带，有的胸前戴鲜花。

新娘衣着，外面均为红裙红袄，衣角里还要缝几片古铜钱形的小铅钱，"铅"厦门音"缘"，意为入夫家有人缘。内衣一律白色，若是冬天出嫁，还要加一件黑背心棉褂，身内系一条白布兜于腰间，俗称肚仔。如缠足，要用白布（脚白）从脚趾裹至小腿，再用一条约半尺长的饰裤（黑色、锈有花边）套在脚上。脚穿红绣鞋，鞋面上绣有象征福禄寿的龟鹿等花纹图案。头梳龙凤髻，中间横插一支头簪，再从前至后直插一支银制凤钗，钗上凤头口衔一串珠子，垂至额前，头后插一枚金发夹

（也有铜制品），耳坠一般为钓钩形垂链式。手戴金镯或银镯，左右各一只，有的一玉一银，有的银、玉各一对。新娘出阁之日，要以红帕蒙首（亦称盖头），有的还要戴上新娘帽，又称"珠冠"，制工精细，以银或铜为材料打成帽框，周围有镂空的花草和吉祥图案，并镶上闪烁的玻璃片和珠子，帽架上用银或铜丝卷成的螺旋弹簧顶着珠球，左右晃动。随着社会的发展，婚俗也在演变，有的模仿西方新娘披上拖地白纱（婚纱），走进礼堂。新娘服饰品种繁多，有婚礼服、迎宾服、宴会服，接回家里换上时装，最后还有睡衣，一天更五服。发型和饰品则更加考究，一般也是浓妆艳抹，离不开金银首饰。

丧服沿袭中国古代旧制，在《仪礼·丧服》中规定，由重至轻，有斩衰（cuī）、齐（zī）衰、大功、小功、缌（sī）麻五个等级，称为五服，分别用生熟粗细不同的麻布制成。五服分别适用于与死者亲疏远近不等的各种亲属，越粗糙的麻制丧服关系越近的人穿，越细密的麻制丧服关系越远的人穿，依次类推。清末至民国后，五服用白坯布替代了麻衣丧服，再外配麻服。孝男着草鞋，内编织麻带；女着白或黑的布鞋，加缝一小块麻布，依亲疏而定。外孙的鞋上加缝青色布块。亲属头上戴"头白"，亦称"孝巾"，孝巾呈三角形，由白坯布制成，制作时只能用手撕，忌用利器裁剪，在孝巾上加缝一小块麻布，然后扎在额头上。外孙的头上戴细白布制成的"头白"，上缝一小块青色布。关系较远的亲戚在细白布条上加缝一小块红布，缠在左臂。已婚孝男头戴两边高耸的白色纸帽，并以麻线系在帽上（"孝箍"），垂于两耳旁边，俗称"孝男帽"。孝男外出不能奔丧者则以漆盘放丧服丧帽表示。孝女则戴"甘头"，由长方形的白坯布制成，像剪开一侧的面粉袋，罩在头上，长至后腰，大人小孩都戴。

（三）鞋帽佩饰

由于环境气候的原因，闽南人冬天很少戴帽子。穿木屐是闽南人的生活习惯，木屐大多采用木质较软的枫木、乌桕、苦楝制成，鞋面用棕、皮革、橡胶等，妇女穿的木屐还会描花上漆，甚至做成高底，如同高跟鞋，大方高雅。1960年以后木屐才逐渐退出闽南人的生活。20世纪70年代后木屐已为塑料拖鞋所替代。

夏天，闽南人以戴遮阳帽、草帽、斗笠居多，妇女则以撑伞为主。据说闽南妇女撑布伞自遮的习俗，起源于南宋理学家朱熹掌管漳州之时，这种布伞亦有"含蕊伞"的美誉。在炎热的夏天，短裤、凉鞋等也是闽南人生活中常见的。

闽南人挡雨遮风的斗笠主要有三种。其一，大笠：形制为圆形，大小为70厘米左右，由双层竹篾和竹叶制成，是一种便捷耐用的雨具。1980年以后，由雨伞、雨衣替代。其二，甲笠：由竹篾和竹箬制成，竹篾搭成骨架后上编竹箬，箬与架之间有9厘米的间隙，散热透气。笠顶较高，大小约30厘米的笠适合沿海地区；笠顶较低，大小约40厘米的笠适合内陆地区。因其小巧、携带方便、透气性好，至今农村还在使用。其三，屌斗笠：形制为圆锥形，是沿海地区姑娘们喜爱的。大号屄斗笠，笠沿大小约 40 厘米，遮阳面积大。选用的材料与其他斗笠相同，只是在表面涂刷了一层桐油，有的在笠顶和笠沿处用丝带做了装饰，适宜海岛海风大、阳光强的地区使用。1990 年以后，夏天戴帽多为草帽、凉帽、旅行帽、时装帽。

闽南妇女的首饰，沿袭中国古代传统，用金银较多，尤其是金制项链，样式繁多，琳琅满目，早时还流行缠足妇女佩戴金银脚环的风尚。闽南妇女的饰物有发簪、发插、手镯（材质为金银、翡翠碧玉、玛瑙等）、纂架、纂围、耳环、项链、戒指等。玛瑙手镯中老年男性也佩戴，据说能避免摔倒时骨折。旧时，一些地方的妇女还在上犬齿上镶金牙为装饰。直至今日，闽南妇女喜欢金链子的习俗依然如故。

（四）惠安女服饰

惠安县东部地区的崇武、小岞、净峰及东岭、山霞部分地区妇女的服饰，称为惠安女服饰，其中以崇武、小岞最具特色。惠安女的服饰别具一格，款式奇异，装饰独特，色彩协调，融民族、民间、地方和环境的特征于一体，既有少数民族的特点，又具有地方特色。

1. 惠安女服饰的特征

（1）造型

"封建头，民主肚，节约衫，浪费裤。"这句传播甚广的当地歌谣，概述了惠安女服饰造型的各部分特征。惠安女的服饰组合造型美观、注重比例，适合自身体形，即衣短裤长、上衣紧束、裤脚宽畅，符合上紧下松的视觉艺术，是汉民族服饰中最具视觉冲击力的个性服饰。

（2）色彩

惠安女服饰发展至今，虽然样式和色彩随着时代的变迁有了一些变化，但服饰色彩仍然以传统的、鲜明的"黄斗笠、黑绸裤、蓝上衣"为象征。黑、黄、绿、蓝构成了惠安女服饰的主色调，在色彩学的配色上起到了大方稳重、易搭配、整体效果协调的作用。

（3）纹样

惠安女服饰是一种精神物化形态，以服装为载体，结合本地的宗教祭祀、民俗风情、伦理道德及生活情趣而成，大多寄予着对美好生活的向往，寓情于景，带有渔家生活气息。通过具体生动的形象，运用象征寓意等艺术手法，使其吉祥意念与表现形式不断地融合，成为一种有意味的艺术，故具有很强的内涵性、象征性、寓意性。

2. 惠安女服饰的内容

惠安女服饰的内容包括上衣、裤子、饰物、发饰、首饰和穿戴习俗。

（1）上衣

大裾衫：上衣长度至膝盖下方，胸部及腰部较为宽松，右侧开斜襟，有领，宽袖口，长至手腕。领口到腰线缝 7 副铜质纽扣（后改为布纽）。布料为土产粗纱布，

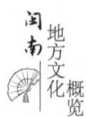

或自织的苎布，或以苎布为经、以纱为纬交织的苎纱布，用青黛等颜料染成暗黑透蓝，有葱翠之致，称"城内葱"，染后上胶碾平，有亮色，质坚硬。

短大祛衫：长度逐渐缩短，一直缩到臀部（长1尺9寸），宽度改变不多，袖长及腕，袖口稍缩，领高1寸。20世纪20年代后期，延续的大祛（即衣襟）滚三行，逐渐扩大滚镶的面积，除大祛滚，还有开裾滚、袖口滚。滚条的行数及式样，由少而简，逐渐增多增繁，色彩缤纷，花样繁多，在整片衣料上占了25%。如果没有滚边，就要加戴滚边的袖套。衣领高还是1寸，但外镶一行白滚条，里面用白线绽出两行交错的马齿形花纹，由领至裾共有纽扣5副。上衣和贴背的繁缛滚边，属盛装打扮，平时只有大祛加滚，滚条也简单些。至于布料和颜色，则讲究得多，上衣一般用蓝、绿（绿底白点花纹）、黑，也有选用蓝色或绿色的华达呢和哔叽。

"接袖衫"、"缀做衫"：接长袖子让新娘提袖掩面入房，婚后将长袖一半挽住，镶上一圈约一寸多宽的色线黑布，再缀两块拼合长方形的三角蓝布，在衣服下摆边缘用黑布滚缝。这种衫胸、腰、臀围宽，衣摆微呈弧形，布为褐红（俗称红口布）或黑蓝，穿着庄重大方。冬季加御寒的"贴背"（马甲），老年人多系"腰巾"，青年人多"百褶短边裙"，是劳动或外出用以遮腹掩臀的。现如今衣身、袖管、胸围较收缩，衣长及脐，下摆弧度加大，袖长至小臂的一半，裹身称体，增加曲线又轻盈伶俐。惠安大岞一带，上衣着色多青蓝、翠蓝、苹果绿和白底柳条花纹。裤子多黑色。花巾多蓝底白小花。小岞一带上衣、头巾多水红、果绿、淡黄，裤多蓝色。头巾多选丝质、绸质，颜色淡雅、朴素。

节约衫：这种服装从造型、结构到色彩都形成了新的格调，更富有装饰性。和"缀做衫"相比，减去了三角蓝布和衣服下摆边缘的滚缝。胸围、袖管收缩，紧包着丰满的胸部和圆润的手臂，袖长为七分袖，衣长至肚脐，臀围处呈圆弧形，向外翘起到袖笼，充分体现了上身的曲线美。这种款式造型，首先是为了把编织的五彩塑料丝裤带和3~8股的银裤链显耀于人；其次是为了干活时免得衣沿、衣袖弄脏。上衣虽然没有刺绣任何花纹，采用单色布做成，但袖口边滚缝黄、金黄花布。布料选色，冬春湖蓝、孔雀蓝和黑色三种。结婚时，要穿全套黑色衣裤，梳披肩发，穿黑色短筒雨胶鞋，撑黑雨伞过门。夏秋普遍穿白色短"节约衫"（白袖口镶饰黄色或蓝色花布边，在半臂处至肩和胸部另外接上一块淡绿色布，丰富了整体色调）。

贴背：对襟无袖双层马甲，长度与上衣相同，内里面料用"城内葱"，外层面料选用月蓝布，有时也与梨雪布同时使用，胸前正中密排3副铜质纽扣（后改为布纽扣），领高约3厘米，领下有铜质纽扣1副。这期间外衣和贴背不加滚边。这种夹衣适用于秋冬两季，加在上衣外面，起保暖的作用。后期在前衣襟、袖笼、肩缝处、前衣片以及后片各镶两行白滚，即镶边。以后逐渐增多，到新中国成立前后，变化更多，其繁缛程度和上衣滚一样。另一种贴背前短后长，前短至腰部，后长同上衣长度，上半部选用蓝色，下半部选用红褐、黑色布裁成椭圆形拼接，宽度约为13厘米。中式布纽扣染水红色，对襟旁边左右两个开口，可以插手取暖或藏钱物，正反两面均可以穿着，美观又实用。

"绣记"：惠安女服饰的又一特点是上衣或贴背的后片靠肩处，裤筒后片靠臀处，都用五色绒线绣上约6.7厘米的"绣记"。

（2）裙裤及饰物

大折裤：宽腰围，玄色，裤筒宽约43厘米，裤头选用白色粗布，其宽度是臀围的一倍，腰头处用宽约16厘米蓝色布条缝接。穿着时，在腰部将宽松部分折叠，系上一条带有流苏的银裤链及两条手工编织的裤带。结婚或因喜事外出时穿黑丝绸裤，平日在家穿布的。未生孩子时，往返娘家、夫家，要穿丝绸裤，打扮得美观得体，以免被人取笑。

百褶边裙（俗称肚裙）：由两片黑布组成，布面上蜡，前后片共有100褶之多，腰部拼接一块白纱布，两侧系带；裙摆处绣有红色花瓣的装饰纹样。这是盛装时必穿的礼节性服饰。青年妇女劳动时则穿黑色百褶裙，不同于百褶裙之处是在腰部拼接的是有色布，宽约7厘米，用来遮掩活动时容易外露的腰臀部。

褡裢：又叫"插么"，是一种中间开口两端可以装东西的长方形口袋，长约67厘米，宽约26厘米，一般选用蓝、黑二色的布。在布条两端各拼接一块约33厘米长，带有刺绣纹饰的黑绿色布，金黄色的流苏装饰在四个角上。这是早期妇女不可缺少的物品。

腰巾：用"城内葱"制成，长40厘米，宽93厘米。腰巾头用宽约7厘米的双层白布拼接，巾头两端各系一条红色纱带，在末尾处散开下垂形成流苏。两条褶裥叠折在腰巾正中间。腰巾和腰巾头连接处的边沿各缀一块蓝色方形绣花布。这是做家务或外出劳动的常用物。另一种为黑色腰巾，用长约93厘米、宽约33厘米的黑布制成。下边缘略带弧形，一条宽5厘米的双层花布缝在上面。在花布的两端用色布装饰有四组用三角形拼成的正方形和一组梯形。这两种腰巾带，带头都有装饰纹样和红黑色的流苏。通常在冬春季使用，围系在腰部起到保暖和护衣的作用。

（3）鞋履

凤冠鞋：亦称鸡公鞋，为礼节性用品，逢喜庆节日时穿。整体形制如拖鞋，鞋头略向上翘起，鞋尖绣鸡冠花，鞋面绣花鸟纹样，选用红色呢料，鞋头两侧各绣彩凤一只，鞋底用碎布拼接垒叠而成，厚约3.3厘米，周边涂有漆料。结婚上轿时穿，俗称踏轿斗。

踩跷鞋：又称踩轿鞋，鞋面用红绸布刺绣各种花纹，鞋底用油布叠纳3厘米多厚。结婚头3天穿。以后逢喜事，如生子、娶媳妇、生孙做满月才穿。最后是到死时再穿入殓。

绣拖鞋：在新中国成立初期仍被沿用，以后则改为黑雨鞋配红袜，这是盛装时用的。平时都是穿塑料拖鞋或赤足。目前，一般妇女平时皆穿拖鞋，不见赤足了。

（4）发饰

惠安女的发饰装扮，继承了中国古代妇女重视首饰的传统。清至民初，惠安妇女流行"大头髻",崇武大岞一带妇女髻上插银饰物10~20件,髻上戴个布制棚状遮盖,伸至前额,后部耸起两个夹角,棚架之间,扎一条约167厘米长的丝巾,从两边向背后垂下至衣服边沿。平时的装扮,头髻梳理后上下褶拢脑后,称"扎贝只"。如没戴棚状头盖,只盖黑帛仔布做面,黑粗布做衬,折成长方形的头罩,称"乌头篷"。不论"大头髻"、"乌头篷"还是包花巾都是用以遮羞、御风沙的。民国中期提倡梳"圆头"。新中国成立后有的已剪短发,有的梳两辫子折盘头上,参加劳动时包头巾、戴斗笠。少女一般都有百条以上不同颜色图案的头巾,包扎后还缀上好几朵鲜美的塑料花。斗笠涂黄油漆,里装四个绿色塑料扣子,两边垂下白织带,斗笠内缀上绢花、塑料花,有的还夹上男歌星影照,流行歌曲卡片。惠安县净峰小岞早年更是与外隔绝,清末民初,闺女留全髻,分三股编成辫子,辫子上端及末端扎寸许红绒绳(俗称髻索或拼纱),服丧扎白或黑的。20岁以上的闺女梳发髻称"贝八只",与已婚女性之别在头顶少了一棚架。如女孩出嫁,须改变发式,俗称上头。上头时由姑姨、表姐妹或乡中化妆能手担任,进行绞脸、修眉、梳髻。梳髻是重点,发分前后,头中竖一高约16.7厘米的棚架(俗称猪仔),前半的发盖过棚架往后披,与后半的发合拢,用红绒绳扎稳棚架,不使歪斜下坠。再把"髻塞"(以通心草、黑布包扎的椭圆形)裹住,形成震颤的发髻。后上饰物,髻塞两边各插银质骨髻24支,髻塞上端盛饰银牌链、福字及其他小巧形象饰物,中央插一彩针(长26.7厘米),发髻下围以金、银质的各种花样的花串,再插两把凤头银饰物于额前称"头花",长尺许。凤头下镶响铃,左右两边又各添插三把凤头银饰,称"髻挑"。两耳各挂钩状的大耳坠称"耳栓",缠有一大串银制结,这种严妆盛饰的发式状如蝴蝶,重约20斤,不胜负荷,故多脱发。

(5)首饰和配饰

首饰:有银质手镯和戒指。年青人戴圆镯,老年人戴扁镯。戒指,早期选用银或银镀金,20世纪30年代后,富裕人家的妇女佩戴黄金戒指,目前金戒指已普遍佩戴。银裤带是已婚的人使用的,自20世纪30年代起流传至今,造型未变,但编织股数和重量有了增减。

褡裢和红雨伞:是两件随身的实用品和装饰品。褡裢用以装东西,袋口加滚边,袋底四角缀绒线花须。

小竹篾篮:漆黄色调和漆,与尖头斗笠同色,如同城市人使用的各式手提包或背包。

腰饰:惠安女服饰因上衣缩短,腰间的配饰就显得尤为重要了。未婚女性在腰间系扎两条裤带,是用红色或黄色的塑料线手工编织的;已婚女性,则要多系扎一条8股线编织的银裤带。

(6)头饰

头巾:通常备有花色各异的头巾多条,大部分是白底蓝、绿花,或是绿、蓝底白花,将四方形的花布对折成三角形后系扎在头上,有御寒保暖、防风挡沙、防止吹乱头发等作用。

斗笠：竹篾编制，黄色尖顶，可挡雨防日晒，一年四季佩戴，已成为一种生活习惯。

四、闽南传统服饰的传承与发展

闽南服饰文化是中原服饰文化、海外文化、闽南本土文化、移民文化等交叉交融后所形成的一种多元性文化。闽南服饰文化不能完整地包含以上某一种文化的全部特征，它是一种区域性文化，既有中华大文化的历史内涵，同时也具有独特地理位置、生活环境的区域文化，它是在多种文化相互碰撞、交融的历史长河中逐渐形成的。中华文化是闽南文化的起源，中华文化包含闽南文化，而闽南文化体现了中华文化的某些精神特征。研究闽南服饰文化的发展，是十分有必要的。

（一）闽南服饰的造型对近现代服饰元素的影响

近代传统服饰唐装和旗袍，不论是在款式上还是色彩、纹饰上都吸收了闽南惠女服饰特点。例如惠女服饰上短下长，色彩上轻下重，着重表现女性优美曲线的造型；具有装饰性的纹饰图案，收紧的袖管、胸围无一不展现了女性自然优美的曲线，袖长七分，衣长至脐部，下摆呈弧线向外翘起，大胆展现了女性 S 型的身体曲线，再配以长至脚踝、宽松自然的黑绸缎裤子，庄重而洒脱。这种搭配与现代盛行的紧身短上衣配宽松长裤的服装设计风格相似。近代服装设计正是沿袭了传统服饰的特点，回归自然。

惠女服饰中的黑色，在现代正式场合是男士礼服、黑色系服装设计领域经久不衰的选题，是时装行业一个永久的主题。上衣中黄、蓝、黑也是日本服装设计大师三宅一生、高田贤三的一些服装设计作品常用的色彩搭配，也将黑色用作服饰的平衡基色调。可见，惠女们这种对色彩语言的表达方式，在不经意间已与世界大师们异曲同工。

近几年世界服饰流行的刺绣、镶金银、蕾丝在服饰上运用越来越广泛，并且带有强烈的民族风情。惠东妇女服饰纹样简洁大方，既具有简洁时尚的线条，又有鲜明的地域特色，如现代服饰将其应用，应不亚于流行的波希米亚风格。惠女服饰"百褶边裙"也与日本设计师三宅一生的设计的褶皱服如出一辙，与现代服装中的褶裙相类似。

在惠女眼中腰部不算身体的隐秘位置，在传统的中国这是比较罕见的现象。"节约衫"的长度仅到肚脐，腰饰的分量在很大程度上超过了金项链、金耳环，腰饰元素设计在时尚界是设计的一个亮点。惠女的银腰饰更具有现代的时尚感，简而不单调。腰间银链和流苏的搭配，使得行走时，闪亮的银光在腰间不断流淌，呈现出动与静结合的视觉效果。

（二）惠安女服饰原生态的传承

惠东妇女服饰最为重要的色彩视觉效果是服饰色彩与人体色彩相得益彰的配合，这种有强烈少数民族意味的服饰在汉族文化中是十分少见的。尤其是它的色彩框架与苗族、瑶族、黎族、彝族有着相类似的民族纹样和民族色彩意识，这或许是由于惠东人是古百越民族的一个分支。其先族的起源与彝族、黎族、瑶族、苗族来自同一族缘有关。

除了上述的原因外，惠东妇女服饰的色彩形成也受到地理位置的影响。惠东地处偏远岛屿、海湾，从其发展的历史来看，其服饰的演变受到其他因素的影响较小。社会服饰的流行款式及色彩的变化对它的影响相对较弱，因而服饰的原生状态得到了很好的保存，基本上没有受到外界因素的影响并世代发展传承下来。又由于同其他少数民族出自同一族源，有共同的创造意识、共同的审美情趣、共同的经济环境，进而产生了这种综合的创造性，使惠东妇女服饰得到独立、快速、充分的发展，形成独树一帜、具有地域特色的服饰造型和色彩框架。

（三）闽南服饰文化在海外的影响

闽南妇女服饰裙装和旗袍在东南沿海大放光彩，这与闽南人中大部分是移民的中原汉族和侨民（闽南人移民海外，外国侨民留居闽南）有很大的关系，也与日渐发达的闽南海商文化密切相关。在台湾及海内外传播的闽南服饰文化，是源自于中原服饰文化的积淀，与当地土著文化融合而形成的具有地域特色的文化。它保留、传承古服饰传统文化，承载着历史的变迁，情系着中华文化。

文化基于历史传承，文明基于科学进步，闽南服饰正是在保留其传统精髓的基础上得到传承和发展的。

参考文献

[1] 范宁.惠安女服饰文化初探[J].福建省社会主义学院学报，2011（6）：59-63.

[2] 苏宏山.惠东妇女服饰的色彩研究[J].泉州师范学院学报，2003，21（5）：96-101.

[3] 苏振芳.闽南文化与中华文化的内在联系及其特点[J].福建论坛（人文社会科学版），2004（2）：104-107.

[4] 周凯.厦门志卷十五[EB/OL].wenxian.fanren8.com.

[5] 疍民—岛屿—地理百科—中国地理网[EB/OL].www.cngeo.net.

[6] 简析闽南文化教育对闽南地区的影响[EB/OL].blog.sina.com.cn.

[7] 闽南文化百问—服装 饮食 民俗 信仰_闽南文化研究会[EB/OL].blog.sina.com.cn.

[8] 闽南丧葬习俗（全）[EB/OL].blog.sina.com.cn.

[9] 实习至漳州，了解其文化！_漂流爱琴海[EB/OL].blog.sina.com.cn.

第十六章

闽南地方文化传播

闽南地方文化是在闽南地区孕育、形成，并播迁海外的一个特色的地域文化。它是中华文化的重要分支，承载着中华几千年以来的悠久文明，同时又吸收着闽南地域的养分，枝繁叶茂，形成有持久生命力的中华文化传播节点，深深地影响着从这里走出去的人们。随着前人的足迹，对台湾和东南亚地区，乃至全球的华人华侨圈，都产生了深远的影响，成为全球闽南华人的精神家园和文化源泉。

一、闽南地方文化是中华文化的重要组成部分

闽南地方文化是中华文化的重要的分支，是中华文化不可分割的组成部分。中华文化的核心价值与地域特色的融合培育了闽南地方文化，使得中华文化的整体性显得更加丰富多彩。

（一）闽南文化是中华文化历史发展过程中的延伸

自汉唐以来，随着北方汉人的不断南迁，给福建地区带来了人口、先进的文化意识和生产方式，也促进了闽南地区社会经济的发展繁荣。在这样的历史发展背景下，闽南文化中充满着中原文化的印记，中国传统文化也成为闽南文化的核心结构。

1. 闽南方言是唐宋以前汉族北方话在闽南地区的留存

目前，福建、台湾及东南亚等地区目前流行的闽方言中，闽南方言使用人口最多、通行范围最广。闽南方言除了在福建省内以厦门、漳州、泉州3市为中心的24个县市使用外，还包括粤、台、浙、琼、桂、赣等地的部分地区。此外，新马泰、印尼等东南亚国家，闽南方言亦是当地华侨社会主要的交流语言，全世界使用闽南方言的人口达四五千万人以上。

闽南方言是由中原辗转迁徙而来的，是闽南地方文化传承与发展中华文化的生动体现。西晋末年为了躲避战乱，中原汉人第一次大举南迁，逐渐形成现在的"闽南人"和"客家人"，现泉州、漳州等地使用的闽南语中的"十五音系统"即源于

东晋中原汉语。唐末年间中原汉人的第二次大举南迁，带来了唐朝的中原汉语，成为现代闽南方言的前身。到宋高宗年间的第三次北人大举南迁后，北方宋音也推动了闽南方言的发展。

闽南方言至今仍保留了唐宋时期中原汉语中的八种声调，在唐宋时期诗词朗诵时使用闽南方言，可以朗朗上口，押韵顺畅。因此闽南方言被史学界认证为"华夏中古音"。

2. 闽南的经济文化和风土习俗源于中原文化

现在闽南地区的工商文化和风土习俗，保留着与中原文化非常密切的乡土遗迹。

自唐五代王审知执掌福建大权后，治闽近30年，采取一系列保境安民措施，使得福建较长时期内相对安定，引入了当时中原的一系列先进的制度和生产技术，经济社会文化宗教等都得到较快发展。入宋后，福建有了8个州级建制，其中泉州、漳州的设置进一步巩固了中原文化在闽南地区的发展。

目前，泉州地区的南音（南曲）等戏曲艺术，仍保留着晋唐时期的艺术风韵，被国内外专家誉为"中原古乐活化石"；泉州晋江的掌上木偶和提线木偶至今保留着中原地区的河洛唱腔；闽南地区许多寺庙与中原寺庙的名称相同，许多石刻基碑至今仍保留着中州、固始等河南府郡的名称。典型的例子是漳州漳浦县的赵家堡，不仅体现了闽南地区民居防寇的建筑特色，整体布局更是仿制宋朝开封古都，素有"微缩版宋朝汴京"之称。

不仅如此，闽台文化在其历史变迁中，始终以中原文化为内核兼容地域文化特色，让中华民族的传统文化以一种新的形态出现在世人面前，在土木建筑、石雕木刻、造船打铁、渔猎农耕、婚丧礼仪、节日庆典等方面，处处散发着中华民族传统文化的余韵。

（二）闽南地方文化是中华文化的一个独特地域文化

中国幅员辽阔，民族众多。中华文化起源时具有多元性的特征，在地域的布局上彼此间都是独立的。秦朝将六国一统后，封建国家的中央集权得以巩固，随着疆域不断拓展，民族间持续融合，中国多样的地域文化也随之不断演变凝结成为中华文化。从这个角度上说，地域文化是中华文化形成的根基和源泉，中华文化正是在这些起源多元的地域文化基础上演变而成。

闽南地方文化经历了中原文化与闽南土著文化相融合的一个漫长历史演化过程。早在先秦时期，就有古越族人在闽南居住。秦始皇统一中国后，在福建设置闽中郡，开启了中原文化与闽南土著文化的交流与融合。汉晋时期，大批中原汉民迁入闽南地区，推动了闽南地方文化的孕育。隋唐时期，闽南地区汉民人口剧增，经济迅速发展，政教管理体制日臻完善，闽南地方文化得以形成。宋元时期，泉州成为海上丝绸之路起航点和东方大港，阿拉伯人与波斯人到闽南经商，带来了伊斯兰文化，闽南地方文化得到了丰富和发展。明清时期，欧洲商人和传教士带来了西方文化，对外交流的闽南地方文化得以进一步繁荣和向外播迁。千百年来，闽南地方文化在保留自身文化特质的基础上，兼收并蓄外来文化的精华，形成具有鲜明特色、内涵丰富的地域文化。

从历史地理角度看，福建地处东南一隅，东面朝海，西北面是武夷山脉，将福建与大陆中北部地区天然阻隔，而在福建内部，北方汉人入闽后定居繁衍散布在各条江溪流域，这些江溪间大多被山脉相隔，交通不便，古人入闽后则形成相对独立的小经济区域以及许多不同的民系。而闽南区域又与福建的政治中心福州区域有着一定的距离，这就使得闽南文化更有着远离中华文化中心的地理特征。闽南面向海洋、勇于接纳外来文化的传统，都使闽南这个边陲性的区域文化，较少或较缓受到中原地区主流文化历史变迁的影响和制约，在中原文化的内核外显现出自身的一些地域独特性，例如闽南地区重商崇儒的文化传统、爱拼敢赢的进取精神、兼收并蓄的开放意识、重乡崇祖的乡族情怀等。

二、闽南地方文化对台湾文化的重要影响

闽南与台湾一水之隔，随着历史上一代又一代的闽南人移居台湾，成为台湾地区的主体居民，他们把闽南地方文化带到台湾，使其在台湾全方位的传承与融合，深刻地影响着台湾文化的形成与发展。

（一）闽台历史地理渊源

从地理来看，台湾本来就是华夏古陆的一部分，台湾在地缘上与大陆是不可分的。在台湾海峡中，有一道浅滩发端于福建闽南东山岛，经澎湖列岛抵达台湾，被称为"东山陆桥"，在地球史上曾多次露出海面，连接着两岸。闽台两地大量的文物证明台湾与大陆在史前文化中同属一脉。

在春秋至秦汉时期，在闽南地区生活的闽越人就利用舟楫跨越台湾海峡，迁徙到台湾岛，成为台湾高山族的祖先。到了唐代，台湾和澎湖被大陆人士相继开发。五代闽王王审知在位时期，实行保境安民和发展对外贸易的政策，促进福建社会经济发展的同时，闽台两地联系进一步得到加强。

宋代，福建已从移民社会变为定居社会，海上交通和对外经济贸易获得空前发展，这一时期福建汉族人民开始较大规模地迁居台湾和澎湖。到了元代，以泉州人为主的闽南居民开始举家迁到澎湖定居，澎湖进一步得到开发。

明代，由于倭寇骚扰我国东南沿海，明朝政府认为澎湖孤悬海外，难以防守，曾一度把澎湖岛上居民迁至漳、泉一带。明朝政府虽然一再重申禁海令，但却无力禁止海上武装集团在台澎的活动，也无法阻止东南沿海人民移居台澎谋生。这一时期，福建沿海的私人海上贸易飞速发展，出现了一批郑芝龙、林道乾、颜思齐等为首的私人海上武装贸易集团，与倭寇与西方殖民者争夺海上霸权，并组织福建沿海

移民在荒年到台湾开荒垦殖谋生。随着两岸贸易的发展，台湾汉人移民的增加，大陆当时先进的封建生产关系也推行到台湾。特别是明末清初的抗清名将郑成功，从荷兰殖民者手中收复了台湾，给台湾地区的开发开创了新局面，被台胞尊称为"开台圣王"。郑氏政权统治台湾抗清的23年中，台湾普遍实行了与祖国大陆一致的封建制度，使台湾发展进入了一个崭新的阶段。这一时期沿海汉人移民台湾近20万人，带去了大量的劳动力和先进的生产技术，闽南文化也随之系统地传入了台湾。

1683年，清政府统一台湾后，在台湾设一府三县，隶属福建省，两岸联系进一步加强。前期移民台湾的汉人以青壮男丁为主，农忙闲时往返，流动性较大。直到乾隆五十四年（1789年）清政府解除海禁后，大批妇女迁入台湾，台湾开始从移民社会过渡到定居社会。清末中英鸦片战争后，清政府开始重视台湾地区的开发。1888年3月，为了加强海防，防止资本主义列强的入侵，台湾正式被设为行省，下设台湾、台南、台北三府及台东直隶州，称为福建台湾省。这一时期，除了民间开垦外，清政府多次在厦门、汕头等地开设招垦局，开始官方组织大规模大陆人民赴台开垦，并给予优待。直到1894年7月，清政府在甲午战争战败后签订《马关条约》，台湾全岛、澎湖列岛及几个附属的岛屿被割让与日本。至此，闽台两地的政治、经济、文化等方面的密切联系被全面隔断。

（二）闽南地方文化是台湾文化的主要组成部分

当今的台湾文化是多元文化的组合文化，其中有先民早期迁入台湾后产生的原住民文化，有历代东南沿海移民带入的中原文化。在甲午战争后，日本割据台湾50年，民国政府退居台湾后，与欧美国家密切联系，给台湾带来了日本、欧美等国家的文化影响。台湾当今多元文化的内核是经由福建二度传播的中华文化，闽南地方文化则是台湾文化的主要组成部分。

1. 闽南地方文化是台湾文化的主体

近代以来，台湾受到外国势力多次的侵略和占领。由于这种被争夺、被割让、被殖民的经历，台湾产生了文化上的特殊性。在台湾被殖民的过程中，台湾文化融入了西方的元素以及日本的文化，逐渐形成台湾文化多元性的特征。但是，在殖民化之前，从史前文明到清末，更多的是闽南地方文化对中原文化的传承和发展，以及对台湾文化的形成和迁移。特别是宋代以来，由于汉人移民的缘由，台湾地区对闽南地方文化的承接扩散，以及明清时期大规模的体系化传承和发展，为台湾地区近代以来多元文化的发展提供了主文化基础。

清末，台湾汉人移民已达200余万人，是台湾社会的主要人口。其中，福建人约占83.1%，泉州籍44.5%，漳州籍35.1%，汀州、龙岩、福州籍约3.2%，其余为别省移民，闽南人占其中的大多数。这个历史过程与闽南地方文化移植到台湾并在台湾进一步发展的过程是同步的，台湾的通用方言、饮食习惯、服饰文化、建筑风格、信仰风俗等，大多由闽南地区传入，两地别无二致，且通过生活方式、生产技术、节庆习俗、宗亲族群、民间信仰等生活细节纽带让闽南地方文化在台湾地区完整地再现和传播。

2. 台湾文化是闽南地方文化的选择性继承

闽台文化在传承中原文化的过程中，由于多山靠海，并与内陆交通不便，地理环境相较中原地区恶劣，特殊的历史地理条件成就了两地的特色地域文化，两地都具有海洋文化的特征。在闽南地方文化向台湾地区传播的过程中，闽南人又将其在闽南地区具有的大陆文化与海洋文化兼备的社会文化，在台湾岛上提升为海洋文化突出，但又不舍弃大陆文化的一种独特的地域文化。

移居到台湾的闽南人作为台湾的主要社会群体，以血缘地缘关系为基础，在祖地情结与家族制度形态上，群体关系极其密切。他们在政治因素、经济因素、自然灾害以及其他因素的推动下，为谋求生活的改善建设新家园渡海赴台，有着共同的移民动机；同时，为了在新的自然和社会环境中生存适应，他们意志刚毅，富有冒险精神，聪慧，善于应变，具有更多的灵活性、多样性和独创性。他们一方面相信自己具备能应付一切困难的能力与自信心；另一方面因现实的迁移与传统安土重迁的观念产生的矛盾，对族群产生有形和无形的依赖，又积极寻求对他人和神灵的归属感，形成自我的精神情感依托。因此，在文化上又出现了新的一些特征。例如，在台湾众多的庙宇宫观中，不同宗教教派的神灵被奉于同一座宫庙，共享百姓香火的现象十分普遍。这是由于在台湾的闽南宗教信仰在复杂的地理环境和不同移民群体的社会中不再有严格的界限，具有明显的混合性，对崇拜对象的选择带有更强的功利性和实用性等。

（三）台湾文化中闽南地方文化的具体体现

目前，从台湾民众的日常社会生活中每每可以感受到闽南地方文化在台湾地区完整的呈现和发展。

1. 方言相通

语言是文化的载体。闽南方言（闽南话）作为闽南地方文化的载体，在闽南人移居台湾的过程中传入了台湾地区，并世代相传。台湾人口中80%左右祖籍在福建，其中以闽南漳泉籍为多，闽南话也就成了台湾地区流行最广、影响最大的汉语方言。目前在台湾大众传媒中使用的所谓"台湾话"与闽南话相比，除了在特殊词汇和语调上有一些细小的差异外，没有本质的区别，闽南与台湾地区语言可以直接畅通交流、沟通无阻。

2. 民间信仰、宗教和风俗习惯相近

信仰是人类精神生活的需求，对离乡背井的人们来说这种需求更为迫切。台湾文化中的民间信仰、宗教和风俗习惯几乎和闽南地区别无二致，甚至祭拜的神灵更加繁多，场面也更加热闹和盛大。从分布上来看，可以用"中部疯妈祖，南部迎佛祖，台北迓城隍，海滨祭王爷"来简要概括，近年来成为台湾民俗旅游业的一大亮点。

闽南地区民间信仰繁多,主要有妈祖信仰、清水祖师信仰、保生大帝信仰、关帝信仰、城隍信仰、临水夫人信仰等。这些民间信仰,随着闽南人移居台湾,而带到了台湾予以传播,也就形成了台湾同胞的民间信仰。据台湾学者调查,在台湾拥有分灵庙数量最多的福建神灵如下[①]:

神灵	福建祖庙	在台分庙数量(个)	在台开基庙或影响最大的官庙
王爷	泉州富美宫等	677	台南南鲲鯓王爷庙
妈祖	湄洲妈祖庙	800	北港朝天宫
观音	晋江安海龙山寺	441	台北艋舺龙山寺
关帝	泉州通淮关帝庙 东山铜陵关帝庙	193	台北行天宫 宜兰协天庙
保生大帝	龙海白礁慈济宫 海沧青礁慈济宫	140	台南学甲慈济宫
清水祖师	安溪清水岩	83	艋舺清水岩

其中,妈祖信仰在台湾民间信仰中传播最广,影响最大,台湾同胞信仰、奉祀妈祖也最为虔诚。福建莆田湄洲妈祖庙被视为祖庙,从其分灵而来的妈祖被称为"湄洲妈";从泉州分来的称"温陵妈";从同安分来的称"银同妈"。郑成功收复台湾后的第二年(1662年),泉州人就在台湾建起了台南天妃宫。目前,彰化县的鹿港天后宫、台南市的大天后宫、云林北港的朝天宫、嘉义新港的奉天宫并称为"四大妈祖"。从正式名称上自称为"温陵妈祖庙"的有台南温陵妈祖庙、台南鹿耳门圣母庙、鹿港天后宫、靖海侯施琅倡建的台南天后宫、云林县刺桐乡的福天宫、泉州人吴洛开发台中所建的朝天宫、泉州人许友仪开发新港所建的奏天宫,以及淡水的福佑宫、台西的安海宫等。鹿港天后宫分新祖宫和旧祖宫,旧祖宫亦号称祖庙,因该庙所供奉的妈祖神像是清康熙二十二年(1683年)施琅从莆田湄洲天后宫恭迎到台的,人称为祖神。由于香火鼎盛,神像久受香烟熏染,由原来的粉红色变成黑色,被信徒们称为乌面妈。随后,又在台湾的台中、嘉义、淡水、彰化等地,建起了从泉州天后宫分灵出去的天后宫多座。目前台湾有妈祖庙800多座,信仰者达1100万人以上,台湾从偏僻的乡村到繁华的城市,到处都建有妈祖庙。作为闽南地方文化组成部分的妈祖信仰,成为促进民族团结、加强两岸民间交流的原动力之一。

闽南宗教信仰是闽南地方文化的有机组成部分。随着闽南人的足迹,闽南宗教信仰也在台湾广为传播。闽南人的宗教信仰包括佛教、道教、基督教、伊斯兰教等。目前台湾的各个宗教信仰与其真正的宗教教义已有不同,可以说是闽南宗教信仰在

---

① 范正义,林国平. 闽台宫庙闽的分灵、进香、巡游及其文化意义 [J]. 世界宗教研究,2002(3):134.

台湾地区的地方化，功利性会更强些。闽南佛学院学僧、同安梵天寺监院印顺法师（1906—2005）移居台湾，提倡"人间佛教"，著述宏富，为海内外佛子同钦，尊为"导师"。泉州承天寺僧广钦和尚（1892—1986）被台湾佛教界誉为"圣僧"，55岁从泉州到台湾弘扬佛法40多年，"法雨普施台湾，甘露滋润大陆"，为闽南佛教文化在台湾的传播与发展付出了毕生的精力，做出了重大的贡献。目前，台湾佛教最有代表性的是"四大丛林"，即花莲县证严上人的慈济功德会、高雄县星云大师的佛光山、新北县圣严法师的法鼓山、台中南投县惟觉老和尚的中台禅寺，影响力覆盖台湾全岛。他们在台湾弘扬佛法、慈善社会、联结两岸宗教交流等方面做出了巨大的贡献。

在民俗习惯方面，闽台两地十分相近。农历十二月十六日的"尾牙"祭拜土地公，年夜饭"围炉"、拜年、元宵迎灯、清明扫墓、端午竞舟、中秋博饼、重阳登高、冬至搓圆等习俗都是两地与大陆其他地区相比共有或特有的。此外，闽南人移居台湾时，为了在新环境中谋生存求发展，不仅带去了宗族聚居的民俗，而且供奉祖先的牌位和神祇，形成宗族组织，从事置族产、建祠堂、修祖墓、编族谱等宗族活动。其中祠堂和公厅是宗族、家族组织活动的中心，反映了移居台湾闽南人思乡恋祖的情怀。

3. 闽南民间艺术、传统闽南建筑风格在台湾的传承

闽南艺术对台湾的影响很深远，主要包括戏剧（梨园戏、歌仔戏、木偶戏、高甲戏等）、音乐（南音等）两大类。闽台两地都有爱看戏、爱听曲的民风，几乎所有闽南的戏剧、音乐都传播到台湾。梨园戏是闽南最古老的剧种，早在康熙时期就已传播到台湾，梨园戏传入台湾之后，成为台湾最早流行的剧种之一。歌仔戏发源于漳州的锦歌，随着漳州人大量移居到台湾，发展为台湾的歌仔戏。后来，歌仔戏又传回漳州，成为至今十分流行的芗剧。南音，又称南曲、南乐、南管，它的表现形式是前台演员演唱，后台多人伴奏。南音的历史有1000多年，是中国现存四大古乐中历史最悠久的曲种，有"华夏瑰宝"、"音乐活化石"之美称。早在清朝雍正、乾隆年间，南音就已从泉州传到台湾，得到传承与发展。近代台湾的南管乐团在台南以"振声社"最著名，台北以"闽南乐府"规模最大，保留下来的传统成分也多。这与几百年来闽台两地艺术文化的直接传承和交流频繁有直接关系。

闽南的传统建筑风格别具一格，是以前埕后厝、坐北朝南、五开间加双护厝，且红砖白石双翘脊加燕尾为主要特征。随着闽南人移居台湾，这种具有特色的传统建筑风格也在台湾传播。郑成功收复台湾后的数百年间，台湾的闽南移民按照闽南的建筑风格在台湾开展建设，盖民居、立寺庙、建书院。这些建筑大多来自闽南工匠之手，有些传统的建筑材料更是从闽南生产后运至台湾安装的。台湾的寺庙、书院建筑在结构、材料和风格上都与闽南地区一脉相承。例如，台湾传统建筑在大木结构上采取叠斗式的构架，与闽南传统建筑一致，不同于北方常见的穿斗式木架构；在围护结构上也是就地取材，形成具有闽南特色的红砖白石文化风格，富有浓

厚的乡土情感；在屋顶造型上采取重楼飞檐、高耸燕尾的结构，等等。

三、闽南地方文化对东南亚的文化辐射

福建人多地少，素有"三山六海一分田"之说，农业环境相较中原而言相对恶劣。明清以来，福建地域内生产生活空间随着人口增长而更加日益狭促，定居福建的中原后裔一方面在农业之外寻求更多的生业方式，另一方面开始背井离乡，到新的地域去谋求发展。

闽南地区由于面临大海的便利，居民向外搬迁移民的情景更为常见，闽南人扩迁的足迹遍及国内外的许多区域，特别是由于其海洋性的文化特征，尤以台湾及东南亚地区为主要的扩迁方向。与向台湾地区闽南文化的整体迁入不同，东南亚地区更多的是闽南文化的变异发展，是闽南地方文化融入当地文化的过程。

（一）闽南地方文化在东南亚地区的传播路径和历程

人既是文化的创造者，也是文化的承载者，人群的迁移带动了以人为主体的社会文化的迁移。中国通往南洋的海路始于汉代，三国时吴国遣康泰等出使南海诸国，自晋代法显从海道归来高僧往来不绝，宋代海运至天竺国、狮子国，元明时期直航阿拉伯半岛，途中必经东南亚各国。郑和下西洋对东南亚产生了深远影响，船队到达占城、爪哇、真腊、旧港（印尼巨港）、暹罗、满剌加（马六甲）、渤泥、苏门答腊、阿鲁等地，留下许多遗迹。由于闽南地区的航海便利，使得海上交通成为闽南文化向东南亚"海岛国家"传播的主要路径。闽南文化向东南亚地区的传播，始于唐宋，宋朝福建市舶司泉州官员赵汝适在1205年写了一本《诸番志》，书上详述了当时包括菲律宾在内的中南交通和贸易。

菲律宾是距闽南最近的岛国，当16、17世纪西班牙殖民者与荷兰殖民者先后占据菲律宾与台湾后，两地社会经济结构受殖民者改造后，需要更多的劳动力。福建南部的闽南人受到吸引，便更多地迁往此二地，时间上几乎是同步的。由于赴菲律宾的闽南人屡遭西班牙殖民者排斥甚至屠杀，因此又从菲律宾吕宋岛再次移民台湾岛。这一时期闽南、台湾、吕宋三地关系密切。闽南人在三地之间的移民，构成了此一时期闽南人东南亚移民史的重要部分。与此同时，荷兰殖民者于1622—1623年间入据经营澎湖和印尼爪哇岛，并在闽南沿海进行骚扰，掳掠中国人口，将其作为奴隶送到澎湖、爪哇修筑城堡，客观上也以闽南、澎湖、爪哇三地为连接点，构成了闽南人东南亚移民链条的一个环节。

从明朝中叶到鸦片战争前的300年间，南洋侨民剧增，大部分是闽粤一带破产的农民和手工业者，有一部分是因政治动乱而避居南洋的人，巴达维亚（今雅加达）、泗水、槟榔屿、新加坡、马尼拉等地，侨居的华人均在万人以上。

清初至鸦片战争前夕，以闽南人为主的闽人继续来到他们传统的移居地印尼和

菲律宾群岛以及马来半岛的一些地方，并扩展到北婆罗洲、暹罗、柬埔寨、越南等地。鸦片战争前夕，东南亚的华侨总数已达150万人左右，其中闽籍华侨大约为52万人。

鸦片战争后，包括闽南人在内的华人又形成一波向东南亚的移民潮。从1840年以后的100年间，每年平均有10万以上人口移民东南亚。出国的主要原因是中国国门被打开且东南亚进入全面开发。由于殖民主义者在东南亚进行资本输出，开采矿产、兴办农场、修建公共设施，需要大批廉价劳动力，于是以"招工"的方式与华人签订契约，称其为"契约华工"，或者"苦力"、"猪仔"。到19世纪末20世纪初，南洋各地的闽籍华侨社会基本上形成并完成。

移入东南亚的闽南籍华人，为了谋生各施其能，无形中把中国的生产技术传到南洋各地，也将闽南地方文化移植到了东南亚地区。经过若干世纪的努力，华人在经济上自立起来，有的还成了南洋富商，例如印尼华人"爪哇糖王"黄仲涵（祖籍福建同安）、新加坡华人"华侨旗帜"陈嘉庚（祖籍厦门集美）、新加坡企业家兼教育家李光前（祖籍福建南安）等，闽南地方文化在东南亚地区的影响进一步扩大。

（二）东南亚国家对闽南地方文化的传承和发展

据1991年统计，东南亚是海外华人聚集最多的地区，共计2271.6万人，大约占海外华人的70%以上。东南亚华人分布在越南、老挝、柬埔寨、缅甸、泰国、马来西亚、新加坡、印度尼西亚、文莱、菲律宾等10个国家。其中，人数最多的是泰国（645万人），其次是印度尼西亚（600万人），再次是马来西亚（500万人）。华人在当地人口总数中，所占比例最大的是新加坡（76.5%），其次是马来西亚（27.3%），再次是文莱（20.4%）。而这数千万的华人华侨大多数来源于闽南地区，这体现出闽南人勇于背井离乡、开拓异邦的冒险进取精神。人是文化的载体，随着闽南人的迁移，闽南地方文化也被移植到东南亚地区，并在当地生存、发展、变异、融合，促进了闽南地方文化向东南亚地区传播、发展。

1. 闽南方言的传承

由于闽南的东南亚华人移民比其他各省到得早，闽南方言的传承在东南亚地区最为广泛。据史料记载，早在唐末就有泉州人往文莱经商贸易。宋元时期，泉州港的繁荣给泉州一带的人移居国外创造许多有利的条件；明朝中叶以后，漳州取代泉州成为对外贸易的中心，到南洋谋生的漳州人也日益增多。由于漳泉一带移居印尼和马来西亚等地的人数众多，时间较长，加以与当地人通婚以及他们在当地所处的社会地位较高等缘故，闽南语也就自然比中国的其他方言更容易为当地人所吸收和借用。

如今，闽南方言不仅在东南亚地区广泛应用，而且菲律宾的他加禄语与印度尼西亚和马来西亚的马来语中某些词语，还直接源于闽南语。菲律宾的闽南语借用主要应用于当时闽南人移居时随身携带且当地没有的日常用品和食物，经过在当地的流传和使用，约定俗成为当地语言。他加禄语中闽南语词汇中以食品、生活用语、农作物术语等方面为最多，如 miswa（面线）、hebi（虾米）、susi（锁匙）、tinghay（灯光）等。

印尼语（马来语）中也吸收了大量的汉语词汇，其中主要是闽南语的词汇，且词汇范围更加广泛。其中以生活用品用语、口头用语、称谓和食品用语最多，几乎占了借用闽南语词汇总数的一半以上。这些词汇是以闽南语发音，用印尼语（马来语）字母拼成的，如 misoa（面线）、hebi（虾米）、chia（车）等。

2. 闽南社会习俗的传承

闽南社会习俗中最显著的一点就是家族组织的完善，以及乡土观念浓厚。在东南亚地区的宗亲社团则是闽南家庭文化传承的载体，以宗亲会和同系会为主要表现形式。

这一特点在菲律宾华人中的表现尤为典型。明清以来，在闽南人移民菲律宾的背景下，闽南家族文化伴随着闽南人在菲律宾传播并移植于菲华社团中。闽南的家族组织有祠堂、族谱、族产、族长等基本要素，菲华宗亲会则有会所、族谱（编修）、不动产（基金会）、理事长等与之相对应的功能要素。菲华宗亲会会所所起的作用与闽南地区的祠堂相当，包括供奉祖先神位、祭祖、讨论宗族事务、宣讲宗族礼法、执行族规家法等。菲华宗亲会中理事长的地位作用与闽南地区家族的族长相当。在菲华宗亲会中，依然严守闽南家族内严格的辈分制度，辈序也直接从闽南承袭。

在菲华社团中最主要的是血缘性、地缘性社团。在拓展家园、稳固家业过程中，菲律宾华人成立的血缘性社团在闽南家族文化的基础上，加以发展变异，更好地融入当地的现实环境，以另一种形态出现在世人面前。

目前，血缘性和地缘性社团活动是菲华文化活动的重要组成部分。例如1900年成立的菲律宾济阳柯蔡宗亲总会，是菲律宾宗亲会中较大型的组织，它在当地通过筹建图书馆、设立奖学金和助学金等形式促进闽南地方文化在当地的生根和发展。改革开放后，该会通过经常性地回闽南寻根谒祖、参与文化活动等形式，增强了其宗亲对闽南文化的认同，也为闽南地区的社会经济文化发展带来新契机。

3. 闽南民间信仰、民间艺术的传承

民间信仰，有别于宗教信仰、祖先崇拜，是一种植根于日常生活的特殊文化现象。海外华侨华人的民间信仰是一种功利性的信仰，他们只祈求神明保佑，而没有太多考虑宗教教义上的区别，甚至儒、道、佛三教的神明同时被安置于同一庙宇祭祀也是可以接受的。随着闽南人侨居东南亚，闽南民间信仰也在东南亚各地传播。

与当地的马来人在宗教信仰（伊斯兰教）上具有很高的同质性不同，由于华人传统宗教的多神性、开放性，东南亚华人的宗教信仰具有很强的多元异质性。其中，闽南华人民间信仰也十分多样，且与闽南地方文化的民间宗教信仰同宗同源，一脉相承。

如泉州安溪当地人供奉的清水祖师，就随着安溪人民前往南洋谋生而传播到东南亚一带。其中泰国北大年"祖师公祠",于 1574 年建造,是东南亚最早供奉清水祖师的宫庙。新加坡供奉清水祖师的金兰庙,建于 1830 年,是新加坡最早的华人庙宇之一。印尼也建有不少供奉清水祖师的庙宇。

妈祖信仰则是闽南民间信仰在东南亚各地传播最广、影响最大的。东南亚各地均建有妈祖庙,仅马来西亚一地就建有天后宫 35 座。马来西亚有 27 个兴安会馆,各个会馆的最高层都供奉着天后。新加坡的天福宫是东南亚地区规模最大的妈祖庙,为新加坡漳泉移民所奉建,1839 年动工,1840 年 4 月由福建莆田湄洲运去妈祖神像,1842 年落成。此外,还有许多妈祖和其他神明一同供奉的庙宇,例如马六甲青云亭正殿供奉观音,左为关帝,右为妈祖;泰国宋卡城隍庙 1846 年重建时也在左殿配祀妈祖等。

保生大帝、广泽尊王在东南亚华侨华人社会中也有很大的影响。菲律宾马尼拉的宝泉庵,新加坡的真人宫、保生庙,印尼的保生大帝庙都为供奉保生大帝的庙宇,后又由此分炉宿务。漳州龙海白礁慈济宫、厦门海沧青礁慈济宫每年都会迎接台湾及东南亚地区的广大分灵庙信众回祖庙进香祭拜。新加坡、印尼、马来西亚、缅甸、泰国、菲律宾均建有许多的凤山寺,供奉主神为广泽尊王,新加坡芋菜园圣王庙及威镇庙的主神也均为广泽尊王。

除了以上几尊影响较大的神明外,闽南华侨华人还把各自所信奉的神明带到东南亚各地建庙奉祀。例如,印尼雅加达及新加坡均建有庙宇供奉开漳圣王陈元光;金门华侨在新加坡创建浯江孚济庙,供奉圣侯恩主陈渊夫妇;泉州、石狮华侨在菲律宾建造通淮关岳庙和石狮城隍庙,供奉关帝和石狮城隍等。

不仅如此,闽南文化中的南音、泉州提线木偶戏、漳州芗剧、高甲戏、莆仙戏等民间艺术也随着东南亚闽南移民在南洋群岛各地传播,其中以南音影响最为广泛,甚至在当地高等音乐学府中也有着重要的地位。当今,在菲律宾、印尼、新加坡、马来西亚以及泰国等国的闽南华侨密集的城镇,都有南曲会社的组织和活动,以菲律宾南乐崇德社和新加坡湘灵音乐社较有代表性。此外,菲律宾的金兰郎君社 1817 年成立,是南洋群岛最早成立的南音组织之一。马尼拉长和郎君社 1823 年成立,是一个兼有互助互济性质的友谊社团,通过开展活动增进乡土感情、成员间互助互济。这些东南亚各地的南音组织,在闽南文化整体的保存和发展上起到了不可忽视的作用。

四、闽南地方文化在世界的文化传播

在闽南地方文化的传承和发展中,一方面既有"刺激型"的扩展扩散,又有迁移扩散。所在地接受上游文化传播的刺激之后,按照自身的条件和需要进行改造和更新,从而创造出新的文化,例如闽南地方文化对中原文化的传承与自身独特性的形成;后者是指文化随着人群的迁移而扩散,移民造成了文化的迁移,例如闽南文化对台湾地区、东南亚地区,以及世界其他地区的扩散,形成新的闽南文化区。另一方面,通过与海外社会宗教、民间信仰、戏曲、社会习俗等的接触交流,又为海外文化流传到闽南地区、丰富闽南地方文化的内容,开辟新的途径,使得闽南地方文化在世界各地生根发芽,与各地的文化整合,呈现出一片欣欣向荣的景象。

(一)闽南地方文化在世界的传播路径

从历史链条来看,闽南地方文化在闽南区域外的传播,不仅面向大陆,更是面向海洋。由于闽南地方文化的海洋特质和海洋性格,海洋传播成为闽南地方文化对世界传播的主要路径。从闽南人向台湾和东南亚地区的单向迁移,再到三地间的双向互迁,以及闽南人在台湾和东南亚地区落地生根后向北美、西欧地区的移居,闽南人的海外移民以闽南地方文化为纽带,形成了一个个别具一格的与当地相互融合的混合型移民社会。随着这些海外闽南华人团体和组织与闽南祖地的双向交流,闽南地方文化在世界的传播中形式更加多样化。

(二)闽南地方文化的世界性

从文化影响力的角度说,闽南地方文化的影响所及远远超出了所在的闽南区域。闽南地方文化在长期的传承演变历程中,不断地向东南的海洋地带传播。中国大陆的浙江温州沿海、广东南部沿海、海南沿海等区域都深深受到闽南文化的影响,形成了带有变异型的闽南方言社会与乡族社会,即使是在东南亚地区以及海外的许多地区,闽南文化的广泛影响都已成为不可忽视的社会现实。因此闽南地方文化既是地域性的,同时又带有一定的世界性。一方面它是闽南人为保存自己族群记忆和凝结族群力量而坚守的文化;另一方面在海外的生存发展中,闽南地方文化也在融入所在国主体文化的过程中发生着变异,或称为"本地化",以新的形态来不断展示着闽南文化内核。

(三)闽南地方文化在世界范围内的影响

闽南文化保存了中原的儒家文化、本土的闽越文化和海洋文化,同时又不断地吸收世界其他地域宗教民族的优秀文化充实自身,形成特色鲜明的多元一体的区域文化。其有着多元性复合的人文特质,表现在重商与崇儒不悖,重视教化也精于从商,爱拼敢赢、勇于冒险但举善仗义、重乡土情结,兼收并蓄、开放包容但又重血缘地缘认同、地域观念狭隘等。作为中华民族文化中一个具有鲜明特色和独特内涵的区域文化,闽南地方文化在世界的传播,在历史上的一定时期(如明清时期)和地域(如台湾与东南亚地区)代表了中华文化。在台湾和东南亚地区的闽南移民中出现了一批富商和社会贤达,对当地的经济社会发展做出了重要贡献,其闽南文化背景也受到重视,产生过较大的国际影响力,构成了中华文化屹立世界民族之林过程中的一个重要的有机组成部分。

如今闽南地方文化作为闽南人的精神家园和文化源泉，已经成为海内外闽南人与祖地交流联结的纽带，在未来海峡两岸和平统一、弘扬中华文化、对外经济文化交流等方面依然将发挥着重要作用和广泛的海内外影响。

参考文献

[1] 何绵山. 闽台区域文化[M]. 厦门：厦门大学出版社，2004.

[2] 陈衍德，卞凤奎. 闽南海外移民与华侨华人[M]. 福州：福建人民出版社，2007.

[3] 陈支平，林枫. 闽南文化特征导论[EB/OL].（2006-11-03）.www.zjol.com.cn.

[4] 陈支平. 闽南文化的历史构成及其基本特质[J]. 闽台文化研究，2014(1).

[5] 李天锡. 福建民间信仰在东南亚的传播及其影响[J]. 华侨大学学报（哲学社会科学版），1998(1).

[6] 林华东. 闽南文化的双重性特征[EB/OL]（2011-04-21）.www.gmw.cn.

[7] 林金枝. 福建文化在东南亚的传播及其影响[J]. 福建论坛（文史哲版），1989(6).

[8] 林仁川，黄俊凌. 闽南文化与海洋传播[J]. 闽台文化交流，2009(1).

[9] 林晓东. 闽南文化在台湾的传播及其影响[EB/OL].（2003-12-05）.www.fjql.org.

[10] 刘伯孳. 传承与嬗变——菲华文化中的闽南文化[J]. 闽台文化交流（季刊），2009(1).

[11] 世界宗教研究所《各国宗教概况》编写组. 各国宗教概况[M]. 北京：中国社会科学出版社，1984.

[12] 苏振芳. 闽台文化与中华文化的历史渊源与两岸和平发展[J]. 中共福建省委党校学报，2013(3).

[13] 张禹东. 东南亚华人传统宗教的构成、特性与发展趋势[J]. 世界宗教研究，2005(1).

[14] 朱东芹. 闽南文化在菲华社会的传播[J]. 八桂侨刊，2009(6).

[15] 中华妈祖网. 温陵天后祖庙——泉州天后宫[EB/OL].（2013-08-07）.www.chinamazu.cn.

后 记

党的二十大报告指出,要"推进文化自信自强,铸就社会主义文化新辉煌"。只有增强文化自觉,才能实现文化自信与文化自强。作为地方高职院校,其办学定位、办学功能、培养对象具有区域化特点,挖掘、传承地方区域文化,不仅关系到高职院校自身文化建设,而且对高职院校引领地方区域文化发展,落实文化强国的战略部署有着重要战略意义。

闽南地方文化是中华文化的重要组成部分,是中华文化的一个具有鲜明特色的地域文化。开设"闽南地方文化"课程,不仅有助于发展和传承闽南地方文化,促进学生个体和社会的健康发展,为培养全面发展的学生提供有力保障,而且有助于丰富学校办学内涵,凸显学校自身特色,促进学校的整体发展。

本课程的教学目标是使学生通过课程的学习,深入了解地方人文环境和文化氛围,理解、热爱本地文化,在提高学生文化素养的同时,达到保护、弘扬闽南地方文化的教学目的。本书教学内容包括16个单元,其中第一章"闽南地方文化概述"概要介绍闽南地方文化的概念、闽南地方文化的特点、闽南地方文化的形成和发展、闽南地方文化的当代价值;第二到十五章分门别类介绍闽南地方文化的知识;第十六章"闽南地方文化传播"着重介绍闽南地方文化对台湾地区文化的重要影响、闽南地方文化对东南亚的文化辐射、闽南地方文化对世界的文化传播。

本书编写过程遵循以下原则:一是贯彻"以学生为本"的教育教学理念,从学生个体发展和后续发展的需要出发,选取教学内容,确定学习任务;二是理论与实际相结合,注意将知识学习、能力培养与情感体验三个目

后记

标有机结合起来，使学生从一个学习任务出发，既获得知识，又在能力方面得到提高，情感方面得到体验；三是充分发挥学生学习的自主性，尽可能选择学生感兴趣的、具有丰富生活背景的文化事象，使学生感到所学知识就在自己身边，提高学生的学习兴趣，加深学生对闽南地方文化的认识；四是教材力求做到观点正确，材料具体翔实，结构层次清楚，叙述准确，文字简洁。

本书由课程组的13位教师共同编写完成。以讲义的形式在校内试用2年后，根据教学情况又做了大量修改和补充。编写组具体分工如下：吴松青负责第一章"闽南地方文化概述"、第十章"闽南建筑"、第十三章"闽南民风习俗"，邱仕华负责第三章"闽南地方文学"、第四章"闽南民间文学"，纪亚木负责第二章"闽南话"，邓志武负责第五章"闽南民间音乐"，徐瑜萍负责第六章"闽南民间舞蹈"，彭怡玢负责第七章"闽南民间曲艺"，戴力芳负责第八章"闽南戏剧"，刘冲负责第九章"闽南民间工艺"，林璐负责第十一章"闽南宗族组织"，涂宇明负责第十二章"闽南宗教信仰"，林彦负责第十四章"闽南茶文化"，谷五兰负责第十五章"闽南传统服饰"，刘严毅负责第十六章"闽南地方文化传播"。全书经集体讨论和修改后，由吴松青进行统稿。

本书参考了地方志文献资料，吸收了国内闽南地方文化研究的优秀成果。教材编写过程中注意处理好经典和现代的关系，在吸收以往研究成果的基础上，力求有所发展，有所创新。本书编写和出版过程得到社会各界广泛支持，厦门大学汉语语言学研究中心主任李如龙教授为本书写了序言，原鹭江大学副校长、厦门方言学会副会长纪亚木先生对本书的编写工作给予热情指导，台湾睿益国际知识运筹服务有限公司施棹远先生为本书提供部分图片资料，厦门大学出版社为本书的编辑出版工作给予大力支持和帮助，谨此一并表示谢忱。由于水平有限，虽经编著者协同努力，仍有不妥之处，恳请专家和读者不吝赐教。

编　者
2023年6月